FAMILY

장애영유아 가족지원

노진아 · 홍은숙 · 이미숙 · 박현주 · 정길순
김정민 · 강미애 · 이나래 공저

학지사

머리말

우리는 살아가면서 늘 크고 작은 역경과 시련을 경험하게 된다. 삶을 살아간다는 것은 우리에게 닥친 크고 작은 역경을 끊임없이 극복해 나가는 과정일 것이다. 이러한 시련과 역경에는 질병, 이혼, 파산, 죽음, 경제위기뿐만 아니라 하루하루를 살아가면서 경험하게 되는 사소한 갈등 및 자잘한 어려움이 포함된다. 그러나 다행히도 우리 모두는 이러한 인생의 역경과 시련을 이겨낼 잠재적인 힘을 가지고 태어났다. 멀리 뛰기 위해서는 반드시 움츠려야만 하고 연이 더 높이 날기 위해서는 바람이 불어야 하듯이, 인생의 허들은 성공의 원동력이 될 수 있다.

이러한 인생의 허들을 성공적으로 넘는 데 중요한 역할을 하는 요인 중 하나는 바로 가족이다. 워너 교수의 카우아이 섬 종단연구를 살펴보면, 어려운 환경 속에서도 꿋꿋이 제대로 성장해 나가는 힘을 발휘한 아이들은 예외 없이 하나의 공통점을 가지고 있음을 알 수 있다. 그것은 아이를 가까이서 지켜봐주고 무조건적인 사랑을 베풀어 주는 사람이 아버지, 어머니든 혹은 할아버지, 할머니, 삼촌, 이모든 적어도 한 명이 있다는 점이다. 이처럼 가족이란 전 생애에 걸쳐 가장 긴 시간을 함께하며 서로가 어떤 허물이 있어도 감싸 주고 믿어 주는 가장 소중한 사람들의 모임으로, 인생의 여러 가지 시련과 역경을 이길 수 있도록 도와주는 큰 힘이 된다.

한 가족에 장애를 가진 자녀가 태어남으로 인해 가족 구성원들은 여러 가지 크고 작은 심리적 · 정신적 어려움을 경험하게 되고, 다른 가족과는 차별되는 특별한 요구를 가지게 된다. 장애아동의 요구뿐만 아니라 장애아동의 가족이 필요로 하는 여러 가지 요구도 충족되어야 한다는 것이 인식되면서 특수교육에서도 장애아동뿐만 아니라 그들의 가족, 특히 학령전기 장애영유아 가족에게 관심을 기울여야 함이 강조되기 시작하였다.

과거 장애아동 교육의 초점은 유아에게만 맞추어져 있었고, 정상 발달에 근거하여 장애아동의 발달이 얼마나 지체되었으며 그 지체된 영역을 어떤 방법으로 교육하여 발전을 도모할 것인가에 맞추어져 있었다. 그러나 이러한 과거의 교육방법은 기대만큼의 효과를 거두지 못했으며, 이러한 결과는 아동의 성장과 발달에 핵심적이고 커다란 영향력을 미치는 가족들에 대한 고려의 부재에서 야기한 것으로 인식되기 시작하였다. 교육에서의 가족참여 및 가족지원은 가족으로 하여금 장애자녀의 양육 및 보호, 교육 등에서의 대처 능력과 적응력을 갖도록 하며, 가족 안에 존재하는 특별한 요구를 스스로 해결해 나갈 수 있는 장기적인 힘을 갖도록 돕는다. 이로 인해 가족 전체의 삶의 질이 향상될 뿐만 아니라 결과적으로 장애아동의 교육과 삶에 긍정적인 영향을 미치게 되기를 바란다.

이 책은 '장애영유아 가족지원' 이라는 타이틀을 빌려, 가족의 역량을 강화하려는 장애아동의 부모들과 장애아동이 있는 유아교육기관에서 한정된 시간이나마 효율적으로 장애아동의 가족을 지원하려는 예비 유아특수교사들에게 실질적인 도움을 주고자 집필되었다.

이 책은 총 11개의 장으로, 제1장은 가족지원에 대한 개관, 제2장은 장애아동 가족의 이해, 제3장은 가족강화, 제4장은 가족사정에 대하여 서술하였으며, 제5장은 개별화 가족지원 계획, 제6장에서는 전이 프로그램, 제7장은 부모와의 효과적인 의사소통, 제8장은 부모교육, 제9장은 부모결연 프로그램, 제10장은 형제자매 지원 프로그램, 마지막으로 제11장에서는 가족지원 프로그램 평가에 대해 서술하였다. 마지막으로 부록에는 유아특수학교, 통합어린이집, 장애전담 어린이집에서 실시되고 있는 실제적인 가족지원 프로그램을 참고 자료로 수록하였다.

우리는 방대한 자료 중에서 저자들이 생각하기에 장애영유아의 가족들과 관련 전문가들에게 필요한 정보를 종합하고자 하였다. 하지만 여러 명의 저자가 작업을 하면서 용어 사용의 비일관성이나 내용 간 불일치 등의 오류를 갖게 되었음을, 장애영아와 관련된 자료를 충분하게 제시하지 못하였음을 인정하지 않을 수 없다. 이에 더 상세한 내용을 원하는 독자들은 참고문헌으로 제시된 자료를 참고하고, 장애영유아교육에 관련된 전문 학술지, 서적, 학회 참석 등을 통해서 최근의 변화를 민감하게 받아들이기를 권하고 싶다.

이 책을 함께 집필한 저자들은 우리의 노력의 결실인 이 책이 장애영유아와 그들의 가족, 그리고 교육 현장의 교사들에게 작지만 큰 도움이 되기를 간절히 소망한다. 학지사 김진환 사장님과 이하나 선생님을 비롯한 편집부 여러분께 진심어린 감사를 드린다.

2011년

저자 일동

차 례

제3장 가족강화 77

제1장

가족 및 가족지원에 대한 개관

1. 가족에 대한 이해
2. 가족지원에 대한 이해
3. 가족지원의 기초

학습 목표

1. 가족의 개념, 기능, 분류에 대해서 이해한다.
2. 가족지원의 개념, 목표, 분류, 실행 원리, 효과에 대해서 이해한다.
3. 가족지원의 철학적 · 역사적 · 사회적 기초에 대해서 이해한다.

1. 가족에 대한 이해

1) 가족의 개념

사회의 기초 단위가 되는 가족은 역사상 가장 오랫동안 지속되어 온 제도로 사회가 변화하면서 가족의 개념도 변화해 왔다. 가족(家族, family)은 집의 하인을 의미하는 라틴어 'familia' 에서 유래된 것으로, 더 거슬러 올라가면 종, 하인을 뜻하는 라틴어 'famulus' 에서 유래된 개념이다. 다시 말해서, 가족의 어원은 집에서 함께 살지만 혈연관계가 아닌 집안의 일을 도와주는 노예나 하인을 뜻하는 것이다. 당시 노예나 하인이 가정의 재산이었음을 고려한다면, 가족의 개념은 경제적 조직체에서 출발된 것이라고 볼 수 있다(하은영, 2008). 이러한 경제적 조직체로서의 가족의 개념은 1600년대 후반에 결혼과 혈연을 토대로 한 개념으로 바뀌게 되었다.

최근에는 급변하는 사회현상에 따라서 다양한 형태의 가족이 증가하고 있다. 따라서 과거의 결혼과 혈연을 토대로 한 협의의 가족 개념은 비전형적인 가족의 형태도 포괄할 수 있는 개념으로 확장되고 있는 추세다. 즉, 오늘날에는 다문화가족, 한부모가족, 비혼가족, 재혼가족, 공동체가족, 동성애가족 등 다양한 가족이 출현하고 있어서 획일적 형태의 가족(family) 개념보다는 다양한 형태의 가족들(families) 개념으로 변화하고 있다(손병덕, 황혜원, 전미애, 2010). 이처럼 오늘날 가족의 개념은 가족이 수행하는 역할에 대한 기능과 정서적 유대감을 강조하며 다양한 형태의 가족을 인정하는 추세다.

그러나 현재 우리나라 「건강가정기본법」에 따르면 가족은 "혼인, 혈연, 입양으로 이루어진 사회의 기본 단위"(제3조 제1항)로, 가정은 "가족 구성원이 생계 또는 주거를 함께하는 생활공동체로서 구성원의 일상적인 부양, 양육, 교육 등이 이루어지는 생활단위"(제3조 제2항)로 정의하고 있다. 다시 말해서, 현재 우리나라의 가족법은 전형적 가족만을 정책 대상에 포함시키며, 동성애가족 등 비전형적인 가족은 정책 대상에서 배제하고 있다. 이러한 우리나라의 경우와 달리 스웨덴, 노르웨이, 프랑스는 현재 동성애가족까지도 가족으로서 합법적인 보호를 하고 있다(조홍식, 김인숙, 김혜란, 김혜련, 신은주, 2010).

2) 가족의 기능

앞서 언급하였듯이, 현대사회는 이혼, 재혼, 입양, 맞벌이 등으로 다양한 가족의 형태가 증가하고 있으며, 이러한 변화에 따라서 가족의 개념도 변화해 왔다. 그래서 가족의 개념에는 과거에는 인정되지 않았던 한부모가족, 1인가족, 동거가족, 공동체가족, 동성가족 등 다양한 대안적 가족의 형태도 포함되게 되었다. 그러므로 현대사회에서 가족을 이해하기 위해서는 구조적 측면에 초점을 맞추기보다 구성원들의 상호작용을 중요시하는 기능적 측면에 초점을 맞추어야 한다.

가족은 개인적 · 사회적 측면에서 여러 가지 기능을 수행하고 있다. 개인적 측면에서 가족은 의식주에 대한 기본적 욕구의 충족과 심적 안정 제공과 같은 기능을 하며, 사회적 측면에서는 사회의 존속을 위한 출산 또는 경제적 기능을 한다.

학자들마다 가족의 기능을 다르게 이야기하고 있긴 하지만 핵심적인 기능은 다음의 네 가지로 요약된다(Strong & Devault, 1992). 첫째, 가족은 애정적 기능을 갖는다. 즉, 가족 구성원들은 서로에게 친밀감을 가지고 애정을 주고받으려고 한다. 현대사회에서 결혼 당사자들의 의사가 존중되고 연애결혼이 증가하게 되면서 부부간의 애정 기능은 더욱 강화되고 있다. 그리고 사회가 산업화되고 복잡해질수록 사람들은 가족 구성원 간의 관계에서 친밀성을 발견하려고 노력한다. 이는 직업세계와 같은 보다 큰 사회 내에서는 개인이 하나의 역할로 지각되어서 친밀성을 공유하는 것이 어려워지기 때문에 나타나는 현상이라고 볼 수 있다(조홍식 외, 2010). 둘째, 가족은 경제적 기능을 갖는다. 가정 밖에서 생산 활동이 증가하게 되면서 가족의 생산적 기능은 과거에 비해서 감소되고 소비적 기능이 증가하게 되었다. 하지만 과거에 비해서 감소되었을 뿐 여전히 가족은 요리, 청소, 세탁 등의 생산적 기능을 수행하고 있다(이원숙, 2005). 셋째, 가족은 자녀의 출산 및 교육 기능을 갖는다. 부부는 결혼을 통해서 성적 관계가 합법화되기 때문에 자녀 출산이 가능하며, 출산 후에는 자녀가 책임 있는 성인으로 성장하도록 기반을 형성해 주어야 한다(손병덕 외, 2010). 마지막으로 가족은 지위 및 사회적 역할 부여의 기능을 갖는다. 한 남자와 한 여자가 만나서 결혼을 하면 자녀 출산, 양육, 배우자에 대한 헌신 등 새로운 역할이 부여되며, 종교, 사회경제적 수준에 따라서 사회 내에서 특정한 지위가 부여되기도 한다.

이러한 가족의 기능은 가족의 개념과 마찬가지로 사회의 변화에 따라 함께 변화되어 왔다. 가족은 전통적으로 보호 및 부양 기능을 담당하였으나, 이를 담당해 주는 공식적 기관이 증가하게 되면서 이러한 기능은 축소 및 약화되었다. 또한 산업화와 도시화가 가속되면서 가족 내에 친밀성을 발견하려는 욕구가 증가하면서 가족 구성원 간의 정서적 교류 기능이 강화되었다.

3) 가족의 분류

가족의 분류는 학자들마다 차이가 있다. 김승권 등(2004)은 가족 구조적 측면에서 한부모가족, 미혼모가족, 무자녀가족, 노인가족으로 분류하였고, 가족원의 특성 측면에서 재혼가족, 입양가족, 국제결혼가족으로 분류하였다. 생활양식 측면에서 맞벌이가족, 주말부부가족, 기러기가족으로 분류하였으며, 탈근대적 측면에서 미혼독신가족, 동거가족, 동성애가족, 공동체가족으로 분류하였다. 또한 정옥분 등(2005)은 가족을 한부모가족, 무자녀가족, 재혼 · 계부모 가족, 분거가족, 대안적 가족(독신 · 동거 · 동성애 · 공동체 가족)으로 분류할 수 있다고 하였다. 이 분류에는 이미 인정받고 있는 가족의 형태뿐만 아니라 인정받지 못하고 있는 다양한 가족 형태도 포함된다. 이 장에서는 근래 한국사회에 증가하고 있는 가족 형태 중 일부인 다문화가족, 한부모가족, 조손가족, 분거가족,

재혼 · 계부모 가족, 장애아동 가족에 대해서 살펴보도록 하겠다.

(1) 다문화가족

미국의 경우 1970년대에 다른 인종과 결혼한 경우는 30만 쌍 정도로 전체 결혼 인구의 0.3%를 차지했지만, 2000년에는 310만 쌍에 이르러 전체 결혼 인구의 5.4%를 차지하게 되었다(Lee & Edmonston, 2005). 미국과 마찬가지로, 우리나라도 세계화에 따른 국내 자본시장과 노동시장의 개방, 농촌의 실정 등으로 다문화가족이 증가하고 있다(강휘원, 2007). 우리나라에서 정의하는 다문화가족이란 우리와 다른 민족적 · 문화적 배경을 가진 사람들로 구성된 가정을 통칭하는 것으로, 국제결혼가정과 외국인 근로자 가정이 포함된다(김유경, 조애저, 최현미, 이주연, 2008). 국제결혼가정이란 부모 중 한쪽이 외국인인 가정을 말하며, 외국인 근로자 가정이란 부모 양쪽이 모두 외국인 근로자인 가정을 말한다. 국제결혼가정에는 한국인 남성과 이주 여성으로 이루어진 가정, 한국인 여성과 이주 남성으로 이루어진 가정이 포함되는데, 여기서 말하는 이주민에는 외국인 근로자, 유학생, 북한이탈주민이 포함된다.

〈표 1-1〉에서 볼 수 있듯이, 2000년도에는 전체 결혼의 3.5%를 차지하던 국

〈표 1-1〉 우리나라의 국제결혼 건수와 비율

분류 \ 연도	2000	2001	2002	2003	2004	2005	2006	2007	2008
총 혼인 (A)	332,090	318,407	304,877	302,503	308,598	314,304	330,634	343,559	327,715
국제 혼인 (B)	11,605	14,523	15,202	24,776	34,640	42,356	38,759	37,560	36,204
B/A× 100(%)	3.5	4.6	5.0	8.2	11.2	13.5	11.7	10.9	11

출처: 통계청(2008).

제결혼 비율이 2005년에는 13.5%로 급격하게 증가하였다. 한국 남성들은 중국 여성과 결혼을 가장 많이 하는 것으로 나타났으며, 한국 여성들은 일본 남성과 결혼을 가장 많이 하는 것으로 나타났다(통계청, 2009). 또한 북한이탈주민의 경우도 2001년도에는 1,043명이었으나, 2007년 2월에는 1만 명을 넘어섰으며, 2009년 7월 기준으로 총 1만 6,729명이 국내에 있는 것으로 집계되고 있다(http://www.unikorea.go.kr).

우리나라 다문화가족의 자녀들은 학습 결손, 편견과 차별로 인한 학교 부적응 문제를 보이고 있는 것으로 파악되고 있다(교육과학기술부, 2008). 구체적으로 살펴보면, 우선 자녀의 언어발달에 커다란 영향을 미치는 주 양육자인 어머니의 모국어가 가정 내에서 사용되지 않을 경우 국제결혼가정의 자녀들은 한국어와 어머니의 모국어 모두에 미숙한 경우가 많았다. 그리고 의사소통에는 문제가 없더라도 독해와 어휘력, 쓰기, 작문 능력이 현저히 낮았다(조영달, 2006). 다문화가족의 자녀들은 정체성 혼란으로 교우관계에 문제를 보이거나, 위축이나 우울, 불안감, 낮은 자아정체성과 같은 정신건강 문제(최선화, 2009), 정서장애를 보이고 있었다(왕한석, 한건수, 한명희, 2005).

(2) 한부모가족

한부모가족은 IMF 구제금융 이후 이혼율의 급증 및 비혼(非婚)가족의 등장으로 증가하기 시작하였다. 한부모가족이란 이혼, 별거, 사망, 유기 등 여러 가지 이유로 인해 양친 중의 한쪽과 그 자녀로 이루어진 가족을 의미한다(조성연, 2004). 한부모가족은 크게 두 가지로 분류된다. 자녀의 보호를 누가 맡느냐에 따라서 어머니가 주 양육자이면 여성 한부모가족, 아버지가 주 양육자이면 남성 한부모가족이라고 한다(장혜경, 민가영, 2002).

〈표 1-2〉에서처럼 2005년 인구 주택 총 조사 결과를 보면 한부모가족은 전체 가구 중 8.6%를 차지하고 있다. 이 중 여성 한부모가정은 6.8%, 남성 한부모가정은 1.8%로, 여성 한부모가정이 남성 한부모가정보다 많다. 그리고 과거에는

〈표 1-2〉 한부모가정의 수와 비율 (단위: 가구(%))

분류 \ 연도	1995	2000	2005
한부모가정	959,972(7.4)	1,123,854(7.8)	1,369,943(8.6)
여성 한부모가정	787,574(6)	903,857(6.3)	1,083,020(6.8)
남성 한부모가정	172,398(1.4)	219,997(1.5)	286,923(1.8)

비고: ( ) 안은 전체 가구 수에서 차지하는 비율임.
출처: 통계청(1997, 2001, 2006).

사별로 인한 한부모가정이 많았지만 최근에는 이혼이나 미혼으로 인한 한부모가정이 증가 추세에 있다(최경석, 2003).

이러한 한부모가족의 구성원들은 경제적 · 심리적 영역, 자녀 양육 및 교육, 가사, 대인관계에서 문제를 갖게 된다. 특히 한부모가족의 자녀들은 일반적으로 충격과 상처를 받게 되는데, 구체적으로 그들은 어머니 또는 아버지의 부재로 오는 슬픔, 상실감 등의 심리 · 정서적 문제, 생활변화에 따른 적응 문제, 성(gender)역할 학습 부족 및 부모 역할을 대신 수행해야 하는 역할 과중 등의 다양한 문제를 경험하게 된다(조성연, 2004).

(3) 조손가족

조손(祖孫)가족이란 손자녀가 부모의 직접 양육을 받을 수 없어서 할아버지 및 할머니가 손자녀를 직접 돌보는 가족을 칭하는 것으로, 조손가정, 조손세대, 조손가구로도 불린다. 우리나라 조손가구 현황은 〈표 1-3〉과 같이 1995년 3만 5,194가구에서 2000년 4만 5,255가구로, 2005년에는 5만 8,101가구로 해마다 증가하고 있다(박미노, 2007). 2005년 조손가구의 수는 전체 가구의 0.37%밖에 되지 않았지만, 10년 전에 비해 65.1%나 증가한 수치다(통계청, 2009). 조손가구의 손자녀 양육 이유는 부모의 재혼 및 이혼(45%), 부모 사망(20.2%), 부모 가출 및 실종(18.3%)으로, 가족해체가 조손가족 형성에 주된 원인이 되는 것으로 나

〈표 1-3〉 조손가구 현황 (단위: 가구 수)

분류 \ 연도	1995	2000	2005
조손가정	35,194	45,225	58,101
전체 세대	-	14,311,807	15,887,128

출처: 통계청(2006).

타났다(통계청, 2009). 자녀양육의 부담이 조부모에게 전가되는 현상은 한부모가족이나 재혼가족의 자녀양육을 위한 사회적 환경이 제대로 조성되어 있지 않고 제도적 지원이 미비하기 때문이다.

일반적으로 조손가족의 경우 조부모들은 근로 능력이 거의 없기 때문에 경제적으로 빈곤하고, 신체적 · 심리적 위축을 경험하며, 손자녀를 양육하면서 스트레스와 정신건강 문제를 경험하게 된다(박미노, 2007). 또한 조손가족의 손자녀들은 일반아동에 비해서 자아존중감 수준이 낮고, 특히 가족해체로 조손가족을 이루게 된 손자녀들은 일반아동에 비해서 우울과 불안 수준이 비교적 높다(신은정, 2004).

(4) 분거가족

분거(分居)가족이란 가족원들이 애정적인 갈등이 아닌 주거, 직장, 교육 문제로 인하여 둘 이상의 가구를 형성하여 비교적 장기간 별거생활을 하는 것을 의미한다. 또한 동거를 하더라도 가족원들의 출타가 장기적이고 빈번한 가족 형태를 말한다(유영주 외, 2004). 오늘날 기러기가족, 주말부부가족으로도 불리는 이러한 분거가족이 점차적으로 증가하면서, 가족의 개념도 동거에서 정서적 유대를 강조하는 것으로 변화하게 되었다.

현재 통계청(2009) 발표에 따르면 분거가족은 전체 가족의 16.5%에 달하고 있으며, 국내 분거가족과 국외 분거가족으로 구분된다. 국내 분거가족의 주된 분거 이유는 직장(58.6%)인 반면, 해외 분거가족은 주로 학업(71.2%)인 것으로 나타났다. 해외 분거가족은 전체 분거가족의 11.4%로, 가구 소득이 600만 원 이상의 고소득층에서 월등하게 높게 나타났다(통계청, 2009).

한편 이들 가정이 겪는 문제점도 사회적으로 이슈화되었다. 분거가족 부부들은 친밀감이 떨어지고, 성적인 문제나 심리적 불안감을 갖게 될 수도 있으며, 분거와 재회의 반복으로 스트레스를 받기도 한다. 또한 친구나 친지와의 접촉 기회가 줄어들어서 사회적 고립을 경험할 수 있으며, 역할 부담이 과중해질 수도 있다(유영주 외, 2004; 정옥분 외, 2005). 그리고 자녀와 함께 있지 않은 부모의 경우 죄책감을 갖게 되기도 한다. 이처럼 분거가족의 부부들은 다양한 어려움을 경험할 수 있다. 한편 분거가족의 부부들뿐만 아니라 분거가족의 자녀들도 아버지 또는 어머지의 부재로 인해 동일시 대상이 없어서 성역할 정립 및 사회화에 있어서 문제가 발생할 수 있다(구자순, 2001).

(5) 재혼 · 계부모 가족

이혼 또는 사별로 한부모가족이 늘어남과 동시에 재혼 · 계부모 가족도 증가하였다. 일반적으로 재혼가족이란 이혼이나 사별로 인해서 기존의 혼인관계가 해체된 후 새로운 혼인관계를 통해서 이루어진 가족의 형태로, 배우자 중 어느 한 명이 결혼한 경험이 있는 가족을 의미한다. 반면에 계부모가족이란 재혼가족의 구성원으로 한 명 이상의 자녀를 포함하는 가족을 말한다. 재혼가족은 재구성가족, 혼합가족, 복합가족, 계부모가족과 같은 용어와 혼용되고 있다(유영주 외, 2004).

〈표 1-4〉에서 볼 수 있듯이 1996년에 남녀 중 한 명이 재혼이거나 남녀 모두 재혼인 혼인 건수는 17만 8,684건이었던 반면에, 2006년에는 22만 9,972건으로 1996년에 비해 5만여 건이 증가하였다. 2006년에 남녀 모두 초혼인 혼인 건수는 25만 6,884건으로, 1996년 37만 799건에 비해 감소하였음을 감안한다면, 재혼 · 계부모 가족은 크게 증가하였다고 할 수 있다.

이러한 재혼 · 계부모 가족은 가족의 관계가 복잡하고 가족의 경계가 애매하

〈표 1-4〉 혼인 형태별 가족 (단위: 건)

분류 \ 연도	1996	2000	2006
초혼(남)+초혼(여)	370,799	273,142	256,884
초혼(남)+재혼(여)	32,968	32,514	36,506
재혼(남)+초혼(여)	31,348	23,044	28,166
재혼(남)+재혼(여)	114,368	128,060	165,300
계	549,483	456,760	486,856

출처: 통계청(2007).

다는 특성을 갖는다. 복잡한 가족의 관계구조로 인해서 다양한 기대, 가치관, 생활양식이 나타나게 되면서 가족 구성원들은 자신의 위치에 대해서 혼란을 겪게 된다(Walsh, 1992). 이로 인해서 계부모들은 역할 적응을 어려워하며 스트레스, 불만, 우울증, 분노 등의 감정을 경험하기도 한다(김종숙, 2001). 또한 재혼 · 계부모 가족의 자녀들은 새로운 가족도 이혼으로 끝날지 모른다는 두려움, 이혼한 부모와의 재결합에 대한 희망을 포기해야 함에서 오는 적대감, 이전 양육방식과는 다른 양육방식에 적응하면서 여러 가지 어려움을 경험하게 된다(김승권 외, 2004; 정옥분 외, 2005).

(6) 장애아동 가족

장애아동 가족이란 장애를 지닌 가족 구성원을 갖고 있는 가족을 의미한다. 과거에는 장애아동 가족이 아동 장애의 원인 제공자, 전문가의 일방적 결정에 대한 수용자로서 인식되었다면, 근래에는 의사결정자 및 교육 협력자로 인식되고 있다(Turnbull & Turnbull, 2006).

우리나라의 경우 장애로 인해 특수교육을 받는 대상자의 수는 해마다 증가하고 있다. 2010년 특수교육 대상 학생은 7만 9,711명으로 2009년보다 4,524명이 증가하였으며, 특수교육 대상 학생의 교육 기회 확대 및 지원 서비스의 강화로 특수교육 대상자로 등록하는 학생 수가 지속적으로 증가하는 추세다(교육과학기술부, 2010). 특수교육 대상자의 수가 증가한다는 것은 장애아동 가족의 수도 증가한다는 것을 의미한다(전혜인, 2006).

장애아동의 존재는 가족 전체에 커다란 영향을 주게 된다. 구체적으로 가족 구조와 기능이 변하게 되며, 가족 구성원들은 일반가족에 비해서 많은 스트레스를 경험하게 된다. 그리고 이러한 스트레스는 개별적으로 존재하기보다 가족 구성원들 간에 상호 순환적으로 존재하게 된다. 예를 들어, 어머니는 장애아동에 대한 양육 스트레스로 인해서 남편과의 관계가 악화되거나 자녀를 방임 또는 학대하기도 한다.

이상으로 오늘날 한국에서 증가하고 있는 가족의 형태에 대해서 살펴보았다. 이러한 다양한 가족 형태의 구성원들은 사회의 고정관념과 부정적인 시각으로 인해서 부당한 대우를 받거나 다양한 어려움을 겪기도 한다. 이로 인해 그들은 자신의 상황을 드러내지 않으려고 하거나 때로는 스스로 자신의 가족이 특이하거나 불충분하다고 인식하기도 한다. 하지만 이러한 다양한 가족의 형태는 오늘날 다원주의 가치관에서 볼 때 더 이상 결손 또는 비정상 가족이 아니다. 더 나아가 이러한 다양한 가족이 겪는 문제를 개별 가족이 해결해야 하는 과제가 아닌 국가 및 사회적 차원에서 공식적/비공식적 정책, 프로그램을 통해 함께 해결해야 하는 과제로 인식하여야 할 것이다.

2. 가족지원에 대한 이해

1) 가족지원의 개념

아동은 환경적 맥락 안에서 발달하므로, 교육자들은 아동을 둘러싼 환경을 이해하고 아동 주변인들의 참여를 적극적으로 유도해야 한다. 이러한 관점은 특수교육 분야에도 가족참여 및 가족지원 패러다임을 불러일으켰다.

과거 가족지원에서 역량이 출중한 전문가가 역량이 부족한 부모를 도와준다는 조력자로서의 전문가 역할이 강조되었다면, 근래 가족지원에서는 가족 구성원 전체의 성장과 발달을 증진시키기 위해서 가족역량을 강화시키기 위한 지원이 강조된다(Turnbull, Turbiville, & Turnbull, 2000). 이처럼 오늘날 가족지원이란 단순히 가족이 필요로 하는 욕구를 충족시켜 주는 개념이 아니라, 가족들 스스로가 자신의 필요 및 욕구를 충족시키기 위해서 환경을 구성하고 독립적으로 문제를 해결하는 능력을 갖도록 지원하는 개념이다.

2) 가족지원의 목표

가족지원의 목표는 가족 구성원들의 역량강화(empowerment)에 있다. 역량강화란 심리학, 사회학, 사회복지, 교육학 등 분야에 따라서 다양한 의미로 사용되고 있긴 하지만 공통적으로는 원하는 바를 얻기 위한 행위과정을 의미한다. 역량이 강화된 부모는 자녀를 가르치는 데 자신감과 효율성을 보이며, 서비스 제공자와 협력하며 중재를 계획하고 실시하는 데 활발히 참여한다(강혜원, 2011; 전혜인, 2006). 이에 반해서 역량이 강화되지 않은 부모는 좌절과 스트레스, 우울, 무력감을 경험하거나 서비스 제공자에게만 의존하려는 경향을 보이며, 아동의 교육에 장기적이고 실질적인 도움을 제공해 주지 못한다(Brookman-Frazee, 2004).

근래에는 가족지원의 목적을 단순한 역량강화를 넘어서는 공동 역량강화(collective empowerment)로 보고 있다. 가족과 전문가 간의 상호 보완적 관계를 강조하는 용어인 공동 역량강화란 가족지원을 통해서 가족 구성원의 역량만이 강화되는 것이 아니라 전문가의 역량도 강화되어야 함을 의미한다(Turnbull et al., 2000). 즉, 가족지원은 가족 구성원과 전문가 모두 득을 볼 수 있는 윈-윈(win-win) 접근법이 되어야 한다.

역량강화라는 포괄적인 목표 이외에도 영유아특수교육을 통해서 가족이 성취해야 하는 다섯 가지의 구체적인 목표가 있다. 미국 유아교육성과센터(Early Childhood Outcomes Center: ECO)에서는 유아와 가족의 성취 목표를 연구한 결과 2004년 영유아특수교육을 통해서 가족이 성취해야 하는 다섯 가지 목표를 발표하였다(Bailey et al., 2006).

첫째, 가족은 아동의 강점, 능력, 특별한 욕구를 이해해야 한다. 아동은 약점보다 강점 기반의 중재를 통해서 성장과 발달을 더 잘할 수 있기 때문에, 가족들은 아동의 강점을 파악하는 것이 중요하다. 즉, 가족들은 장애아동의 문제를 제거 및 치료하겠다는 보상적인 접근을 취할 것이 아니라 장애아동이 자신의 강점을 발휘함으로써 성장할 수 있는 기회를 갖도록 해야 한다. 그리고 가족들은 지역사회 내에서 아이의 강점을 연계하여 교육해야 한다(Dunst, 2001). 예를 들어, 모래의 질감을 좋아하는 아이에게는 학교 운동장이, 물을 좋아하는 아이에게는 지역사회 내 수영장이 좋은 학습환경이 될 수 있다.

둘째, 가족은 자신의 권리를 알고 효과적인 옹호전략을 사용해야 한다. 장애아동 가족들은 법 규정 및 자신의 권리와 역할에 대해서 잘 알지 못할 수 있으며, 가령 이를 잘 알고 있다고 하더라도 여러 가지 이유로 잘 활용하지 못할 수 있다. 그러므로 교사는 부모에게 이에 대한 정보를 제공하고, 부모가 서비스 체계에 대해 편안하게 생각하도록 도와주며, 개별화 교육 프로그램(Individualized Education Program: IEP) 혹은 개별화 가족지원 계획(Individualized Family Service Plan: IFSP)의 개발에 참여하도록 도와야 한다. 참고로 우리나라의 경우 부모들은 IEP 계획 단계에서는 주로 1~2회 정도 참여하고 있는 것으로 나타났으며, IEP 실행 단계에서는 참여가 저조한 것으로 나타났다. 또한 유아특수교사들은 시간 부족, 가정 여건의 문제, 협력기술의 부족 등으로 인해서 IEP 계획 및 실행 단계에서 부모참여를 촉진하는 데 어려움이 있다고 하였다(백유순, 2010).

셋째, 가족은 장애자녀가 발달하고 학습하도록 도와야 한다. 비전형적인 발달을 보이는 아이를 양육한다는 것은 자녀의 문제행동, 의사소통 문제, 섭식 및 수면 문제 등으로 인해서 매우 어려운 일이다. 부모들은 장애자녀의 요구에 맞추어서 가정환경을 조정하거나 새로운 양육 및 교육 방법을 활용해야 하는데, 이에 대한 도움이 필요할 수 있다. 이때 교사는 장애아동의 양육 및 교육 방법에 대한 교육을 통해 그들을 도와줄 수 있다. 예를 들어, 교사는 간질로 인하여 발작을 자주 일으키는 아동의 부모들에게 발작시 대처법에 대하여 알려 줄 수 있다. 그러면 부모들은 아동이 발작을 할 경우에 기도가 막히지 않도록 머리를 옆으로 돌리고, 아이를 흔든다거나 주무르지 않고 발작이 멎을 때까지 도와줄 수 있을 것이다.

넷째, 가족은 지원체계를 가져야 한다. 장애아동의 가족들은 장애아동을 양육하면서 여러 가지 어려움을 겪는다. 예를 들어, 주변의 따가운 시선으로 인해 공공시설을 잘 이용하지 못하고 외출도 자유롭게 하지 못할 수 있다. 또한 아이로 인해 밤에 숙면을 취할 수 없거나, 일상생활에서 많은 보조가 필요해서 항상 정신적 · 신체적 피로에 시달릴 수 있다. 이를 위해 다양한 지원이 이루어질 수 있는데, 우리나라의 경우 대표적으로 장애아동가족양육지원 사업이 있다. 장애아동가족양육지원 사업에는 가정 내 돌봄 서비스, 외출(산책, 치료) 서비스가 제공되고 있다. 그리고 가족을 대상으로는 가족휴식 지원 프로그램, 자조모임 서비스를 제공하고 있다. 교사들은 이러한 다양한 가족지원체계에 대한 정보를 갖고 있으면서 부모들에게 알려 줄 필요가 있다. 참고로 현재 우리나라의 경우는 장애가구에 대한 주간보호나 단기보호와 같은 서비스에 대한 만족도가 높지 않아서 수요자의 욕구와 현실에 부합하는 질 높은 서비스가 필요하다(주혜진, 2009).

다섯째, 가족은 지역사회에 있는 서비스, 프로그램, 활동에 접근할 수 있어야 한다. 즉, 장애아동 가족들은 지역사회에 있는 쇼핑몰, 도서관, 교회 주일학교, 문화센터, 우체국 등 다양한 장소를 활용해야 한다(Dunst, 2001). 왜냐하면 이러한 일상 내 다양한 장소들은 장애아동에게 많은 학습 경험을 제공해 줄 수 있는 좋은 교육 장소가 되기 때문이다(Dunst et al., 2001). 그러므로 교사는 보호자가 지역사회 내 다양한 기관을 적극 활용하도록 도와야 하며, 아울러 지역사회 주변인들과 상호작용하는 법을 배우도록 도와야 한다. 예를 들어, 교사는 보호자가 아이를 집에 두기보다는 식료품점에 데리고 가도록 격려하거나, 정기적인 산책을 하도록 하여 아이와 가족이 즐거운 시간을 보내도록 도와줄 수 있다.

사례 1

A부부에게는 두 살 된 다운증후군 딸 애니가 있다. 소아과 주치의는 애니가 태어나자 기관에 보낼 것을 권했지만, A부부는 장애자녀의 양육으로 인한 어려움을 잘 극복하고 더욱 굳건해졌다. 애니는 심장과 호흡에 문제가 있어서 밤에도 간호가 필요하다. 애니의 아빠는 공장 근무를 마치고 집에 오자마자 애니와 다른 자녀에게 밥을 먹이고, 심부름을 하고, 잡다한 집안일을 한다. 이 부부는 애니가 태어난 이후로 함께 외출해 본 적이 없다. 베이비시터에게 애니를 홀로 남겨 두는 것을 두려워한데다 주변에 친척이 없었기 때문이다. 그래서 나(특수교사)는 A부부가 레스토랑에서 외식을 하도록 아주 가끔 저녁에 몇 시간 동안 애니를 봐 주었다. 이후에도 기저귀 갈기, 병원 및 학교 가기와 같은 A부부의 쳇바퀴 생활이 지속되기는 했지만 최근 들어서 A부부는 다른 가족들과 담소를 나눌 정도로 안정되었다. 나는 이러한 '아이 돌보미' 지원이 부부에게 도움이 되었다고 느꼈기 때문에 부부들이 서로의 아이들을 봐 주는 일을 했으면 좋겠다는 생각을 했다.

나는 내 능력이 부족하다고 느낄 때가 있다. 가끔은 아이를 돕는 유일한 방법이 가족을 돕는 일일 때가 있다. 이런 경우에는 가족과 환경에 대해서 최대한 많이 알고 이해해야 한다. 하지만 나는 운이 좋게도 어려운 일을 겪을 때면 도움을 주려는 주변인이 있다. 그들은 보건복지부에 근무하는 B와 사회사업부에 있는 C로, 아이와 가족에게 많은 힘을 주는 옹호자들이다.

나는 정기적인 가정방문이나 다른 지역사회 기관을 방문하는 것이 시간 낭비라고 생각하였지만, 이 모든 것들은 도움이 되었다. 나는 부모들이 자녀를 임상 실제로 보는 것에 관심이 없음을 잘 알고 있기에, 부모들이 내가 아이와 가족 모두를 진정으로 생각한다는 것을 알아주었으면 좋겠다.

출처: Hooper & Umansky(2009).

3) 가족지원의 내용

가족지원은 앞에서 살펴본 다양한 가족 형태에 따라서 그 종류 및 강도가 차별화될 수 있다. 예를 들어, 장애아동 가족을 위한 지원은 주간 단기보호 서비스, 부모상담, 부모결연, 형제자매 지원 서비스, 부모교육 등의 측면에서 이루어질 수 있다. 앞의 〈사례 1〉의 A부부 가족에게는 단기보호 서비스가 커다란 도움이 되었다. 이에 교사는 장애아동 가족들이 이러한 서비스를 서로 간에 주고받으면 좋겠다는 생각을 하게 된다. 이처럼 때로는 장애아동 가족은 공식적 지원보다 비공식적 지원을 통해서 보다 큰 혜택을 얻을 수 있다(신숙재, 정문자, 1998). 여기서는 장애아동 가족에게 제공되어야 하는 가족지원에 초점을 맞추어 가족지원의 내용을 간략히 소개하고자 한다.

장애아동 가족지원은 개별 가족의 요구에 맞추어서 개별적이고 융통적으로 이루어져야 한다. 다시 말해서, 장애아동 가족지원은 획일적으로 이루어져서는 안 되며, 개별 가정의 독특한 요구 또는 기능을 기반으로 하여 계획되고 실행되어야 한다. 일반적인 장애아동 부모의 요구는 〈표 1-5〉와 같이 여섯 가지로 구분된다(Bailey & Simeonsson, 1988).

이러한 장애아동 가족의 요구에 따라서 장애아동 가족지원 서비스는 다음과 같이 분류된다(전혜인, 박지연, 2004).

- 장애, 서비스, 자원, 권리 등에 대한 정보 제공
- 적절한 양육기술에 관한 부모교육
- 가족생활을 도울 보호 서비스의 제공
- 권리 인식 및 실행 관련 법에 대한 부모교육
- 적절한 보장구나 가정환경 수정 등의 환경지원
- 상호 간 지원이 가능한 가족결연
- 가족의 심리 혹은 법률 문제 등에 대한 상담

〈표 1-5〉 장애아동 부모의 일반적 요구

종류	구체적인 예
정보에 대한 요구	양육방법, 교육 또는 상호작용 방법, 장애자녀의 성장과 발달, 현재 또는 미래에 가능한 다양한 서비스에 대한 요구
지원에 대한 요구	교사나 치료사 등 전문가의 도움, 다른 장애가족과 만나고 상호작용하는 기회, 배우자 · 친구 · 친척 · 이웃의 비공식적 지원, 목회자 및 종교기관의 도움에 대한 요구
다른 사람에게 설명하기 요구	배우자, 장애아동의 형제자매 및 친구들, 장애아동의 조부모, 지역사회 주민, 타인에게 자녀의 장애에 대해 설명하고 이해시켜야 하는 요구
지역사회 서비스 요구	병원 서비스, 베이비시터, 단기보호 서비스, 예배시간 동안의 보호 등에 대한 요구
재정적 요구	의식주, 보장구, 교재 · 교구 구입비, 교통비 등에 대한 요구
가족 기능 요구	여가 활동, 가족 간 역할 분담, 가족 내 문제 해결에 대한 요구

출처: Bailey & Simeonsson(1988).

- 경제적 지원
- 치료, 의료 등의 기타 서비스 제공

또한 크게 아동에 대한 양육기술 지원과 심리적 지원의 두 가지로 구분하기도 한다(강혜원, 2011; 최지영, 양융란, 김재환, 2004). 양육기술 지원은 아동의 문제행동에 대한 대처방법과 사회적 상호작용을 촉진하는 방법에 중점을 두며, 심리적 지원은 부모의 양육 스트레스 및 우울감을 감소시키고, 자신감을 향상시키는 데 초점을 둔다.

4) 가족지원의 실행 원리

앞서 언급된 가족지원의 내용 또는 서비스는 가족의 선호 및 선택, 가족의 강점, 동등한 참여, 지역사회 개선의 네 가지 원리에 의해서 실행되는 것이 필요하다. 첫째, 가족지원 서비스는 가족의 선호 및 선택에 의해서 이루어져야 한다. 가족의 선호 및 선택 원리란 가족이 의사결정의 중심이 되어야 함을 의미한다(Allen & Petr, 1996). 앞서 언급하였지만 가족은 자녀에 대한 중요한 결정을 내릴 수 있는 권한이 있으며, 수동적 참관자로서가 아니라 주도적인 의사결정자로서의 역할을 해야 한다. 가족이 의사결정을 하기 위해서는 선택을 해야 하며, 이러한 가족의 선택은 서비스에 반영되어야 한다. 예를 들어, 가족은 IEP와 IFSP의 목표를 설정하고, 적절한 서비스와 서비스 제공자들을 선택하며, 중재를 시행하고 평가하는 전 과정에 능동적으로 참여하여야 한다. 그리고 교사들은 부모가 선택할 수 있는 여러 가지 사항들(예, 서비스 기관, 전문가에 대한 공식적인 정보뿐만 아니라 다른 가족과의 네트워크 형성, 이웃 등과 같은 비공식적 정보)을 적극적으로 제시하고, 가족들이 자신의 요구에 적합한 것을 선택하도록 도와야 한다(Dabkowski, 2004).

둘째, 가족지원 서비스는 가족의 강점(또는 장점)을 고려하여야 한다. 이 원리는 모든 가족은 강점을 가진다는 믿음과 어려움을 극복할 수 있는 힘을 가진다는 믿음에서 출발한다(Saleebey, 1996). 또한 강점에 집중하는 것은 중재자가 가족의 고통과 요구를 부정하거나 무시하지 않고 강점을 통해서 가족이 직면한 어려움을 극복하여야 한다는 의미다. 가족의 강점으로 파악될 수 있는 것에는 여러 명의 양육자, 친척과 이웃의 정서적 지원, 정신건강 상태, 일관된 규칙 등이 있을 수 있다(Werner & Smith, 1992). 일부 가족의 경우 강점 파악이 어려울 수도 있기는 하지만, 교사는 가족을 병리적 관점에서 보기보다 강점중심 시각을 가질 필요가 있다(〈표 1-6〉 참조). 다시 말해서, 교사는 가족의 결핍보다는 가족이 가진 강점에 초점을 두고 이를 문제 해결에 효과적으로 사용하도록 도와야 할 것이다(Dunst, Trivette, & Deal, 1988).

셋째, 가족지원 서비스는 전문가와 가족의 동등한 참여관계를 통해서 이루어져야 한다(Turnbull et al., 2000). 동등한 참여란 가족과 전문가가 상하관계가 아닌 동등한 관계로 협력하여 의사결정하는 것을 의미한다. 앞서 언급된 공동 역

〈표 1-6〉 병리 관점과 강점 관점의 비교표

구분	병리(pathology) 관점	강점(strength) 관점
개인에 대한 관점	진단에 기초해서 '특정 증상'을 가진 존재로 봄	독특한 기질, 재능, 자원을 가진 존재로 봄
치료의 초점	문제	가능성
어린 시절의 상처	성인기의 병리를 예측할 수 있는 요인	개인을 약하게 또는 강하게 할 수 있는 요인
치료의 핵심	전문가가 고안한 치료	개인, 가족, 지역사회의 참여에 기초한 치료
개인의 발전	문제로 인해 발전은 제한적임	항상 개방되어 있음
변화를 위한 자원	전문가의 지식과 기술	개인, 가족, 지역사회의 강점, 능력, 적응기술
지원의 목적	부정적인 개인적 · 사회적 결과를 감소시키는 것	삶 속에서 사람의 가치와 함께의 가치를 확고히 하는 것

출처: Saleebey, D. (1996); 손병덕 외(2010) 재인용.

량강화에서는 계획 단계를 포함하는 모든 과정에 전문가와 가족이 동등한 관계에서 적극적으로 참여할 것을 제안한다. 이러한 참여는 의무사항이 아니기 때문에 가족은 자신의 욕구와 필요에 따라 부분적으로만 참여할 수도 있다. 이러한 원리에 대한 현실적 문제로는 일부 기관에서 이러한 원리와 상반되게 운영위원회를 전문가로만 구성하거나, 한두 명의 부모를 포함시키더라도 그들을 전문가와 동등한 위치에서 참여하지 못하도록 하는 경우 등이 있다.

넷째, 가족지원 서비스는 지역사회 개선 차원에서 이루어져야 한다. 이는 가족의 문제가 Bronfenbrenner의 4개의 생태학적 맥락에서 이해되고 해결되어야 함을 의미한다. 즉, 과거에 어머니-아동 관계만을 중시하여 어머니의 행동을 개선하는 데 초점을 두었다면, 오늘날에는 의료 시스템, 법, 특수교육 전문가, 형제자매 등의 모든 수준에서 개선이 이루어져야 한다고 보고 있다.

5) 가족지원의 효과

가족지원의 효과란 가족이 특수교육 서비스를 통해서 얻을 수 있는 긍정적인 경험으로, 크게 아동에 대한 혜택과 가족에 대한 혜택으로 나누어 살펴볼 수 있다. 예전에 영유아특수교육 서비스를 통한 아동의 성과에 초점을 두었다면, 근래에는 가족이 얻게 되는 혜택에도 많은 관심을 기울이며 이에 대한 연구도 수행하고 있다. 대표적인 가족지원 성과에 관한 연구로는 3,300명을 대상으로 한 국가 차원의 NEILS(National Early Intervention Longitudinal Study, 1997~2001) 연구가 있다. 이 연구에 참여한 대부분 가족들은 서비스의 양과 질에 만족하였으며(Bailey et al., 2004), 부모들은 자신들의 옹호 및 양육 기술이 향상되었다고 보고하였다(Hooper & Umansky, 2009).

이외에도 가족지원 프로그램의 효과는 다음과 같다. 우선 아동들은 가족지원 프로그램을 통해서 부모와의 상호작용 행동이 증가하였고(김성천, 정수연, 정혜림, 2002), 의사소통 행동 및 기술이 향상되었으며(이금진, 2006), 문제행동은 감소하였다(Evans et al., 2003). 그리고 부모들은 가족지원 프로그램을 통해서 우울증 및 스트레스가 감소되고(Brookman-Frazee, 2004), 정서적으로 안정되었으며(전혜인, 2006), 자기 효능감(손유니, 2001) 및 양육 효능감(박성신, 박지연, 2007)을 향상시킬 수 있었고, 아동과의 상호작용(박성신, 박지연, 2007), 문제 대처력(손유니, 2001) 등의 기술을 향상시킬 수 있었다. 이러한 선행 연구결과에 기초해 볼 때, 다양한 가족지원 프로그램은 가족의 기능 및 역량을 강화시킬 뿐 아니라(Van Reich, Bickman, & Helflinger, 2004) 자녀에게도 직간접적으로 도움을 주어서 궁극적으로 장애아동 가족의 삶의 질을 향상시키는 효과가 있음을 알 수 있다. 〈사례 2〉는 장애아동과 가족의 측면에서 가족지원의 혜택을 기술하고 있다.

이처럼 가족지원 프로그램들은 다양한 연구들의 지지를 받고 있는 증거기반 실제(evidence-based practice)라고 볼 수 있다. 하지만 가족지원의 성과를 측정한 연구도구의 신뢰도와 타당도가 문제시되기도 한다(McWilliam et al., 1995).

한편 일부 연구에서는 가족들이 조기중재 프로그램에 만족하고 있지 않다고 보고하기도 한다(Wesley, Buysse, & Tyndall, 1997). 이는 가족들이 선택의 결정권을 가지고 있음에도 유용한 자원, 특수교육 배치, 행정적 조치에 관하여 잘 모르기 때문인 것으로 추측된다.

사례 2

레브론의 어머니는 26개월 된 발달지체인 레브론을 위해 2개의 목표를 선정하고자 하였다. 첫째 목표는 '레브론이 자신의 욕구를 어머니에게 알리는 것' 이다. 레브론 어머니는 순회교사의 도움으로 이러한 목표가 목욕, 수면, 식사시간 동안에 연습될 수 있음을 알게 되었다. 또한 레브론 어머니는 목욕시간과 놀이시간 동안에는 두 번째 목표인 '수분 이상 운동 활동에 참여한다' 를 연습할 수 있다는 것도 알게 되었다.

순회교사는 다음 방문에 활동 계획안을 가져와서 어머니와 함께 이를 검토하였고, 교수 목표를 가르치는 방법을 시범 보였다. 예를 들어, 간식시간에 작은 과자 조각을 보여 준 후 레브론이 자신의 욕구를 소리로 표현할 때까지 기다렸으며, 긍정적인 반응이 나타나면 과자를 즉각적으로 주었다.

그리고 순회교사는 수분 동안 운동 활동을 유지한다는 두 번째 목표를 가르치기 위하여 목욕시간과 놀이시간에 자동차를 통한 아이 주도의 놀이 활동을 보여 주면서, 어머니에게 이 놀이 활동을 점차적으로 늘려 가라고 제안하였다. 또한 순회교사는 어머니가 아이와 전혀 놀이를 하지 않는다는 것에 착안하여서 우선적으로 눈 맞춤을 하는 것부터 지도하였다. 그런 후에 2~3개 이상의 선호 장난감 중에서 아이가 원하는 것을 선택하여 놀이하는 활동을 지도하였다. 또한 놀이를 모방하거나 확장하는 두세 가지 방법을 선보이고 어머니가 이를 자녀와의 놀이에 활용하도록 격려하였다. 이를 통해서 어머니는 레브론의 놀이와 흥미를 확장하기, 상호작용 기회를 포착하여 참여하기, 레브론이 주도한 활동에 참여하기와 같은 활동을 연습할 수 있었다.

출처: Squires & Bricker(2007).

3. 가족지원의 기초

가족지원은 여러 가지 이론적 배경에 의해서 영향을 받는다. 여기서는 가족지원에 영향을 미친 이론적 기초, 역사적 기초, 사회적 기초에 대해서 살펴보기로 한다. 이론적 기초로는 체계이론(systems theory), 생태학적 모델(ecological model), 교류 모델(transactional model), 역사적 기초로는 가족지원 모델의 변천사, 사회적 기초로는 미국과 우리나라의 가족지원 관련 법과 전문가 협회의 입장을 살펴보고자 한다.

1) 이론적 기초

체계이론, 생태학적 모델, 교류 모델은 가족지원의 이론적 기초가 된다. 첫째, 가족체계이론(family systems theory)은 개인보다는 전체로서의 가족에 초점을 두는 이론이다(Steinglass, 1984). 즉, 가족은 그들이 속해 있는 '사회'라는 더 큰 시스템과 상호작용 관계에 있는 하나의 작은 시스템이며, 모든 가족 구성원은 다시 각자 독립적인 시스템으로서 자신의 물리적 · 사회적 환경과 상호작용을 한다. 따라서 가족에게 중요한 것은 가족 구성원에게도 중요한 의미를 지닌다. 반대로 가족 구성원과 관련된 것은 가족 전체에게 중요한 의미를 지닐 수 있는 것이다(Kriegl, 1993). 이것은 장애아동이 있는 가족에게도 동일하게 적용된다. 만일 한 아동이 공격적인 행동을 보이는 경우, 아동의 공격적 행동을 아동 개인의 문제로 보지 않고 가족의 역기능적 상호작용으로 인해 초래된 것으로 본다. 즉, 가족체계 이론가들은 가족 구성원의 행동을 단선적이 아닌 순환적인 반응으로 이해하며, 전체가 부분의 합보다 크다고 생각하여 개별 성원의 특성보다는 가족 성원의 행동을 연결하는 상호작용 관계에 초점을 둔다(조흥식 외, 2010).

둘째, Bronfenbrenner의 생태학적 모델(ecological model)은 아동의 발달을

가족, 친구, 친척, 학교 등의 환경 속에서 이해한다. 그는 가족을 아동의 발달을 촉진시키고 지속시키는 가장 효과적이고 경제적인 체계로 보았으며, 가족의 참여가 없다면 프로그램이 종료된 후에 적어도 인지 영역에서 그 효과가 빠르게 사라지지만 협력자로서 부모의 참여는 프로그램의 효과를 증폭시키고 유지시킨다고 하였다(Bronfenbrenner, 1977). 이 이론은 아동을 둘러싸고 있는 환경을 네 가지 수준의 체계들인 미시체계(microsystem), 중간체계(mesosystem), 외체계(exosystem), 거시체계(macrosystem)로 구분하고, 그들 간의 유기적 관계를 설명하고 있다. 미시체계란 개인에게 가장 인접한 환경으로, 이 환경에는 가정, 학교, 친구 등이 포함된다. 중간체계란 이 미시체계들 간의 관계를 말한다. 예를 들면, 학생이 학교에서 보내는 전반적인 일상에는 교사-학생 관계뿐만 아니라 교사-가정(부모) 등의 관계도 큰 영향을 준다. 외체계란 개인이 직접 참여하고 있지는 않지만 개인의 발달에 영향을 주는 환경으로, 이 환경에는 부모의 직장, 보험회사, 국회의원 등이 포함된다. 그리고 거시체계란 일반적인 문화, 정치, 사회, 경제, 종교, 법과 같은 광범위한 사회적 맥락을 의미한다.

생태학적 모델이 장애아동 교육에 영향을 미치기 전에는 치료나 교육의 초점이 아동에게 있었지만, 그 후 패러다임의 변화로 모든 서비스의 초점은 아동을 포함한 그 가족에게로 이동해 갔다. 이는 가족 구성원의 역할과 그에 따른 가족의 기능이 결국 장애아동의 발달에 중요한 영향을 준다는 철학적 · 임상적 바탕에서 비롯된 것이다. 가족은 부모-자녀의 일원적 관계를 통해서가 아니라 가족 구성원 전체의 유기적 관계를 통해서 서로에게 영향을 주면서 체계를 완성해 나간다. 따라서 장애는 개인의 문제가 아닌 가족체계의 문제로 인식되어야 한다.

셋째, Sameroff와 Chandler의 교류 모델(transactional model)이란 아동과 그 가족 또는 사회적 맥락 간의 상호작용을 통해서 아동이 발달한다고 보는 이론이다(Sameroff, 1993). 즉, 교류 모델은 과거 부모가 자녀에게 일방적으로 영향을 미친다는 생각에서 벗어나 부모와 자녀가 양방향으로 서로에게 영향을 미친다고 본다. 시각장애아동을 출산한 후 불안과 스트레스를 느끼는 어머니를 상상해 보자. 이 어머니는 신생아와 비일관적이고 건설적이지 못한 상호작용을 지속하였다. 그 결과 아이는 섭식 및 수면 문제를 보이며 다루기 힘든 아이로 성장하였고, 어머니는 아이의 어려운 기질로 인하여 상호작용을 더욱 기피하게 되었다. 이러한 악순환이 반복되면서 아이는 언어지체까지 보이게 되었으며, 누나와 아버지는 늘 우울한 감정을 갖게 되었다. 그래서 교사는 부모-자녀 상호작용 향상시키기, 부모의 불안감 및 스트레스 감소시키기, 부모의 반응성 높이기, 형제자매 지원 프로그램 등을 포함하는 포괄적이고 총체적인 중재를 계획하였다. 이처럼 교사는 아이와 상호작용하는 부모 및 주변인들에 대한 중재도 계획할 필요가 있다. 왜냐하면 아이의 질병이나 장애의 심각성보다 부모의 양육태도가 아이들의 심리적 · 사회적 발달에 더 큰 영향을 미칠 수 있기 때문이다(Aran et al., 2007).

2) 역사적 기초

가족지원의 개념은 시대에 따라서 변화해 왔다. 여기서는 가족지원 모델의 변천사를 상담/심리치료 모델, 부모훈련 모델, 가족중심 모델, 공동 역량강화 모델의 네 가지로 구분하여 살펴보기로 한다(Turnbull et al., 2000).

첫째, 1950~1960년대에 상담/심리치료 모델(counseling/psychotherapy model)은 특히 지적장애(정신지체) 아동의 어머니를 대상으로 적용된 모델이다. Wolfensberger(1967)는 자녀의 지적장애가 어머니에게 미치는 영향력과 부모들의 적응 단계에 대해서 언급하였다. 이 모델을 지지하는 전문가는 직접적으로 나서서 장애가족의 결함이나 병리적 문제를 진단하고 치료를 하는 역할을 하며, 부모들을 상담 및 치료의 '사례'로 인식한다. 상담/심리치료 모델에서의 주 치료 대상자는 어머니이며, 치료의 목적은 어머니가 적응 단계 중 마지막 단계인 수용에 이르도록 돕는 것이다.

둘째, 1960~1970년대에 부모 훈련 및 참여(포함) 모델(parent training/involvement model)은 두 가지의 견해에 근거하고 있다. 우선 이 모델은 가족의 환경이 아동의 지능에 영향을 미친다는 가정에 입각하여(Hunt, 1972), 아동의 성장과 발달을 향상시키기 위해서는 부모의 자질을 먼저 향상시켜야 한다고 생각하고 부족한 부모를 교사화하려는 견해에 근거한다. 또한 부모들을 서비스 수용자로 보지 않고 의사결정력을 향상시킬 권리가 있는 사람으로 보는 견해에 근거한다. 1968년 「장애아동의 조기교육원조법(Handicapped Children's Early Education Assistance Act)」에 의거하여 장애아동 조기교육 프로그램(Handicapped Children's Early Education Program: HCEEP)이 생겨났다. HCEEP 프로그램의 실행과 관련된 연방규정은 가족 참여가 네 가지 형태로 실현될 수 있다고 하였다(① 계획, 개발, 운영, 평가에서의 부모 보조, ② 부모훈련, ③ 교육과 치료에의 부모참여, ④ 자문과 정보 제공). 그리고 1975년대 공법 94-142로 가족들의 IEP 참여가 의무화되는 등 가족참여 모델이 더욱 활성화되었다. 하지만 현실적으로 부모와 전문가는 평등한 파트너로서의 협력관계가 형성되지 못하고, 부모는 제한된 범위 내에서 의사결정권을 가지고 있다.

셋째, 1980년대 중반과 후반에 활발히 적용된 가족중심 모델(family-centered model)은 목표 및 서비스 설정에서부터 프로그램 평가까지 모든 단계에서 전문가-가족 상호협력 관계(power-with)를 통해서 가족의 안녕과 삶의 질을 높이고자 하는 모델이다(Dunst et al., 1994). 앞의 상담/심리치료 모델과 부모훈련 모델이 전문가의 일방적인 관계(power-over)가 강조된 모델이라면, 가족중심 모델은 전문가와 부모 각자의 힘(또는 역할)과 힘의 상호교류 관계를 강조하는 접근법이다(Turbiville et al., 1996). 또한 가족중심 모델은 어머니 또는 부부가 아닌 가족 구성원 모두가 아동 삶의 중심이 된다는 것을 강조한다(Bailey & McWilliam, 1993). 한편 전문가들은 가족중심 서비스의 구체적인 내용에 대해서 저마다 다르게 이야기하지만 가족의 선택과 강점이라는 두 가지 특성을 항상 강조한다. 하지만 현실적으로 전문가들은 아동중심 접근법과 전문가에 의한 의사결정에 익숙해 있으며, 부모들도 서비스 수혜자로서의 수동적인 역할에 익숙해 있기 때문에 실행에 어려움이 따른다.

넷째, 공동 역량강화 모델(collective empowerment model)은 전문가-가족 관계를 설명하는 데 있어서 전문가를 촉진자, 협력자로 인식하는 다소 새로운 접근법이다(Turnbull & Turnbull, 1997; Turnbull et al., 1996). 초기 조기중재 서비스는 가족의 역량강화에 초점을 두었다. 이는 가족이 자녀 또는 가족의 성과를 달성하는 역량이 부족하며, 전문가는 이러한 가족의 역량을 강화시킬 수 있는 능력이 있다는 생각에서 기인한 것이다. 하지만 정작 전문가들은 자신이 필요로 하는 자원을 취할 능력이 없으며 가족의 역량을 강화시킬 능력이 부족하다고 생각하고 있었다(Epstein, 1995; Mlawer, 1993). 이에 등장한 모델이 바로 공동 역량강화 모델로 앞으로 우리가 추구해야 할 미래 지향적 모델이다(Turnbull et al., 2000). 이 미래 지향적인 공동 역량강화 모델은 전문가와 가족 모두에게 바람직한 성과를 내며 시너지 효과를 창출하여(Turnbull & Turnbull, 1997) 전문가와 가족 모두의 만족도가 상당히 높다(Natiello, 1990). 이러한 공동 역량강화 모델은 어머니-자녀 관계에서의 문제에만 집중하지 않으며 생태학적 수준 안에서 문제를 파악하고 해결하려 한다.

이처럼 현재 가족지원의 패러다임은 전문가가 장애아동 가족의 어떤 구체적인 문제를 해결해 주는 것이 아니라 전문가-가족의 협력을 통해 가족 스스로 역량을 키워야 한다는 방향으로 이동하고 있다. 따라서 가족지원은 '가족을 돕는다' 차원에서 벗어나 '가족이 돕는다' 차원으로 나아가야 할 것이다. 이러한 시각에서 장애아동 가족지원은 개별 가족의 특별한 상황에 근거한 요구와 강점을 기초로 그 가족이 자신들의 문제를 파악하고 문제 해결을 위한 자원을 갖고 활용하도록 힘을 실어 주는 데 초점을 두어야 한다. 즉, '가족역량강화(family empowerment)'가 가족지원의 궁극적인 목표가 되는 것이다.

3) 사회적 기초

(1) 법적 기초

미국의 여러 가지 연방법은 영유아특수교육을 지지해 왔다. 1974년 「경제 기회와 지역사회 협력법(The Economic Opportunity and Community Partnership Act)」과 동법 개정에서는 각 주가 헤드스타트(Head Start) 프로그램에 최소한 10%의 장애아동을 포함시키도록 하였다. 한편 「초 · 중등교육법 I(Title I of the Elementary and Secondary Education Act)」에 따른 가족문해 프로그램(Even Start Family Literacy Program)은 0~7세 저소득층 가정의 아동 및 성인 교육, 자녀양육 교육, 읽고 쓰기 활동을 통합적으로 제공해 주었다.

또한 1974년 개정된 「장애인교육법(Education of the Handicapped Act)」에 따라 각 주는 0~21세의 모든 장애인을 판별하고 서비스를 제공하기 위한 계획을 설립해야 했다. 1975년 「전장애아교육법(Education for All Handicapped Children Act)」인 미국 공법 94-142를 통해서 장애아동에게 무상의 적절한 공교육 권리를 보호해 주는 절차상 보호장치를 가지게 되었다. 이 보호장치로 인하여 부모는 다양한 활동에서 권리를 갖게 되었다.

1988년 미국 공법 99-457의 통과로 미국의 영유아특수교육은 중요한 진보를 맞게 된다. 이 법의 Part B를 통해서 3세 이상의 장애아동은 서비스를 받게 되었으며, Part H(이후 Part C로 개정)로 장애 및 장애위험 영아가 서비스를 받을 수 있게 되었다. 또한 이 법에서는 0~2세 영아 서비스에 가족의 역할이 구체화되었으며, IEP와 동일하지만 가족의 욕구를 고려해야 하는 개별화 가족지원 계획(IFSP)이 소개되었다. Part B와 Part C에서 제시하고 있는 가족지원 관련 서비스는 〈표 1-7〉에서처럼 가족훈련, 가족상담, 가정방문, 사회사업 서비스 등이 포함된다. 이로 인해 각 주는 0~2세 영아에게 종합적 · 협력적 서비스와 자원을 제공할 수 있게 되었고, 이후의 미국 「장애인교육법」으로 3~5세 유아의 서비스는 의무성을 띠게 되었다.

〈표 1-7〉 미국의 Part B, Part C에 명시된 서비스

Part B (20 U.S.C. Sec. 1401(26) and Regulations) • '상담 서비스(counseling services)' 란 사회사업가, 심리학자, 상담가, 기타 전문가가 제공하는 재활 상담 및 서비스다(34 C.F.R. Sec. 300.34(c)(2)). • '부모 상담 및 훈련(parent counseling and training)' 이란 부모가 자녀의 특별한 욕구를 이해하도록 돕고, 부모에게 유아의 발달에 관한 정보를 제공하고, 부모가 IEP 또는 Part C의 IFSP 수행에 필요한 기술을 습득하도록 돕는 것이다(Regulatons 34 C.F.R. Sec. 300.34(c)(8)). • '학교 내 사회사업 서비스(social work services in schools)' 에는 유아과 가족에게 개별적 · 집단적 상담하기, 학교 적응을 방해하는 가정 · 학교 · 지역사회 내 문제 해결하기가 포함된다……(Regulations 34 C.F.R. Sec. 300.34(c)(14)).
Part C (20 U.S.C. Secs. 1402 and 1432, regulations at 34 C.F.R. Part 303) • '가족 훈련 및 상담, 가정방문(family training, counseling, and home visits)' 이란 사회사업가, 심리학자, 기타 전문가가 영아의 특별한 욕구에 대한 가족의 이해를 높이고 영아의 발달을 도모하는 서비스를 의미한다(34 C.F.R. Sec. 303.12 (d)(3)). • '협응 서비스(service coordination services)' 란 서비스 조정자(service coordinator)가 영아 및 가족에게 제공하는 도움 또는 서비스를 의미한다(34 C.F.R. Sec. 303.12 (d)(11)). • '사회사업 서비스(social work service)' 에는 ① 생활환경과 부모-영아 상호작용을 평가하기 위한 가정방문, ② 가족의 맥락 내에서 영아의 사회정서 발달 진단, ③ 부모, 가족 구성원을 위한 개별적 · 집단적 상담 또는 영아와 부모를 위한 사회성 향상 활동, ④ 최상의 조기중재에 영향을 미치는 영아와 가족의 문제 해결하기, ⑤ 영아와 가족이 최상의 조기중재 서비스를 받도록 지역사회 자원과 서비스를 판별하고 운영하고 조정하기가 포함된다(34 C.F.R. Sec. 303.12 (d)(12)). • '특별한 교수(special instruction)' 란…… ③ 영아의 발달과 관련하여 가족에게 정보, 기술, 지원을 제공하는 것을 의미한다(34 C.F.R. Sec. 303.12 (d)(13)).

출처: Turnbull et al.(2007).

우리나라 영유아특수교육 운영의 근간이 되는 대표적인 법으로는 「장애인 등에 대한 특수교육법」이 있다. 가족지원은 「장애인 등에 대한 특수교육법」에 명시된 여덟 가지 관련 서비스 중 하나에 속한다. 이 외에도 「유아보육법」 「유아교육법」 「장애인복지법」 「건강가족기본법」 등이 영유아특수교육의 운영에 영향을 미친다. 이러한 법의 모든 조항은 영유아특수교육 대상자의 가족과 관련이 있다고 볼 수 있겠지만, 장애아동 가족지원과 보다 직접적으로 연계되는 것은

다음과 같다. 보다 자세한 내용은 부록을 참조하기 바란다.

「장애인 등에 대한 특수교육법」으로 인하여 장애유아 의무교육과 만 3세 미만 장애영아 무상교육이 가능하게 되었다. 이 법은 장애영아의 교육지원에 관한 조항을 두고 국가 및 지방자체단체가 교육 여건을 개선하고 설비를 정비하도록 하였다. 그리고 「장애인 등에 대한 특수교육법」에 따르면 가족지원 서비스에는 가족상담, 양육상담, 보호자 교육, 가족지원 프로그램 운영 등이 포함되며, 이러한 서비스는 건강가정지원센터와 장애인 복지시설과 연계될 수 있다. 건강가정지원센터는 2004년도에 3개소 시범운영에서 시작하여 2010년도에는 약 139개소로 확대 운영되고 있으며, 지역 주민의 특성을 고려하여 가족교육, 가족상담, 가족 문화운동, 한부모가족, 국제결혼가족 등을 지원하고 있다(보건복지부, 2010).

「장애인복지법」과 「영유아보육법」에서는 각각 장애아동 수당, 보호수당 및 양육수당, 보육료, 세제지원 등을 명시하며 경제적 지원의 근거를 명확히 하고 있다. 또한 「장애인복지법」은 가족의 경제적 지원 이외에도 장애인 복지정책에 관한 것을 장애인과 보호자에게 적극적으로 홍보해야 할 국가와 지방자치단체의 책임을 명확히 하고 있다. 한편 「영유아보육법」에서는 '보육'의 개념을 아동의 발달 특성에 맞는 교육을 제공하는 보육 시설 및 서비스뿐만 아니라 가정양육 지원에 관한 사회복지 서비스까지 확장하고 있다. 따라서 영유아특수교육 서비스도 아동의 경제적·교육적 지원뿐만 아니라 가정지원까지 포함하는 것으로 인식되어야 한다. 또한 「영유아보육법」은 최근 개정에서 영아, 장애유아 이외에도 다문화 아동을 취약보육 대상으로 포함시키면서 급증하는 다문화가족의 자녀들을 보육의 대상으로 받아들였다. 이는 한국사회가 단일민족 사회에서 다문화 사회로 전환하는 현상을 반영하고 있는 것이다. 또한 앞서 언급되었듯이 국내 다문화가족의 자녀들은 학습 결손, 편견과 차별로 인한 학교 부적응 문제를 보이고 있기 때문에(교육과학기술부, 2008) 보육을 넘어서는 특수교육적 지원이 필요하며 이들 가족 구성원을 위한 가족지원도 요구된다.

(2) 전문가 협회 기초

미국 특수아동협의회(Council for Exceptional Children: CEC)의 조기특수교육 분과(Division for Early Childhood: DEC)에서는 〈표 1-8〉처럼 가족중심 추천의 실제를 제시하고 있다(Trivette & Dunst, 2005). 하지만 DEC에서 추천하는 가족

〈표 1-8〉 DEC에서 추천하는 가족중심 실제

가족과 중재자는 책임감을 공유하고 협력하여 일해야 한다. • 가족과 중재자는 적절한 가족성과를 공동 개발한다. • 가족과 중재자는 개발된 가족성과를 성취하기 위해서 정기적이고 협력적으로 정보를 공유하고 일한다. • 중재자는 충분하고 적절한 정보 제공을 통해서 가족에게 선택과 결정의 기회를 제공해 준다.
가족중심 실제는 가족의 기능을 강화해야 한다. • 실제(practices), 지원(supports), 자원(resources)은 가족에게 선택과 의사결정을 촉진시키는 참여적 경험과 기회를 제공한다. • 실제, 지원, 자원은 양육 능력과 양육에 대한 자신감을 강화하는 데 필요한 지원과 자원을 얻기 위한 가족의 참여를 높인다. • 가족 내적, 형식적, 비형식적, 지역사회 지원과 자원(예: 주간/단기 보호)은 필요한 성과를 얻도록 도움을 준다. • 지원과 자원은 가족에게 정보, 자신감 고취 경험, 참여적 기회를 제공해 주어서 가족의 기능을 강화시키고 가족의 지식과 기술을 향상시킨다. • 지원와 자원은 가족과 지역사회의 일상을 방해하지 않는 방법으로 이루어진다.
가족중심 실제는 개별적이고 융통적이어야 한다. • 지원과 자원은 융통적이고 개별적인 형태로 제공되며, 아동 및 가족의 선호도에 맞게 수정되어야 되고, 가족의 안녕(well-being)을 향상시키는 형태로 제공된다. • 지원과 자원은 개별 가족 구성원의 선호도와 우선순위에 맞춰진다. • 실제, 지원, 자원은 문화, 민족, 인종, 언어, 사회경제적 특성뿐만 아니라 가족과 지역사회의 선호도에도 반응적이다. • 실제, 지원, 자원은 가족의 신념 및 가치 결정과 중재계획 지원과 자원의 활용에 통합된다.
가족중심 실제는 강점과 자원에 초점을 두어야 한다. • 가족과 아동의 강점과 자원은 양육 능력과 양육에 대한 자신감을 강화시키는 경험에 참여하는 토대로 활용된다. • 실제, 지원, 자원은 현재 양육 능력과 자신감에 기초한다. • 실제, 지원, 자원은 가족과 전문가의 능력과 자신감을 높이는 지식과 기술의 습득을 촉진한다.

출처: Trivette & Dunst(2005).

중심 실제를 보면 가족지원의 실제가 어떤 식으로 전달되어야 하는지를 간략하게 소개하고 있을 뿐, 가족지원과 서비스가 구체적으로 무엇인지는 명확히 파악하기 어렵다(Sandall et al., 2005; Smith et al., 2002). 이에 교사 및 전문가는 구체적인 가족지원 방법을 지역사회, 기관, 아동, 가족에게 맞추어 개발하는 것이 필요하다.

이러한 기준은 우리나라 영유아특수교육 기관이 가족 중심의 실제를 운영하는 데 있어서 기초가 될 수 있다. 하지만 이러한 틀을 여과 없이 그대로 사용하기보다는 우리나라의 현황에 맞추어서 수정 · 보완하여 사용하는 것이 필요할 것이다. 예를 들어, 가족과 전문가가 책임감을 공유하고 협력한다는 실제는 IFSP의 작성이 법적으로 의무화되지 않고 장애영아에 대한 교육이 활성화되어 있지 않은 우리나라의 경우 다소 무리한 요구로 받아들여질 수 있다. 하지만 이러한 실제가 시간이 걸리더라도 현장에서 시행되어야 함은 분명하다.

요 약

현대사회는 이혼, 재혼, 입양, 맞벌이 등으로 다양한 가족의 형태가 증가하고 있으며, 이러한 변화에 따라서 가족의 개념도 변화해 왔다. 그래서 가족의 개념에는 과거에는 인정되지 않았던 다양한 대안적 가족의 형태도 포함되었다. 이 장에서는 다양한 가족의 형태 중 일부인 다문화가족, 한부모가족, 조손가족, 분거가족, 재혼 · 계부모 가족, 장애아동 가족에 대해서 살펴보았다. 이처럼 가족의 개념은 정치적으로 확장되고 있기는 하지만 다양한 가족 구성원들은 사회의 고정관념 및 부정적인 시각으로 인해서 어려움을 겪는다. 이러한 가족들이 겪는 다양한 어려움을 이해하는 것이 개별 과제가 아닌 공동 과제로 인식되어야 한다는 생각이 팽배해지면서 가족지원은 점차 강조되고 있다.

가족지원이란 단순히 가족이 필요로 하는 욕구를 충족시켜 주는 것이 아니라 가족들이 자신의 필요 및 욕구를 충족시키기 위해서 환경을 구성하고 독립적으로 문제를 해결하는 능력을 갖도록 도와주는 것으로, 궁극적인 가족지원의 목표는 전문가와 양육자의 공동 역량강화다. 이러한 가족지원은 앞에서 설명된 다양한 가족 형태에 따라서 그 종류 및 강도가 차별화되겠지만, 이 장에서는 장애아동 가족지원에 초점을 두어서 가족지원의 이론적 배경을 이론적 · 역사적 · 사회적 관점에서 살펴보았다. 이론적 기초에서는 체계이론(systems theory), 생태학적 모델(ecological model), 교류 모델(transactional model), 역사적 기초에서는 가족지원 모델의 변천사, 그리고 사회적 기초에서는 미국과 우리나라의 관련 법과 전문가 협회의 입장을 중심으로 살펴보았다.

학습활동

1. 〈사례 2〉를 읽고 모둠별로 가족지원의 혜택을 장애아동과 가족의 측면에서 나누어 정리해 보시오.

2. 모둠에서 새롭게 가족지원을 정의해 보고, 앞에서 살펴본 가족지원의 정의와 비슷한 점과 다른 점이 무엇인지 논의해 보시오.

3. 다음 표는 미국의 영유아특수교육에 있어서 가족지원의 연대별 변화 양상을 제시하고 있다. 이 표에 나타난 시대별 변화가 의미하는 바를 논의하시오.

구분	1950~1960년대	1960~1970년대	1980년대	1990년대와 미래
모델	상담/심리치료 모델	부모훈련 모델	가족중심 모델	공동 역량강화 모델
전문가-가족 역학관계	power-over	power-over	power-with	power-through

부 록

가족지원 관련 법

장애인 등에 대한 특수교육법

「장애인 등에 대한 특수교육법」 제2조(정의)

② 특수교육관련 서비스란 특수교육대상자의 교육을 효율적으로 실시하기 위하여 필요한 인적·물적 자원을 제공하는 서비스로서 상담지원, 가족지원, 치료지원, 보조인력지원, 보조공학기기지원, 학습보조기기지원, 통학지원 및 정보접근지원 등을 말한다.

「장애인 등에 대한 특수교육법」 제28조(특수교육관련서비스)

① 특수교육대상자와 그 가족은 교육감으로부터 가족상담 등 가족지원을 받을 수 있다.

「장애인 등에 대한 특수교육법 시행령」 제23조(가족지원)

① 법 제28조 제1항에 따른 가족지원은 가족상담, 양육상담, 보호자 교육, 가족지원 프로그램 운영 등의 방법으로 이루어진다.

② 제1항에 따른 가족지원은 「건강가정기본법」 제35조에 따른 건강가정지원센터, 「장애인복지법」 제58조에 따른 장애인 복지시설 등과 연계하여 할 수 있다.

「장애인 등에 대한 특수교육법 시행령」 제27조(통학지원)

① 교육감은 각급학교의 장이 법 제28조 제5항에 따른 통학지원을 원활하게 할 수 있도록 통학차량을 각급학교에 제공하거나 통학지원이 필요한 특수교육대상자 및 보호자에게 통학비를 지급하여야 한다.

장애인복지법

「장애인복지법」 제9조(국가와 지방자치단체의 책임)

③ 국가와 지방자치단체는 장애인 복지정책을 장애인과 그 보호자에게 적극적으로

홍보하여야 하며, 국민이 장애인을 올바르게 이해하도록 하는 데에 필요한 정책을 강구하여야 한다.

「장애인복지법」 제50조(장애아동수당과 보호수당)

① 국가와 지방자치단체는 장애아동에게 보호자의 경제적 생활수준 및 장애아동의 장애 정도를 고려하여 장애로 인한 추가적 비용을 보전하게 하기 위하여 장애아동수당을 지급할 수 있다.

② 국가와 지방자치단체는 장애인을 보호하는 보호자에게 그의 경제적 수준과 장애인의 장애 정도를 고려하여 장애로 인한 추가적 비용을 보전하게 하기 위하여 보호수당을 지급할 수 있다.

「장애인복지법」 제58조(장애인복지시설)

① 장애인복지시설의 종류는 다음 각 호와 같다: 1. 장애인 생활시설, 2. 장애인 지역사회재활시설, 3. 장애인 직업재활시설, 4. 장애인 유료복지시설, 5. 그 밖에 대통령령으로 정하는 시설

「장애인복지법 시행령」 제22조(상담원의 직무)

상담원은 다음 각 호의 직무를 수행한다.

1. 장애인과 그 가족 또는 관계인에 대한 상담 및 지도

영유아보육법

「영유아보육법」 제2조(정의)

2. "보육"이란 영유아를 건강하고 안전하게 보호 · 양육하고 영유아의 발달 특성에 맞는 교육을 제공하는 보육시설 및 가정양육 지원에 관한 사회복지서비스를 말한다.

「영유아보육법」 제26조(취약보육의 우선 실시 등)

① 국가나 지방자치단체, 사회복지법인, 그 밖의 비영리법인이 설치한 보육시설과 대통령령으로 정하는 보육시설의 장은 영아 · 장애아동 · 다문화가족의 아동 등

에 대한 보육(이하 "취약보육"이라 한다)을 우선적으로 실시하여야 한다.

「영유아보육법」 제28조(보육의 우선 제공)

① 국가나 지방자치단체, 사회복지법인, 그 밖의 비영리법인이 설치한 보육시설과 대통령령으로 정하는 보육시설의 장은 다음 각 호의 어느 하나에 해당하는 자가 우선적으로 보육시설을 이용할 수 있도록 하여야 한다.

1. 「국민기초생활보장법」에 따른 수급자
2. 「한부모가족지원법」 제5조에 따른 보호대상자의 자녀
3. 「국민기초생활 보장법」 제24조에 따른 차상위계층의 자녀
4. 「장애인복지법」 제2조에 따른 장애인 중 보건복지부령으로 정하는 장애등급 이상에 해당하는 자의 자녀
5. 그 밖에 소득수준 등을 고려하여 보건복지부령으로 정하는 자의 자녀

「영유아보육법」 제34조의2(양육수당)

① 국가와 지방자치단체는 보육시설이나 「유아교육법」 제2조에 따른 유치원을 이용하지 아니하는 영유아에 대하여 영유아의 연령과 보호자의 경제적 수준을 고려하여 양육에 필요한 비용을 지원할 수 있다.

「영유아보육법」 제39조(세제 지원)

① 제14조와 제37조에 따라 사업주가 직장보육시설을 설치 · 운영하거나 보육수당을 지급하는 데에 드는 비용과 보호자가 영유아의 보육을 위하여 지출한 보육료와 그 밖에 보육에 드는 비용에 관하여는 「조세특례제한법」에서 정하는 바에 따라 조세를 감면한다.

「영유아보육법 시행규칙」 제28조(취약보육의 종류)

① 법 제26조 제1항에 따른 취약보육은 다음 각 호의 보육을 포함한다: 1. 영아 보육, 2. 장애아 보육, 3. 다문화아동 보육, 4. 시간연장형 보육

「영유아보육법 시행규칙」 제29조(보육의 우선 제공)

① 법 제28조 제1항 제4호에서 "보건복지부령으로 정하는 장애등급 이상에 해당하

는 자"란 다음 각 호의 사람을 말한다.

1. 「장애인복지법 시행규칙」 별표 1의 장애등급 중 1급 또는 2급에 해당하는 사람
2. 「장애인복지법 시행규칙」 별표 1의 장애등급 중 3급에 해당하는 지적장애인 또는 자폐성장애인으로서 다른 장애가 중복된 사람

② 법 제28조 제1항 제5호에서 "보건복지부령으로 정하는 자의 자녀"란 다음 각 호의 영유아를 말한다.

1. 「아동복지법」 제16조에 따른 아동복지시설에서 생활 중인 영유아
2. 부모가 모두 취업 중인 영유아
3. 「다문화가족지원법」 제2조 제1호에 따른 다문화가족의 영유아
4. 자녀가 3명 이상인 가구의 영유아

유아교육법, 시행령 및 시행규칙

「유아교육법」 제15조(특수학교 등)

② 국가 및 지방자치단체는 특수교육이 필요한 유아가 유치원에서 교육을 받으려는 경우에는 따로 입학절차 · 교육과정 등을 마련하는 등 유치원과의 통합교육 실시에 필요한 시책을 마련하여야 한다.

「유아교육법」 제17조(건강검진 및 급식)

① 원장은 교육하고 있는 유아에 대하여 건강검진을 실시하고, 그 결과 치료가 필요한 유아에게는 보호자와 협의하여 필요한 조치를 하여야 한다.

「유아교육법」 제24조(무상교육)

② 제1항에 따라 무상으로 실시하는 유아교육에 드는 비용은 국가 및 지방자치단체가 부담하되, 유아의 보호자에게 지원하는 것을 원칙으로 한다.

「유아교육법」 제26조(비용의 부담 등)

① 국가 및 지방자치단체는 제24조 제1항에 따른 무상교육 대상이 아닌 유아 중에서 「국민기초생활보장법」에 따른 수급권자와 대통령령으로 정하는 저소득층 자녀의 유아교육에 필요한 비용의 전부 또는 일부를 예산의 범위에서 부담하되, 유

아의 보호자에게 지원하는 것을 원칙으로 한다.

건강가정기본법

「건강가정기본법」 제35조(건강가정지원센터의 설치)

① 국가 및 지방자치단체는 가정문제의 예방 · 상담 및 치료, 건강가정의 유지를 위한 프로그램의 개발, 가족문화운동의 전개, 가정 관련 정보 및 자료제공 등을 위하여 중앙, 시 · 도 및 시 · 군 · 구에 건강가정지원센터를 둔다.

② 센터에는 건강가정사업을 수행하기 위하여 관련분야에 대한 학식과 경험을 가진 전문가를 두어야 한다.

③ 건강가정사는 대학 또는 이와 동등 이상의 학교에서 사회복지학 · 가정학 · 여성학 등 여성가족부령이 정하는 관련교과목을 이수하고 졸업한 자이어야 한다.

제2장

장애아동 가족의 이해

1. 장애아동 가족의 경험
2. 가족과 장애 진단
3. 장애아동이 가족 구성원에 미치는 영향
4. 장애아동 가족의 부담

학습 목표

1. 장애아동 가족의 경험을 이해한다.
2. 장애에 대한 가족의 반응양식을 이해한다.
3. 장애아동 가족의 부담을 이해한다.

1. 장애아동 가족의 경험

가정은 장애아동이 물적·인적 자원과 상호작용하면서 얻은 여러 경험을 재구성할 수 있는 최초의 장소다. 장애아동은 이러한 가족의 울타리 안에서 자신의 인성을 형성하며 발달해 간다. 따라서 아동이 그 가족과 맺는 유대 양식과 정도는 아동의 인격 형성과 인간관계에 중요한 역할을 한다. 가족은 함께 사는 개인들의 연합체로서 사회화 과정, 재생산 과정, 협력관계에 있으며, 또한 심리적 결속관계에 있다. 이 시각에 따르면 가족은 부모의 인성, 부모-자녀 및 형제들 간의 관계에 의해 그 특징이 형성된다. 가족은 구성원 수, 구성 유형, 구성원의 성격, 구성원들 간의 관계와 같은 내적 구조에 의해 규정되기도 하지만, 한편으로는 요구, 사회적 규범, 가치, 규칙에 반응하는 특정한 양식에 의해서도 규정된다(Ziemen, 2002).

어느 누구도 자신의 자녀가 장애를 가지고 태어난다는 것은 생각하지 못한다. 그렇기 때문에 장애자녀가 태어났을 때 가지는 부모의 부담은 매우 크게 다가온다. 또한 자녀의 장애로 인해 가족은 편견과 오해의 시각을 견뎌내야 하며, 장애자녀의 교육에 있어서도 준비가 되어 있지 않은 상태이기 때문에 가족의 기능도 매우 제한적일 수밖에 없다. 자녀의 발달을 위한 최상의 조건을 만드는 책임은 부모에게 있는데(Behringer, 2001), 이와 관련하여 특히 장애자녀를 둔 부모는 사회의 기대와 자녀의 능력에 대한 압박 사이에서 늘 긴장하여 살 수밖에 없다. 그러나 장애자녀를 둔 부모가 느끼는 실패에 대한 불안감, 죄책감 및 그에 따르는 긴장 상태는 교육을 통해 자녀의 발달이 촉진될 수 있다는 희망에 의해 완화될 수도 있다. 의학 및 공학의 발달과 다양한 치료 서비스의 제공은 장애자녀를 둔 부모로 하여금 '최선을 다하면 자녀의 장애나 발달지체가 충분히 개선될 수 있다' 는 희망을 점차 더 많이 가지게 한다. 따라서 부모들은 가능한 한 많은 의학적·치료적·교육적 가능성에 대한 정보를 얻으려 하며, 이것을 그들의 당연한 과제로 여기고 있는 것이다.

장애아동 가족의 구성원이 겪는 어려움은 다양하게 나타나지만, 일반적으로 가까운 사회적 관계에 있는 주변 사람들과의 일상에서 경험하는 사회적 편견이 가장 큰 어려움으로 다가오는 경우가 많다. 가족들은 사회적 환경에서 종종 솔직한 이해와 실제적인 도움이 되는 지원을 받지 못하고 오히려 가식적인 동정을 경험하기도 한다. 이와 함께 사회적 반응의 또 다른 형태는 해당 가족에 대한 거부와 폄하다. 이해를 돕기 위한 다양한 사례는 다음과 같다. 〈사례 1〉은 부모가 장애자녀와 평범한 일상을 살아가면서 겪는 어려움과 편협한 사회적 시선 때문에 경험한 좌절을 보여 준다. 〈사례 2〉에서는 다운증후군 아들을 둔 부모가 주위 사람들이 자신과 아들이 지나갈 때 종종 당황하거나 혐오스러운 눈빛으로 자신들을 쳐다보는 것을 '일상'으로 삼고 살아가고 있음을 고백하고 있다. 〈사례 3〉은 다운증후군 동생을 둔 한 대학생이 자신의 체험을 발표한 내용의 일부분이다.

이런 아픔은 부모와 그 형제자매만 경험하는 것이 아니다. 장애아동도 주위 사람들이 자신을 다르게 보고 있으며, 그들이 접촉을 꺼리거나 적어도 자신을 가까이 하고 싶어 하지 않는다는 것을 느낀다. 부모는 달갑지 않은 외부의 시선뿐만 아니라 장애의 원인을 부모에게서 찾으려는 사회의 인식 때문에 이중 고통을 경험하게 된다. 장애자녀가 태어나면 주변 사람들은 어떤 방식으로든, 다시 말하면 환경적이든, 생물학적이든 부모가 장애아동 출산에 대한 책임이 있다는 생각을 하게 된다. 직간접적인 사회의 책임전가 때문에 부모는 또다시 그에 대한 방어를 해야만 한다. 즉, 장애아동의 부모들은 환경의 변화에 스스로 적응하기 위한 필수적인 자기방어 행동으로서 이전의 사회적 환경과 거리를 더 두고 가족과는 더 긴밀한 관계를 가지게 되는데, 이것은 부족한 사회적 관용에 대처하기 위한 노력의 일환으로 볼 수 있다(Kriegl, 1993). 이러한 사회적 환경에 대한 부모의 반응은 다시 자녀와의 상호작용에 영향을 줄 수 있다.

사례 1

나는 요리를 좋아하는 훈이와 장을 보기 위해 함께 대형 마트에 가기로 결심했다. 훈이가 자동으로 움직이는 것을 자세히 관찰하는 것을 좋아했기 때문에, 나는 마트의 자동문 앞에서 훈이와 씨름을 해야만 했다. 어렵게 마트 안으로 들어갔는데, 훈이는 선반에 있는 물건들을 어지럽히기 시작했고 나는 계속 원상태로 정리해야만 했다. 그러는 동안 훈이는 과일 진열대에 가서 복숭아를 깨물어 먹었고, 채소 진열대에 가서는 배추와 당근을 바닥에 떨어뜨렸다. 또한 유제품 진열장에 가서는 요구르트 용기를 손으로 눌러놓았다. 훈이는 너무 빨라서 도저히 그 행동을 저지하기 위해 훈이의 걸음을 쫓아갈 수 없었다. 나는 필요한 물건을 다 사지도 못한 채 장보기를 포기해야만 했다. 그래서 몇 가지만 장바구니에 담은 채 계산대 앞에 섰다. 내가 계산을 하고 있는 동안, 훈이는 다시 마트 정문으로 달려가서 문이 열리고 닫히는 것을 보다가 어떤 할머니가 들어오는 것을 방해하게 되었다. 할머니는 나를 보더니 아이를 잘 돌보라고 상냥하게 말하고는 지나가면서 혼잣말로 '가정교육' 이 어떻다고 하면서 고개를 설레설레 저었다. 나는 그 순간 정말 땅 속으로 들어가서 큰 소리로 훈이가 내 아이가 아니라고 외치고 싶었다. 이런 사건은 나로 하여금 정말 훈이가 내 아이가 아니라면 하는 환상을 일으키게 한다.

사례 2

준혁(다운증후군)이와 소아과에서 진료를 기다리고 있었다. 어떤 아이가 준혁이를 검지손가락으로 가리키며 "엄마 쟤는 뭐야?" 하고 큰 소리로 물어보았는데, 그 아이의 질문에 놀란 것이 아니라 그 아이의 어머니 반응에 충격을 받았다. 아이의 검지손가락을 확 잡아끌더니 못 볼 것을 봤다는 표정으로 아이의 등을 확 돌려 버렸고, 주위에 있던 사람들도 아무 말 하지 않고 오히려 살짝 등을 돌리는 것이었다. 나는 그때 실망감보다는 고립감 같은 것을 느꼈다. 솔직히 준혁이가 건강한 아이였으면 아마 나도 똑같이 반응했을 것이기 때문이다.

사례 3

내가 중학교 2학년 때였다. 그때는 가족들이 모두 바빴고, 할머니께서 집에 계시기는 했지만 준이는 주로 컴퓨터를 하거나 자전거를 타고 동네를 달리면서 혼자 놀았다.

그러던 어느 날 신나게 자전거를 끌고 나갔던 준이가 울면서 어머니 손에 이끌려 들어왔다. 무슨 일이냐고 물어보니까 동네 애들이 언덕에서 자전거를 타고 있는 준이를 자전거째 언덕 아래로 밀었다고 했다. 자전거는 완전히 부서졌지만 준이는 다행히 약간의 타박상만 입었다. 그 말을 듣자마자 나는 동생을 이끌고 사고가 난 그 언덕으로 올라갔다. 그러자 동생이 한 마당을 가리키면서 거기서 노는 애들이 밀었다고, 말로는 제대로 표현을 못했지만 행동으로 알려 주었다. 그 애들에게 누가 준이를 밀었냐고 물어보자 5~6명의 아이들이 나왔다. 그중 한 아이가 부모님이 집에 계시다고 근처에 있는 자기 집으로 우리를 데려갔다. 그 아이의 어머니를 만나서 "아이들이 장애가 있는 제 동생을 이유도 없이 언덕에서 밀었는데, 제 동생은 이렇게 다쳤고 자전거는 고치지도 못할 정도로 망가졌습니다. 아이들은 철없고 잘 몰라 그랬다고 생각합니다. 부모님들이 잘 말씀해 주십시오."라고 했다. 그런데 그 말에 그 아이 부모는 사과가 아니라 막말을 퍼부었다. '왜 그런 아이를 밖에 나가게 하느냐, 그 아이가 자신의 애들한테 해코지하면 어떻게 할 거냐, 그런 아이가 밖에 나오는 게 문제' 라며 소리를 쳤다.

이 사건이 일어난지 7년이 지났지만 나에게는 그때의 아픈 경험이 사라지지 않는다. 나는 심리적으로 많은 제약을 받게 되었고, 동생은 행동에 제약을 받게 되었다. 자전거를 새로 샀지만 더 이상 밖에 나가 탈 수 없게 되었다. 나갈 일이 생기면 아무리 가까운 곳이라도 반드시 가족 중 한 명을 동행해야만 갈 수 있었다.

이 일로 나는 장애인들에 대한 사람들의 편견이 얼마나 심한지 깨달았고, 무심코 표현된 사람들의 그런 편견이 장애아동과 그 가족에게 평생 씻을 수 없는 큰 상처를 줄 수 있다는 것을 깨달았다.

2. 가족과 장애 진단

1) 장애자녀의 출생과 장애 진단

자녀의 출생은 역할과 관계 및 가족 내 일상을 변화시키는데, 장애자녀의 출생은 그 변화의 정도가 매우 크다고 할 수 있다. 또한 출생 후에 장애 진단을 받고 그 예후를 전달받는 것은 적어도 첫 순간만큼은 모든 부모에게 큰 충격 혹은 트라우마(trauma)로 다가올 것이다. 희망은 사라지고 부모의 역할에 대한 회의가 엄습하게 된다. 장애의 원인이 밝혀지면 부모는 우선 죄책감에서는 벗어날 수 있지만, 자녀가 지닌 장애의 이해 및 수용 정도에 따라 희망과 절망 사이에서 고통을 받게 된다(Ziemen, 2002).

장애의 진단은 부모-자녀 관계 및 부모의 교육방법에도 영향을 준다. 일반적으로 진단 직후 부모의 어려운 심리 · 정서적 상황과 사회적 고립은 억압기제를 가동시켜서 교육을 잘못된 방향으로 이끌기도 한다. 이런 잘못된 부모의 행동은 현실을 완전히 왜곡시켜서 부모로 하여금 '모든 것이 잘 될 거야' 라는 식의 비현실적 희망을 갖게 한다. 또한 너무 과장된 행동에서부터 사회에 대한 적개심, 자녀에 대한 극단적인 집착에 이르기까지 다양하게 나타난다. 부모의 가식적인 절망과 우울은 자녀에게 심각한 상처를 남길 수 있고(Kriegl, 1993), 장애자녀에 대해 양가감정을 드러내기도 한다.

진단이 이루어지기 전에 부모는 종종 자신이 실패자라는 느낌과 무엇인가 잘못했다는 불안감, 자녀의 장애에 대한 죄책감에 사로잡히게 된다. 진단은 불안, 희망, 슬픔 등의 복잡한 감정을 일으키기도 하지만, 다른 한편으로는 현실적 도움을 제공하기도 한다. 즉, 진단은 불안의 단계에 있는 부모에게 방향성을 제시함으로써 부모로 하여금 어떤 행동을 취할 수 있도록 기회를 마련해 주기도 한다. 자녀가 장애 진단을 받으면 부모는 충격만 받는 것이 아니라 종종 자녀를 위해 무엇인가 바로 시작해야 한다는 도전을 받기도 하는 것이다(Hinze, 1993). 또한 부모들은 치료적 개입을 통해 자신이 좋은 부모라고 믿으면서 그런 자신의 노력을 통해 환상적 관계를 꿈꾸기도 한다.

장애아동 부모의 역할은 자녀를 사랑해 주고, 정성껏 돌봐주고, 자녀의 능력과 인성을 개발시켜 주는 것에만 국한되지 않는다. 부모는 또한 자녀에게 사회의 수용을 가능하게 해 주고, 자녀의 권리를 위해 투쟁하고, 자녀에게 가능하면 평범한 삶을 영위할 수 있도록 해 주어야 한다. 즉, 장애아동 부모는 우선 장애를 수용하는 법을 배워야 하고, 장애자녀를 자신의 삶에 통합시켜야 한다(Praschak, 2003). 또한 장애아동 가족은 그들의 일상을 특별한 방식으로 극복해야 하며, 장애아동과 정서적 관계를 형성하고, 새로운 부모 혹은 형제의 역할을 찾아야 한다(Krause, 1997).

이처럼 장애자녀 부모가 주어진 상황에서 가족의 안녕을 보장하기 위해 지녀야 하는 바람직한 태도나 행위가 제시되고 있지만, 장애 진단이 내려진 초기에는 장애를 지닌 자녀와 달라진 상황을 인정하는 것이 매우 어렵다. 부모들은 장애를 치료할 수 있는 방법이나 치료를 확신하는 사람들에 대한 희망을 갖기도 한다. 그런데 중요한 것은 모든 결정이 부모의 방어 행동에서가 아니라 아동의 발달과 안녕 측면에서 이루어져야 한다는 것이다. 부모가 자녀의 장애와 가족의 운명에 맞서서 무엇인가 행동을 취할 수 있다는 느낌과 행동으로의 실행은 부모로 하여금 자신의 상황을 스스로 통제할 수 있고 자신은 힘없이 내던져진 존재가 아님을 인식하게 도와준다. Steinbach(1995)는 장애아동 부모를 대상으로 한 연구에서 스트레스를 일으키는 사건을 통제할 수 있다는 감정은 엄마의 행동에 중요한 동기를 부여한다는 것을 밝히고 있다. 그러나 밖으로 보이는 부모의 행동 이면에는 무의식적인 동기가 숨어 있을 수도 있다. 진단 후 초기 단계에서 방어기제는 부모가 스스로를 보호하도록 도와주며, 그 상황을 부인하도록 하며, '그런 일이 일어나지 않을 거야' 와 같은 막연한 희망을 갖게 한다.

2) 장애 진단에 대한 반응 모델

자녀의 장애 진단과정에서 가족들이 느끼는 감정과 반응하는 양식은 장애의 유형 및 정도, 자녀의 기질, 가족의 응집력, 활용 자원, 사회적 네트워크 등에 따라 매우 다양하게 나타날 수 있다. 하지만 많은 연구가 어려운 상황에 처했을 때 반응하는 양식에 대한 일반적인 모델을 제시하고 있다. 다양한 반응이론 중에 몇 가지를 제시하면 〈표 2-1〉과 같다.

표에 제시된 반응이론은 공통적으로 '수용'이라는 이상적인 단계를 마지막 단계로 제시하고 있고, 단계의 수나 사용하는 용어는 다르지만 단계의 순서나 내용은 거의 유사하게 나타나고 있다. 종합해 보면, 부모들은 일반적으로 다음과 같은 순차적인 심리적 반응 단계를 거치게 된다(Hornby, 1995). 첫 번째 단계는 충격 단계로, 전문가의 대처방법이나 조언이 받아들여지지 않는다. 두 번째 단계는 부정 단계로, 자기 자녀가 정상이라는 증거를 찾고자 전문가를 찾아다니며 자녀의 장애 사실에 대한 분노와 원망에 시달리게 된다. 세 번째 단계는 타협 단계로 불가피한 현실과 협상하여 자녀를 위해 정성과 노력을 투자하게 된다. 그러나 이때 부모가 기울인 희생에 대해 가시적인 변화나 진보가 없으면 네 번째 단계인 침체와 무기력을 넘어서 우울 단계로 넘어가게 된다. 이 단계를 넘어서게 되면 다섯 번째 단계인 수용 단계로 넘어가게 되는데, 부모는 자녀의 능력과 한계를 있는 그대로 수용하고 이해하며 사회적으로 적응할 수 있도록 도와준다.

〈표 2-1〉 역경 혹은 장애에 대한 반응 단계

연구자	반응 단계	연구 대상
Kübler-Ross(1969)	충격-분노-타협-우울-수용(5단계)	암 환자
Peterson(1987)	불확실-충격-부정-죄책감-분노-우울-수용(7단계)	장애아동 부모
Hinze(1993)	장애로 인한 스트레스-장애의 회피-장애를 바꿀 수 있다는 믿음-장애를 통한 도전-사회적 접촉 및 지원 모색-장애의 수용(6단계)	장애아동 부모

장애아동 가족이 장애에 어떻게 반응하는가에 대해 Cook과 Armbruster (1983)는 〈표 2-2〉에서처럼 단계 모델을 포함하여 네 가지의 다양한 반응 모델을 제시하고 있다.

이처럼 역경이나 장애 진단의 상황을 처리하는 과정이 시간적 흐름에 따라 순차적으로 이루어진다는 단계 모델(stage model)에 반해, 최근에는 통합적 모델(integrative model)이 제시되고 있다(Hinze, 1993). 이 시각에 따르면 제시된 단계는 순차적으로 나타날 수도 있지만, 동시에 나타날 수도 있고 아예 나타나지 않을 수도 있다. 따라서 단계는 개인의 내적·외적 특성에 따라 다양한 양상을 보인다. 즉, 생활의 위기나 중대한 사건 및 정서적 스트레스에 대처하는 것은 하나의 과정적 단계이며 인지와 감정의 상호작용에 의해 규정된다.

전통적 단계 모델에서는 연속된 두 단계가 서로 영향을 주는 반면, 통합적 모델에서는 단계의 순서 및 영향 관계가 일정하지 않게 나타난다. 따라서 많은 장애아동 부모들이 전통적 단계 모델에서 가정하는 모든 단계를 경험하지 않을

〈표 2-2〉 Cook-Armbruster의 반응 모델

모델	내용
단계 모델 (stage model)	가장 일반적인 모델로서 충격과 불신의 1단계, 분노의 2단계, 타협 및 방어적 태도의 3단계, 만성적인 슬픔의 4단계, 수용의 5단계로 이루어져 있다.
만성적인 슬픔 모델 (chronic sorrow model)	장애로 인한 분노와 슬픔의 감정이 가족의 정서적인 생활의 일부가 되어 슬픔의 감정이 지속되는 유형으로, 자녀가 발달과정의 전환기를 맞아 특정 발달과업에 직면했을 때마다 만성적으로 나타난다.
실존적 갈등 모델 (existential conflicts model)	가족 구성원의 가족은 단계 모델에서 나타나는 감정적 차원보다는 실존적 차원에서 삶에 대한 다양한 의문을 갖게 되는데, 환멸, 외로움, 무의미함, 상실감 등이 나타난다.
발달과업 모델 (development tasks model)	발달 단계에 대한 과업을 어느 정도 완수한다면 적응한 것으로 봄으로써 장애아동 가족의 환경 및 특성에 근거한 가족의 이해를 중요하게 여긴다.

출처: Cook & Armbruster(1983).

수도 있고 수용의 마지막 단계에 이르지 못할 수도 있다는 것을 염두에 두어야 한다.

종합해 보면, 일반적인 모델로서 단계 모델은 하나의 방향성만 제시할 뿐 절대적인 과정을 의미하는 것은 아니다. 즉, 개인이 위기에 대처하는 과정은 일정한 순서가 있는 것이 아니며 단계 모델 안에서 서술되는 다양한 반응 형식들로 구성된 개인적인 과정인 것이다.

3. 장애아동이 가족 구성원에 미치는 영향

장애자녀의 출생은 부모는 물론 형제자매 및 기타 친척들에게도 많은 심리적 변화를 일으킨다. 가족의 유형 및 가족 구성원에 따라 장애를 경험하고 그에 대처하는 방식은 다르지만 일반적으로 긍정적인 측면보다는 부정적인 측면을 더 많이 경험하게 된다. 그러나 개별 가족 구성원들에게 가족 내에서 기대되는 역할과 사회에서 주어지는 역할, 장애자녀 혹은 형제자매와의 상호작용 방식 등이 다르기 때문에 경험하는 심리적 변화의 내용과 대처 양상도 달리 나타난다. 따라서 가족지원은 각 가족 구성원들이 경험하는 심리변화를 이해하여 장애아동 가족의 장애 극복과정에서 가족의 총체성과 가족 구성원의 개별성을 함께 고려하여 이루어져야 할 것이다.

1) 아버지

장애자녀의 출생은 어머니에게도 심리적 부담을 주지만 아버지가 받는 심리적 부담도 매우 큰 것으로 나타나고 있으며, 일반아동의 아버지보다 더 많은 스트레스를 받고 있는 것으로 나타나고 있다(이종호, 2002). 즉, 자녀의 장애로 인한 부담은 어머니와 비슷하지만 아버지의 고유한 역할로 인해 다른 양상으로 나타나고 있을 뿐이다.

시대가 변함에 따라 아버지의 역할도 변화되고 있다. 두드러진 특징은 아버지가 자녀의 양육에서 소극적이었던 전통적인 역할에서 벗어나 양육 및 가사에 적극적으로 참여한다는 데 있다. 또한 자녀의 제 발달에 대한 아버지의 중요성이 점점 강조되고 있다. 이런 현실을 직시하면 장애자녀의 육아 및 교육에서도 아버지의 역할과 영향력이 증대되고 있다고 할 수 있다. 따라서 장애아동 아버지의 심리적 부담과 스트레스는 직간접적으로 자녀와의 상호작용 및 가족의 기능에 부정적인 영향을 줄 수 있지만, 긍정적인 역할행동은 장애자녀의 발달 및 가족 기능에 기여할 수 있다(Benson & Turnbull, 1986).

하지만 이렇게 아버지에게 기대되는 역할이 변하고 그 중요성이 강조되고 있음에도 장애자녀 아버지의 실제 역할수행은 기대에 못 미치는 것으로 나타나고 있다. 한 연구(Kallenbach, 1997)에 의하면 많은 장애아동 아버지가 직업 활동으로 인해 자녀에게 주어지는 양육이나 조기중재 서비스에서 제외되고, 이로써 자녀의 장애에 대처하는 경험이 부족하기 때문에 가족 및 장애자녀와 거리감을 느끼는 것으로 나타났다. 또한 아버지들은 자녀의 장애가 가족의 이미지에 부정적 영향을 준다는 생각 때문에 더 큰 스트레스를 받음으로써 자녀의 양육에 전적으로 참여하거나 회피하는 등의 극단적인 반응을 보이기도 한다. 이 연구를 통해 나타난 장애자녀 아버지가 보이는 양육 및 조기중재 서비스와 관련된 일반적인 특징은 다음과 같다.

- 자녀와 관련된 중요한 일정에 잘 참여하지 않거나 소극적이다.
- 양육에 있어 중요하고 본질적인 부분에서는 제외된다.
- 전문가와의 접촉이 적다.
- 자녀와 관련된 서비스에의 접근이 적다.
- 사회적 시선을 의식하여 자녀와 관련된 일을 회피한다.

아버지들은 가족과의 상호작용을 중요하게 인식함에도 불구하고 가족 외에서 요구되는 기대, 특히 직장생활과 관련된 요구가 많기 때문에 가족의 일이나 자녀의 양육에 있어 회피하는 경향을 보일 수도 있다. 그러나 이것이 현실이기 때문에 실제 가족지원을 실행하는 전문가는 아버지의 사회적 역할을 인정해 주는 동시에 가족 내에서 할 수 있는 역할을 찾아주어야 한다.

2) 어머니

과거나 현재의 전통적인 가족의 역할에서 볼 때, 어머니는 주 양육자로서 자녀의 발달과 교육에 가장 밀접하게 관여하는 역할을 맡고 있다. 또한 어머니의 가장 큰 역할은 가족 구성원의 정서적 욕구를 만족시키는 데 있는데, 특히 장애아동의 어머니는 전통적인 역할에 더욱 강하게 매여 있는 경향이 있다. 장애아동 어머니는 자녀의 장애로 인해 이전에 가졌던 자신의 정체성에 대한 혼란, 자녀와의 관계, 다른 가족 구성원과의 관계, 사회적 환경과의 관계 등에서 많은 어려움을 겪고 있다(Cloerkes, 2001).

자녀양육의 과제는 매일 이루어져야 하기 때문에 어머니와 자녀 사이에 심각한 긴장과 갈등이 발생할 수도 있다. 또한 장애아동의 어머니는 자신의 역할이 결코 끝나지 않는다는 것을 알기 때문에 장애자녀가 성인이 되어도 그의 필요가 항상 생활의 중심에 있게 된다. 어떤 어머니들은 자녀를 거부하는 감정을 자녀를 특별히 사랑하고 열심히 돌보는 방식으로 보상하기도 한다. 이것은 모든 에너지를 자녀의 발달에 집중하기 때문에 일어난다(Seifert, 2003). 이를 통해 자녀는 어머니와 기생적 관계에 놓이게 되고, 자녀는 실제보다 더 무기력한 존재로 인식된다.

임현승(2004)의 연구에 의하면 장애자녀의 양육은 부모에게 정신적 · 신체적으로 부정적 영향을 미치며, 부모의 우울과도 높은 상관관계가 있다. 특히 어머니가 아버지에 비해 우울을 더 많이 경험하고(Bradshow & Lawton, 1978; Bristol,

1987; Friedrich & Friedrich, 1981), 장애아동의 어머니들은 일반아동의 어머니들보다 갈등과 스트레스, 우울을 더 많이 경험하는 것으로 나타나고 있다(김미옥, 2001; 양경화, 2000; 이경희, 1993; 이한우, 1999; Bailey & Powell, 2005; Barnett et al., 2003; Brady et al., 2004). 어머니의 이러한 불안한 정서적 상태가 극복되지 못하면 그것의 부정적 영향이 자녀양육은 물론 가족 전체에 파급되기 때문에, 어머니의 정서적 문제는 개인의 문제를 넘어서 가족 전체의 문제로 인식되어야 한다.

3) 부부관계

장애자녀는 아버지와 어머니의 역할관계에도 각각 영향을 주지만, 이로 인해 부부관계에도 상당한 변화를 초래한다. 다수의 연구에 의하면 실제로 자녀의 장애로 인해 부부 사이의 갈등이 심화되어 결국 많은 부부가 이혼하는 것으로 나타났다(Beckman, 1983; Dyson, 1993; Dyson & Fewell, 1986; Floyd & Zmich, 1991; Friedrich & Friedrich, 1981; Kokkonen et al., 1992). 〈사례 4〉는 자녀의 장애가 부모의 부부관계에 미친 영향을 보여 주고 있다.

사례 4

나는 장애인인 아들과 이제 다섯 살인 딸아이를 둔 주부다. 남편과 나는 결혼할 때부터 아이를 하나만 낳아서 잘 키우자고 서로 협의했고, 결혼 2년 만에 아들을 낳았다. 한 아이만 낳을 생각이었는데, 아들이어서 시부모님들도 기뻐하시고 우리도 만족스러웠다.

그런데 이러한 행복 앞에 곧 불행이 닥쳐올 줄은 몰랐다. 아이가 세 살 되던 해에 아이를 데리고 슈퍼에 갔는데, 하나 빠뜨린 것이 있어 아이를 가게 앞에 세워 두고 잠시

(1~2분 정도) 가게에 들어간 사이에 골목을 지나가던 택시가 아이를 치었다. 목격한 사람들은 모두 아이가 죽었을 거라고 생각했지만, 다행히 목숨에는 지장이 없었다.

그렇지만 불행하게도 아이는 앞을 영영 볼 수 없게 되었고, 두 다리로 똑바로 걸을 수도 없게 되었다. 나의 부주의로 인해 아이는 하루아침에 장애인이 되어 버린 것이었다. 나는 아이를 보면서 심한 죄책감에 시달렸다. 처음에는 괴로워하는 나를 위로해 주던 남편도 속상하니까 점점 술을 마시고 귀가하는 날이 많아졌고, 내색은 하지 않지만 나를 원망하는 것 같았다.

나는 더 괴로워졌고, 남편의 제의로 아이를 하나 더 갖게 되었다. 이번에는 딸아이였다. 하지만 딸아이가 생기고부터 남편은 딸아이에게만 신경을 쓰고 나와 큰아이에게는 아예 관심조차 갖질 않고 있다. 이제 초등학교에 들어갈 나이가 되었는데도, 남편은 큰아이를 학교에 보내지 않으려는 생각을 하고 있었다. 나는 어떻게든 특수학교에라도 보내서 아이가 사회에 적응하면서 살아갈 수 있는 힘을 길러 주고 싶은데, 큰아이를 귀찮아하는 남편을 보면서 더 비참해지는 느낌이었다. 또 아무것도 모르고 엄마에게 안기고 웃는 큰아이를 보면서 아이를 불행하게 만든 것이 나 자신이라고 생각하니 아이에게 미안한 마음이 생겨 견딜 수가 없다.

출처: http://www.cyber1388.kr/kyci/counsel2/youthtree/text

이 사례에서는 장애자녀로 인해 부부 사이의 진정한 의미의 대화가 단절된 것을 알 수 있다. 이런 상태가 지속되면 자녀의 양육과 교육에도 부정적인 영향이 미치고, 더 나아가서는 자녀는 물론 가족 전체의 미래에 치명적인 결과가 초래될 수도 있다. 따라서 장애자녀를 둔 부모는 자녀의 발달 및 가족의 건강한 적응을 위해서 서로 죄책감과 책임전가 등과 같은 방해 요소를 제거하고 대화를 통해 건설적인 해결방안을 모색하고, 부부가 서로에게 지지가 될 수 있도록 부부관계를 개선해야 할 필요가 있다. 왜냐하면 부부관계의 질은 자녀에 대한 애정적인 양육 태도 및 행동에 큰 영향을 주기 때문이다.

4) 형제자매

과거에는 장애아동 형제자매의 상황이나 심리적 부담이 거의 고려되지 않았는데, 최근에는 장애아동 형제자매에 대한 연구가 점점 관심을 받고 있다(Achilles, 2003; Haberthür, 2005; Winkelheide & Knees, 2003). 장애아동–비장애 형제자매의 관계는 일생 동안 신체적 · 정서적 접촉을 통하여 상호 영향을 미치며 서로에게 가장 강력한 또래관계를 제공한다(Hackenberg, 1992).

장애아동이 비장애 형제자매의 발달에 미치는 영향은 매우 다양하게 나타난다. 비장애 형제자매가 사용하는 다양한 대처전략들은 자신의 성격과 외부 환경의 영향을 받는다(Seifert, 1990). 부모가 장애자녀에게만 관심을 쏟음으로써 비장애 형제자매가 방치되어 문제행동과 심리적 장애를 보이는 경우도 있고(Breslau, Weitzman, & Messenger, 1981; Breslau & Prabucki, 1987; Lobato et al., 1987; Rodrigue, Geffken, & Morgan, 1993; Tew, Payne, & Laurence, 1973), 형제자매의 장애가 비장애 형제자매의 인성 발달에 긍정적 영향을 주어 더 성숙된 사회적 행동을 보이는 경우도 있다(Abramovitch et al., 1987; Roeyers & Mycke, 1995; Stonemann et al., 1987, 1989).

이처럼 장애아동의 형제자매들이 발달에서 모두 위험에 처한 것은 아니지만, 많은 연구가 그들의 발달을 위협하는 요인들로 다음과 같은 것을 밝히고 있다(Tröster, 1999).

- 부모의 가사일을 분담해야 한다는 부담감
- 상대적으로 제한된 부모의 사랑과 관심
- 자신들에 대한 부모의 과도한 기대
- 장애형제와의 동일시
- 간접적인 스트레스(예: 부모가 스트레스를 받고 있다는 사실, 낙인 등)

대부분의 부모는 장애에 대한 죄책감을 느끼기 때문에 장애자녀를 특별히 불쌍히 여기고 자연스럽게 그 자녀만을 위해 대부분의 시간과 노력을 투자한다. 그 결과로 다른 가족 구성원을 보살피는 일에 소홀해지기 쉬운데, 특히 비장애자녀에게 부정적인 영향을 끼칠 수 있다. 다수의 연구(박민경, 1996; 이민호, 최기창, 이원령, 김미경, 최신애, 2004; Bowe, 1995)가 장애아동의 형제자매들에게 부정적인 특성이 발견되고 있음을 보고하고 있다. 장애아동의 형제자매들이 보이는 부정적인 행동 특성은 다음과 같다.

- 공격적 행동이나 위축된 행동
- 장애 형제자매에 대한 거부
- 장애 형제자매에 대한 비현실적 책임감
- 장애 형제자매에 대한 질투 및 죄의식
- 자신의 삶의 계획을 방해하는 장애 형제자매에 대한 분노

장애아동의 형제자매가 느끼는 심리적 부담과 그 반응으로 나타나는 행동적 특성은 〈사례 5〉에서도 볼 수 있다.

Achilles(2002)와 Klagsbrun(1993)에 의하면 장애 형제자매에 대한 비장애 형제자매의 공격심은 부분적으로 억압된다고 한다. 동시에 비장애 형제자매는 그런 공격심이 일어났다는 사실과 자신은 다행히 장애를 갖고 있지 않다는 생각 때문에 죄책감을 갖기도 한다. 그러나 공격심을 발휘하는 것은 분석심리학(Erikson, 1974)의 관점에서 볼 때 자아발달 및 도덕성 형성의 초석이 된다. 즉, 장애 형제자매로 인한 부정적 영향도 있지만 긍정적인 영향도 많이 나타나고 있다. 다운증후군 형제와의 상호작용에 대한 연구(Cuskelly & Gun, 2003)에서는 특히 성(性, gender)이 동일한 경우 장애형제에 대해 느끼는 감정이입이 더 강하게 작용하는 것으로 나타났다. 또한 장애아동의 형제자매들은 삶에 대한 만족도가 높고 작은 성취에도 기뻐하는 것으로 나타났다(Boyd, 2002).

사례 5

안녕하세요. 저는 중학교 3학년 여학생입니다. 저에게는 세 살 아래 여동생이 하나 있습니다. 그런데 제 여동생은 정상아이가 아니라 장애를 가지고 있습니다. 저희 집은 모든 일이 동생 중심으로 이루어집니다. 동생이 원하는 것, 동생에게 필요하다는 것 그리고 동생의 일상 생활표에 따라 모든 일이 이루어집니다.

저에게는 어떤 선택권도 주어지지 않습니다. 저는 마냥 동생에게 맞춰야만 하고 그에 따라가야만 합니다. 저도 제가 원하는 것을 선택하고 싶고 원하는 대로 하고 싶습니다. 왜 항상 저는 동생에게 맞추어 주어야 하나요? 가끔 제가 투정이라도 부리면 엄마는 항상 저에게 말씀하십니다. “동생을 위해서 네가 양보해야 돼. 그래도 넌 건강하잖니.” “그 정도도 못 참니.”라고요. 엄마에게는 오로지 동생만이 전부인 것 같습니다. 저에게는 관심조차 없으십니다. 게다가 저에게만 유독 엄하십니다. 어쩜 그렇게 다를 수가 있을까요? 동생에게는 한없이 다정하고 너그럽다가도, 저를 대하실 때는 너무 차갑고 무섭게 대하십니다. 동생은 무슨 실수를 하거나 말을 듣지 않고 떼를 써도 화를 내거나 야단을 치는 일이 없지만 제가 그럴 때는 동생과는 다르게 화도 많이 내시고 무섭게 야단치십니다. 왜 저한테만 그러시는지. 때때로 엄마의 그런 이중적인 모습을 볼 때마다 동생이 너무 미워집니다. 모든 게 다 그 아이 때문인 것 같고……. 또 어떤 때는 엄마가 저에게 그러시는 것이 동생의 장애가 저 때문이라고 생각하셔서가 아닌가 하는 생각도 듭니다. 그래서 저를 미워하시는 것이 아닐까 하는 생각도 듭니다.

하지만 엄마가 저에 대해 관심을 가지는 부분도 있습니다. 엄마는 저의 공부나 성적에 대해서는 관심을 가지고 많이 간섭하십니다. 다른 부분들에 대해서는 그렇지 않은데. 그래서 어릴 때는 공부를 잘해서 엄마에게 칭찬도 받고 더 관심도 끌어 보려고 했습니다. 하지만 엄마는 제가 잘한 것에 대해서는 당연하다고 생각하셨고 제가 기대했던 칭찬이나 관심은 보이지 않으셨습니다. ……

출처: http://www.cyber1388.kr/kyci/counsel2/youthtree/text

4. 장애아동 가족의 부담

장애아동 가족이 경험하는 부담은 그 유형이나 정도가 매우 다양하게 나타나는데, 주로 장애자녀의 양육 부담으로 인한 부부간의 갈등, 불안 및 우울, 육체적 고통 등이 있다(임현승, 2004). 여러 가지 유형의 부담을 종합해 보면 크게 경제적 부담, 양육 부담, 심리 · 정서적 부담, 사회적 부담, 육체적 부담으로 구분할 수 있다(Wagner-Lenzin, 2007).

1) 경제적 부담

일반적으로 장애아동이 있는 가족은 자녀의 장애로 인해 추가적으로 부담하는 경제적 비용이 일반아동의 가족들보다 더 높게 나타난다. 이것은 교육 및 치료를 위해 추가적인 비용이 많이 들기 때문이기도 하지만, 부모 중 한 명이 경제적 활동을 하지 못함으로 인해 발생하기도 한다(Chisholm, 2000; Tetreault et al., 2000; Thyen, Kuhlthau, & Perrin, 1999). 부가적으로 지출되는 비용의 항목을 보면 교육비, 치료비, 보조장비 구입비 등이 대부분이지만 경우에 따라서는 장애아동이 교육을 받을 수 있는 곳으로 이사할 경우 상당한 비용이 추가되기도 한다(이미선, 김경진, 2000). 정영숙(2005)의 연구에서는 장애아동 가족은 일반아동 가족에 비해 경제적 부담이 3배 높은 것으로 나타났다. 이외에도 장애아동 가족을 대상으로 한 다수의 연구(권기덕, 김동연, 1995; 김점향, 1998; 송영혜, 1994; 정숙경, 2002)가 경제적 문제를 장애아동 가족이 당면한 큰 문제로 보고 있다.

경제적 어려움은 그 자체로만 힘든 것이 아니라 가족의 스트레스를 야기하며(양경애, 2003), 죄책감과 수치심 등과 같은 부정적인 감정을 수반하고(최은정, 1987), 양육 스트레스를 극복하는 데 부정적인 영향을 준다. 특히 어머니는 장애자녀의 양육을 위해 자신의 사회경제적 활동을 포기하면서 우울감 및 사회적 고립감 등을 경험하게 된다.

2) 양육 부담

양육 부담은 장애자녀의 양육과 관련하여 파생되는 여러 가지 제약을 의미한다. 장애 유형이나 정도에 따라 양육에 소요되는 시간과 노력이 다르겠지만 일반적으로 장애자녀들은 보호자의 도움을 많이 필요로 한다. 특히 주 양육자인 어머니는 장애자녀의 양육은 물론 비장애자녀의 양육과 교육도 책임져야 한다. 그리고 장애자녀를 위한 병원 및 치료실 방문에 동행해야 하며, 자녀가 통학할 때 동행하기도 해야 하고, 부모 모임이나 기타 장애자녀와 관련하여 자문을 구하러 다니기도 해야 한다. 이런 일상을 소화한다는 것은 휴식이나 취미 활동을 위한 개인적 시간이 거의 없다는 것을 의미한다. 개인적 시간의 부족과 함께 나타나는 양육 부담은 다음과 같다(Wagner-Lenzin, 2007).

- 육체적 피로
- 휴식의 부재(경우에 따라서는 밤에도 휴식 부재)
- 자녀가 받는 서비스가 집에서 멀리 떨어져 있을 때 시간 소요 증대
- 자녀양육에의 인적 도움 필요
- 다른 자녀를 위한 시간 부족
- 불만족스러운 사회적 지원
- 평생 장애자녀를 돌봐야 한다는 부담감

이외에도 양육 및 교육과 관련하여 어려운 점은 자녀가 성장하고 발달함에 따라 계속적으로 새로운 과제의 도전을 받는데 이것은 부모가 자신이 성장할 때 경험해 보지 못한 것이기 때문에 많은 혼란과 갈등을 겪게 된다. 특히 자녀가 성장할수록 교육적인 면에서 부모가 받는 스트레스는 더욱 가중된다.

3) 심리 · 정서적 부담

장애자녀의 출생은 부모에게 정신적인 충격을 경험하게 하며 장애자녀의 양육과 교육에 대한 무거운 책임으로 인해 평생 심리 · 정서적 불안을 야기할 수 있다. 특히 부모는 자녀의 미래에 대한 불확실성으로 스트레스를 경험하고, 장애자녀에 대한 사랑과 거부의 양가감정 때문에 항상 갈등하게 되며, 장애자녀를 가졌다는 수치심을 완전히 극복하지는 못하는 어려움이 있다(정경아, 2007). Wagner-Lenzin(2007)의 메타분석에 의한 연구에서 밝힌 장애아동 부모에게 나타나는 심리 · 정서적 특징은 다음과 같다.

- 예상하지 못했던 사건에 대한 당황스러움
- 지금까지의(장애자녀 출생 이전) 인생계획을 완전히 수정해야 한다는 압박감
- 다음 자녀의 출산 여부 고려
- 정보의 홍수를 어떻게 다루어야 하는지에 대한 부담감
- 많은 사람과의 사회적 관계에 대한 두려움
- 희생과 죄책감
- 슬픔
- 부부관계의 변화
- 장애와 관련된 자녀의 문제행동으로 인한 혼란
- 장애자녀와의 상호작용에서 나타나는 갈등
- 자신의 관심(취미 등)을 뒤로 미루거나 포기해야 할 때의 갈등
- 역할 분담 및 관심 분배의 변화에 수반되는 혼란
- 장애자녀의 발달을 예측할 수 없는 것
- 예전에 가졌던 자신의 교육방식이나 행동양식을 변화시켜야 하는 부담

이상의 심리 · 정서적 문제는 가족에게 스트레스로 경험되며 이것이 가족 전

체의 기능 및 자녀의 발달에 부정적인 영향을 주게 된다. 많은 장애아동 가족들이 미래에 대한 불안과 염려로 어려움에 직면하고 있다(임종길, 2006). 이런 어려움이 잘 극복되지 못하거나 왜곡되면 가족 기능이 저하되어 그 가족이 사회로부터 고립되는 또 다른 장애를 야기할 수 있다.

4) 사회적 부담

많은 장애아동과 그 가족은 무엇보다 사회적 고립이나 편견 때문에 장애 자체가 주는 고통보다 더 큰 고통을 당할 때가 있다. 앞의 사례에서도 나타났듯이, 주변 사람들의 시선과 말 한마디가 그 가족에게는 희망이 될 수도 있고 절망이 될 수도 있는 것이다. 사회가 장애를 너무 '특별한' 것으로 인식하고 반응하면 장애아동 가족이 원만한 사회관계를 맺는 것은 더 어려워진다. 한 인터뷰(최석윤, 2010)에서는 장애를 가진 아들을 둔 아버지가 '장애자녀를 키우면서 어려운 점이 무엇이냐?' 라는 질문이 세상에서 가장 대답하기 어려운 질문이라고 고백하고 있다. 이는 사회적 편견이 초래한 장애아동 부모의 사회적 부담의 한 예라고 할 수 있다. 특히 장애자녀가 일반 유치원이나 학교에서 통합교육을 받고 있을 때는 사회적 편견이나 배제로 많은 부담을 느끼기도 한다(정경아, 2007).

사회적 부담은 앞서 제시한 양육 부담과 밀접하게 연관된다. 양육 부담으로 인해 부모는 사회적 관계에 참여할 수 있는 여유가 줄어들고 가족과 함께 외출이나 여행을 하는 것도 힘들어지며, 장애자녀의 문제행동으로 인해 친구 및 이웃과도 원만한 관계를 형성하는 것도 어렵게 된다. 그리하여 장애아동 가족은 사회적 고립을 경험하기가 쉽다(서혜영, 1991). 이와 같은 사회적 부담은 자녀가 성장할수록 더욱 축적된다. 장애자녀 부모의 사회적 부담은 일시적이거나 혹은 누군가의 도움으로 줄일 수 있는 것이 아니라 사회 전체의 인식의 변화와 사회적 지원체제의 변화를 통해 줄일 수 있는 것이기에 사회적 부담과 관련된 가족지원은 좀 더 체계적이고 포괄적인 노력이 필요할 것이다.

5) 육체적 부담

장애아동 부모의 육체적 부담은 일상적인 양육에서 비롯된 것이 대부분이며 이는 일반아동의 경우보다 훨씬 높게 나타난다. 우선 장애아동 부모들은 수면 부족으로 인해 만성적인 육체적 피로로 고통을 받는다. Beckman(1983)은 장애 자녀의 양육에서 나타나는 5개의 스트레스 유형(발달 수준, 사회적 반응, 기질, 반복적 행동, 육체적 부담) 중에서 육체적 스트레스가 어머니 전체 스트레스의 66%를 차지한다고 밝히고 있다. 특히 신변자립이 힘든 자녀의 경우 부모들의 육체적 부담은 자녀가 성장함에 따라 더 가중되고, 장기간의 보호에 따른 육체적 소진을 초래한다(정경아, 2007).

요 약

장애자녀의 출생이나 자녀의 장애 진단은 가족에게 큰 변화를 가져온다. 이런 경험에 직면하여 부모의 심리적 부담과 사회적 고립은 억압기제를 가동시켜서 교육에 잘못된 방향으로 반영되기도 한다. 이처럼 장애아동 가족은 일반아동 가족과는 다른 경험을 하게 되는데, 일반적으로 부정적인 경험을 많이 하게 된다. 장애아동 가족의 구성원이 겪는 어려움은 다양하게 나타나지만, 사회적 편견에 의한 어려움이 가장 큰 것으로 나타나고 있다. 이런 경험은 부모와 그 형제자매에게만 나타나는 것이 아니며, 장애아동도 동일하게 느낀다. 역경 및 장애에 대한 전통적인 단계 모델에 의하면 장애아동의 부모는 자녀의 장애를 접한 순간부터 일반적으로 시간적 흐름에 따라 '충격-분노-우울-타협-수용'의 과정을 순차적으로 경험한다. 그러나 통합적 모델은 이러한 단계가 순차적으로 일어나는 것이 아니라 개인마다 다양하게 나타날 수 있음을 강조한다. 이것은 생활의 위기나 중대한 사건 및 정서적 스트레스에 대처하는 것을 하나의 과정적 단계이며 인지와 감정의 상호작용으로 이해함을 시사한다. 장애아동 가족이 경험하는 부담은 그 유형이나 정도가 매우 다양하게 나타나는데 크게 경제적 부담, 양육 부담, 심리 · 정서적 부담, 사회적 부담, 육체적 부담으로 구분할 수 있다. 가족이 느끼는 부담의 유형과 정도는 저마다 다양하게 나타난다. 따라서 장애아동 가족지원은 개별 가족의 부담을 정확히 인식하고, 그에 따른 가족의 요구에 부합되어야 할 것이다.

학습활동

1. 장애아동 가족의 사례를 토대로 모둠별로 개별 가족 구성원(아버지, 어머니, 할아버지, 할머니, 형제자매 등)에게 각각 어떤 지원이 필요한지 논의해 보시오.

2. 장애 진단에 대한 반응 모델에서 '단계 모델'과 '통합적 모델'의 차이점을 논의해 보시오.

제3장

가족강화

1. 장애아동 가족과 스트레스
2. 장애아동 가족과 대처행동
3. 역량강화
4. 탄력성과 가족 탄력성
5. 사회적 지지
6. 장애아동 가족의 역량강화를 위한 조기중재 전문가의 역할

학습 목표

1. 장애아동 가족이 경험하는 스트레스를 이해한다.
2. 장애아동 가족이 스트레스에 대처하는 유형을 이해한다.
3. 가족 역량 및 가족 탄력성을 이해한다.
4. 장애아동 가족의 역량을 강화하기 위한 전문가의 역할을 이해한다.

1. 장애아동 가족과 스트레스

1) 스트레스

스트레스(stress)의 의미는 시대에 따라 변화되어 왔다. 14세기에는 고난, 역경 혹은 고통의 의미로 사용되었다. 17세기에는 물리학 분야에서 물질 혹은 사람의 힘이나 압력, 강한 영향력을 가리키는 의미로 사용되었다. 그러다 20세기 초 헝가리 출신의 캐나다 생리학자 Hans Selye가 체내에서 일어나는 비특이적 반응을 나타내는 용어로 '스트레스'를 현대 의학에 도입하면서 보편화되었다(Cassidy, 2002). 초반에는 주로 의사들이 생리학적 관점에서 스트레스에 대한 연구를 했지만, 점차 스트레스의 심리적 측면에 관한 연구가 활성화되기 시작했다.

스트레스에 대한 견해는 매우 다양하다. 스트레스를 반응으로 보기도 하고(Selye, 1976) 자극으로 보기도 하며 자극과 반응의 상호작용으로 보기도 한다(Lazarus, 1991). 스트레스 유형은 〈표 3-1〉과 같이 세 유형으로 분류할 수 있다.

〈표 3-1〉 스트레스 유형

유형	내용
자극으로서의 스트레스	일상의 작은 사건들
반응으로서의 스트레스	3단계의 육체적 반응 동반: 경보반응 단계(alarm reaction stage)-저항 단계(resistance stage)-소진 단계(exhausting stage)
상호작용으로서의 스트레스	개인이 자신의 환경과 관계를 맺는 과정에서 작용

(1) 자극으로서의 스트레스

심리학적 입장에서 가장 일반적인 정의인 자극으로서의 스트레스는 개인에게 가해지는 압력(pressure) 수준이 자신의 능력을 벗어날 때 생기는 것이다. 즉, 외부의 자극(질병, 자연재해, 장애 등)을 스트레스를 일으키는 요인으로 보고 있다. 이와 관련하여 Lazarus와 Folkman(1984)은 일상의 작은 사건(daily hassles)을 가장 중요한 긴장원(stressor)으로 보고 있다. 'daily hassles'는 일상생활에서 짜증나게 만드는 사건이나 개인적인 일을 방해하는 것으로, 매일 일어나는 일상의 사건을 말한다. 그러나 이 입장은 스트레스를 자극으로 보기 때문에 개인의 심리적 과정과 동일한 상황에서 보이는 반응의 개인적 차이 및 스트레스의 긍정적인 측면인 유스트레스(eustress)를 무시한다는 제한점이 있다(Cox, 1991).

(2) 반응으로서의 스트레스

반응으로서의 스트레스는 어떤 사건으로 신체의 항상성(homeostasis)이 깨지면 신체는 스스로를 보호하기 위해 내적인 반응 태세를 취하게 된다는 생리학적인 사고에 바탕을 두고 있다. 대표적인 학자로는 Selye(1976)가 있다. 이 입장은 외부의 자극에 대한 개인의 생리적 변화에 관심을 둠으로써 인간을 수동적 존재로 본다는 것과 스트레스의 요인을 알더라도 그 예측이 불가능하다는 한계점을 지니고 있다.

(3) 상호작용으로서의 스트레스

상호작용으로서의 스트레스는 개인-환경 상호작용을 중요시하는 입장에서 나온 개념으로(Lazarus & Folkman, 1984), 생리적 · 심리적 · 사회적 체계를 모두 포함한다. 여기서 스트레스는 환경의 요구가 개인의 자원을 초과하여 안녕을 위협한다고 평가되는 것으로 정의된다. 이 접근방법은 환경과의 상호작용을 통한 개인 간의 차이를 중요시한다는 점과 스트레스의 정의보다는 그 대처에 초점을 둔다는 점에서 진일보한 접근법이라 할 수 있다. 그러나 개인마다 스트레스를 인식하는 정도나 개인과 환경 간의 상호작용을 통해 개인이 스트레스에 대처하는 방식은 다르기 때문에 스트레스를 예측하는 것이 더 어려울 수 있다.

종합해 보면, 스트레스는 부정적인 측면도 있지만 개인의 지각 및 평가, 소유자원, 환경과의 관계 등에 따라 삶에 긍정적 힘을 제공하는 측면도 있다. 스트레스는 학문적으로 중립적인 특징을 지니지만, 개인적인 평가에 의해 비로소 긍정적 혹은 부정적으로 경험된다. 이와 관련하여 Selye(1976)는 스트레스를 '디스트레스(distress)' 와 '유스트레스(eustress)' 로 구분하고 있다. '디스트레스' 란 역경에 직면했을 때 스스로 그 상황을 통제할 수 없어서 문제가 되는 것을 의미한다. 즉, 역경에 직면한 개인이 유입된 스트레스 자극에 대처할 수 있는 가능성이 없다고 판단될 때 스트레스의 부정적인 영향이 나타날 수 있다. 반면 '유스트레스' 는 역경에 직면해서 그것에 대처하기 위한 방안을 찾고 노력을 할 때 생기는 기능적인 에너지를 의미한다. 따라서 전자의 경우는 부정적 감정과 육체적 피곤의 악순환을 야기할 것이고, 후자의 경우는 약간의 긴장과 함께 삶에 긍정적 힘을 제공할 것이다. 이처럼 스트레스는 지나치면 부정적인 영향을 주지만 개인이 소화할 수 있을 만큼 적당히 주어지면 삶의 활력소로 작용할 수 있는 것이다. 이러한 양면성의 특성을 지닌 스트레스의 영향은 다음과 같이 다양한 차원에서 다양한 형태로 나타난다(Wagner-Lenzin, 2007).

- 육체적 반응: 숨소리의 변화, 맥박의 변화, 스트레스 호르몬 분비
- 인지적 반응: 예를 들면, '내 기분이 어떤지 표현하면 안 돼.' 와 같은 생각
- 정서적 반응: 안절부절못함, 불안, 슬픔, 절망
- 사회적 반응: 갈등, 공격, 큰 소리

이러한 네 차원은 항상은 아니지만 스트레스와 관련하여 대부분 동시에 나타난다. 예를 들어, 장애아동의 부모는 자녀의 양육을 도와주는 지원이 적어서 육체적으로는 피곤하고, 정서적으로는 슬프고, 사회적으로는 불공평함이나 소외

감을 느껴 과격해지기도 한다.

2) 양육 스트레스

양육 스트레스는 부모 역할을 수행하면서 경험하게 되는 사건이나 상황이 반복되면서 불안, 정서적 긴장, 괴로움 및 피로감 등이 일상적인 상태로 고착화되어 부모가 이러한 긴장원을 스트레스로 지각하는 정도를 의미한다(김경은, 2004). 이때 스트레스를 유발하는 사건의 발생 빈도보다는 스트레스를 지각하는 강도가 더 중요하게 작용한다.

스트레스가 많은 어머니는 자녀에 대한 부정적인 감정과 민감하지 못한 양육행동, 그리고 명령, 비난, 강압, 통제와 같은 부정적인 양육행동 등을 많이 나타낸다(안지영, 2001). 스트레스를 유발하는 다양한 요인들이 자녀의 양육과정에서 양육 스트레스로 작용할 수 있는데 이것들이 부정적으로 인식되면 자녀에게 폭력적인 행동이나(Belsky, 1980) 거부적 또는 방임적인 양육행동을 나타내기도 한다(Suchman & Luthar, 2001).

그리고 장애를 지닌 자녀의 양육에서 일어나는 일상적인 여러 사건은 동시에 일어나서 복합적인 영향을 줄 수 있기 때문에 단순한 하나의 주요 생활 사건보다 더 위협적일 수 있다(Kanner et al., 1981). 이러한 일상의 반복적이고 만성적인 경험이 누적되면 어머니의 심리적 안녕감은 물론 자녀에 대한 태도, 자녀와의 상호작용에 부정적인 영향이 미치게 된다(김은영, 2005; 안지영, 2001).

Abidin(1990)은 부모의 고통, 부모-아동 역기능적 상호작용, 자녀의 까다로운 특성 등이 양육행동에 영향을 미치고 결국 아동 발달에 영향을 준다고 파악하였다. 그리고 [그림 3-1]과 같이 양육 스트레스 모델을 도식화하였다.

이 모델을 장애아동 가족에게 적용해 보면 장애아동의 발달에 부모의 역할과 부모-아동의 쌍방향적 관계가 매우 중요함을 알 수 있다. 즉, 부모의 고통이란 자녀가 장애를 지니고 있다는 인식에서 나오는 심리 · 정서적 부담, 장애자녀의 양육을 위해 과도하게 소모되는 육체적 고통과 경제적 부담을 의미한다. 이런 위험 요인들과 자녀의 특성(기질, 장애 유형 및 정도 등)이 부모-아동 상호작용에 영향을 준다. 이것이 양육행동에 부정적 영향을 주고 결국 아동 발달에도 부정적 영향을 줄 수 있는 것이다. 이러한 스트레스에 잘 대처하지 못하게 되면 장애아동의 부모뿐만 아니라 가족 구성원들도 대인관계를 형성하는 데 어려움을 겪게 되며 수치심 및 자존감의 저하, 죄의식 등을 경험하게 된다(Cullinan, 2002).

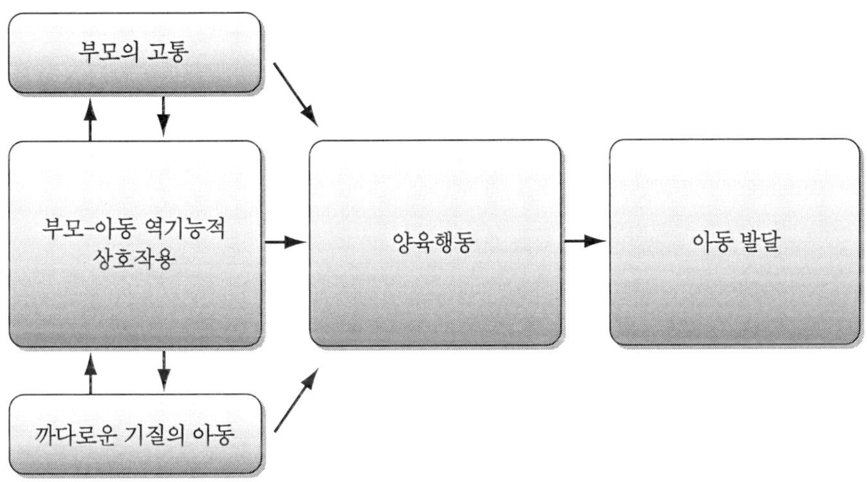

[그림 3-1] 양육 스트레스 모델

출처: Abidin(1990).

3) ABCX 모델과 Double ABCX 모델

Hill(1949)은 1940년대 가족심리학 분야에서 ABCX 모델을 제시하면서 스트레스 개념을 가족이라는 장(場)에 적용하였다. 그에 의하면 가족 스트레스는 긴장원에 대한 가족의 반응으로 아직 해결되지 않은 긴장(tensions)을 의미한다. ABCX 모델에서 스트레스 요인이 되는 사건(A)은 가족의 위기에 대한 대처 자원

(B) 및 그 사건에 대한 가족의 지각과 판단(C)과 상호작용하여 위기 상황(X)을 발생시킨다. 즉, A요인은 가족체계에 상당한 변화를 일으키는 내외적 사건으로 인해 곤경에 처한 상황, B요인은 불행한 사건이 위기로 발전되지 않도록 하는 가족의 자원(가족의 적응 능력, 응집력, 과거에 위기를 극복한 경험 등), 그리고 C요인은 가족 구성원이 A요인이 그들에게 위협인지 아닌지를 지각하고 판단하는 것을 의미한다. 여기서 주지해야 할 것은 스트레스를 야기하는 사건이 반드시 스트레스 상황을 가져오는 것이 아니며 매개변수(B요인과 C요인)가 개입한다는 점이다.

가족의 위기 상황을 구조적으로 파악한 ABCX 모델은 가족 스트레스 연구에 이론적 기초를 마련하였는데, 이는 한 가족이 불행을 경험했을 때 단순한 인과관계를 탈피하여 그 가족이 어떤 자원을 가지고 어떻게 대처하여 스트레스를 극복하는가의 과정에 관심을 둠으로써 가족지원의 방향을 제시하였다는 점에서 의의가 있다.

이 모델은 1980년대 McCubbin과 Patterson(1983)에 의해 Double ABCX 모델로 발전되었다. Patterson(1989)은 스트레스를 가족에게 변화를 가져오거나 그런 변화를 위한 잠재성을 지니고 있는 하나의 사건으로 정의하였으며 긴장(strain)은 변화의 욕구와 연관되어 경험되는 것으로 정의하였다. 긴장원과 달리 긴장(strain)은 근원을 정확히 확인할 수는 없지만 일반적으로 해결되지 않은 문제들(과거의 긴장원)에 있는 것으로 보고 있다. 따라서 긴장원과 긴장은 서로 긴밀하게 상호작용하고 있는 것이다.

Double ABCX 모델은 Hill의 ABCX 모델에 새로운 자원의 개발과 현재 위기에 대한 재인식이 더해진 것이다. 이 모델에서 가족이 스트레스 사건에 성공적으로 적응하기 위해서는 기존의 자원(B) 및 새로운 자원의 개발(bB), 스트레스 사건에 대한 가족의 지각과 판단(C) 및 상황에 대한 가족들의 재인식(cC)이라는 요소가 복합적으로 작용한다. 이를 도식화하면 [그림 3-2]와 같다.

McCubbin과 Patterson(1983)은 가족 자원의 개념을 다음과 같이 3개의 구성 요소로 분류하였다.

- 개인적 자원: 개인의 성격
- 가족 내적 자원: 가족의 결속력, 가족 간의 관계 형성
- 지역사회 자원: 사회적 네트워크, 지원체계의 보장

이 모델은 현재까지 장애아동 가족의 스트레스 및 대처 연구와 관련하여 가장 중요한 역할을 하고 있다(Bristol, 1987; Eckert, 2002; Engelbert, 1999; Ferguson, 2002; Heckmann, 2004; Pakenham, Samios, & Sofronoff, 2005; Saloviita, Itälinna, & Leinonen, 2003; Wagatha, 2006).

이 두 모델은 출발점이 되는 스트레스 사건이 반드시 위기를 초래하는 것이

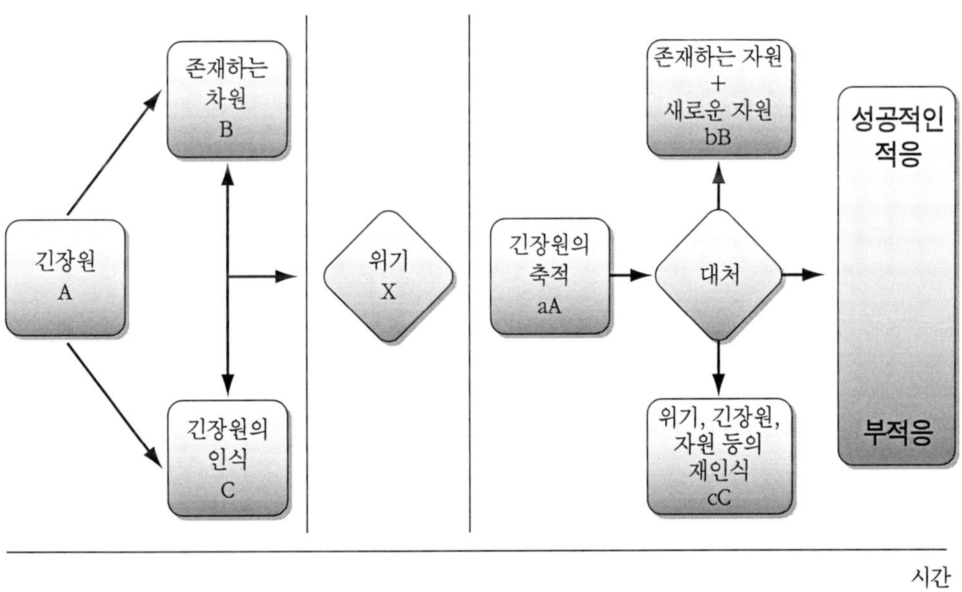

[그림 3-2] Double ABCX 모델

출처: McCubbin & Patterson(1983)에서 재구성.

아니며, 개인 및 가족이 처한 조건이나 자원과 그 사건을 어떻게 평가하고 대처하는가에 따라 가족의 적응 정도가 달라질 수 있다는 것을 강조하고 있다. 이것은 또한 장애아동 가족과 관련하여 충분한 자원과 스트레스를 야기하는 사건에 대한 효과적인 인식 및 평가가 그 가족이 위기를 극복하는 데 도움이 될 수 있다는 것을 시사한다. 두 모델은 스트레스 및 대처 연구에서 대처 자원(coping resources) 중심 시각의 발전에 기여하였으며, 더 나아가 장애아동 가족을 위한 가족역량강화(family empowerment) 개념으로 이어졌다(Eckert, 2002; Speck, 2003; Theunissen & Plaute, 2002).

4) 장애아동 가족의 스트레스

앞에서 제시한 것처럼 긴장원에 대한 반응은 가족의 특성, 활용 자원, 새로운 자원의 개발, 스트레스 사건에 대한 가족 구성원의 인식 등에 따라 다르게 나타난다. 모든 장애아동 가족이 장애아동의 존재 하나만으로 스트레스를 경험하지는 않는다. 단지 장애는 부적응을 유발하는 하나의 위험 요인이 될 수 있는데, 자녀의 장애로 발생할 수 있는 스트레스 요인은 다음과 같이 네 가지 범주로 구분할 수 있다(Guralnick, 1997).

첫째, 장애아동 가족은 자녀의 건강 및 발달과 관련하여 정보의 위기에 직면하게 된다. 자녀의 문제행동은 어떻게 해석해야 하는지, 그것에 대해 어떻게 반응해야 하는지, 자녀에게 제공되는 치료적 서비스의 특징과 효과는 어떠한지 등에 대해 만족할 만한 정보를 얻지 못하는 경우가 대부분이다.

둘째, 가족적 · 사회적 관계에서의 어려움이다. 이것은 자녀의 장애에서 직접 비롯된다. 즉, 자녀의 장애는 배우자와의 관계, 가족 구성원 간의 관계, 주변 사람들과의 관계에 영향을 준다.

셋째, 장애를 지닌 자녀는 부모의 양육과 가족의 일상에 상당한 스트레스를 주는데(Bristol, 1987; Dyson, 1993), 이것은 부모로 하여금 부모의 역할을 완수하는 것을 어렵게 한다. 이러한 스트레스는 부모들이 자신의 자녀에게 가장 적절한 치료적 · 교육적 · 사회적 경험을 제공하기를 원하지만 서비스 지원체계는 이런 요구에 재빠르게 반응하지 못하는 데서 온다. 특히 자녀의 장애가 중증일 때는 경제적 부담(건강관리, 휴식, 관련 서비스 등)으로 인해 스트레스가 급격히 증가한다.

넷째, 자신감에 대한 위협이다. 이것은 자녀와 관련된 문제를 해결하는 부모의 능력을 훼손시킬 수 있다. 스스로 결정하고 자신감을 가지고 이를 수행하는 능력은 가족과 그 자녀의 장기적 안녕을 위해 매우 중요하다(Affleck & Tennen, 1993).

그러나 가족의 상호작용 문제에 작용하는 위의 네 가지 범주의 스트레스 요인은 단지 잠재적 요인일 뿐이다. 즉, 그 요인들이 실제로 얼마나 영향을 주는지는 그것들의 중대성과 가족의 특징(예: 활용 가능한 자원과 부모의 문제 해결 능력 등)에 따라 다르다. [그림 3-3]에는 장애자녀 발달에 영향을 주는 여러 요인의 관계

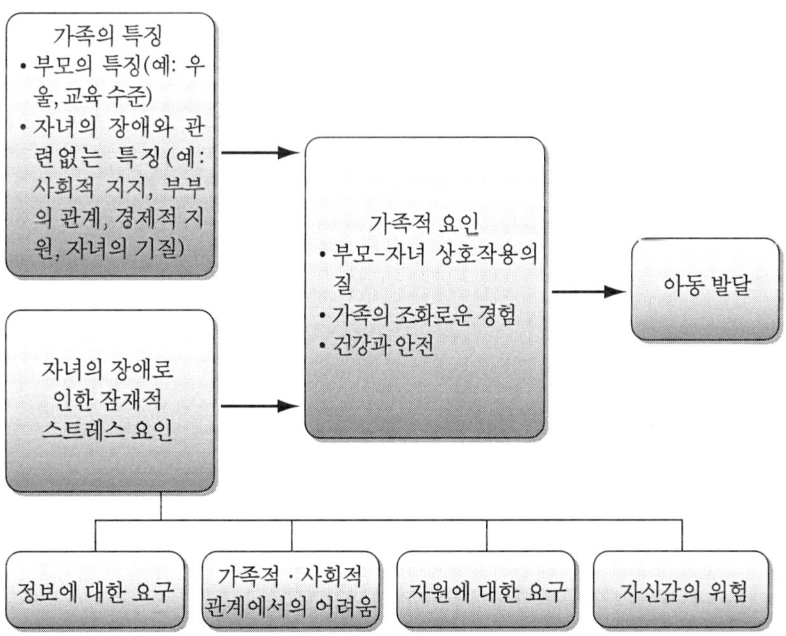

[그림 3-3] 자녀의 발달에 영향을 주는 요인

출처: Guralnick(1997).

가 제시되어 있다.

2. 장애아동 가족과 대처행동

1) 대처행동의 정의와 유형

대처(coping)란 용어는 1950년대 이후에 나타난 개념으로서 효율성과는 상관없이 '개인의 자원을 초과한다고 평가되는 특별한 내외적 요구를 다루려는 인지적 · 행동적 노력'을 의미한다(Lazarus, 1966). 대처행동(coping-behaviors)은 적응 행동 중에서 개인의 노력이 투입된 것만을 의미하기 때문에 방어기제와 같은 자동적 반응과는 구분된다. 따라서 개인은 스트레스를 인식하면 바로 자기 자신의 모든 경험에서 그것에 대처하기 위한 방법을 찾으려고 한다. 또한 대처행동은 스트레스를 조절하기 위해 개인과 환경 사이에서 끊임없이 변화하는 사고와 행동의 역동적 과정으로 상황에 따라 기준이 변할 수 있는 인지적 요소를 포함한다(Pearlin & Schooler, 1978). 즉, 스트레스 사건에 대한 인지적 평가 후에 나타난 반응에 따라 상황과 상황에 대한 개인의 인식이 변하여 개인과 환경 사이의 관계를 바꿈으로써 새로운 평가가 다시 이루어지고, 또 이에 대한 대처행동이 나타남으로써 계속 역동적으로 순환되는 것이다.

긍정적이든 부정적이든 스트레스는 항상 존재하기 마련이다. 그래서 인간의 모든 생활에서 스트레스와 대처행동은 불가분의 관계에 있다. 그리하여 스트레스 사건 자체보다는 경험된 스트레스에 어떻게 대처하느냐에 따라 개인의 신체적 · 심리적 · 사회적 안정이 좌우될 수 있다. 대처행동의 효율성 평가는 그것이 상황의 요구에 어느 정도 부합하며 개인의 심리적 안녕감을 얼마나 증진시킬 수 있는가에 대한 현실적인 판단에 근거하여 이루어진다. 개인은 스트레스에 대처하는 방법을 많이 가지고 있을수록 현실적인 반응을 하기가 쉽고 감정을 적절히 표현할수록 적응 능력은 강해지며 사회적 적응과 삶의 균형을 회복할 수 있다. 이와 같은 스트레스 대처행동을 McCubbin 등(1993)은 여섯 가지의 하위 유형으로 구분하여 〈표 3-2〉와 같이 구체적으로 기술하고 있다.

〈표 3-2〉 스트레스 대처 유형

구분	내용	
동기적 통제	고집	문제 해결과 상관없이 자신이 하던 일을 계속 수행
	긍정적 비교	자신보다 못한 상태에 있는 타인을 비교함으로써 자신의 바람직한 상태를 유지하려고 함
	정서적 진정	정서적 혼란을 가라앉히는 노력을 시도
	동화(양보)	상대방의 바람직한 상태를 포기함으로써 자신의 바람직한 상태로의 조화를 추구
	체념	극단적으로 실제 상태에 맞춰 자신의 바람직한 상태를 포기함으로써 조화를 추구
정보적 통제	주의 전환	환경으로부터 입수되는 부정적인 정보를 차단하기 위하여 다른 일에 주의를 기울임
	적극적 망각	부정적인 정보가 입수될 때마다 의도적으로 기억에서 잊으려고 노력함
	긍정적 해석	문제 상황을 가능한 한 긍정적으로 해석
문제 해결적 통제	적극적 대처	문제 해결 가능성이 높다고 판단되면 적극적으로 문제 해결을 위한 노력을 시도
	소극적 대처	소극적으로 문제 해결을 위한 노력을 시도
	소극적 철수	문제 해결이 쉽지 않다고 생각될 경우에 문제 상황으로부터 가능하면 멀리 떨어짐
	정서적 표출	자신의 정서 상태를 상대방에게 그대로 표현
의사결정적 통제	자제	문제 해결을 위한 적절한 시점을 기다림
	자기비판	차후에 같은 실수를 하지 않기 위하여 자신의 잘못을 비판함
사회적 대처 자원	정서적 지원 추구	자신의 안녕이나 바람직한 상태를 유지·회복하기 위한 사회적 지원 추구
종교적 대처	문제 해결적 지원 추구	다른 사람의 지원을 통하여 문제 해결 시도
	종교를 통한 대처 추구	신앙을 통한 대처적 믿음

출처: 배경희(2007) 재인용.

많은 학자들이 다양한 대처 유형들을 제시하고 있는데, 대표적인 것을 정리하면 〈표 3-3〉과 같다.

〈표 3-3〉 스트레스 사건에 대한 대처 유형

연구자	대처 유형
Moos & Billings (1984)	• 평가 지향적 대처: 상황의 의미를 규정하거나 재규정 • 문제 지향적 대처: 상황을 다룸으로써 스트레스 요인을 조정하거나 소거 • 정서 지향적 대처: 스트레스 요인에 관련된 정서를 통제하거나 효과적인 평정 상태를 유지
Roth & Cohen (1986), Ebata & Moos (1991)	• 접근적 대처: 문제에 직접 관련된 반응으로 상황을 이해하고 정의하는 적극적인 인지적 노력 또는 문제 해결에 직접 참여하거나 스트레스 사건을 해결하기 위해 정보를 탐색하는 등의 행동적 노력 • 회피적 대처: 문제를 간접적으로 해결하려는 행동으로, 스트레스 사건을 회피하거나 현재의 상황에 자신의 운명을 맡김으로써 당면한 문제를 부정하거나 관심을 전환시키려는 인지적 · 행동적 노력
Band & Weisz (1984)	• 1차적 통제 대응책(primary control coping): 스트레스 상황을 회피하거나 바꾸려는 것으로, 대상, 상황, 사건에 영향을 주거나 수정하려는 노력 • 2차적 통제 대응책(secondary control coping): 개인이 처한 스트레스 상황에 적응하려는 것으로, 미래의 실망을 최소화하려는 노력으로 자신의 기대를 저하시키거나 사건의 의미, 목적을 발견하기 위해 불행한 사건을 재해석
Gutmann (1967)	• 능동적 대처: 자아 기능이 강하게 작용하여 외적 환경을 스스로 능동적으로 통제함으로써 성취와 독립을 추구하는 행동 • 수동적 대처: 외적 조건과 상황을 변화시키기보다는 자기 자신을 환경에 적합하게 변화시킴으로써 외부 세계에 순응 또는 타협하려는 행동 • 신비적 대처: 문제 해결을 위해 적극적인 시도나 노력을 하기보다는 모든 것을 신비나 우연에 내맡기는 행동으로, 자신의 안전과 자존심을 유지하기 위하여 수단적 · 도구적 행동보다는 투사와 같은 퇴행적인 방어기제를 사용
이중석 (1994)	• 직면(confrontation): 스트레스에 과감하게 맞서서 목표를 향하여 밀고 나가는 노력으로, 새로운 기법을 익히거나 타인의 도움을 얻거나 자신을 변모시키거나 상황을 바꾸는 등의 적극적인 태도 • 타협(compromise): 가장 보편적인 것으로 우리가 원하는 것을 모두 구할 수 없고 또 이룰 수 없으므로, 원했던 것보다 적더라도 만족할 줄 아는 마음의 협상을 택하는 것 • 후퇴(withdrawal): 스트레스의 강도가 낮은 대상으로 옮겨 가는 것

2) Lazarus의 스트레스-대처 상호작용 모델

Lazarus(1991)는 스트레스에 대한 대처행동과 관련하여 특히 상호작용적 · 인지적 과정을 중요하게 생각했다. 그는 대처행동을 스트레스 상황에 직면하여 나타나는 불안을 약화시키기 위해 의도적으로 투입되는 행동전략 및 평가전략이라고 규정하고 있으며, 심리적 스트레스를 개인과 환경 사이의 상호작용의 결과로 보고 있다. 따라서 개인은 스트레스를 받기만 하는 수동적 존재가 아니라 내적 기제인 인지를 통해 스트레스를 평가하는 적극적인 존재로 인식되는 것이다. 이것은 동일한 스트레스 상황일지라도 개인마다 그것을 어떻게 평가하느냐에 따라 적응 양상이 달라진다는 것을 의미하는데 대처행동에 가장 큰 영향을 미치는 것은 스트레스 상황에 대한 개인의 인지적 평가다. 즉, 스트레스가 발생되었는지, 그리고 그것이 극복되었는지는 다음의 평가과정의 결과로 볼 수 있다.

- 1차적 평가(primary appraisal): 하나의 상황/요구에 대한 평가가 이루어진다. 개인은 그것이 자신과 '관련이 있는지' '기분이 좋은 것인지' 혹은 '불쾌한 것인지' 를 평가한다. 스트레스와 관련된 요구는 다시 한 번 그것이 '위협' 인지, '도전' 인지, 혹은 '상해/상실' 인지 평가된다.
- 2차적 평가(secondary appraisal): 내적, 외적 자원(육체적, 물질적, 사회적)이 문제 해결과 관련하여 평가된다. 스트레스는 그것의 대처를 위한 자원이 충분하지 않을 때 발생한다.
- 재평가(reappraisal): 그러나 위협적인 상황에 대한 부가적 정보를 얻을 수 있는 가능성이 있으면 전체 상황에 대한 평가가 다시 이루어질 수 있다.

문제 중심적이든 정서 중심적이든 대처전략이 발견되면 전략은 다시 상황에 순환적으로 작용한다. 개인에게 특정한 문제 구조에 대한 행동 유형이 자동화되면 이 과정은 끝난다. 이와 같은 스트레스 모델에서는 특히 위협적인 상황에 대

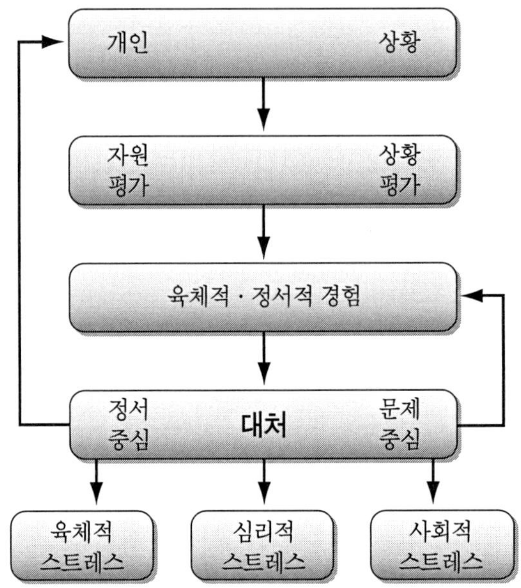

[그림 3-4] 스트레스-대처 상호작용 모델

출처: Lazarus & Folkman(1984) 재구성.

한 개인의 주관적 의미와 가치부여가 중요한 역할을 한다. 이 과정을 요약해 보면 [그림 3-4]와 같다.

앞서 제시한 것처럼 스트레스 사건에 대한 대처행동은 그 기능에 따라 문제중심 대처방안과 정서중심 대처방안으로 구분된다. 이 두 방안을 비교해서 정리해 보면 〈표 3-4〉와 같다.

양육 스트레스나 심리적 상태는 앞서 제시된 것처럼 나타나는 것이 일반적이지만(강선경, 2002), 대처방식의 유형과 심리적 징후(예: 우울) 간에 관계가 없는 것으로 나타난 연구도 있다(신향숙, 2000). 또한 Eliot과 Eisdorfer(1982)에 의하면 스트레스의 지속기간에 따라 오래 지속되지 않은 경우는 즉각적인 문제 해결과 관련되는 행동 중심적인 대처 양상이 나타나고, 오래 지속되는 경우는 장기적인 대책이나 수용 가능한 형태로 스트레스 상황을 재규정하는 인지 중심적인 대처 양상이 나타난다.

〈표 3-4〉 문제중심 대처방안과 정서중심 대처방안의 비교

구분	문제중심 대처방안	정서중심 대처방안
상황	• 스스로 통제가 가능한 상황	• 스스로 통제하기 어려운 상황
노력의 방향	• 문제가 되는 행동이나 환경을 변화시켜 스트레스의 근원을 직접 해결하려는 노력	• 스트레스로부터 오는 정서 상태를 통제하거나 조정하려는 노력
사용하는 전략	• 개인과 환경 간의 갈등적 관계를 변화시키려는 전략	• 스트레스의 원인을 피하거나 스트레스 상황을 인지적으로 재구성하려는 전략 • 상황의 긍정적 측면에만 선별적으로 주의를 기울이는 전략
대처 양상	• 적극적	• 소극적
양육 스트레스와의 관계	• 낮은 양육 스트레스	• 높은 양육 스트레스
심리 상태와의 관계	• 부정적인 심리적 징후가 낮게 나타남 • 높은 생활만족도	• 부정적인 심리적 징후가 나타남 • 낮은 가족 적응
하위 유형	• 문제 해결 대처행동: 스트레스의 원인을 제거하거나 감소시키기 위해 직접적인 행동을 취함 • 정보 모색 대처행동: 스트레스의 원인이 무엇인지 상황을 파악하기 위해 정보를 수집하거나 주위 사람들에게 자문과 도움을 구함	• 정서조절 대처행동: 스트레스로 인한 부정적 정서나 충동을 억제하고 긍정적인 사고를 하거나 사회적으로 용인되는 행동을 함 • 정서폭발 대처행동: 스트레스로 인한 부정적 감정을 반사회적인 방법으로 표출

3) 장애아동 가족의 대처

장애아동의 존재는 일반적으로 긴장원 혹은 결정적 사건으로 여겨져 왔다. 그러나 가족들에게 상당히 높은 잠재적 스트레스를 제공하는 중도 장애아동 가족의 경우에도 반드시 부정적 관계나 부적응이 나타나는 것은 아니다(Patterson, 1989). 결정적인 요인은 가족에 존재하는 자원의 활용에 있다고 할 수 있다. 다

수의 연구(Frey, Greenberg, & Ferwell, 1989; Krauss, 1993; Li-Tsang, Yau, & Yuen, 2001; Margalit, Raviv, & Ankonina, 1992; Walsh, 1998, 2003; Wilgosh, Scorgie, & Fleming, 2000)는 충분한 대처 능력을 지닌 부모나 가족들은 역경에 직면해서도 삶에 대한 긍정적 가치관을 개발시킨다고 밝히고 있다. 또한 자녀의 장애로 가족 구성원의 관계가 오히려 더 긴밀해지고 긍정적으로 발전한 경우도 많이 보고되고 있다(Barbarin, Hughes, & Chesler, 1985; Belsky, 1984; Blacher, Nihira, & Meyers, 1987; Cohen & Weissman, 1984; Donovan, 1988; Friedrich, 1979; Gath, 1977; Pretis, 1998; Sarimski, 2008; Taanila, Kokkonen, & Järvelin, 1996; Waisbren, 1980).

장애아동 가족들이 겪는 어려움으로는 일반적으로 장애의 수용 문제, 장애에 적절히 대처하는 능력의 부족, 일상에서 매일 경험하는 양육 부담 등이 있는데(이지경, 2003), 가족이 자녀의 장애 및 그에 따른 스트레스 상황에 잘 적응해 나가는가 하는 문제는 곧 양육 부담을 완화시킬 수 있는 대처 자원을 얼마나 잘 활용하고 있는가와 밀접한 관련이 있다(배경희, 2007).

장애아동 가족은 자녀의 전 생애 동안 함께하기 때문에 문제 상황으로부터 발생되는 여러 가지 정서적 · 심리적 문제에 직면하여 대처할 수 있는 자원이 절대적으로 필요하다(Hallahan & Kauffman, 2003). 많은 연구에서 가족의 적응을 가장 잘 예측하는 변인으로 사회적 지지의 적합성과 적극적인 대처행동을 들고 있다. 자폐아동을 대상으로 장애의 심각성, 가족의 자원과 신념 및 대처행동과 적응 간의 관계를 조사한 Bristol(1987)의 연구에서는 장애의 심각성보다는 대처 자원이나 가족의 신념이 가족의 적응력을 더 잘 예측하는 변인으로 나타났다. 그 밖의 연구(김희수, 1994; 정청자, 1989)에서도 배우자의 지지 정도가 스트레스 대처에 중요한 요인으로 작용하는 것으로 나타났다.

자녀의 장애를 이해하는 것은 시간의 흐름 속에서 일어나는 특정한 사건과 조건에 영향을 받는 하나의 과정이라고 볼 수 있다(Hinze, 1993). 장애아동의 부모와 형제자매가 그들의 새로운 역할을 어떻게 충족시키느냐 하는 것은 매우 개인적인 것이다. 따라서 어떤 가정에서는 장애와 관련된 갈등이 매우 첨예하게 대립하기도 하지만, 어떤 가정에서는 장애가 특별히 문제가 되지 않을 수 있다. 특정한 요인이 어떤 영향을 주느냐는 개별 가족 구성원들이 아동의 장애에 어떤 의미부여를 하느냐에 따라 달라질 수 있는 것이다. 즉, 하나의 사건은 가족의 위기를 일으킬 수도 있지만 그렇지 않을 수도 있다. 그것에 영향을 주는 요인은 적어도 그 상황이 직접 야기한 스트레스, 가족의 자원(가족의 역할구조, 가족의 융통성, 위기에 대한 예전의 경험), 상황에 대한 규정과 가족과의 관련성의 세 가지로 설명될 수 있다.

이 중에서도 가장 결정적인 것은 세 번째 요인인 상황 규정이다(Stryker, 1970). 이때 상황을 이해하고 정보를 처리하는 과정은 부모라는 개인의 입장에서뿐만 아니라 사회적 환경과의 관계에서도 이루어진다. 이로써 정보처리 과정 또한 하나의 사회규범과 가치관의 영향을 받는 사회적 차원에서 이해해야 할 것이다.

3. 역량강화

1) 역량강화의 정의

역량강화(empowerment)는 자신의 삶을 스스로 결정하기 위해 사용되지 않고 묻혀 있던 자원을 다시 의식화시켜서 그것을 얻는 능력으로, 점점 더 자신의 삶에 대한 통제 능력을 지니게 되는 것을 의미한다(Turnbull & Turnbull, 1997; Weiß, 1992). Cowger(1994)는 역량강화를 다시 개인의 강점을 활용하여 삶의 질을 향상시킬 수 있는 자원에 초점을 둔 '개인적 역량강화'와 자신에게 영향을 미치는 사회의 제반 문제에 발언권을 갖고 영향력을 미치는 것과 관련된 '사회적 역량강화'로 구분하였다. 특히 가족과 관련하여 Theunissen(2009)은 '역량강화'를 사회적으로 불리한 위치에 있는 개인(예: 사회문화적 소외계층, 장애아동이 있는 가족, 혼자 자녀를 양육하는 어머니 등)이 자신의 문제와 능력을 정확히 인식하고, 개인적 자원을 개발하고 사회적 자원을 활용하면서 자신에게 힘을 실어주는 것이라 정의하고 있다. 또한 그는 장애아동 가족과 관련하여 다음과 같이 역량강화를 구분하고 있다.

- 문제, 위기 혹은 스트레스 상황을 자신의 힘으로 극복하여 자율적인 삶을 이끌 수 있게 하는 개인의 능력
- 장애아동 및 그 가족이 불이익이나 편견을 타파하기 위해 법적인 평등과 정의를 위해 노력함으로써 정치적으로 그들의 주장을 관철시키는 능력
- 장애아동 및 그 가족이 자신의 문제에 직접 책임을 지고 스스로 지휘하면서 지식과 능력을 획득하고 자원을 활용하는 자기 결정적 행위 능력
- 장애아동 및 그 가족이 스스로 삶을 조직하고 이끌어 가는 데 유용한 강점과 능력을 발견하고 발전시키며 활용할 수 있는 능력

장애를 지닌 사람과 그 가족은 약점, 부족, 실패, 무기력, 무능력 혹은 병리적인 특성을 가지고 있다는 결핍 중심의 시각은 오랜 시간 동안 특수교육 및 장애인과 관련된 영역에서 영향력을 행사해 왔다. 이와는 반대로 역량강화의 시각은 그러한 전통적인 사고로부터 과감하게 탈피하여 긍정적이고 건강한 인간상에 뿌리를 두고 있다. 이에 따르면 개인이 타인을 희생시키지 않고 자신의 성장 잠재력을 다 활용했을 때 자아실현에 성공했다고 간주할 수 있다. 자신에게 부딪히는 상황을 스스로 조정할 수 있다는 인간에 대한 무조건적인 신뢰는 역량강화 철학의 핵심이다(Herriger, 2006). 이러한 시각은 오늘날 역량강화를 적용하는 현장에서 지침이 되는 다음과 같은 원리를 낳았다(Theunissen, 2009).

- 결함 중심의 시각으로부터의 탈피
- 타인에 대한 무조건적인 수용

• 개인적 · 사회적 자원에 대한 신뢰
• 낙인을 찍고 용기를 저하시키며 폄하적인 전문가들의 판단 중지
• 다른 사람의 시각과 결정에 대한 존중
• 다른 사람이 존재하는 모습을 그대로 존중
• 다른 사람의 요구에 대한 관심

2) 장애아동 가족의 역량강화

(1) 능력

능력(competence)은 주어진 상황을 가능하면 자율적으로 극복하고, 의미 있는 삶을 유지하고 발전시킬 수 있도록 개인적 · 사회적 자원을 잘 활용하는 것을 의미한다(Theunissen, 1997). 장애아동 가족과 관련하여 Olbrich(1992)는 능력의 유형을 〈표 3-5〉와 같이 제시하였다.

〈표 3-5〉 능력 유형

능력 유형	내용
대처 능력	위기 상황을 잘 극복하고 체념이나 우울감 없이 손상, 손실, 한계 등을 직시하는 능력
일상생활 능력	환경의 요구와 대면할 때 보이는 효과적인 행동
인지적 능력	경험과 지식을 조절하고 새로운 상황(예: 장애와 관련된 상황)에 동화시킬 수 있는 능력
사회적 능력	사회적 상황에서 관계를 유지하고 새로운 관계를 맺을 수 있는 능력으로 넓은 의미로는 사회적 참여를 포함
평가 능력	자신의 행동을 조절할 수 있다는 것을 인식하고 자기효능감(self-efficacy)에 대한 믿음과 적당한 자아상을 가지고 있고 삶의 가치관을 확립하며 현재의 상황에 대한 한계와 가능성을 평가할 수 있는 능력
교육적 능력	사회적(의사소통) · 교육적으로 장애자녀의 관심과 발달 가능성에 잘 적응하고 발달과정에 긍정적인 영향을 줄 수 있는 능력

출처: Olbrich(1992).

(2) 능력 있는 부모의 실제

앞의 Olbrich(1992)의 '능력'이 장애자녀를 둔 부모에게서 어떻게 실현되는지 실례를 통해서 살펴보기로 한다. 〈사례 1〉은 어느 지적장애 아동 어머니의 이야기다. 이 사례는 문제 상황을 성공적으로 극복하고 자신의 능력과 자원을 정확히 인식하여 사회적 맥락 안에서 잘 활용하는 것의 중요성을 잘 보여 주고 있다.

〈사례 1〉을 통해 역량강화의 의미에서 안나 어머니가 보여 준 능력에 대해서 논의해 보기로 한다.

사례 1

안나는 출산 예정일보다 조금 늦게 태어났지만 출산과정에서는 아무런 문제가 없었다. 그러나 안나는 키(47cm)와 체중(2kg)이 정상 신생아들보다 작았다. 출생 이틀째 안나 어머니는 주치의로부터 안나가 다운증후군으로 정신지체와 지체장애를 갖게 될 것이라는 충격적인 말을 들었다. 다운증후군 아이들도 잘 발달할 수 있다는 의사의 말은 안나 어머니에게는 조금도 위로가 되지 못했으며, 오히려 완전한 절망감에 빠지게 했다. 그때 안나 어머니는 "내 인생은 이제 끝이야. 내가 지금 도대체 뭘 할 수 있어? 이 창문에서 뛰어내릴까? 내가 앞으로 무엇을 해야 할지 전혀 모르겠어."라고 말하곤 했다. 이런 충격과 불안에 빠져 있을 때, 그녀의 친정 부모와 여동생이 심리적 지지대가 되어 주었다. 그러나 안나 아버지는 안나 어머니의 그런 상태를 잘 인식하지 못하고 있었다.

출산 10일 후에 안나 어머니는 안나와 함께 퇴원을 했고, 바로 부모님과 함께 살게 되었다. 그때까지만 해도 안나 어머니는 담당의가 실수했을 거라는 생각을 떨쳐 버릴 수 없었다. 안나 어머니는 처음부터 안나에게 모유를 먹이려고 시도했으나 잘 되지 않았다. 아마 정신적인 스트레스와 관련이 있을 수도 있었다. 안타깝게도 이때 안나 어머니는 어떤 안내와 지원을 받지 못했다.

6주 후 안나 어머니는 자신의 가정 주치의로부터 안나가 다운증후군 아이가 확실하다는 통보를 받았다. 처음에는 다시 한 번 절망감에 빠졌지만, 울부짖고 슬퍼하는 것이 더 이상 어떤 도움도 되지 않기에 아이를 위해 일상을 계획하고 어떤 임무를 수행해야 한다는 사실을 인식하기 시작했다. 그녀는 딸의 장애와 함께할 수 있는 길을 찾기로 했다. 안나 어머니는 우선 도서관에 가서 다운증후군과 관련된 서적을 모조리 찾아 읽었다. 그러나 거기에 있는 정보들은 이 상황을 극복하기에는 충분하지 못했다.

안나가 태어날 무렵, 안나 어머니는 교육학 석사과정의 마지막 학기에 다니고 있었다. 안나 출생 후 그녀는 다시 학업을 마치기로 결심했고, 6개월 동안 주중에는 안나를 시어머니에게 맡겼다. 안나 어머니는 시간계획을 잘 세우고 시간을 잘 활용하면서 자신의 일상을 주도적으로 이끌어 갔다. 졸업 후에 그녀는 정신지체 성인을 위한 시설의 장을 맡게 되었다. 동시에 안나는 돌 무렵 장애전담 어린이집에 다니게 되었는데, 그곳에서 오전 7시부터 오후 4시까지 머물렀다. 당시에 안나 어머니는 '혼자 남겨져 있다'는 느낌을 받았으나 그래도 자신의 길을 찾고 그 길을 가야 한다는 것에는 변함이 없었다. 그 당시 안나 어머니는 오직 여동생과 시어머니로부터 심리적 지원을 받고 있다는 느낌을 받았다. 안나도 자신의 이모와 할머니를 매우 좋아했고 서로 긴밀한 관계를 유지하고 있었다. 안나 어머니는 장애가 있는 딸과 함께 의미 있는 삶을 이끌기 위해 많은 노력을 했다.

이와는 반대로 안나 아버지와 다른 친척들은 안나와 친밀한 관계를 맺을 수 없었다. 또한 남편은 전통적인 가부장적 역할 모델을 지니고 있었기 때문에 일상생활과 관련된 모든 일은 거의 안나 어머니가 수행해야만 했다. 그녀는 생후 1년 동안 안나의 발달 과정을 비디오로 촬영해 놓아서 다양한 발달 영역의 과정에 대해 정확히 알고 있었다. 안나는 종종 발달에 정체도 보이기는 했지만 비교적 긍정적인 진전을 보여 주었다. 안나 어머니는 매일 안나가 어린이집에서 돌아오면 안나와 함께 많은 활동을 했다. 놀이, 만들기, 블록놀이, 음악 듣기(안나가 매우 좋아하는 활동)는 물론 독립적인 능력을 키워 주기 위해 안나를 일상적인 일에 항상 참여하도록 했다. 그리고 안나를 항상 감시해야만 했는데, 안나가 매우 활동적이어서 쉬지 않고 무엇인가를 했기 때문이다(선반에 올라가기, 책상에 기어오르기, 스탠드 전등에 매달리기, 물건을 밑으로 떨어뜨리기 등). 그래서 안나 어머니는 거실환경을 바꿔야만 했다. 체벌(예: 엉덩이 때리기)과 관련해서 안나 어머니와 아버지는 항상 입장 차이를 보여서 종종 뜨거운 논쟁을 벌이기도 했다.

안나가 다섯 살이 되었을 때, 안나 어머니는 둘째 아이를 임신했다. 그러나 장애에 대한 불안감 때문에 출산을 망설였다. 그럼에도 남편의 강요에 의해 출산을 하게 되었는데 건강한 아들을 낳았다. 그 후 안나 어머니는 1년 동안 출산휴가를 내서 두 아이의 양육에 전념했다. 그때 안나는 자신의 동생을 자연스럽게 받아들였고 동생에 대해서도 매우 긍정적인 태도를 보였다. 안나 어머니는 안나와 동생의 관계에 대해서 매우 만족해했다.

안나는 취학 연령이 되자 장애인을 위한 특수학교에 입학했다. 이전의 어린이집 시절과는 달리, 안나 어머니는 기관의 교사들과의 관계에서 어려움을 경험하게 되었다. "교사들과의 관계는 정말 어려웠어요. 솔직히 말해서, 저는 장애아동 교육에 대해 이미 많은 것을 알고 있었어요. 저는 학생들에 대한 교사들의 행동을 납득하려고 정말 노력했지요. 왜 아이들은 오랜 시간 동안 책상에 앉아서, 제가 보기에는 전혀 의미가 없는 일에 집중하고 왜 동일한 활동만 계속 반복해야 하나요?" 여러 번의 갈등을 경험한 후, 교사와의 교류는 거의 일어나지 않았다. 그리고 돌아온 것은 '학업 능력 부족'이라는 진단이었다. 그 후 안나는 새로 생긴 정신지체 특수학교에 가게 되었고, 그곳에서 매우 잘 적응하였다. 그러나 그 후 가족의 이사로 인해 다른 학교에 전학을 가게 되었다. 불행히도 그 학교 교사와의 관계는 그렇게 만족스럽지는 못했다. 왜냐하면 교사는 부모의 요구에 전혀 관심을 두지 않았고 부모와의 면담도 거의 이루어지지 않았으며 개별화 교육 계획도 충분히 논의되지 못했기 때문이었다.

새로 설립된 정신지체 특수학교(안나의 두 번째 학교)는 안나 어머니가 적극적으로 참여한 부모회의 노력으로 세워진 학교였다. 당시 안나 어머니는 비슷한 상황에 처한 부모들과 정보를 교환하고 심리적으로 서로를 지지하고 사회적 부당함에 공공의 목소리를 내기 위해 그런 부모들을 찾기 시작했고, 그들과 하나의 부모회를 결성하였다. 그리고 여러 해 동안 회장직을 맡아 부모회를 이끌었다.

부모회의 노력은 많은 시간과 일상생활의 변화를 요구했고, 안나 어머니와 아버지는 그것을 잘 극복해 나가야만 했다. 왜냐하면 집에는 부모의 보호와 손길을 집중적으로 필요로 하는 두 아이가 있었기 때문이었다. 그러나 안나 아버지는 양육 및 교육과 관련하여 안나의 동생에게만 많은 관심을 쏟았으며, 일상과 관련해서는 전혀 힘이 되어 주지 못했다. 결국 안나 어머니는 이혼을 하게 되었다. 이 힘든 시기 동안 안나 어머니는 부모회의 다른 부모들로부터 많은 심리적 지원을 받았다.

오늘날까지도 안나 어머니는 자신의 직업(정신지체인 시설의 시설장)을 계속 이어 나가고 있으며 그녀의 일과 지금까지 이루어 놓은 것에 대해 매우 만족하고 있다. 무엇보다도 그녀는 비슷한 상황에 처한 장애아동 부모들과의 협력을 통해 안나를 위한 삶의 토대(정신지체 아동을 위한 특수학교)를 만들어 놓은 것에 자부심을 가지고 있었다. 더 나아가 그녀는 안나의 미래를 매우 희망적으로 보고 있으며, 훗날 장애인을 위한 공공주택에서 안나가 친구들과 함께 살 수 있을 거라는 믿음을 가지고 있다. 또한 안나 어머니는 안나가 자신이 좋아하는 일을 계속하면서 행복하기를 희망하고 있다.

종합해 보면, 안나 어머니는 결코 소극적인 사람이 아니었다. 오히려 그녀는 항상 사회적 관계를 찾았다. 장애에 대한 사회의 반응은 매우 다양했지만, 그녀는 사회적 편견과 외부 압력에서 벗어났다. 오늘날까지도 그녀에게는 그것이 문제가 되지 않는다. 그녀는 사회로부터 소외당하고 있다는 느낌 없이 아이들과 함께 사회에 잘 통합되어 있다고 느낀다.

출처: Theunissen & Garlipp(1999).

① 대처 능력

안나의 어머니는 안나가 태어났을 때 심한 절망감, 슬픔, 무기력감을 경험하고 삶의 에너지를 잃어버렸다. 그러나 그런 충격적 경험 이후 그녀에게는 성공적인 역량강화 과정이 나타나고 있다. 즉, 그녀는 장애를 인정하고 싶지 않은 처음의 심정을 극복하였고(미래에 해야 할 일에 초점을 둔 것), 무기력한 상황을 극복하였으며, 새로운 삶의 힘을 얻었고(딸의 장애와 함께할 수 있는 길을 찾기로 결심), 자기 결정적인 사회적 행동(부모회 결성)을 이끌었다.

또한 그녀는 무기력하게 내던져진 상황(예: 학교에서 안나에게 '학업 능력 부족'이라는 진단을 내림)을 자신의 힘으로 극복하였고, 자신과 다른 사람들을 위해 기회평등, 정당함과 삶의 자주성을 획득하는 능력 있는(competent) 행위자가 되었다(collective empowerment). 이로써 그녀는 무기력하거나 수동적으로 내던져진 존재가 아니었다. 그녀는 종종 엄습하는 슬픈 감정, 결정적 사건(예: 이혼), 부당함(예: 처음에 안나가 갔던 특수기관과의 갈등)을 이겨내고 미래의 삶을 긍정적으로 바라보았다. 여기에 그녀의 인지적 능력이 더해지는데, 이로써 그녀는 가족의 삶과 장애자녀의 발달, 자신의 정서적 안녕을 위해 유익한 결정을 할 수 있게 되었다. 여러 장애물이 있었지만 그녀는 예상하지 못했던 문제에 잘 대처하고 심리·사회적 스트레스와 긴장들을 극복하는 데 성공함으로써 자신의 삶을 자신감 있게 감독하는 것을 보여 주고 있다.

② 일상생활 능력

이것은 심리적 문제 해결 과정과 관련이 있는 능력이다. 사례에서 보면 안나 어머니는 새로운 상황에의 적응, 매일 일어나는 일상의 과제 해결, 시간계획 및 전체적인 가족조직과 관련되었을 때 특히 자기 결정적인 모습을 보여 주고 있다. 안나 어머니는 시간을 잘 계획하고 잘 활용하면서 자신의 일상을 주도적으로 이끌고, 의미 있는 삶을 만들어 가기 위해 노력했다.

③ 인지적 능력

이 능력은 경험과 지식을 조절하고 새로운 상황에 동화시킬 수 있는 능력이다. 안나 어머니의 사례에서 보면, 그녀는 딸이 다운증후군이라는 최종 진단을 받고 그 상황에서 자신이 할 수 있는 최선의 것을 선택했다. 즉, 그녀는 장애에 대해 자세히 알기 위해 도서관에 가서 전문서적을 찾고 공부했고, 장애아동의 발달을 더 이해하기 위해 딸의 발달과정을 자세하게 녹화하였으며, 장애와 관련된 직업을 선택함으로써 전문적인 어머니가 되려고 노력했다.

④ 사회적 능력

이것은 사회적 상황에서 관계를 유지하고 새로운 관계를 맺을 수 있는 능력으로, 사례의 경우 안나 어머니가 자신의 가까운 가족 외에 사회적 관계를 찾고 유지하려는 노력에서 볼 수 있다. 즉, 그녀는 사회적 편견에서 자신을 해방시켰고 항상 긍정적으로 관계를 모색했다. 그녀는 능력 있는 행위자로서 부모회를 결성하고 여러 해 동안 회장직을 맡아 이끌었다. 이로써 그녀는 네트워크 활성화에 중요한 역할을 했으며 공동체의 역량강화를 위해 힘썼다. 안나 어머니는 이 부모회의 활동을 통해 심리적 스트레스를 완화시킬 수 있었고 자신의 생각과 행위가 구성원들에게 높이 평가되는 경험을 함으로써 공허감을 건강하게 극복할 수 있었다. 이를 통해 비슷한 상황에 처해 있거나 비슷한 관심을 가지고 모인 그룹은 개별 구성원의 정신적 건강을 촉진하고 그들의 정체성을 지지하는 역할을 한다는 것을 보여 주고 있다. 또한 사회 · 정치적 분야에서 바람직한 발달이나 변화는 '협력' 이라는 자원의 바탕하에 일어날 수 있음을 보여 주고 있다.

⑤ 평가 능력

이것은 자신의 한계와 가능성을 평가할 수 있는 능력으로 탄력성(resilience) 및 대처 능력과 관계된다. 이 사례에서 안나 어머니는 어려운 역경에도 불구하고 자신의 행동 및 상황을 정확히 파악하고 그것에 대처할 수 있는 능력을 소유하고 있었다. 성공적인 대처는 그녀의 자아상에 긍정적인 영향을 미쳤고, 대중 앞에 나서는 것에도 긍정적인 작용을 하였다. 그녀는 자신의 직접적 경험 및 그룹 내에서의 자신에 대한 평가를 통해 에너지를 얻고 개인적인 삶의 목적과 장애가 있는 딸의 미래를 위한 인생관을 확립할 수 있었다.

⑥ 교육적 능력

이것은 교육적으로 장애자녀의 발달과정에 긍정적으로 영향을 줄 수 있는 능력을 말한다. 사례에서 안나 어머니는 교육에서 신뢰를 형성하기 위해 노력했고, 자녀의 발달을 정확히 관찰하려고 했으며(비디오 녹화), 교육에 있어 융통성을 발휘했으며(자녀의 특별한 발달 수준 및 특성에 맞추기 위해 공간을 재조정), 자녀의 발달을 촉진시키기 위해 노력했다(안나를 일상적인 일에 참여시켜 독립적인 능력을 촉진했다.).

이런 시각에서 볼 때, 인간은 결코 지원 서비스의 단순한 수혜자가 아님을 알 수 있다. 인간은 자신의 문제를 극복하고 자신만의 문제 해결방법을 가지고 있으며 자신의 삶의 목적을 실현시킬 수 있는 자원과 능력을 지니고 있다는 것은 역량강화 모델의 중심적 사고다. 이 사고는 다음의 세 가지 전제에서 출발한다(Theunissen, 1997).

- 모든 인간은 삶의 활력소, 자기 치유력 혹은 삶의 에너지로 명명될 수 있는 내적 힘을 소유하고 있다.
- 이 힘은 개인적 · 사회적 변화를 이끌 수 있는 자원을 내포하고 있다.
- 인간은 자신의 능력을 긍정적으로 개발할 때 이 자원을 사용한다.

이와 같은 역량강화의 시각은 조기중재에서 아동의 발달은 물론 부모의 발달에도 영향을 주고, 특히 개인 및 가족의 상황, 문제, 약점 등을 다른 시각에서 바라볼 수 있도록 한다.

4. 탄력성과 가족 탄력성

1) 탄력성

탄력성을 의미하는 'resilience'는 라틴어의 'resiliere'에서 유래된 것이다. 원래 물질이나 기관의 유연성과 신축성을 설명하기 위해 사용하던 용어로서(Chapman, 1992), 늘어나 있거나 압축된 상태에서 다시 튕겨오거나 되돌아오는 능력을 의미한다. 위험에 노출된 영유아들에 대한 종단 연구에서는 불리한 환경에서도 성공적으로 적응한 아동들을 묘사하는 데 탄력성이라는 용어를 사용하였다(Werner & Smith, 1982). 이 경우 탄력성이란 '정신적 저항력' 을 의미한다(Opp, Fingerle, & Freytag, 1999).

탄력성 연구의 대표자인 Rutter(1985), Garmezy(1985)는 탄력성을 "병리에 취약하지 않은 것" 의 의미로 사용하고 있다. Wustmann(2004)은 "정신세계의 면역체계", Waters와 Sroufe(1983)는 "내적 · 외적 자원을 성공적으로 활용하는 능력", Polk(1997)는 "역경을 성장의 경험으로 전환하고 앞으로 더 나아가는 능력", 그리고 Walsh(1998)는 "어려운 상황에 효과적으로 맞서 잘 견뎌내는 것" 이라고 정의내리고 있다. 탄력성은 역경에 대항하여 단지 '취약하지 않다' 는 소극적 의미가 아니라 그 역경을 잘 극복한다는 적극적 의미로 이해되어야 한다. 이처럼 탄력성에 대해 다양한 정의를 내릴 수 있는 것은 탄력성이 환경에 적응하고 대처하는 인간의 능력을 총체적으로 다루기 때문이다(홍은숙, 2006).

다양한 정의를 종합해 보면, 탄력성은 공통적으로 두 가지 핵심적 함의를 내포하고 있다. 하나는 위험 요인에 노출되었다는 것이고, 다른 하나는 그러한 위험 요인에도 불구하고 긍정적인 발달을 보인다는 점이다(Luthar, Cicchetti, & Becker, 2000).

'탄력성' 과 유사한 개념으로 국내에서는 '심리적 건강성' (이완정, 2002), '유연성' (서지영, 2002), '자아 탄력성' (구형모, 황순택, 2001), '극복력' (김동희, 2003), '회복력' (김혜성, 1998) 등이 사용되고 있다.

불리한 환경에서 자란 아동들이 모두 부정적인 발달을 경험하는 것이 아니라 개인이 가지고 있는 보호 요인의 작용으로 다양하게 발달한다는 많은 종단 연구들(Antony, 1974; 1987; Esser, Laucht, & Schmidt, 1995; Esser et al., 1993; Laucht, Esser, & Schmidt, 1999; Lösel, Bliesener, & Köferl, 1989; Rutter, 1987, 1989; Werner, 1993; Werner & Schmidt, 1982)을 통해 건강을 유지하고 삶의 균형을 회복하며 변화에 적응하는 데 중요한 역할을 하는 힘의 근원은 무엇이며 그것은 어떻게 형성되고 촉진될 수 있는가에 관심이 집중되면서 탄력성에 대한 연구가 활발하게 이루어졌다(홍은숙, 2006). 즉, 이 개념은 인간에게는 긍정적인 발달을 이끄는 탄력성이 있어서 동일한 상황에서 다양하게 반응한다는 것을 강조하고 있다. 이와 같이 인간 발달에 대한 긍정적 시각은 Antonovsky(1981)의 건강중심(salutogenese) 모델로 발전되었다. 이 모델을 통해 패러다임은 '질병에서 건강으로' '좌절에서 회복으로' 전환되었다.

2) 가족 탄력성

개인의 탄력성에 대한 연구가 활발해지면서, 탄력성은 개인과 긴밀한 상호작용 관계에 있는 환경, 즉 가족체계에까지 확대되었다. 가족 탄력성(family resilience)은 특히 가족기능의 질에서 나타난다(Walsh, 1998). 가족 탄력성에 대한 정의를 몇 가지 제시하면 〈표 3-6〉과 같다.

이를 토대로 가족 탄력성의 특징을 살펴보면 다음과 같다(Hawley & DeHaan, 1996). 첫째, 가족 탄력성은 가족이 위기에 직면할 때 가족의 균형을 유지하기 위한 보호 요인으로 작용한다. 즉, 가족 탄력성은 평상시에는 잠재되어 있다가 위기가 닥쳐오면 비로소 표면화되어 가족체계의 변화를 시도한다. 둘째, 가족 탄력성은 가족이 위기에 처했을 때 단순히 이전 상태로 돌아가는 것만이 아니라 이전보다 더 나은 상태로도 돌아갈 수 있다는 것을 포함한다. 셋째, 가족 탄력성은 가족을 병리적인 체계가 아닌 건강한 체계로 보는 시각에서 나온 것이다.

〈표 3-6〉 가족 탄력성의 정의

연구자	정의
McCubbin, McCubbin, & Tompson(1993)	가족이 위기 상황에 처했을 때 이를 잘 극복하도록 돕는 가족의 속성
Danielson, Bissell, & Fry(1993)	가족이 직면하는 위기 혹은 긴장원으로부터 다시 일어서는 가족의 잠재력
Walsh & Olson (1989)	위기를 잘 극복할 수 있도록 안정성과 변화에 대한 균형을 이루게 하는 능력

종합해 보면, 가족 탄력성은 결함보다는 자원 및 능력에 초점을 두고 있는데, 이 능력은 어떤 특별한 것이 아니라 긍정적으로 생각하고 삶에 의미를 부여하고 적극적으로 행동하여 도움을 요청하고 다른 사람들과의 관계를 찾는 능력을 의미한다(Wustmann, 2004). 따라서 가족 탄력성은 모든 가능한 자원을 활용하여 가족의 역량을 실현해 나가도록 돕는다. 이를 통해 가족은 더욱 강해지고 적극적인 방법으로 위기에 대처하게 된다. 즉, 가족 탄력성의 핵심은 현재의 스트레스를 단순히 줄이는 데에만 있는 것이 아니라 가족의 문제 해결 기술과 미래의 스트레스를 완화하는 능력을 강화하는 데 있다고 할 수 있다. 또한 가족 탄력성은 개인을 포함한 가족체계를 모두 촉진시킴으로써 가족 구성원 전체의 잠재력을 키워 준다(Walsh, 1998).

(1) 가족 탄력성의 구성 요소

가족 탄력성은 하나의 특성을 의미하는 것이 아니라 다양한 요소로 구성된 총체를 의미한다. 학자들마다 가족 탄력성을 구성하는 요소들을 다르게 제시하고 있는데 그 내용은 유사하지만 표현하는 관점에서 차이가 있다. 그것을 정리해 보면 〈표 3-7〉과 같다.

〈표 3-7〉 가족 탄력성의 구성 요소

연구자	구성 요소
Barnard(1994)	부모-자녀 상호작용의 적합성, 가족의식, 긍정적 수용성, 가정 내 갈등의 최소화, 청소년기 동안의 이혼 부재
Cowen & Heterington (1991)	응집력, 유연성, 공개적 의사소통, 믿음체계
McCubbin et al.(1993)	가족 형태, 가족 스키마, 가족 자원, 가족기능, 문제 해결과 대처, 사회적 지지
Silliman(1994)	위임, 의사소통, 응집성, 적응성, 영성, 연결성, 시간 공유, 효능성
Walsh(1998)	신념체계, 조직 유형, 의사소통 및 문제 해결 과정

출처: 김안자(2005)에서 수정 요약.

(2) Walsh의 가족 탄력성

가족 탄력성 모델에서 Walsh(1998, 2003)는 특히 세 가지 차원의 중요한 구성 요소를 제시하고 있다. 그것은 가족의 신념체계(belief system), 가족의 조직 유형(organization patterns), 문제 해결 및 의사소통 과정(problem solving and communication processes)이다. 각각의 구성 요소는 다시 몇 개의 하위 요소로 이루어져 있다. 이를 도식화하면 [그림 3-5]와 같다.

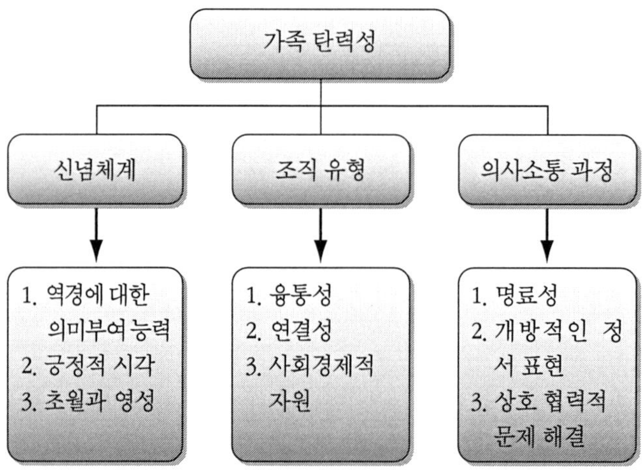

[그림 3-5] 가족 탄력성의 구성 요소

① 신념체계

신념체계는 가족 탄력성의 핵심적 요소로서 가치, 확신, 태도, 편견 등을 포함한다. 유익한 신념은 문제 해결에 도움을 주지만, 무리한 신념은 문제를 야기하는 원인이 되기도 한다(Wright, Watson, & Bell, 1996). 가족 구성원은 사회와의 지속적인 관계 안에서 공통된 신념을 발전시키며, 이것은 가족이 역경에 대처하는 능력에 영향을 미치며 가족생활을 지배하는 가족규범을 형성한다. 가족의 신념체계는 〈표 3-8〉과 같이 역경에 대한 의미부여 능력, 긍정적 시각 및 초월과 영성을 포함한다(Walsh, 1998).

〈표 3-8〉 신념체계의 요소

요소	내용
역경에 대한 의미부여 능력	어려운 상황을 재해석하고 의미를 부여하는 능력은 그 상황을 인내하고 새로운 목표를 설정하는 데 도움을 준다.
긍정적 시각	역경을 실패로 인정하지 않고 성장을 위한 새로운 도전으로 인식한다. 특히 인내, 용기, 희망, 낙관주의 등은 역경을 극복하는 데 중요한 요소다. 현재 처한 어려운 상황을 긍정적인 시각으로 바라보는 가족은 잠재 가능성을 인정하는 동시에 할 수 없는 것에 대해서는 수용하고 인정한다.
초월과 영성	위기에 처할 때 종교와 영성은 회복과 치유를 위한 강력한 자원이 될 수 있다. 즉, 종교가 강조하는 많은 가치를 실생활에서 실천하면 인간관계의 질은 확실히 높아진다.

② 조직 유형

가족의 조직 유형은 〈표 3-9〉와 같이 융통성, 연결성, 사회경제적 자원을 포함한다(Beaves & Hampson, 1990; Olson, 1993; Walsh, 1998).

〈표 3-9〉 조직 유형의 요소

요소	내용
융통성	가족은 안정성(지속적인 규칙, 역할, 상호작용 패턴 등)과 변화 사이의 역동적 조화를 통해 생활 도전에 반응하며, 변화를 허용하면서 안정된 가족 구조를 유지한다. 즉, 이것은 위기에 처했을 때 요구되는 안정성과 변화의 균형을 맞춰 나가는 능력이다.
연결성	가족의 연결성은 상호 지지, 분리와 상호 협력, 자율성의 균형을 이루게 한다. 탄력성이 있는 가족 구성원은 서로 긴밀한 관계에 있으면서 자신의 사고, 감정, 행동 등에 책임을 진다. 독립적이면서도 지지적인 가족은 서로 간의 경계가 있지만 의사결정에 있어서는 서로 지지한다.
사회경제적 자원	가족이 위기에 처해 문제를 스스로 해결하지 못할 때 사회경제적 자원은 중요한 역할을 한다. 이 자원은 친척, 친구, 이웃, 지역사회 서비스, 치료나 상담 등을 포함한다.

③ 문제 해결 및 의사소통 과정

문제 해결 및 의사소통 과정은 〈표 3-10〉과 같이 명료성, 개방적인 정서 표현, 상호 협력적 문제 해결을 포함한다(Walsh, 1998).

〈표 3-10〉 문제 해결 및 의사소통 과정의 요소

요소	내용
명료성	의사소통이 부정확하거나 해결되지 않고 남아 있으면 오해와 갈등을 일으킬 수 있다. 특히 위기에 직면했을 시 스트레스 상황에 대한 명료화는 중요하다. 가족 구성원 간의 이해와 인정은 대처와 적응에 중요한 역할을 한다.
개방적인 정서 표현	개방적인 정서 표현을 할 수 있는 가족은 긍정적인 감정뿐만 아니라 부정적인 감정도 서로 공유한다. 가족은 서로의 감정 차이를 인정하면서 비난은 피한다. 이런 과정에서 유머는 가족 탄력성에 매우 중요한 자원이 된다.
상호 협력적 문제 해결	서로 협력하여 문제를 해결하는 가족은 갈등을 잘 다룰 수 있는 능력을 가지고 있다. 따라서 이러한 가족은 문제 해결 과정에서의 의견 차이에 관용을 베푼다.

종합해 보면 가족 탄력성은 역경을 극복하고 자원을 발견하여 유연하게 대처함으로써 스트레스 상황이 야기하는 부정적 영향으로부터 가족을 보호하고 가족기능을 정상화시켜 가족의 역량을 강화하는 것이라고 볼 수 있다. 따라서 탄력성 있는 가족은 위기에 처했을 때 가장 적절한 자원을 활용하여 위기 상황에 대처할 것이다. 앞서 제시된 가족 탄력성의 핵심 요소들이 어떻게 작용하느냐에 따라 장애아동 가족들도 스트레스 상황에 대처하는 양상이 달라질 것이다.

5. 사회적 지지

1) 사회적 지지의 정의

일반적으로 사회적 지지(social support)는 사회적 관계를 통해 외부로부터 받는 다양한 형태의 모든 자원을 의미하며 가족이 어려움에 처했을 때 통제력을 제공해 줌으로써 가족의 삶의 질을 향상시킨다(Hanson & Hanline, 1990). 또한 사회적 지지는 스트레스에 대한 대처 능력과 변화에 대한 융통성 있는 적응을 촉진시키는 역할을 한다.

Cohen과 Wills(1985)는 사회적 지지를 크게 구조적인 측면과 기능적인 측면에서 바라보고 있다. 구조적 측면은 동거가족의 유무, 사회적 접촉의 빈도 등과 같은 사회관계망의 크기 및 밀도 등과 관련이 있다. 기능적 측면은 관계의 질에 대한 개인의 평가와 관련이 있다. 스트레스 상황에서 이러한 사회적 지지의 완충효과는 다음과 같다. 첫째, 사회적 지지는 외부로부터 필요한 지지를 받을 수 있다는 것을 인식하고, 스트레스 상황을 재평가하며, 대처 능력을 강화함으로써 스트레스에 대한 반응을 약화시키거나 차단한다. 둘째, 사회적 지지는 문제 해결을 위한 대안을 찾아내거나 문제의 중요성에 대해 재인식함으로써 스트레스 사건이 병리적 결과를 낳는 것을 예방한다.

2) 사회적 지지의 유형

학자에 따라 사회적 지지의 유형은 차이가 있는데 대표적인 것을 제시하면 〈표 3-11〉과 같다.

이와 같은 다양한 사회적 지지는 해당 가족들이 사회적 관계를 어떻게 맺느냐에 따라 삶의 질에 다양하게 영향을 줄 것이다. 많은 연구(Crnic, Feiedrich, &

Greenberg, 1983; Cutrona & Troutman, 1986; Levitt, Weber, & Clark, 1986)에 의하면 어머니의 스트레스는 적합한 사회적 지지에 의해 완화되는데, 이때 어머니 자신의 사회적 네트워크에 대한 만족감이 중요한 역할을 하는 것으로 나타났다(Dunst, Trivette, & Cross, 1986; Petersen, 1984). 장애아동 부모가 맺고 있는 사회적 네트워크는 1차 네트워크(가족, 친척, 친구), 2차 네트워크(협회, 기관, 조직), 3차 네트워크(의사, 치료사, 교사, 상담사 등의 전문가)로 구분할 수 있다(Eckert, 2002). 이 중 3차 네트워크와의 긍정적 관계를 형성하는 것은 장애아동 가족에게 매우 중요하다. 그들과의 관계는 조기중재 서비스에 대한 수요 및 욕구를 통해 발달되고, 개별 가족의 요구 정도에 따라 다양한 양상을 보인다. 근본적으로 질적, 양적으로 만족스러운 사회적 네트워크의 존재는 장애자녀가 있는 가족의 삶의 질에 중요한 역할을 한다(Wagatha, 2006).

〈표 3-11〉 사회적 지지의 유형

연구자	사회적 지지 유형
Cohen & Hoberman (1983)	• 자기존중감 지지: 자신이 타인으로부터 높이 평가되고 수용되고 있다는 정보 • 평가적 지지: 문제에 직면하여 대처할 수 있도록 타인으로부터 받는 정보나 충고 • 소속감 지지: 여가시간을 타인과 함께 보내는 것 • 유형적 지지: 경제적 도움이나 물질적 자원에 대한 도움의 출처가 있는 것
Bristol(1987)	• 공식적 지지: 사회 서비스 기관, 의료 및 교육 기관 등 공적 관계에서 받는 지원 • 비공식적 지지: 가족, 친구, 이웃 등과 같은 사적 관계에서 받는 지원
MacDonald (1998)	• 도구적 지지: 물질, 현금 등의 물적 자원이나 노동의 제공 • 평가적 지지: 격려, 인정, 칭찬 등 개인의 존재나 노력에 대한 긍정적 평가를 제공하여 힘을 북돋워 주는 것 • 정보적 지지: 새로운 프로그램이나 서비스에 대한 정보 제공 • 정서적 지지: 대화 등을 통해 정서적 욕구를 충족시키는 것

3) 사회적 지지의 영향

사회적 지지의 효과와 관련하여 완충효과(buffering effect) 가설과 주효과(main effect) 가설이 있다(Heller, Swindle, & Dusenbury, 1986). 그 내용을 비교하면 〈표 3-12〉와 같다.

많은 연구에서는 사회적 지지가 위기 상황에 있는 개인에게 다양한 측면에서 긍정적인 영향을 주는 것으로 나타나고 있다. 예를 들어, 사회적 지지를 받은 사람은 그렇지 못한 사람보다 정신적으로 더 건강하고 환경에 대한 통제력도 더 강하며(Carpenter, 2001; Kaiser & Hancock, 2003), 사회적 지지는 어머니의 양육태도 및 아동과의 상호작용, 어머니의 민감성에 긍정적인 영향을 주는 것으로 나타나고 있다(Crnic et al., 1983). 반대로 사회적 지지의 부재 및 부족은 다양한 부정적 결과(불안, 우울, 역할갈등, 부정적인 양육태도 등)와 관련이 있는 것으로 나타나고 있다(양정화, 2002; 조복희, 양미선, 2001). 많은 연구에서는 만족할 만한 사회적 지지를 경험한 어머니가 낮은 우울감을 보이는 것으로 나타났다(Mckinney & Peterson, 1987; Olsson & Hwang, 2001). 사회적 지지 중 특히 남편의 지지는 스트레스에 대한 어머니의 적응과 양육태도에 큰 영향을 미치는데, 아버지가 양육에 참여적일수록 어머니는 온정적이고 격려적인 양육행동을 보였다(원명선, 2006; 이현정, 1996). 장애아동 가족과 관련하여 사회적 지지는 장애아동의 부모가 질적인 양육을 제공하고 부모의 능력을 강화시키는 주요한 요인으로 작용한

〈표 3-12〉 완충효과 가설과 주효과 가설의 비교

가설	내용
완충효과 가설	사회적 지지는 개인의 안녕에 미치는 스트레스의 부정적 영향을 감소시킨다고 가정하고, 개인의 심리적 적응을 돕고 좌절을 극복하게 함으로써 문제 해결의 도전을 받아들이는 능력을 강화시킨다.
주효과 가설	사회적 지지는 스트레스와 관계없이 개인의 안녕에 유익한 효과를 가져온다고 가정한다.

출처: Heller, Swindle, & Dusenbury(1986).

다. 즉, 장애아동 가족은 사회적 지지를 통해 스트레스 상황에 건강하게 적응할 수 있게 되는데 사회적 지지 중 특히 정서적 지지가 중요하게 작용한다. 예를 들어, 장애아동의 어머니는 남편의 지지도가 높을수록 양육 부담을 덜 느끼고, 반대로 남편의 지지도가 낮을수록 좌절감을 더 많이 느끼게 된다(Seligman & Darling, 1997). 남편의 지지는 가정의 통합 및 협력에 긍정적인 영향을 주는데, 이것은 가족 구성원들에게 정서적 · 심리적 · 실제적인 지원을 제공함으로써 장애아동 가족 구성원들의 내적 · 외적 스트레스를 감소시키는 역할을 한다(임지향, 2000).

장애자녀를 둔 부모는 종종 자녀가 사회규범에서 어긋날 것이라는 생각으로 인해 자신의 '부모로서의 능력'에 대한 의심을 갖게 된다. 이와 같은 장애아동 부모의 역할에 대한 불확실성은 자녀의 장애로 인한 문제를 해결하는 과정에서 모범적인 상(像)을 사회 안에서 찾지 못하는 데에서 기인한다(Engelbert, 2003). 따라서 부모는 자신의 역할에 대한 확신을 갖기 위해 타인으로부터의 확신을 필요로 하며, 부모들은 이런 확신을 일반적으로 사회적 지지를 통해서 얻는다.

종합해 보면 주 양육자인 어머니는 위기 상황에서 주위로부터 충분한 사회적 지지를 받음으로써 스스로 스트레스에 대처하는 힘을 얻게 되고, 이는 양육태도에도 긍정적 영향을 줌으로써 가족체계 자체의 탄력성을 가져온다.

6. 장애아동 가족의 역량강화를 위한 조기중재 전문가의 역할

아동 발달에 가장 본질적이며 핵심적인 요인으로 부모-자녀 상호작용의 질(Lewis & Goldberg, 1969; Wachs, 1992)과 가족에 의해 조화롭게 조직된 사회적 · 물리적 환경과의 경험(Elardo, Bradley, & Caldwell, 1977)이 제시되어 왔다. 이것은 모두 가족이라는 체계와 그 가족이 관계를 맺고 있는 더 큰 체계와의 관계 속에서 설명될 수 있는 것이다. 이로써 장애아동을 위해 노력하는 전문가는 그 가족을 강화시킬 수 있는 다양한 요인들과 그것의 역동적 관계를 정확히 이해해야 한다는 역할과제가 도출된다.

그러나 지원체계가 매우 복잡해지고 분화되어 감에 따라 전문가의 이런 역할이 위협받기도 한다. 이것은 장애아동과 그 가족의 발달에 부정적인 영향을 줄 수 있다. 예를 들어, 전문가가 점점 더 자신의 분야에 초점을 맞추게 되면서 부모는 자녀와 올바른 관계를 맺기 위해서 특정 전문 지식을 익혀야 한다는 느낌을 받게 된다. 또한 부모는 종종 자녀의 조기중재에 적극 참여함으로써 전문가에게서 배운 것들(주로 치료과정에서)을 집에서도 연계해야 하는 협력치료사로서의 역할을 맡게 된다(Kallenbach, 1997). 치료사로서의 부모는 자녀를 더 이상 총체적인 개인이 아닌 환자로 인식하는 경우가 많은데, 이런 시각은 자녀와의 전체 상호작용에 전이되어 영향을 주게 된다. 그래서 부모, 특히 주 양육자인 어머니는 자유시간에도 자유롭게 자녀와 노는 것이 아니라 주로 치료적 목적을 가진 놀이만을 하는 경향을 보이기도 한다(Krause, 1997). 또한 다양한 치료 서비스가 제공되면 부모들은 자녀를 위해 올바른 것을 선택하고 실행해야 한다는 중압감을 느끼게 되고 미래의 가능성과 현재의 만족 그리고 자녀의 안녕 사이에서 고민을 해야 한다. 최선의 것이라 생각되는 것을 선택했어도 자녀가 기대에 못 미치거나 어떤 진전도 보이지 않으면 부모는 결국 스트레스를 받고 자녀에 대한 심리적 공격반응을 할 수 있다. 따라서 조기중재에서 가족지원 전문가의 역할은 우선 부모가 자녀와의 상호작용에서 만족감을 느끼고 주어진 상황을 조정할 수 있도록 도와주는 것이다(Hinze, 1993). 즉, 부모가 자녀의 장애를 더 이상 위기로 인식하지 않고, 자녀와의 효과적인 상호작용을 통해 미미한 변화도 감지할 수 있는 능력을 키우도록 지원해 주어야 한다. 이로써 부모는 자신의 능력에 대한 믿음과 자신감을 얻을 수 있고, 이는 다시 부모-자녀 상호작용의 질에 영향을 주고, 더 나아가 가족의 전체적 삶의 질에 긍정적 영향을 줄 수 있을 것이다.

이처럼 장애아동의 긍정적 발달은 치료사나 부모를 통한 특정 교육이나 치료의 효과에 의해서만 이루어지는 것이 아니며 역동적인 가족체계 안에서의 총체적인 경험에 의해 규정되어야 한다. 따라서 장애아동을 위한 가족지원은 '가족의 부담을 덜어 주는 서비스' 이상의 다양한 조처들의 큰 묶음으로, 장애아동 가족이 사회적 통합환경 속에서 자기 결정적 삶을 영위하고 자신의 문제에 대한 정치적인 영향력을 행사하고 대중적 행사에 참여할 수 있도록 지원하는 데 그 목적이 있다(Theunissen & Plaute, 2002; Thimm & Wachtel, 2002). 이것은 생태학적 모델이 현재 장애아동을 위한 교육과 가족지원에서 중요한 의미를 지니는 가장 큰 이유일 것이다. 따라서 장애아동을 위한 지원은 해당 아동뿐만 아니라 그 가족의 자원에 초점을 두어야 한다. 즉, 가족지원의 핵심적인 목표는 인적 · 사회적 자원으로의 접근에 기초하는 가족의 역량강화다.

앞에서 장애아동 가족들이 스스로 위기를 극복하여 능력을 강화하는 데 도움을 줄 수 있는 보호 요인들, 즉 대처 자원들이 제시되었다. 이와 관련하여 건강중심 모델을 제시한 Antonovsky(1991)는 개인적 · 사회적 보호 요인을 다음과 같이 정리하였다.

- 육체적 건강과 탄력성
- 자신의 능력에 대한 믿음과 자원에 대한 신뢰
- 경제적 · 물질적 보장
- 사회적 자원
- '건강한' 낙천주의와 삶에 대한 확신
- 긍정적인 자아상과 자기존중감
- 삶의 결정적 사건에 적극적으로 대처하려는 준비 자세
- 삶의 급격한 변화나 문제에 대한 융통성 있는 적응

이들 요인은 장애아동 가족의 삶의 질과 직접 연관되는 것들이다. 따라서 장애아동을 위한 가족지원은 순간적으로 필요한 특정 자원을 단순히 제공하는 것에서 벗어나 가족 구성원이 장애아동과 함께 생활하는 전 생애 동안 스트레스에

잘 대처하여 삶의 적응력을 향상시킬 수 있는 능력을 키워 주는 것에 초점을 두어야 한다. 즉, 각 상황에서 숨겨져 있거나 활용되지 못한 자원을 발견하고 그것을 현안 문제의 해결과 사회적 체계의 강화를 위해 활용할 수 있도록 만들어야 할 것이다(Stark, 1996). 그 과정에서 전문가들에게 우선 요구되는 것은 장애아동 부모들이 자신이 가지고 있는 능력과 자원으로 충분히 어려운 상황을 극복하여 자신의 길을 갈 것이라는 확신을 갖는 것이다. 따라서 부모를 위해 모든 것을 다 직접 해 주어야 한다는 생각을 버려야 한다. 전문가의 역할은 개인의 역량강화 과정이 소그룹 혹은 사회적 체계 안에서 이루어질 수 있도록 사회적 · 환경적 조건을 마련하는 데 있다. 예를 들면, 전문가의 과제는 해당 부모를 비슷한 입장에 있는 다른 부모나 부모 그룹과 연결시켜 주고 그들과 함께 사회적 관계를 반성해 보는 것이다. 이와 함께 개별 가족의 다양한 특성 및 상황을 고려하여 구체적인 전략이나 방법을 선택하여 실행한다면 가족 스스로 힘을 키우는 데 많은 도움이 될 것이다.

이런 관점에서 볼 때, 긴장원의 근원과 특성에 따라 조기중재에 대한 접근도 다양해져야 한다(Guralnick, 1997). 또한 조기중재 프로그램 차원에서 제공된 특별한 서비스는 무엇보다 부모의 요구에 부합되어야 하는데(Affleck et al., 1989; Dunst & Trivette, 1990), 이를 위해서는 부모-전문가 관계가 매우 중요하다. 그 안에서 전문가들은 체계적이며 가족 중심적인 평가를 하고 관점과 가치관에서의 차이들을 잘 조정할 수 있어야 한다(Bailey, 1987; Duwa, Wells, & Lalinde, 1993). [그림 3-6]은 잘 조정된 조기중재 프로그램의 요소를 나타낸 것이다.

Weiß(1992)는 역량강화와 관련하여 '조기중재에서 행위 중심의 모델' 을 강조한다. 장애아동 부모의 상황은 일반적으로 특별함과 정상 사이의 긴장관계 속에 있다고 할 수 있는데, 이때 양극에는 장애아동 부모의 실제가 각각 내포되어 있다(Finger & Steinebach, 1992). Weiß(1992)는 이런 긴장관계에서 부모가 불확실성을 극복하고 자녀에게 더 관심을 갖는 데 도움이 되는 보호 요인으로 장애에 대한 지식과 정보, 일상생활의 안정, 건강한 부모-자녀 상호작용, 자신

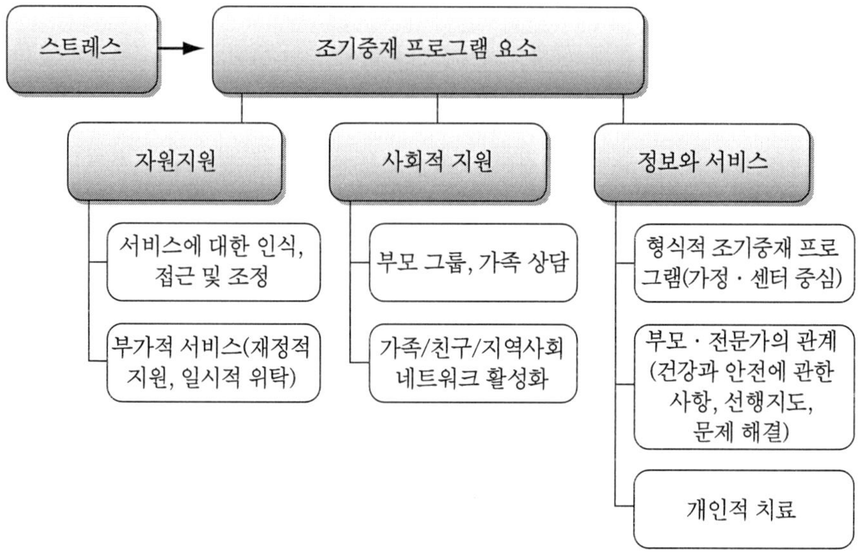

[그림 3-6] 긴장원에 대한 반응으로서 조기중재 프로그램의 요소

출처: Guralnick(1997).

의 편견 극복, 일상생활에서의 여유 등을 제시하고 있다.

조기중재 및 가족지원은 부모들을 전문적으로 상담하고 부모가 일상생활을 구조화하는 데 도움을 주며 긴장감이 없는 분위기에서 자녀와의 상호작용을 가능하게 하는 조건들을 만드는 데 초점을 두어야 한다. 이때 전문가의 지원만으로 충분한 것은 아니다. 가족을 단지 지원을 받는 객체로 간주하지 않고 협력관계에서 서비스에 대한 부모의 자발적 의사결정과 참여를 촉진하기 위해 부모와 전문가가 협력하는 것이 특히 중요하다. 역량강화의 의미에서 이것은 전통적인 전문가 역할이 변해야 함을 의미한다. 즉, 전문가는 결코 혼자서 올바른 해결방법을 알고 부모를 올바른 길로 인도하는 사람이 아니다. 그들의 과제는 오히려 가족의 보호 요인 속에서 위험 요인의 영향을 최소화하는 데 있다(Finger & Steinebach, 1992). 또한 사회적으로 고립된 부모를 다시 사회적 네트워크에 연결시켜 주는 것이 중요한데, 그들은 친구, 친척, 전문가, 비슷한 상황에 놓인 부모들과 함께 정보와 경험을 교환하고, 필요한 경우 새로운 연합을 통해 새로운 체계를 구축할 수도 있다.

장애아동 부모는 자신의 슬픔에 진정으로 공감하고 자신을 지배하려고 하지 않는 전문가를 필요로 한다. 가족지원은 가족에게 단지 도움을 제공하고 가족을 부담에서 해방시키는 것을 의미하는 것이 아니며, 전문가들이 함께 있다는 것에 중요한 의미가 있다. 가족지원은 또한 스트레스에 따른 부정적 감정들을 인정해 주는 것을 의미한다. 장애아동 부모들은 특히 자신의 감정이 거부나 불안을 야기하지 않고 그 감정을 솔직히 표현해도 된다는 것을 경험할 때 역량이 강화된다. 그러면 더 이상 자신의 스트레스를 억압할 필요가 없으며, 자녀와 상호작용할 때 조절되지 않은 행동을 나타내지도 않을 것이다.

따라서 가족지원은 자녀의 장애로 야기된 위기나 가족의 스트레스에 대처하기 위한 해결방법을 함께 찾아보는 것이다. 이를 위해 전문가는 우선 감정이입을 잘하는 상담자로서 부모들이 자녀에 대한 다른 관점을 경험하고 객관적인 태도를 가질 수 있다고 솔직하게 말할 필요가 있다. 양측이 신뢰 속에서 감정들을 공유할 수 있을 때 비로소 아동을 위한 공동의 결정을 내릴 수 있는 것이다. 조기중재 및 가족지원의 과정은 모든 참여자가 변화될 수 있는 장을 제공하는데, 그 전제는 부모, 아동, 전문가 사이에 신뢰관계를 형성하고 모든 참여자의 정체성과 자율성을 촉진하는 것이다.

종합해 볼 때, 장애아동 가족을 위한 가족지원은 이미 정해진 목표로 그 가족을 이끌고 가는 것이 아니라 그들이 가는 길에 전문가가 동행하는 것이며 (Fritsche, Thurner, & Weiß, 1993) 그 동행의 길에서 전문가는 장애아동 가족의 탄력성을 증진시키는 방향으로 나아가야 한다.

요 약

'가족강화' 는 가족 구성원의 역할과 그에 따른 가족의 기능이 아동의 발달에 중요한 영향을 준다는 사고에서 나온 것으로서 장애아동의 가족지원에서 핵심적 역할을 한다. 이에 따르면 가족지원은 장애아동과 그 가족을 위해 구체적인 문제를 해결해 주는 것이 아니며 가족이 어떤 역경에 부딪히더라도 가족이 가지고 있는 강점과 자원을 기초로 문제를 파악하고, 문제 해결을 위한 자원을 구하며, 자원을 활용하여 문제를 스스로 해결할 수 있는 힘을 실어 주는 데 초점을 두고 있다.

장애아동 가족의 역량강화를 위해 우선 스트레스와 그에 반응하는 대처양식을 알아보았다. 이를 통해 '장애' 라는 스트레스 사건이 해당 가족에게 반드시 위기를 초래하지 않는다는 것, 개인 및 가족이 처한 조건이나 활용 자원의 유무 및 그 사건을 평가하고 대처하는 방법에 따라 가족의 적응 정도가 달라질 수 있다는 것을 알 수 있었다. 가족의 역량을 강화하기 위한 힘으로서 가족 탄력성이 제시되었는데, 이것은 역경을 극복하고 자원을 발견하여 유연하게 대처함으로써 스트레스 상황이 야기하는 부정적 영향으로부터 가족을 보호하고 가족기능을 정상화시켜 가족의 역량을 강화하는 강력한 자원이며 힘이다. 따라서 이 장에서는 조기중재에서 가족지원은 궁극적으로 가족의 탄력성을 증진시키는 방향으로 나아가야 한다는 역할과제가 뚜렷하게 제시되고 있다.

학습활동

1. ABCX 모델과 Double ABCX 모델을 설명하고, 이 모델 등이 장애아동 가족지원에 주는 의미를 논의해 보시오.

2. 스트레스 사건의 대처에서 문제중심 대처방안과 정서중심 대처방안에 대해 비교, 설명하시오.

3. 가족 탄력성의 특징에 대해 논의해 보시오.

제4장

가족사정

1. 가족사정의 이론적 배경
2. 가족사정의 영역 및 고려사항
3. 가족사정의 방법

학습 목표

1. 가족사정의 개념, 목표, 필요성에 대해서 이해한다.
2. 가족사정의 영역 및 고려사항에 대해서 이해한다.
3. 가족사정의 방법인 면담법, 검사 및 질문지법, 관찰법에 대해서 이해한다.

1. 가족사정의 이론적 배경

1) 가족사정의 개념 및 목표

교육과 사회복지 분야에서는 진단(diagnosis)이라는 용어를 사용하여 왔으나 근래에는 사정(assessment)이라는 용어를 더 많이 사용하고 있다. 왜냐하면 여러 연구들에 따르면 강점보다 병리를 강조하는 진단이라는 용어는 중재효과를 낮추기 때문이다(조흥식 외, 2010). 즉, 피검사자의 강점보다 병리를 강조하는 접근은 모든 인간이 성장할 수 있는 잠재력을 가지고 있다고 믿는 교육과 사회복지 분야에서의 가치를 실현하는 데 걸림돌이 된다.

일반적으로 사정이란 아동의 능력과 잠재력을 최대한 발휘할 수 있는 양육환경과 학습환경을 깊이 있게 이해하기 위해서 체계적인 관찰과 분석을 지속적이고 협력적으로 하는 과정이다(Bagnato, Neisworth, & Munson, 1997; Greenspan & Meisels, 1996). 미국 「장애인교육법(IDEA)」에 따르면 '사정' 이란 "아동의 독특한 강점 및 욕구, 가족의 자원 · 우선순위, 관심, 장애를 지닌 신생아나 영아의 발달상 욕구를 충족시키기 위해서 가족의 잠재력을 촉진시킬 수 있는 자원과 서비스를 판별하는 것으로, 자격을 갖춘 적절한 사람이 실시하는 진행적인 과정" 이다.

지난 30년 동안 유아특수교육에서 사정(assessment)의 패러다임은 여러 가지 측면에서 변화해 왔다. 대표적으로 과거의 사정이 아동에만 초점을 맞추었다면 근래의 사정은 아동 이외에 부모와 환경에도 초점을 맞추고 있다(Sandall, McLean, & Smith, 2000).

사정은 대상자를 기준으로 크게 아동사정과 가족사정으로 나누어 볼 수 있다. 아동사정(child assessment)이 인지발달, 신체발달, 의사소통 발달, 사회정서 발달, 적응행동 발달 영역에서 아동의 강점과 요구를 파악하는 것이라면, 가족사정(family assessment)이란 전문가가 교수 목표와 서비스에 대한 가족의 우선적인 관심사를 결정하기 위해서 정보를 수집하는 진행적이고 상호적인 과정이다(McLean, Wolery, & Bailey, 2004). 이러한 가족사정의 목표는 가족의 자원(resources), 우선순위(priorities), 고려사항(concerns)을 파악하여 개별 가족의 욕구와 바람에 적절한 프로그램을 제공하는 것이다(Bailey, 2004). 〈사례 1〉에서 볼 수 있듯이, 가정방문 교사는 가족의 강점을 파악하고 이를 기초로 중재를 계획하였다. 이처럼 가족사정의 궁극적인 목표는 개별 가족에게 적절한 서비스를 제공하는 데 있다.

사례 1

가정방문 교사는 실비아의 부모에게 SEAM 검사 결과에 대해서 궁금한 것이 있는지 물어보았으며, 보호자의 강점에 대해서도 이야기를 나누었다. 실비아의 부모는 이민을 와서 가족, 친구와 떨어져서 지내는 것이 힘들다고 하였다. 그리고 이러한 자신들의 우울감 또는 고립감이 실비아에게 부정적인 영향을 주는 것 같다고 하였다. 이에 가정방문 교사는 이민자 지지 단체에 관한 정보를 제공해 주었다. 한편 실비아의 부모는 아이에게 긍정적으로 반응하기(A-1.0)와 예측 가능한 일과를 제공하기(A-3.0)와 같은 많은 강점을 가지고 있었기 때문에, 교사는 이에 기초하여 교수 계획안을 작성하였다.

가정방문 교사와 레브론의 부모는 SEAM 검사결과를 검토하면서 레브론의 강점을 살펴보았다. 또한 레브론의 부모는 가정방문 교사의 도움으로 자녀의 욕구(기저귀 갈기, 우유 주기)를 잘 충족시키기(A-3.1), 검진을 위해 병원에 정기적으로 내원하기(A-4.5), 사촌들과 함께하는 시간 마련하기와 같은 자신들의 강점을 발견할 수 있었다.

출처: Squires & Bricker(2007).

2) 가족사정의 필요성

가족사정이 왜 수행되어야 하는지에 대해서는 법적 · 사회적, 이론적, 가족지원 실제, 책무성 측면에서 그 당위성을 찾아볼 수 있다. 첫째, 가족사정의 법적 기초는 미국의 법에서 살펴볼 수 있다. 미국은 1986년 공법 99-457에 출생부터 36개월 이하의 영아 가족을 위한 개별화 가족지원 계획(Individualized Family Service Plan: IFSP)을 의무화하였다. 개별화 가족지원 계획이란 장애아동과 그 가족의 욕구를 충족시키기 위해서 프로그램을 어떻게 운영할 것인지에 대한 법적 문서다. 개별화 가족지원 계획을 세우기 위해서는 가족의 자원, 우선순위, 고려사항 측면에서 사정이 실시될 수 있다. 하지만 공법 99-457은 IFSP 작성을 위한 가족사정을 의무화하지 않고 자발적 활동으로 규정하고 있다. 다시 말해서, 가족 구성원들이 불필요하며 도움이 되지 않는다고 생각한다면 가족사정을 실시하지 않아도 된다.

하지만 전문가들은 가족사정이 장애가족의 개별적 욕구를 파악하도록 돕기 때문에 가족사정에 입각하여 IFSP를 작성하도록 추천하고 있다. 같은 장애아동 가족이라도 장애의 종류 및 정도, 가족의 자원, 보호자의 특성, 지원 자원, 신념체계, 문제 해결 형태, 인종 · 문화에 따라서 가족 기능이 다르기 때문에(Shapiro, Blacher, & Lopez, 1998), 개별 가족의 욕구를 충족시키는 서비스를 제공하려면 가족사정의 실시가 제안된다.

한편 IDEA는 36개월 이상의 유아에 대해서는 IFSP 대신에 개별화 교육 프로그램(Individualized Education Program: IEP)을 의무화하고 있다. 이는 36개월 이상 유아의 가정은 IFSP를 작성하지 않기 때문에 가족사정이 필요하지 않음을 의미하는 것이 아니다. 앞으로 설명될 여러 가지 이유로 인해 가족사정은 아동의 연령에 무관하게 중요하다.

가족사정은 법의 지원을 받을 뿐만 아니라 전문가 협회의 지지를 받고 있다. 미국 특수아동협의회 조기특수교육 분과는 장애아동 교육을 위한 추천의 실제

(recommended practices) 중 하나로 가족의 목표를 수립하고 달성하기 위해 전문가와 가족은 협력해야 한다고 하였다(Sandall et al., 2005). 가족중심 실제에서 필수적인 가족-전문가 협력은 긍정적이고, 반응적이고, 세심하고, 우호적이고, 전체 가족 구성원을 포함해야 하는 방향으로 나가야 한다(McWilliam, Tocci, & Harbin, 1998). 이러한 가족과 전문가 간의 협력적 관계를 형성하는 데 중요한 역할을 하는 것 중의 하나가 바로 가족사정이다. 다시 말해서, 전문가들은 〈사례 1〉에서처럼 가족의 강점 및 욕구를 파악하는 가족사정 과정을 통해서 가족과 긍정적 관계를 형성할 수 있게 된다.

이에 반해서 우리나라는 법적으로 개별화 가족지원 계획과 가족사정에 대한 조항이 없을 뿐만 아니라 전문가 협회 차원의 공식적인 제안도 없는 실정이다. 사정에서 가족 관련 조항이라고 한다면, 특수교육 대상자 사정과 평가과정에서 부모 등 보호자의 의견 진술 기회가 충분히 이루어져야 한다(「장애인 등에 대한 특수교육법 시행령」 제16조 제4항), 선별검사 결과 장애가 의심되는 아동을 발견한 경우에는 장애사정을 받도록 보호자에게 안내하고 상담해야 한다(「장애인 등에 대한 특수교육법 시행령」 제9조 제3항)는 항목이 있다. 하지만 이 조항들은 아동을 선별하고 사정하는 과정에서 가족의 의견을 고려해야 한다는 의미에 그치고 있으며, 미국처럼 가족이 서비스의 중심이 되어서 그들을 사정하고 중재를 실시해야 한다는 적극적인 의미는 아니다. 그러므로 앞으로 우리나라에서도 가족중심 실제가 현장에서 적극적으로 실행될 수 있기 위해서는 법적 기초가 우선적으로 확보되어야 한다.

둘째, 가족사정의 필요성은 Sameroff와 Chandler의 교류 모델, Bronfenbrenner의 생태학적 모델, Steinglass의 체계이론(이러한 모델에 대한 설명은 앞장 참조)에 의해서 설명될 수 있다. 이러한 이론들이 가족지원 및 가족사정에 시사하는 바는 다음과 같다.

- 장애아동은 가족에게 긍정적/부정적으로 영향을 미치기 때문에 가족 사정

및 지원은 영유아특수교육에서 중요하게 인식되어야 한다.

- 장애아동에 대한 중재는 가족에게 영향을 미치기 때문에 가족지원도 장애아동을 포함한 모든 가족 구성원들에게 영향을 미친다.
- 가족을 둘러싸고 있는 친척, 친구, 이웃, 종교 단체 등의 환경은 중요하기 때문에 가족사정은 이러한 가족의 복잡한 환경적 맥락을 파악하는 방향으로 이루어져야 한다.

셋째, 가족사정은 전문가와 부모의 협력관계 개선에 중요한 역할을 한다. 전문가와 부모의 협력관계는 근래 가족지원 모델에서 강조되고 있다. 과거의 가족지원 모델에서 전문가의 일방적인 관계가 강조되었다면, 근래의 가족지원 모델에서는 목표 및 서비스 결정부터 프로그램 평가까지의 모든 단계에서 전문가-가족 간에 상호작용이 강조되고 있다(Turbiville et al., 1996). 바람직한 전문가-가족의 상호작용에서는 긍정성, 반응성, 우호성, 민감성, 전체 가족 중심의 특성을 볼 수 있다(McWilliam et al., 1998). 가족사정은 이러한 바람직한 전문가-가족 관계를 형성하는 하나의 방법으로 활용될 수 있다(Bailey, 2004).

넷째, 가족사정은 서비스의 질을 높이고 가족의 성과를 높이는 데 중요한 역할을 한다. 과거 영유아특수교육 프로그램에서는 장애아동 지원에 대한 책무성만 강조되었다면, 근래 영유아특수교육 프로그램에서는 장애아동뿐만 아니라 가족의 성과 달성에 대한 책무성도 강조되고 있다(Bailey, 2001). 장애아동의 발달 영역별 변화를 평가하는 것은 쉬울 수 있지만, 가족의 성과를 평가하는 것은 어려울 수 있다. 그렇다고 가족성과 평가에 대한 중요성이 감소되는 것은 아니기 때문에, 교사는 가족사정을 통해 프로그램이 가족의 욕구를 잘 충족시켰으며 가족의 의사를 충분히 반영하였는지 등을 평가하여야 한다. 미국의 경우 프로그램의 질을 평가하는 것은 서비스의 지속적인 운영을 위한 재정 확보에 근거가 되기에 더욱 중요하다.

2. 가족사정의 영역 및 고려사항

1) 가족사정의 영역

전통적으로 가족사정은 가족의 스트레스, 양육태도, 가정환경 등의 영역에서 이루어졌다. 하지만 이러한 전통적 사정 영역은 가족에게 적절한 지원을 제공하는 데 별로 유용하지 못하다는 비판이 있다(McLean et al., 2004). 현재 IDEA는 가족의 자원, 우선순위, 고려사항을 가족사정 영역으로 보고 있으며, 전문가 협회 역시 이러한 영역에서 사정이 이루어져야 한다고 말하고 있다(Sattler & Hoge, 2006).

첫째, 자원이란 가족에게 도움이 되는 특성, 기술 등을 통틀어서 일컫는 말로, 개별 자원, 가족 내적 자원, 가족 외적 자원의 세 가지로 나눌 수 있다(Bailey & Simeonsson, 1988). 개별 자원에는 종교적 믿음, 삶에 대한 자신감 및 통제력, 성격 등이 포함된다. 가족 내적 자원이란 핵가족 또는 확대가족이 갖는 강점의 측면으로, 배우자, 형제자매, 친척 등이 포함된다. 예를 들어, 가족 구성원들이 대화 시 경청을 잘한다거나 정서적인 격려를 해 주는 것은 좋은 자원이 될 수 있다. 가족 외적 자원은 가족의 바깥 구조에 있는 자원으로, 이웃, 친구, 전문가, 종교 단체 등이 포함된다. 일반적으로 가족 자원이 많을수록 어려운 상황을 헤쳐 나갈 가능성도 높아진다. 그러므로 교사들은 가족이 현재 어떤 이용 가능한 자원을 갖고 있는지를 판별하고, 문제 해결 시 그것을 적절히 잘 활용하도록 지원해야 한다.

둘째, 가족의 우선순위란 우선적으로 성취하고자 하는 목표와 서비스에 대한 가족의 욕구를 의미한다. 일반적으로 교사와 치료사들은 유아의 독립성을 높여 주는 기술을 교수 목표로 세우고자 하는 반면, 대부분의 가족들은 아이의 발달상 문제와 자주 사용할 수 있는 기술에 관심을 갖는다(Bondurant-Utz, 2002). 예를 들어, 부모들은 자녀가 다른 장난감을 가지고 놀고 싶을 경우 그것을 표현하는 법을 배우기를 원한다. 〈사례 2〉에서도 영희 어머니가 영희가 발화하는 것을 우선적으로 배우기를 원하고 있음을 알 수 있다. 그러므로 교사는 가족의 우선적인 목표를 IEP 또는 IFSP에 반영하고 중재를 실시해야 할 것이다.

셋째, 가족의 고려사항이란 가족들이 마음에 두고 주의를 기울이는 것에 대한 것으로 개별 가족에 따라서 매우 다양하다. 일반적으로 많은 장애영유아 가족은 고려사항으로 자녀의 장애에 대한 정보, 자녀의 문제행동을 다루는 방법, 현재와 미래의 서비스를 언급한다(Bailey, Blasco, & Simeonsson, 1992). 그런가 하면 다른 장애영유아 가족들은 자녀의 장애에 대해서 터놓고 상담할 수 있는 사람,

사례 2

필리핀계인 영희 어머니는 보건복지부에서 시행하고 있는 영유아 발달 건강검진 결과 두 살 된 영희의 발달이 다소 느린 것을 알게 되었다. 의사 선생님은 영희의 어머니에게 영희를 6개월 정도 지켜보자고 하였다. 하지만 6개월이 지나도 영희의 발달은 더 나아지지 않았고 어머니도 이에 대한 큰 걱정을 보이기 시작하였다. 이에 의사 선생님은 영희가 정밀검사를 받도록 사회복지사에 의뢰하였다. 정밀검사에는 사회복지사 뿐만 아니라 통역을 도울 통역사와 영희의 어머니가 참석하였다. 영희의 아버지는 자신의 딸이 아무 이상이 없다고 이야기하며 검사에 참여하는 것을 거부하였다.

영희의 어머니는 자신은 직장을 그만두고 영희를 돌보아야 할 것이라는 걱정을 하고 있었기 때문에, 사회복지사는 이에 대한 상담을 계획하였다. 그리고 어린이집에서의 영희의 행동을 부모와 함께 관찰하면서 강점과 욕구에 대해서 물어보았다. 영희의 어머니는 영희가 발화하는 것을 가장 원한다고 하였다. 그리고 남편도 영희의 문제를 인정하여 자녀에 대한 문제로 더 이상 남편과 논쟁을 하지 않았으면 좋겠다고 하였으며, 좋은 특수교육기관을 알아내서 자신이 직장을 그만두지 않았으면 좋겠다고 말하였다.

보조도구 구입을 위한 경제적 도움, 주간 단기보호 서비스, 양육 도우미, 가족결연 모임, 자녀에게 적절한 의사 선생님 등에 대해 관심을 가질 수 있다. 하나의 프로그램은 이러한 다양한 가족의 욕구를 충족시키기 어려울 수 있다. 그러므로 교사는 개별 가족들의 다양한 고려사항을 해결할 수 있는 정보에 대해서 알고 있어야 할 것이다. 또한 장애영유아 가족은 특정한 시기에 더 큰 우려를 할 수 있다. 예를 들어, 장애영유아 가족은 자녀가 처음 장애로 진단받았을 때, 자녀가 이전에 보이지 않았던 증상(예: 간질)을 갑자기 보이기 시작할 때(Wikler, 1981), 전이(예: 병원에서 집으로, 첫 기관 입학, 기관 간 전이, 유치원 입학)를 할 때(Hanson et al., 2000) 더 많은 걱정을 할 수 있다. 그러므로 교사는 이러한 주요 시기들에 주의를 기울이고 적절한 도움을 제공해야 한다.

2) 가족사정 시 고려사항

영유아특수교육에서 강조하고 있는 추천의 실제 중 하나인 가족중심 실제를 실천하기 위한 한 방법은 가족사정을 실시하는 것이다. 하지만 많은 교사는 다양한 가족의 특성과 맥락 때문에 가족사정을 실시하는 것을 어려워하며, 심지어 부정적인 태도를 보이기도 한다. 교사가 이러한 가족사정의 어려움을 극복하고 올바르게 실시하기 위해서는 다음의 일곱 가지 사항을 고려하여야 한다.

첫째, 교사는 다양한 방법을 통해서 가족사정을 실시하여야 한다. 대표적인 가족사정 방법에는 면담법, 검사 및 질문지법, 관찰법이 있다. 가족은 체계로 인식되어야 하며 가족에게 영향을 주는 여러 가지 요인이 파악되어야 한다(Ostfeld & Gibbs, 1990). 따라서 다양한 방법(예: 면담법, 관찰법), 다양한 자원(예: 가족, 교사, 전문가), 다양한 환경(예: 집, 학교, 지역사회), 다양한 영역(예: 발달 상태, 상호작용, 정신건강)에서 사정이 실시되어야 한다(Bagnato & Neisworth, 1991). 하지만 현재 많은 기관에서는 여러 가지 이유(예: 전문 인력 및 사정도구의 부족, 행정상의 편의)로 다양한 방식의 사정이 이루어지지 못하고 있다. 그러므로 교사는 이러한 다양한 방법들을 적극적으로 활용하여 장애아동 가족의 다양한 자원, 우선순위, 고려사항을 파악해야 한다.

둘째, 교사는 가족사정과 중재의 연계성에 대해서 고려해야 한다. 의사들은 환자에게 약을 처방하기에 앞서서 상태를 진단한다. 이와 마찬가지로 전문가들은 가족에게 지원을 제공하기 전에 가족들의 현 상황에 대해서 이해해야 한다. 즉, 가족을 위한 서비스는 사정을 통해서 수집된 정보를 토대로 제공되어야 하는 것이다. 이러한 사정결과와 중재의 연계성이 매우 중요함에도 불구하고, 많은 프로그램은 비연계적 접근법을 채택하고 있다(Macy, 2004). 이러한 비연계적 접근법은 기능적 기술의 사정 및 교수 계획안 작성에 큰 도움이 되지 못하며, 높은 비용에 비해 그 효율성도 낮다(Bricker, 1996).

셋째, 교사들은 가족사정의 시기를 고려해야 한다. 어떤 전문가는 가족과 처음 대면하는 시점부터 가족사정을 바로 실시하는 것은 사생활 침해라고 생각한다. 반면에 어떤 전문가들은 중재를 계획하고 실시하기 위해서는 가족사정을 최대한 일찍 실시해야 한다고 주장한다. 이처럼 가족사정은 여러 가지 요인들(예: 검사도구의 목적, 전문가 의견)에 따라서 그 시기를 달리할 수 있다. 일반적으로 교사는 가족의 욕구를 충족시켜 주기 위해서 가능한 한 빨리 가족과 적극적으로 의사소통하는 것이 필요하다(Bailey, 2004).

넷째, 교사는 가족사정에 책무성을 가져야 한다. 가족사정은 사회복지사, 간호사 또는 심리학자만의 몫이 아니라(Bailey et al., 1990) 가족과 관계된 모든 사람들의 몫이다(Bailey, 2004). 교사들이 가족사정을 사회사업가, 간호사 또는 심리학자의 책임이라고 생각하는 이유는 그에 대한 훈련을 제대로 받지 못하여 관련 기술과 태도에 대한 정보가 많이 부족하기 때문이다(Bailey et al, 1990; Bailey, Palsha, & Simeonsson, 1991). 그러므로 장애아동 가족의 자원, 우선순위, 고려사항을 사정하는 데 필요한 기술을 전문가들이 배울 수 있도록 관련 연수가 실시되어야 한다. 또한 이러한 연수에는 가족과 효과적으로 의사소통하는 방법 및 신뢰성 있고 협력적인 관계를 구축하는 방법에 대한 내용도 포함되어야 한다(Bailey,

2004). 가족사정 시 장애아동 가족들의 개인적인 정보를 알아야 할 때가 많기 때문에 가족과 효율적으로 의사소통하는 방법을 아는 것은 매우 중요하다. 예를 들어, 교사들은 부모들의 최종 학력, 경제 상태, 결혼생활, 정신건강 문제에 대해 질문하게 될 수 있다. 이러한 개인적인 문제를 물어보는 경우 적절하게 의사소통이 되지 못하면 사생활을 침해하는 파렴치한 교사로 낙인찍히고 교사와 부모의 사이도 소원해질 수 있다(Hooper & Umansky, 2009). 중요한 의사소통 전략기술로는 경청하기, 질문하기, 반응하기, 통합하기(Winton & Bailey, 1988) 등이 있다. 이 중에서도 적극적인 경청기술은 무엇보다 중요하다. 일반적으로 사람들은 상대방이 긍정적인 태도를 보이고 순수하게 도와주려는 것이 인지되면 개방적인 태도를 보이게 되는데(Dunst & Trivette, 1994), 적극적인 경청의 자세가 바로 이러한 분위기 형성에 중요한 역할을 한다.

다섯째, 교사는 가족과의 견해 차이에 대해서 인지하고 있어야 한다. 교사와 전문가는 아동과 가족의 욕구에 대해서 다르게 인지하곤 한다(Bailey et al., 1991). 예를 들어, 장애의 원인에 대해서 이야기할 경우 전문가들은 장애 발생의 유전적 · 생의학적 · 실험적 원인을 중시하는 반면, 가족은 이 장애가 자신과 아이에게 왜 발생하였는지, 그것이 무엇을 의미하는지 등에 관심이 있다. 또한 전문가는 아버지의 가족참여가 중요하다고 생각할 수 있으나, 당사자인 아버지는 이러한 활동에 전혀 참여하고 싶어 하지 않을 수 있다. 그러므로 교사는 가족사정 결과가 개별 가족마다 달리 나타날 수 있음을 인지하여야 한다.

여섯째, 교사들은 다양한 가족의 문화를 고려해야 한다. 교사들은 특정 집단의 가치, 믿음, 행위 등으로 형성되는 문화를 바탕으로 유아와 가족에 대한 암묵적 평가를 내리고 특정 행동 및 환경을 비정상적, 비전형적이라고 결정짓게 된다. 문화란 가치, 전통, 사회적 · 정치적 관계이며, 공통의 역사, 지리적 위치, 언어, 사회적 지위와 종교를 가진 사람들에 의해 창조되고 형성된 세계관이다(Nieto, 2004). 이러한 정의에서 볼 때, 문화란 사람들에 의해서 형성되는 역동적이고 변화하는 개념임을 알 수 있다. 이러한 문화는 사람들의 인식과 행동에 영향을 미친다(Wilder et al., 2004). 예를 들어, 히스패닉계 부모들은 교사를 전문가로 인정하고 전적으로 교사의 결정을 따르는 반면(Valdes, 1996), 백인 부모들은 자녀의 학급 일에 적극 참여하고 자원봉사나 학급 행사 등 학교 활동에 적극적으로 동참하며 교사를 돕기도 한다. 그렇다고 모든 히스패닉계 또는 백인계 어머니가 동일한 신념을 갖는다고 생각해서는 안 된다. 같은 히스패닉계 또는 같은 백인계 어머니 간에도 다양성이 존재할 수 있다. 하지만 현장에서의 많은 사정 절차와 방법들은 평균적인 중산층 백인 가정에 가치를 두고 있어서 저소득층 혹은 장애 가족들은 불리한 입장에 놓일 수 있다. 그러므로 교사들은 사정도구가 대상 유아와 가족의 문화적 배경에 적합한지, 가족들이 사정과정에 포함되어야 하는지, 검사 장소가 바람직한지 등을 항상 고려해야 한다. 〈사례 2〉에서 영희의 어머니는 필리핀계이기 때문에 검사과정에 의사소통을 도울 통역사를 포함시키는 것이 그 예라 하겠다.

일곱째, 교사는 가족사정의 도구와 방법을 점검해야 한다. 우선 사정도구는 신뢰도와 타당도를 갖추고 있어야 한다. 하지만 가족사정 도구 중에 양육 스트레스 검사(Parenting Stress Index; Abidin, 1990)와 수유 상황에서의 모아(mother-child) 상호작용척도(The Nursing Child Assessment Feeding Scale: NCAFS; Sumner & Spietz, 1994a)를 제외하고는 적절한 신뢰도와 타당도를 갖춘 도구가 드물다. 또한 가족사정 도구는 유용성을 갖추는 것이 매우 중요하다(Bailey, 2004). 왜냐하면 가족은 서비스에 직접 연관되지 않는 질문을 받게 되면 쉽게 좌절하게 되므로(Bailey & Blasco, 1990), 서비스와 연계되는 유용한 가족사정을 실시해야 한다. 그리고 개별 가족마다 원하는 바가 다르기 때문에 교사는 개별 가족에게 맞춘 사정도구를 적용하여 그 효과성을 높여야 한다. 예를 들어, 60%의 어머니는 개인면담을 좋아한 반면에 40%는 설문지 기록을 선호하였으며, 아버지는 그 반대의 양상을 보였다(Bailey & Blasco, 1990). 이처럼 개별 가족마다 가족사정의 내용, 시기, 형태가 달라질 수 있기에 교사는 차별적인 사정방법을 선택하여 활용해야 한다.

3. 가족사정의 방법

앞서 언급했듯이, 개별 가족마다 가족사정의 내용, 시기, 형태가 달라질 수 있으므로 교사는 차별적인 사정방법을 선택하여 활용해야 한다. 다시 말해서, 가족사정 방법은 개별 가족의 욕구를 고려하여 유연하게 선택되고 운영되어야 한다. 여기서는 대표적인 가족사정 방법인 면담법, 검사 및 질문지법, 관찰법에 대해서 살펴본다.

1) 면담법

면담법은 가족과의 직접적인 대화를 통해서 목적에 부합하는 자료를 수집하는 방법으로, 가족 구성원의 감정, 생각, 의도 등 직접적으로 관찰할 수 없는 종류의 정보를 얻기 위해서 주로 사용된다. 면담법을 사용할 경우 대상자의 복잡한 심리과정을 파악하기 쉽고, 면담자와 대상자 간에 라포(rapport)가 형성될 경우 솔직하고 개방적인 대화를 나눌 수 있는 장점이 있다.

부모와의 면담의 초점은 크게 유아와 가족으로 나눌 수 있을 것이다. 유아에 초점을 두어 면담을 할 경우 건강, 식사, 화장실 사용, 수면, 사회성, 문제 해결력, 언어, 선호도, 정서 등에 대해서 이야기할 수 있다. 이에 반해 가족에 초점을 두어서 면담을 할 경우 가족에 대한 기본적인 배경 정보, 가족 건강사, 관심 영역, 사정절차에 대한 인식 등에 대해서 면담을 할 수 있다(Meisels & Provence, 1989). 그리고 면담은 표준화 정도, 질문의 구조화 여부, 접근방식, 직간접성의 여부에 따라서 비형식적 면담(informal interview), 반구조화된 면담(semistructured interview), 구조화된 면담(structured interview), 개방면담(open-ended interview), 포커스 그룹 면담(focus-group interview) 등으로 나눌 수 있다.

첫째, 비형식적 면담이란 가장 빈번하게 사용되는 가족사정 방법이다. 가족과 전문가 간의 자연스러운 상호작용 중(예: 등하교 시간, 전화)에 대화가 이루어진다. 둘째, 반구조화된 면담이란 하나 이상의 목표를 이루기 위해서(예: 배치에 대한 가족의 선호도) 질문의 내용과 제시방식이 계획되기는 하나 면담 상황에 따라서 융통성 있게 진행되는 것이 특징이다. 셋째, 구조화된 면담이란 질문의 내용과 제시방식이 미리 만들어지며 주의 깊게 준비된 계획에 따라 면담이 진행되는 것을 말한다. 넷째, 개방면담이란 질문의 내용과 제시방식에 따라서 그대로 면담이 진행되기보다 개방적인 방식으로 진행되는 방법으로, 면담자의 의견이 폭넓게 드러날 수 있는 장점이 있다. 다섯째, 포커스(초점) 그룹 면담이란 몇 명의 대상자 집단을 모아 놓고 특정한 주제에 대해서 집단의 사람들이 어떻게 생각하고 느끼는지를 알아보기 위하여 소집단을 구성하여 면담하는 방법이다. 이 면담법은 대화를 촉진하기 때문에 개인면담에 비해서 포괄적이고 다양한 의견을 얻을 수 있다는 특징이 있다. 일반적인 가족과의 면담 단계는 〈표 4-1〉과 같다.

〈표 4-1〉 가족중심 면담의 단계

단계	내용	목적
도입	• 면담의 목적 설명하기 • 면담 시간과 절차 설명하기 • 비밀보장(confidentiality)에 대해 논의하기 • 물리적 환경 구조화하기	• 부모의 불안감을 줄이고 적극적 경청을 위한 제반 여건을 정비하기
면담	• 시작말 하기 • 대부분의 시간 동안 부모의 이야기 경청하기	• 가족의 강점, 욕구, 자원 판별하기
요약	• 대화 내용 요약하기 • 가족의 우선순위 파악하기	• 면담 내용을 확인하기 • 전문가와 부모 모두 동의하는 가족의 욕구 도출하기
정리	• 교사에게 소중한 정보를 공유해 준 가족에게 감사 표현하기 • 면담 목적의 성취를 확인하고 다음 면담 일시 조정하기	• 부모의 노고에 감사 표현하기 • 다음 면담을 상기시키기

출처: Winton & Bailey(1988).

2) 검사 및 질문지법

검사 및 질문지법은 작성자가 누구인가에 따라서 양육자 작성 검사법과 전문가 작성 검사법으로 구분되며, 표준화 여부에 따라서 표준화된 검사법과 비표준화된 검사법으로 구분된다. 즉, 가족사정은 비표준화된 양육자 작성 가족사정, 표준화된 양육자 작성 가족사정, 비표준화된 전문가 작성 가족사정, 표준화된 전문가 작성 가족사정의 네 가지로 구분될 수 있다. 여기서는 비표준화된 양육자 작성 가족사정과 표준화된 양육자 작성 가족사정 두 가지 가족사정 방법에 대해서 알아본다.

1980년대 중반부터 비표준화된 양육자 작성 가족사정 방법이 사용되었다. 비표준화된 양육자 작성 가족사정 방법은 목적(예: 요구, 사회적 자원, 강점, 환경)에 따라 그 종류도 다양하다. 이 시기에 개발된 가족의 요구를 알아보는 대표적인 가족사정 도구로는 가족요구조사서(Family Needs Survey; Bailey & Simeonsson, 1990), 가족요구척도(Family Needs Scale; Dunst, Jenkins, & Trivette, 1988), 부모요구조사서(Parent Needs Survey; Seligman & Darling, 1989)가 있다. 이러한 도구에 대한 연구에서 부모와 전문가 모두 도구가 유용하다고 밝혔으며(Bailey & Blasco, 1990), 특히 어머니는 전문가보다 더 높은 만족도를 보였다(Sexton et al., 1991). 그리고 장애아동 가족들은 정보에 대한 요구를 공통적으로 보였다. 하지만 이를 제외하고는 개별 가족마다 원하는 요구를 다양하게 보여서 가족의 고려사항을 개방형 문항으로 구성해야 할 정도였다. 국내외에서 가장 많이 알려진 도구로는 〈표 4-2〉의 가족요구조사서와 〈표 4-3〉의 가족요구척도가 있다.

〈표 4-2〉 가족요구조사서

가족요구조사서

유아 이름 ____________ 조사자 ____________
실시 날짜 ____________ 유아와의 관계 ____________

부모님께,
많은 유아의 가족은 정보나 지원의 요구를 가지고 있습니다. 부모님들이 원하실 경우 저희들은 부모님들의 요구에 대해 의논하고 도움이 되는 자원을 찾으려고 노력하고자 합니다.
다음 항목들은 가족들의 요구에 대한 예입니다. 부모님이 저희와 의논하고 싶은 것을 표 오른쪽에 표기해 주세요. 그리고 기타 부모님의 요구를 마지막에 서술해 주세요. 부모님이 작성한 모든 정보는 비밀로 할 것이며, 원하시지 않을 경우에는 작성하지 않으셔도 됩니다.

부모님은 다음의 주제에 대해 프로그램의 담당자와 이야기를 나누고 싶으십니까?

주제	아니요	잘 모르겠다	예
정보			
1. 어떻게 아이들이 자라고 발달하는가?			
2. 어떻게 아이와 잘 놀고 이야기 나눌 수 있는가?			
3. 어떻게 아이를 잘 가르칠 수 있는가?			
4. 장애에 대한 정보			
5. 지금 아이가 이용할 수 있는 서비스에 대한 정보			
가족의 사회적 지원			
1. 관심사에 대해 가족 안에서 누군가와 이야기 나누기			
2. 이야기할 친구 가지기			
3. 나 자신을 위한 시간 발견하기			
4. 배우자가 자녀의 장애를 수용하도록 돕기			
5. 우리 가족이 문제에 대해 의논하고 해결에 도달하도록 돕기			
6. 어려운 시기에 가족이 서로 지원하는 것 돕기			
7. 가사일, 아이 돌보기, 가족과제를 누가 할 것인가에 대해 결정하기			

〈계속〉

8. 가족 여가 활동 결정하고 즐기기			
경제			
1. 음식, 집세, 의료비, 의복비, 교통비 지불			
2. 아이가 필요로 하는 특별한 장비 구입 비용			
3. 아이가 필요로 하는 치료, 탁아 그리고 다른 서비스 비용			
4. 직장을 얻는 데 필요한 상담이나 도움			
5. 아이 돌보는 사람 고용이나 휴식에 필요한 비용			
6. 아이가 필요로 하는 놀잇감 구입 비용			
타인에게 설명하기			
1. 아이의 상태에 대해 나의 부모와 배우자의 부모에게 설명하기			
2. 아이의 상태에 대하여 나의 부모의 형제나 배우자 부모의 형제에게 설명하기			
3. 친구, 이웃 혹은 낯선 사람이 나의 아이에 대해 물어보았을 때 어떻게 대답하는가에 대한 것			
4. 아이의 상태에 대해 다른 아이에게 설명하기			
5. 내 자녀와 같은 아이를 가진 다른 가족에 대한 도서 찾기			
탁아			
1. 아이를 돌보아 줄 수 있는 능력 있는 사람이나 일시보호 프로그램 찾기			
2. 아이를 위한 탁아 프로그램과 유치원 발견하기			
3. 교회나 성당에서 예배 시 탁아 또는 아이 돌보미 서비스			
전문가 지원			
1. 목사, 스님, 신부님과의 만남			
2. 상담자와 만나기(심리학자, 사회사업가, 정신과 의사)			
3. 아이의 교사나 치료사와 많은 시간 이야기하기			
지역사회 서비스			
1. 내 자녀와 같은 아이를 가진 다른 부모와 만나고 이야기 나누기			
2. 아이의 요구를 이해할 수 있는 의사 발견하기			
3. 아이를 치료할 수 있는 치과의사 발견하기			

〈계속〉

부모님께서 도움을 받기를 원하시는 주제 또는 기타 의견이 있으시면 적어 주시기 바랍니다.

___

___

___

부모님께서 만나기를 희망하는 특별한 사람이 있다면 적어 주시기 바랍니다.

___

___

___

시간을 내주셔서 감사합니다.
저희는 이러한 정보가 부모님께서 중요하다고 생각하시는 서비스를 판별하는 데 도움을 주기 바랍니다.

출처: Bailey & Simeonsson(1990).

〈표 4-3〉 가족요구척도

이 척도는 부모님이 41개 영역에서 어떠한 도움이 필요한지를 보여 줄 것입니다. 다음 사항이 얼마나 필요한지를 표기하세요.

다음 사항에 얼마나 많은 도움이 필요하세요?	해당 없음	전혀 필요없음	가끔 필요함	보통 필요함	매우 필요함	가장 필요함
1. 필수품을 사고 청구서 비용을 지불할 수 있는 돈	N/A*	1	2	3	4	5
2. 예산안	N/A	1	2	3	4	5
3. 자녀의 특별한 요구를 충족시켜 줄 수 있는 돈	N/A	1	2	3	4	5
4. 미래를 위해서 저축해 놓은 돈	N/A	1	2	3	4	5
5. 마실 수 있는 깨끗한 물	N/A	1	2	3	4	5
6. 가족을 위한 두 끼의 식사	N/A	1	2	3	4	5
7. 가족을 위한 건강식을 요리할 시간	N/A	1	2	3	4	5
8. 자녀 밥 먹이기	N/A	1	2	3	4	5

〈계속〉

9. 집	N/A	1	2	3	4	5
10. 배관, 전기, 난방	N/A	1	2	3	4	5
11. 가구, 옷, 장난감	N/A	1	2	3	4	5
12. 집안일, 수리, 주택 개선	N/A	1	2	3	4	5
13. 자녀에게 맞는 주택 개조	N/A	1	2	3	4	5
14. 직업 갖기	N/A	1	2	3	4	5
15. 만족스러운 직업 갖기	N/A	1	2	3	4	5
16. 자녀의 미래 계획하기	N/A	1	2	3	4	5
17. 나의 목표 세우기	N/A	1	2	3	4	5
18. 이야기할 필요가 있는 사람과 연락하기	N/A	1	2	3	4	5
19. 자녀를 위한 교통수단	N/A	1	2	3	4	5
20. 자녀를 위한 특수 이동 보조도구	N/A	1	2	3	4	5
21. 자녀에 대해서 이야기를 나눌 사람	N/A	1	2	3	4	5
22. 이야기할 수 있는 주변인	N/A	1	2	3	4	5
23. 가족을 위한 의료 및 치과 치료	N/A	1	2	3	4	5
24. 나 자신을 돌볼 시간	N/A	1	2	3	4	5
25. 긴급 의료	N/A	1	2	3	4	5
26. 자녀를 위한 특수한 의료 및 치과 치료	N/A	1	2	3	4	5
27. 미래 건강계획	N/A	1	2	3	4	5
28. 가정에서 자녀의 일상 요구 관리	N/A	1	2	3	4	5
29. 일하는 동안의 자녀보육	N/A	1	2	3	4	5
30. 긴급 보육	N/A	1	2	3	4	5
31. 자녀의 단기보호 서비스	N/A	1	2	3	4	5
32. 미래 자녀보육	N/A	1	2	3	4	5
33. 자녀를 위한 학교	N/A	1	2	3	4	5

〈계속〉

34. 자녀를 위한 도구 또는 치료	N/A	1	2	3	4	5
35. 자녀를 약속 장소에 데려다 주는 시간	N/A	1	2	3	4	5
36. 자녀를 위한 미래 교육 서비스 탐색	N/A	1	2	3	4	5
37. 나 자신의 교육, 기술, 흥미의 확장	N/A	1	2	3	4	5
38. 자신이 즐기는 일 하기	N/A	1	2	3	4	5
39. 가족과 함께 하기	N/A	1	2	3	4	5
40. 부모결연 또는 클럽 참여	N/A	1	2	3	4	5
41. 아이와의 여행 또는 휴식	N/A	1	2	3	4	5

* N/A = not applicable.
출처: Dunst, Trivette, & Deal(1988).

이외에도 가족의 사회적 지원망을 알아보고자 한다면 〈표 4-4〉에 Whittacker와 Tracy의 사회관계망 그리드(Social Network Greed; 조홍식 외, 2010 재인용)가 사용될 수 있으며, 가족의 강점을 알고자 한다면 〈표 4-5〉의 가족강점척도(이원숙, 2005)가 사용될 수 있다. 그리고 IFSP 개발에 직접적인 도움을 받고자 한다면 〈표 4-6〉의 AEPS 가족조사지(AEPS Family Survey; Bricker, 2002; 이영철 외, 2008)

〈표 4-4〉 사회관계망 그리드

ID 응답자 이름#	생활 영역 ① 가구원 ② 다른 가족 ③ 직장/학교 ④ 조직 ⑤ 다른 친구 ⑥ 이웃 ⑦ 전문가 ⑧ 기타	물질적 지지 ① 거의 없다 ② 가끔씩 ③ 거의 항상	정서적 지지 ① 거의 없다 ② 가끔씩 ③ 거의 항상	정보/조언 ① 거의 없다 ② 가끔씩 ③ 거의 항상	비판 ① 거의 없다 ② 가끔씩 ③ 거의 항상	원조 방향 ① 양방향 ② 그들에게만 ③ 그들이 당신에게만	친밀도 ①거의 친하지 않음 ②가까운 정도 ③ 매우 가까움	만나는 빈도 ① 1년에 몇 번 ② 한 달에 몇 번 ③ 주마다 몇 번 ④ 매일	알고 지낸 기간 ① 1년 이하 ② 1~5년 ③ 5년 이상
01									
02									
03									

출처: 조홍식 외(2010).

〈표 4-5〉 가족강점척도

1 거의 전혀	2 가끔 한 번씩	3 때때로	4 빈번하게	5 거의 항상

(　) 1. 우리 가족은 서로를 위해 좋은 일을 한다.
(　) 2. 우리 가족은 느끼는 대로 말할 수 있다.
(　) 3. 우리는 가족을 자랑스러워한다.
(　) 4. 문제가 있을 때 자녀의 제안도 환영받는다.
(　) 5. 우리 가족은 필요시 도움을 요청할 수 있는 친구와 친척이 있다.
(　) 6. 우리는 서로에게 관심이 있다는 사실을 표현한다.
(　) 7. 우리는 서로의 이야기를 경청한다.
(　) 8. 우리는 가족으로서 함께 뭉친다.
(　) 9. 우리 가족은 유사한 가치와 신념을 가지고 있다.
(　) 10. 우리 가족은 지역사회 혹은 종교 집단 및 활동에 참여한다.
(　) 11. 나는 우리가 가족으로서 친밀한 것에 대해 행복하다.
(　) 12. 우리는 서로에 대한 감정을 이해하는 것이 중요하다고 믿는다.
(　) 13. 우리는 가족 전통을 가지고 있고 이를 지켜 나간다.
(　) 14. 자녀는 규칙과 훈육에 대한 의견을 말할 수 있다.
(　) 15. 문제가 있을 때, 우리는 동일한 문제에 직면한 다른 가족에게 기꺼이 도움을 요청할 의사가 있다.
(　) 16. 우리는 가족 내 다른 사람들이 어떻게 느끼는지에 대해 관심을 쏟는다.
(　) 17. 우리는 논쟁하지 않으면서 문제에 대해 이야기할 수 있다.
(　) 18. 우리는 우리 가족의 역사에 대해 자랑스러워한다.
(　) 19. 집안일은 가족원들에게 공정하게 나누어진다.
(　) 20. 우리 가족은 필요할 때 외부의 전문적 도움을 얻을 의사가 있다.
(　) 21. 우리는 서로를 존중한다.
(　) 22. 우리는 함께 이야기 나누는 것을 즐거워한다.
(　) 23. 가족 구성원은 서로에게 충성심을 느낀다.
(　) 24. 주요한 가족 문제를 결정할 때 각 가족원은 의견을 표명할 기회를 가진다.
(　) 25. 떨어져 사는 가족원과 접촉을 유지하고 있다.

개별적 강점 점수표
가족 돌봄: 1, 6, 11, 16, 21번 문항의 총점
의사소통: 2, 7, 12, 17, 22번 문항의 총점
가족 자부심: 3, 8, 13, 18, 23번 문항의 총점
가족 결속감: 4, 9, 14, 19, 24번 문항의 총점
지역사회 및 가족 유대: 5, 10, 15, 20, 25번 문항의 총점

출처: 이원숙(2005).

〈표 4-6〉 AEPS 가족조사지의 일부

제1부
일상 활동: 음식 먹기, 잠자기, 옷 입고 벗기, 목욕하기, 대소변 가리기, 상호작용, 의사소통, 가족 활동, 지역사회 활동
음식 먹기 1. 아이는 어디서, 언제, 누구와 주로 아침, 점심, 저녁을 먹습니까? 2. 아이는 어떤 종류의 음식을 먹습니까? 3. 아이는 식사를 무엇 때문에 좋아합니까? 4. 아이는 식사를 무엇 때문에 싫어합니까?

검토 일자: ______________ 변화기록: ______________

제2부					
소근육 운동					
1. 아이는 동시에 두 손을 중앙으로 가져옵니까?	날짜				
	행동*				
2. 아이는 장난감 또는 물건을 가지고 놀 때 각각의 손에 장난감 또는 물건을 쥐고 중앙에서 장난감 또는 물건을 함께 부딪쳐 소리를 냅니까?	날짜				
	행동				
3. 아이는 엄지, 검지, 중지의 끝을 사용하여 각 손으로 블록 또는 작은 공 같은 주먹 크기만한 물건을 잡습니까? 물건을 손바닥 위에 놓지 않고 손가락으로 잡습니까?	날짜				
	행동				
4. 아이는 테이블 위에 손과 팔을 의지하지 않고 엄지와 검지 끝을 사용하여 건포도와 같은 콩 크기만한 물건을 집어 올립니까?	날짜				
	행동				

* 행동란은 아동의 행동이 독립적이고 일관적이면 Y, 가끔 의존적이고 비일관적이면 S, 수행하지 못하면 N으로 표기.
출처: 이영철 외(2008).

가 사용될 수 있으며, 가족의 환경 문제점을 선별하고자 할 경우 〈표 4-7〉의 환경 선별 질문지(Environmental Screening Questionnaire: ESQ; Squires & Bricker, 2007)가 사용될 수 있다.

〈표 4-7〉 환경선별 질문지

양육자 이름: ____ 일시: ____		
범주	예	아니요
교육		
1. 고등학교(검정고시 포함)를 졸업했습니까?	□ z*	□ x*
2. 직업훈련이나 수업을 받았습니까?	□ x	□ z
3. 전화로 통화하는 데 어려움이 있습니까?	□ x	□ x
4. 한국어를 읽을 수 있습니까?	□ z	□ z
5. 첫째 아이를 십대에 가졌습니까?	□ x	□ z
합계: ____		
주거		
1. 작년 한 해 동안 3번 이상 이사를 했습니까?	□ x	□ z
2. 소유하고 있거나 세를 들어 사는 집이나 아파트가 있습니까?	□ z	□ x
3. 주거를 위해 친척이나 친구들을 의지합니까?	□ x	□ z
4. 아이를 위한 안전한 바깥놀이 영역이 있습니까?	□ z	□ x
5. 생활관리는 가족의 기초적인 필요를 채워 줍니까(예: 난방, 물)?	□ z	□ x
합계: ____		
건강/행동		
1. 학습, 행동 혹은 정서적 문제를 가진 자녀가 있습니까?	□ x	□ z
2. 당신, 배우자 혹은 자녀가 장기적인 건강 문제를 가지고 있습니까?	□ x	□ z
3. 가족원에게 정신건강 문제(예: 우울증)가 있습니까?	□ x	□ z
4. 아동보호센터와 연락한 적이 있습니까?	□ x	□ z
5. 자녀(들)는 다른 유아들과 잘 어울려 지냅니까?	□ z	□ x
합계: ____		

〈계속〉

경제		
1. 건강보험을 가지고 있습니까?	□ z	□ x
2. 공적인 도움(생활보호)을 받거나 필요로 합니까?	□ x	□ z
3. 지금 직업이 있습니까?	□ z	□ x
4. 신용 문제를 가진 적이 있습니까?	□ x	□ z
5. 집에 전화가 있습니까?	□ z	□ x
합계: ______		
가정		
1. 생활을 같이 하는 배우자가 있습니까?	□ z	□ x
2. 배우자와 자주 싸움/논쟁을 합니까?	□ x	□ z
3. 자녀가 가정이나 이웃의 폭력을 본 적이 있습니까?	□ x	□ z
4. 가족 구성원 중에 술이나 약 문제가 있는 사람이 있습니까?	□ x	□ z
5. 친구나 가족을 자유롭게 만날 수 있습니까?	□ z	□ x
합계: ______		
사회		
1. 지역사회에서 안전함을 느낍니까?	□ z	□ x
2. 어려운 문제에 대해 이야기할 사람이 있습니까?	□ z	□ x
3. 곤란함에서 벗어나게 도와줄 수 있는 친구들이나 가족이 있습니까?	□ z	□ x
4. 일반적인 교통수단을 이용합니까?	□ z	□ x
5. 지역사회의 자원들을 사용합니까?	□ z	□ x
합계: ______		

* Z는 0점, X는 10점으로 채점한 후에 영역별로 점수를 합산하여 한 영역의 점수가 30점을 초과하면 추후 사정 혹은 의뢰가 필요함.

출처: Squires & Bricker(2007).

표준화된 양육자 작성 가족사정 방법은 치료사 및 심리학자들이 개발한 도구로서 목적(예: 스트레스, 우울감, 양육 효능감)에 따라 그 종류도 다양하다. 표준화된 도구는 표준집단과의 비교를 통해서 문제의 위험성을 알아낼 수 있다. 가장 빈번하게 사용되고 있는 대표적인 도구로는 양육 스트레스 검사(Parenting Stress Index: PSI; Abidin, 1995)가 있다. 양육 스트레스 검사는 여러 실험 연구를 거쳐 그 타당도를 인정받은 도구로서, 가족지원 프로그램의 효과성을 평가하기 위해서 사용될 수 있다. 이 도구는 확장형과 축약형으로 구성되어 있는 부모보고 검사다. 확장형의 경우 120문항으로 구성되어 있으며 5점 리커트 척도로 평정하도록 되어 있다. 점수의 범위는 101~505점이며, 점수가 높을수록 양육 스트레스가 높은 것을 의미한다. PSI 표준화 연구를 실시한 결과, K-PSI는 우리나라 부모의 양육 스트레스를 측정하기에 신뢰성 있고 타당한 도구였다(정경미 외, 2008).

또한 어머니의 우울 증상 여부와 관련 정보를 알아보기 위해서 총 21문항으로 구성된 벡 우울증 척도(Beck Depression Inventory-II: BDI; Beck, 1996)가 국내에서 많이 사용되고 있다. 각 문항은 부모의 자기평가로 0~3점에 체크하게 되어 있으며, 가능한 점수 범위는 0~63점이다. 17점 이상이면 우울로, 24점 이상이면 매우 심한 우울로 해석될 수 있다. 그리고 10점 이하는 정상수준, 11~16점은 약한 우울 증상으로 해석할 수 있다.

이외에도 어머니의 양육 효능감을 측정하기 위해서 최형성과 정옥분(2001)이 개발한 양육 효능감 척도가 있다. 이 척도는 전반적인 양육 능력 11문항, 건강하게 양육하는 능력 7문항, 의사소통 능력 9문항, 학습지도 능력 6문항, 훈육 능력 4문항의 총 37문항으로 구성되어 있다. 이 척도는 5점 척도로 구성되어 있으며, 점수 범위는 37~185점으로 점수가 높을수록 높은 양육 효능감을 나타낸다.

3) 관찰법

관찰법은 대상의 행동이나 상황을 관찰하여서 기록 또는 부호화하는 것으로서 환경과 행동 관찰에 유용할 수 있다. 또한 관찰법은 언어적 행동뿐만 아니라 태도, 움직임, 얼굴 표정과 같은 비언어적인 행동에 대한 자료 수집도 가능하다.

관찰법을 통해서는 주로 부모-아동 상호작용과 가정환경이 사정된다. 부모-아동 상호작용을 알아보기 위한 대표적인 도구로는 어머니 행동척도(Maternal Behavior Rating Scale: MBRS; Mahoney, Powell, & Finger, 1986), 수유 상황에서의 어머니와 자녀(mother-child) 상호작용척도(The Nursing Child Assessment

Feeding Scale: NCAFS; Sumner & Spietz, 1994b), 어머니와 자녀 상호작용척도(The Nursing Child Assessment Teaching Scale: NCATS; Sumner & Spietz, 1994a)가 있다. 현재 우리나라에서는 어머니 행동척도가 타당화되었다(김정미, 곽금주, 2006; 김정미, 성옥련, 현명호, 2000; 김정미, Mahoney, 2009). 한국판 어머니 행동척도는 3개 하위 요인의 총 12개 항목(① 반응성 행동 요인: 민감성, 반응성, 수용성, 즐거움, 온정성, 언어적 칭찬 항목, ② 효율성 행동 요인: 효율성, 표현성, 독창성, 보조 항목, ③ 지시적 행동 요인: 성취지향성, 지시성 항목)으로 구성되어 있다. 부모-자녀 상호작용 행동은 부모와 자녀의 자연스러운 놀이 장면을 10분간 녹화한 자료를 5점 리커트 척도로 평가한다.

그리고 가정환경을 알아보기 위해서 가정환경자극척도(Home Observation for Measurement of the Environment Inventory: HOME; Caldwell & Bradley, 2003)가 사용될 수 있다. 가정환경자극척도는 아동의 가정환경과 발달을 위한 지원 정보를 측정하는 도구로, 45문항의 0~3세용, 55문항의 3~6세용으로 구분된다. 총 55문항으로 구성된 3~6세용 HOME은 우리나라 타당화 연구를 통해서 30문항으로 축소되었는데, 그 문항들은 〈표 4-8〉에 제시되어 있다(김정미, 곽금주, 2007).

〈표 4-8〉 가정환경자극척도

학습 자극 요인
1. 퍼즐이 세 가지 이상 있다.
2. 아동용 테이프나 CD가 5개 이상 있다.
3. 정교한 움직임을 요하는 장난감이나 놀이도구가 두 가지 이상 있다.
4. 숫자를 배울 수 있는 장난감이나 놀이도구가 있다.
5. 아동용 도서가 10권 이상 있다.
6. 적어도 10권 이상의 책이 집 안 눈에 띄는 곳에 배치되어 있다.
7. 아동이 도형에 대해 배우도록 하고 있다.
언어적 자극 요인
8. 아동은 동물의 이름을 배울 수 있는 장난감이 있다.
9. 아동에게 한글을 가르친다.
10. 부모는 적극적으로 아동에게 말할 기회를 주고 이를 잘 들어 준다.
11. 아침이나 점심 식사를 할 때 아동은 먹고 싶은 음식을 선택할 수 있다.

〈계속〉

물리적 환경 요인
12. 살고 있는 건물은 안전하며 위험이 없어 보인다.
13. 집 밖의 놀이환경은 안전해 보인다.
14. 주변 환경은 외관상으로 보기 좋은 편이다.
15. 주거 공간은 가족 한 사람당 약 3평 정도 이상이다.
16. 가구가 방의 크기에 비해 지나치게 많다.
17. 집은 잘 정돈되어 있으며 지저분하지 않다.
반응성
18. 방문 중에 부모는 아동에 대해 2번 이상 칭찬한다.
19. 방문 중에 부모는 아동에게 1회 이상 뽀뽀를 하거나 껴안아 준다.
20. 방문 중에 부모는 아동이 어떤 과제를 달성하도록 도와준다.
학업적 자극 요인
21. 아동에게 색깔을 가르친다.
22. 아동에게 쉬운 동요를 가르친다.
23. 아동에게 공간 개념을 가르친다(예 : 위-아래, 안-밖, 대-소 등).
24. 아동에게 숫자를 가르친다.
25. 일상생활에서 아동에게 단어를 읽을 수 있도록 가르친다.
모방 요인
26. 부정적인 감정을 심하게 격분하지 않고 표현할 수 있다.
다양성 요인
27. 아동은 악기나 장난감 악기가 있다.
28. 아동은 2주에 한 번은 가족과 함께 외출한다.
29. 아동은 지난 1년 동안 박물관에 간 적이 있다.
30. 부모는 이야기할 때 복잡한 문장구조와 어휘를 사용하는 편이다.

출처: 김정미, 곽금주(2007).

가족에 대한 관찰은 그 가족이 생활하는 모습 그대로를 관찰하는 것이 가장 좋으나, 현실적으로 어렵기에 일반적으로는 가족 구성원에게 특정 과제나 활동을 준 후 이루어진다. 예를 들어, 부모와 자녀에게 장난감을 제공해 주고 놀이를 하도록 한 후 녹화나 일방경을 통해서 관찰할 수 있다. 관찰법을 통해서 자료를 수집할 때는 코딩, 일화기록 등이 활용될 수 있다.

코딩이란 행동의 범주(예: 애정 표현, 보호자 시작 행동)를 정한 후에 그 행동이 특정 시간 동안 얼마나 자주 일어났는가를 관찰하고, 〈표 4-9〉와 같은 기록지에 기록하는 방법이다. 그리고 일화기록법이란 자연적인 상황에서 특정 시간에 일어난 행동이나 사건에 대해 주관을 배제하고 사실적으로 기록하는 것으로, 그 예는 〈표 4-10〉과 같다. 전문가들이 기억해야 할 점은 가족을 자연스러운 상황에서 관찰하는 것은 힘들다는 점이며, 이러한 상황은 가족의 실제 자연스러운 모습을 보기 어렵게 한다는 점이다. 그러므로 가능한 한 다양한 가족사정 방법을 함께 사용하는 것이 필요하다.

〈표 4-9〉 반응행동 관찰을 위한 기록지 예

초	10	20	30	40	50	60	70	80	90	100	110	120
행동 발생												

비고: 10초 간격으로 2분간 관찰할 경우 상호작용이 나타나면 ○, 나타나지 않으면 ×를 표기함.
반응행동의 비율= ○로 표기된 간격의 수/12 × 100

〈표 4-10〉 일화기록법의 예

이름: 나철수
날짜: 2010년 9월 15일
시간: 9시 30분~9시 40분
관찰자: 김보민 선생님(가정 방문가)
관찰 장면: 자유놀이 시간

철수가 장난감 선반에서 벽돌놀이 세트를 꺼내어 매트 위에 놓는다. 철수가 벽돌로 사각형 모양의 벽을 만들자, 동생 용현이가 와서 발로 찼다. 엄마는 용현이에게 형에게 사과하라고 하였다. 용현이는 엄마의 말을 듣자 "빵꾸똥꾸."라고 말하며 다른 방으로 도망갔다. 엄마는 용현이가 있는 방으로 가서 손을 잡고 형 철수가 있는 곳으로 갔다. 그러고는 다시 용현이에게 "형에게 사과해야지."라고 말했고, 용현이는 고개를 숙이고 "미안해."라고 이야기했다. 이에 엄마는 "엄마는 용현이가 형에게 사과를 해서 기분이 너무 좋아. 그리고 형도 용현이의 사과에 기분이 좋아졌을 거라고 생각해."라고 말하였다. 그런 후에 엄마는 "그럼 이제 형이랑 엄마랑 같이 성을 만들어 볼까?"라고 말하였다. 용현이는 엄마의 말을 듣고는 바닥에 앉아서 벽돌을 위로 하나씩 쌓기 시작하였다.

지금까지 다양한 가족사정 방법에 대해서 살펴보았다. 전문가들은 법에 가족사정의 구체적인 도구가 명시되어 있지 않지만 프로그램의 철학과 가족의 선호도를 고려하여 가족사정 방법을 사용하라고 언급하고 있다(Sexton et al., 1991). 그러므로 전문가는 가족사정 방법을 선택하기 전에 우선적으로 사정의 목적, 기관의 철학, 가족의 선호도를 주의 깊게 고려하여 개별 아동과 가족에게 가장 적절한 사정방법을 선택해야 한다. 또한 가족의 욕구는 매우 다양하며 완전한 하나의 가족사정 방법은 존재하지 않기 때문에 가능한 한 다양한 방법을 사용하여 수집된 자료의 신뢰도를 높여야 할 것이다.

요 약

가족사정이란 전문가가 교수 목표와 서비스에 대한 가족의 우선적인 관심사를 결정하기 위해서 정보를 수집하는 진행적이고 상호적인 과정으로, 가족의 자원, 우선순위, 고려사항을 파악하여 개별 가족의 욕구와 바람에 적절한 프로그램을 제공하고자 하는 목표를 갖는다. 이러한 가족사정은 법적 · 사회적 측면, 이론적 측면, 가족지원 실제, 책무성 측면에서 그 필요성을 찾아볼 수 있다. 하지만 전문가들이 실제 현장에서 가족사정을 실시할 때 여러 가지 어려움을 겪을 수 있으므로, 전문가들은 가족사정 시 고려해야 할 일곱 가지 측면에 대해서 잘 알고 있어야 한다. 마지막으로 다양한 가족사정 방법으로 면담법, 검사 및 질문지법, 관찰법을 살펴보았다. 전문가는 가족사정 방법을 선택하기 전에 우선적으로 사정의 목적, 기관의 철학, 가족의 선호도를 주의 깊게 고려하여 개별 아동과 가족에게 가장 적절한 사정방법을 선택해야 할 것이며, 가능한 한 다양한 방법을 사용하여 수집된 자료의 신뢰도를 높여야 할 것이다.

학 습 활 동

1. 우리나라에서 개발된 가족사정 도구와 다른 나라에서 개발되었지만 우리나라에 타당화된 검사도구에 대해서 알아보시오.

2. 장애아동 가족에게 가족사정 방법 중 하나를 실천해 보고 느낀 점에 대해서 이야기해 보시오.

제5장

개별화 가족지원 계획

1. 개별화 가족지원 계획의 개념 및 필요성
2. 개별화 가족지원 계획의 절차
3. 개별화 가족지원 계획의 작성

학습 목표

1. 개별화 가족지원 계획의 개념 및 필요성에 대해서 이해한다.
2. 개별화 가족지원 계획의 절차에 대해서 이해한다.
3. 개별화 가족지원 계획의 작성법에 대해서 이해한다.

1. 개별화 가족지원 계획의 개념 및 필요성

1) 개별화 가족지원 계획의 개념

장애아동에게 질 높은 교육 프로그램을 제공하기 위해서는 반드시 개별화 교육계획을 수립해야 하고, 이를 위해서는 우선적으로 장애유아의 요구사항과 가족의 자원, 고려사항, 우선순위를 평가해야 한다. 이러한 평가를 통해서 확인된 중재에 대한 윤곽을 명확히 하기 위해서 3세 이상의 유아에게는 개별화 교육 프로그램(Individualized Education Program: IEP)을 마련하여야 하고, 0~3세 영아에게는 개별화 가족지원 계획(Individualized Family Service Plan: IFSP)을 마련하여야 한다.

IFSP란 장애영아와 그들의 가족에게 적절한 서비스와 지원을 제공하기 위해서 개발된 미국 「장애인교육법(IDEA)」에 명시된 법적 문서다. IFSP는 IEP와 달리 가족의 자원(resources), 우선순위(priorities), 고려사항(concerns)과 가족을 위한 목표 및 서비스 내용을 포함해야 하기 때문에 가족중심의 실제라고 볼 수 있다. 다시 말해서, IFSP는 조기중재 서비스에 가족을 포함시킴으로써 가족-전문가 관계 형성에 기여하고 가족의 역량을 강화시키는 가족중심 접근법이다(Dunst & Deal, 1994). 더불어서 IFSP는 가족중심 프로그램 실행에 청사진 역할을 할 뿐만 아니라 실행을 평가하는 도구로서의 기능도 한다(Espe-Sherwindt, 1991).

IEP와 IFSP는 IDEA의 법적 문서로 〈표 5-1〉의 구성 요소를 갖추어야 한다. 이 표에서 볼 수 있듯, 두 문서는 많은 유사점과 차이점을 갖는다(Hooper & Umansky, 2009). 우선 IEP와 IFSP는 모두 교수 목표, 평가 기준 및 절차, 서비스 시작일 및 종료일, 서비스 제공 환경, 전이 조항들을 포함하고 있다. IEP와 IFSP는 이러한 유사점 이외에 서로 차이점도 있다. 이러한 차이점은 서비스 제공방법에 영향을 미치기 때문에 염두에 둘 필요가 있다.

〈표 5-1〉 IEP와 IFSP의 구성 요소 비교표

구분	구성 요소
IEP	1. 현재 유아의 교육적 활동에 대한 기술 2. 장 · 단기 교수 목표 3. 유아에게 제공될 구체적인 교육 서비스의 종류 4. 유아가 일반 학급이나 활동에 참여할 수 있는 범위 5. 서비스 시작일 및 종료일 6. 목표의 달성 여부를 판단하기 위한 객관적 기준, 평가 절차 및 일정
IFSP	1. 장애아동의 현재 수행 수준 (1) 신체발달, (2) 인지발달, (3) 언어발달, (4) 사회심리 발달, (5) 자립기술 또는 적응 행동 2. 가족의 자원, 우선순위, 고려사항에 대한 서술 3. 아동과 가족을 위한 주요 성과(성취 목표), 목표 달성 여부, 평가 기준 및 절차, 목표 달성 시한 4. 아동과 가족을 위한 조기중재 서비스의 빈도, 강도, 방법, 시작일 및 종료일 5. '자연적 환경' 을 포함한 중재 장소에 대한 기술 (예: 병원이나 학교 환경과 반대되는 포괄적인 환경) 6. IFSP 시행을 감독하고 다양한 기관의 노력들을 조정할 책임이 있는 서비스 조정자의 이름 7. 서비스 시작일 및 종료일 8. 조기중재 프로그램에서 유치원 프로그램으로의 성공적 전이를 위해 필요한 서비스에 대한 설명

출처: Hooper & Umansky(2009).

IEP는 유아의 교육적 수행에 초점을 두는 반면, IFSP는 영아의 전반적 발달에 관련된 포괄적 설명에 초점을 둔다. 그리고 IFSP는 유아의 신체, 인지, 언어, 사회정서, 자조기술의 다섯 가지 영역뿐만 아니라 가족의 자원, 고려사항, 우선순위를 다루어야 한다. 또한 IFSP는 계획의 시행을 감독하고 다양한 기관의 노력을 조정할 서비스 조정자(service coordinator)를 명시해야 한다. 서비스 조정자는 아동과 가족의 사정에서부터 IFSP 개발 및 시행 전반에 책임을 지게 된다(Farel, Shackelford, & Hurth, 1997). 또 다른 차이점으로 IEP는 구체적인 교수 목표를 포함하고 이를 연간으로 평가하는 반면, IFSP는 기대되는 성과를 포함하고 이를 6개월 간격으로 검토하고 연간으로 평가해야 한다. 뿐만 아니라 IFSP는 IEP와 달리 프로그램의 구체적인 세부사항이 결정되기 전에 서비스를 시작할 수 있도록 한다. 6개월 단위의 IFSP 검토라든가 즉각적인 서비스 실시는 영아의 빠른 발달 속도와 즉각적 중재의 필요성을 인정하는 것이라고 볼 수 있다.

2) 개별화 가족지원 계획의 필요성

미국에서는 1988년 공법 99-457의 Part B로 인해 3세 이상 장애유아가 특수교육 서비스를 받을 수 있게 되었고, Part H(1997년 이후 Part C)로 인해 장애영아가 특수교육 서비스를 받을 수 있게 되었다. 또한 이 법으로 인해 0~2세 영아를 위한 서비스에서 가족의 역할이 구체화되었으며, IEP와 유사하지만 가족의 욕구를 고려해야 하는 IFSP가 소개되었다. 이로 인해서 부모와 전문가들은 장애영유아 교육방법에 대한 인식이 크게 변하게 되었다(Bailey et al., 1992). 이처럼 IFSP의 개발과 시행은 법적 당위성을 갖게 되었다.

경제적 효율성 측면에서도 IFSP 개발 및 시행은 요구된다. 미국의 경우 가정에서 장애영아를 위한 중재 프로그램을 운영할 경우 연간 경비는 아동 한 명당 3,000달러가 소요된 반면, 기관에서는 4만 5,000달러가 소요되었다. 이처럼 가정중심 중재가 기관중심 중재보다 더 큰 경제적 효용성을 갖는다는 점에서 IFSP 개발 및 시행은 필요하다고 볼 수 있다(Dunst, 1985; 최민숙, 2007 재인용).

앞서 언급한 법적·경제적 당위성 측면 이외에 아동의 발달 측면에서도 IFSP 개발 및 시행은 요구된다. 어린 시기의 아동에게는 가정이 자연적 환경(natural environment)이 되기 때문에 부모는 아이의 성장, 발달에 중요한 역할을 한다. 이 시기의 아이는 보호자와 안정된 애착을 형성하는 것이 중요하다. 애착이란 아이가 보호자와의 결속을 통해 안전기지를 마련해 나가는 점진적 과정이다(Belsky, 2006). 보호자는 영아의 울기, 접촉하기와 같은 애착 관련 행동에 민감하게 반응하여야 한다. 아이가 부모와 안정 애착을 형성하지 못하고 불안-저항 애착이나, 불안-회피 애착을 형성하면 또래와의 상호작용에도 문제가 생기게 된다(Hooper & Umansky, 2009).

장애아동은 애착 관련 행동을 늦게 보이거나, 아예 보이지 않거나 또는 비전형적인 형태의 애착 양상을 보일 수 있다. 그래서 어머니는 자녀의 신호를 해석하는 데 어려움을 나타낸다(Barnett, Butler, & Vondra, 1999). 이러한 상황이 누적되는 것은 아동의 상호작용 능력에 부정적인 영향을 미쳐서 아동의 자율성과 주도성 발달을 저해한다. 그리고 환경과의 적극적인 탐색을 통한 인지 능력을 발달시킬 수 있는 기회도 감소되면서 아동의 전반적인 발달이 저해된다(Bailey & Wolery, 1992; 최민숙, 2007 재인용). 따라서 이 시기의 장애아동 부모교육 및 지원은 매우 중요하며, 전체적인 가족의 상황까지 반영하는 교육 계획을 수립하는 것이 필요하다. 즉, 3세 이상의 아동에게 적용하는 IEP와는 별도의 조치가 필요하다.

이러한 필요성에 기초해 볼 때, IFSP는 3세 미만 장애아동 교육에서 매우 중요함을 알 수 있다. 하지만 최근 미국에서는 3세 이상의 발달지체 유아교육에서도 IFSP 활용을 요구하거나 허락하고 있는 추세다(이소현, 2003). 이러한 미국의 상황을 고려해 볼 때, 우리나라도 장애영유아 특수교육 분야에서 IFSP를 활성화하는 것이 필요하다. 현재 우리나라는 2007년 「장애인 등에 대한 특수교육법」으로 장애영아 무상교육이 법적으로 보장되어 있지만 아직까지 IFSP의 개발과 시행이 법적으로 규정되어 있지 않다. 전국의 유아특수교사 97명을 대상으로 IFSP 실시 여부를 묻는 질문에 91.8%의 교사는 IFSP를 실시하지 않고 있다고 답하였으며, 그 구체적 이유로 과중한 업무(23명, 23.7%), 작성법을 몰라서(22명, 22.7%) 등을 들었다(이병인, 2003). 이에 우리나라는 장애영유아 가족이 자녀교육에 효율적으로 참여하고 가족의 욕구를 표현하는 기회와 지원을 제공받기 위한 IFSP의 개발과 적용이 필요하다.

2. 개별화 가족지원 계획의 절차

개별화 가족지원 계획의 개발 및 시행은 미국의 경우 [그림 5-1]의 과정을 통해서 이루어진다(Lynch et al., 1991).

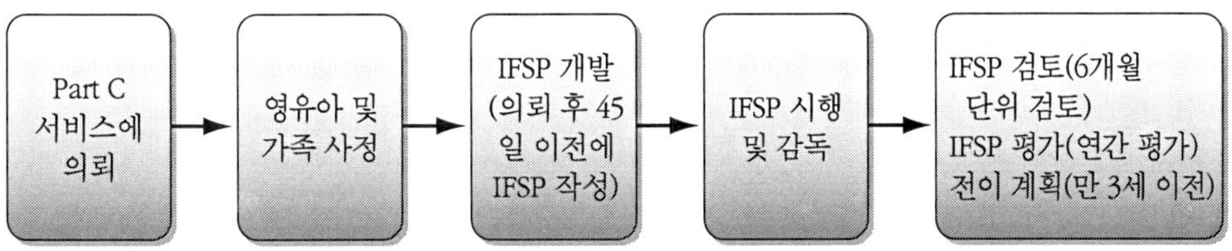

[그림 5-1] IFSP 개발 및 시행 절차

출처: Lynch et al.(1991)에서 수정.

1) Part C 서비스 의뢰

보다 체계적인 교육이 필요하다고 결정되면 아이와 가족은 Part C 서비스에 의뢰된다. 전문가는 부모와의 첫 만남을 통해서 라포를 형성하고 가족의 고려 사항, 우선순위, 자원에 대해서 우선적으로 파악해야 한다. 그리고 결정된 사항에 가족을 참여시키고, IFSP 과정에 가족이 얼마나 관여하기를 원하는지를 결정하여 다음 단계를 준비한다. 이러한 단계는 아동 및 가족 사정 이전에 실시되며, 상황에 따라서 1회의 모임 또는 수개월에 걸친 여러 차례의 모임으로 이루어진다.

2) 영유아 및 가족 사정

의뢰 후 부모와의 초기 만남이 이루어진 후에 가족의 관심, 우선순위, 자원과 영유아의 강점, 요구에 관한 정밀 평가가 이루어진다. 이 단계는 가족-전문가의 상호 협력관계를 형성하는 첫 단추로서의 역할을 하기 때문에 부모를 참여시키는 것이 중요하다. 구체적으로 가족은 평가 문항 및 방법을 선택하거나, 전반적인 평가 단계에 참여하거나, IFSP에 포함될 주요 성취 목표를 설정해야 한다. 예를 들어, 평가방법 선택과 관련해서 어떤 부모들은 비형식적인 방법 또는 개방형 질문을 선호하며(Summers et al., 1990), 어떤 부모들은 면담보다 설문지를 선호할 수 있다(Sexton et al., 1991). 따라서 전문가는 이를 고려하여 평가방법을 선택해야 한다.

3) 모임을 통한 IFSP 개발

IFSP 개발을 위한 모임에서는 앞서 이루어진 평가결과에 대한 논의를 바탕으로 하여 성취 목표를 결정하고, 서비스 조정자를 결정하고, 공식적이고 비공식적인 자원을 활용한 서비스 계획을 개발하는 일이 이루어진다. IFSP 개발 모임에는 부모, 서비스 조정자, 검사자가 참석해야 한다.

일반적으로 IFSP 팀은 모든 팀 구성원들이 이해 가능하고 측정 가능한 성과를 작성하는 데 어려움을 느끼며, 결정된 성과는 가족의 고려사항이나 우선순위에 관련이 없는 전문가의 생각인 경우가 많다(Jung, 2010). 선행 연구결과에 따르면 가족들은 자신의 일과에서 실행이 어렵거나 자신들에게 중요하지 않다고 생각되는 활동을 수행하지 않는다(Berheimer & Keogh, 1995; Bruder & Dunst, 1999). 그러므로 IFSP 실행을 높이기 위해서는 가족의 우선순위, 자원, 고려사항을 신중히 고려하여 목표를 설정해야 한다.

Notari-Syverson과 Shuster(1995)는 실제 삶에서 필요한 요구가 포함된 목

표들을 구성하기 위해 목표 개발에 필요한 다섯 가지 기준을 다음과 같이 제시했다.

- 기능적(functional)인가?: 이 기술이 아동이 속한 환경에서 요구되는 것들을 해내기 위해 반드시 필요한가?
- 일반적(generalizable)인가?: 이 기술이 다양한 환경 및 상황에서 사용될 수 있는가?
- 자연적(natural)인가?: 이 기술이 학급, 가정, 통합환경에서 일상적으로 사용되는 것인가?
- 측정 가능(measurable)한가?: 이 기술은 관찰과 측정이 가능한가?
- 연속적(sequential)인가?: 이전에 습득된 기술을 바탕으로 한 단계 더 발전된 기술인가?

또한 McWilliam(2001, 2009)은 목표 기능성 척도(The Scale of Early Intervention Goal Functionality)를 개발하고 성과 진술은 척도에 기술된 기준에 맞추어서 기록되어야 한다고 하였다. 즉, IFSP의 성과는 〈표 5-2〉의 기준에 맞을수록 성과의 질이 높다고 할 수 있다.

하지만 선행 연구결과에 따르면 IFSP에 기술된 성취 목표는 모든 팀 구성원들이 측정 가능하고 이해 가능한 형태로 작성되어 있지 않거나, 가족의 우선순위, 자원, 고려사항에 상관없이 서비스 제공자가 직접 선택한 것으로 보이거나, 서비스 제공자가 중재를 제공하는 형태로 기술되어 있다(Jung, 2010; Jung & Baird, 2003). 또한 일부 IFSP 성취 목표는 가족의 역할(예: 부모는 적절한 장난감을 고를 것이다)을 너무 강조한 나머지 그것을 실행하지 못할 경우에 가족이 죄책감과 부담감을 느낄 수 있는 형태로 작성되어 있었다(Bailey et al., 1990). 그러므로 IFSP 성취 목표는 전문가가 가족에게 기대하는 형식보다는 가족이 전문가에게 기대하는 형식으로 기술되어야 하며, 명확한 목적 형태보다는 제안의 형식으로 기술

〈표 5-2〉 목표(성과) 기능성 척도 III

목표(성과) 평가 기준	전혀 아님	다소 아님	그러함	매우 그러함
1. 아동의 일과참여를 강조				
2. 관찰 가능하고 측정 가능한 기술				
3. 가정, 학교, 지역사회 참여에 유용하거나 필요한 기술을 강조				
4. 습득 기준을 진술				
5. 의미 있는 습득 기준(기능적 행동에 개선을 보여줌)이 있음 (예: 7번 중 5번 숟가락을 쥐기보다는 2분 동안 숟가락을 쥐기가 의미 있음)				
6. 상황, 사람, 장소, 물건 등에 대한 일반화 기준이 있음 (예: 점심과 저녁 시간에 숟가락을 2분 동안 쥐기)				
7. 시한이 있음 (예: 3일 연속 점심과 저녁 시간에 숟가락을 2분 동안 쥐기, 일주일에 3회 이상 점심과 저녁시간에 숟가락을 2분 동안 쥐기)				

출처: McWilliam(2009).

되어야 한다(Beckman & Bristol, 1991).

4) IFSP 실행 및 점검

IFSP 실행 및 점검 단계는 가족과 전문가가 협력하여 결정한 성과와 성과 달성을 위해 계획된 활동이 잘 추진되고 있는지를 파악하는 매우 중요한 단계다. 전문가는 IFSP가 시행되는 동안 다음을 점검해야 한다.

- 아동에게 필요한 서비스가 제공되는가?
- 아동과 부모의 욕구에 관련된 정보가 제공되는가?

- 가족의 요구에 기초한 정서적 · 사회적 지원이 제공되는가?
- 아동-가족 상호작용을 촉진하기 위한 부모훈련이 제공되는가?
- 중재전략의 효과성이 분석되는가?
- 지역사회 내 자원과 연계되는가?

5) IFSP 평가 및 전환 계획

IFSP는 6개월마다 검토되어야 하며 1년을 주기로 평가되어야 한다. 또한 과정평가와 성과평과가 모두 이루어져야 한다. 과정평가를 통해서 계약기록, 중재전략의 분석, 지속적인 성과평가, 부모에 대한 비공식적이고 지속적인 질문(예: 가족의 기분, 의견) 등이 평가될 수 있다. 이에 반해서 성과평과는 아동과 가족의 변화가 중재로 인한 것인지를 평가하는 것을 말한다. 한편 장애아동과 그 가족은 전이시기에 부가적인 스트레스를 경험하게 된다. 따라서 교사는 배치 및 전이에 관련된 부모교육과 새로운 환경에의 적응교육 등의 전이 서비스도 계획해야 한다.

3. 개별화 가족지원 계획의 작성

앞서 살펴보았듯이, 미국의 IDEA는 IFSP에 포함되어야 할 최소한의 구성 요소에 대해서 제시하고 있지만 현장에서 사용되고 있는 IFSP의 형식과 구체적 지침서는 주마다 다르다. 미국유아교육기술보조센터(National Early Childhood Technical Assistance Center: NECTAC, 2011)에서는 여러 주에서 사용하고 있는 다양한 IFSP 양식과 지침서를 제공하고 있다. 이 장에서는 〈표 5-3〉의 미국 코네티컷 주에서 사용하고 있는 IFSP 양식을 중심으로 살펴보기로 한다.

개별화 가족지원 계획안 상단에는 IFSP 모임의 유형, 참여 가족, 서비스 조정자, 의료인 등에 대한 인적사항을 적게 되어 있다. 코네티컷 주에서 사용하고 있는 IFSP에는 명시되어 있지 않지만 생육사(case history) 등 기타 정보를 적는 공란을 넣을 수도 있다. 또한 아동의 현재 수행 수준, 강점, 욕구, 인지, 의사소통, 운동, 신체, 자조, 사회정서 발달에 대해 기술하도록 되어 있다. 이러한 정보는 가족 구성원 및 IFSP 팀 구성원과의 대화, 직접 관찰, 평가 정보, 의사 진료기록 등을 통해서 얻어질 수 있는데, 이는 아이가 가족, 지역사회에서 어떻게 참여하고 있는가를 파악하게 해 주어 미래 서비스 방향을 결정하도록 한다.

다음에는 가족의 자원, 우선순위, 고려사항을 기술하는 부분이 있다. 앞서 언급되었지만, 가족들은 자신들에게 중요하다고 생각되지 않는 활동은 수행하지 않기 때문에 가족의 일과에서 아동의 참여를 도울 수 있는 정보를 파악하기 위해서 가족사정을 실시하는 것이 중요하다. 일반적으로 전문가들은 가족과의 대화나 평가도구들을 통해서 가족의 고려사항, 가족의 공식적/비공식적 자원, 우선순위 등을 파악하고, 이를 바탕으로 가족성과(outcomes, 목표)를 기술한다. 가족의 성과란 아동의 발달에 관련된 아동 또는 가족에 대한 성취 목표로(Johnson, McGonigel, & Kaufmann, 1989), 기능적으로 작성되어야 한다. 일반적으로 한 IFSP 내에는 3~5개의 가족성과가 기술되는데, 이는 IFSP 과정 중에 수정될 수 있다. 한편 전문가들은 이러한 정보가 조기중재 및 관련 서비스 제공(예: 저소득층 임산부 및 영유아 지원 프로그램, 가정폭력 피난처 등)에 도움이 됨을 가족에게 알려야 한다. 주의해야 할 점은 가족이 이를 팀 구성원과 공유하고 싶어 하지 않을 경우 공란으로 비워 두어야 한다는 것이다.

그리고 Part C 지원 서비스가 아니지만 가족성과 성취에 도움이 되는 기타의 의료, 여가, 종교 등의 서비스를 파악하는 것이 중요하다. 그리고 아동이 Part C 서비스에서 Part B 서비스로 이동해야 할 경우에는 전이계획 부분을 작성하여 성공적인 전이가 이루어질 수 있도록 한다. 이는 전이에 대한 전문가의 책임을 명확히 하고 부모들에게 관련 정보를 충분히 제공해 주기 위해 작성하는 것이다. 한편 전문가는 전이할 기관에 관련 서류를 보낼 경우 부모의 동의를 얻어야 하며 아동의 최근 수행 현황을 보내야 한다(http://www.nectac.org).

다음으로는 기술된 성과에 대한 구체적 실천 계획을 기술해야 한다. 예를 들어, 영희 가족의 성과 중 하나가 '영희가 새로운 행동을 모방한다.' 라면 이를 성취하기 위한 구체적인 단계 및 전략들을 계획해야 한다. 이를 위한 구체적인 전략으로 영희의 부모가 머리를 빗겨 줄 때 영희에게 빗을 주거나 이를 닦을 때 칫솔을 주는 활동을 계획할 수 있다. 또는 동요를 부를 때 손 유희를 활용하며 영희에게 모방하도록 할 수 있다.

그리고 조기중재 서비스의 종류, 책임자, 중재 장소, 빈도, 기간, 시한 등을 명시하여야 한다. 그리고 서비스가 자연적 환경(예: 식료품점, 수영장, 도서관, 가족 행사, 가정, 공원 등)에서 실시되지 못할 경우에는 다음 사항들이 기술되어야 한다.

- 조기중재 서비스가 자연적 환경에서 이루어지더라도 아이의 욕구가 충족되지 못하는 이유
- 조기중재 서비스가 자연적 환경에서 이루어지도록 성과를 수정하지 않은 이유 또는 대안적인 자연적 환경에서 이루어지지 못한 이유
- 일반화 방안
- 자연적 환경에서 아이의 욕구를 충족시키기 위해서 필요한 지원과 계획

계획안의 말미에는 부모의 동의와 IFSP 구성원의 서명에 대한 부분이 있다. 우선 부모에게 서명을 부탁하기 전에 IFSP에 기술된 서비스에 동의하는지를 묻고, 만일 부모가 특정 서비스를 원하지 않을 경우에는 그 서비스를 철회해야 한다. 그리고 부모가 동의한 서비스는 반드시 계획에 따라 제공해야 한다. 또한 IFSP 그리고 또는 불참에 상관없이 모든 IFSP 팀 구성원을 기술하고 그들의 서명을 받아야 한다.

선행 연구에 따르면 현장에서 사용되고 있는 대부분의 IFSP는 법에서 요구하는 필수 구성 요소를 거의 다 갖추고 있다(Jung & Baird, 2003). 하지만 그렇다고 IFSP의 질이 반드시 높다고 할 수는 없다(Jung, 2010).

〈표 5-3〉 개별화 가족지원 계획안 예

개별화 가족지원 계획안

날짜: 2000년 4월 1일
모임 유형: 최초 IFSP 모임☑ 중간 IFSP 모임 □ 연간 IFSP 모임 □ 검토 □
아동 이름: 우세나(가명)
생년월일: 1998년 1월 1일(현재 27개월)
성별: 남자 □ 여자 ☑

	참여자 부모☑ 양부모 □ 보호자 □ 가족 구성원 □	서비스 조정자	의료인
이름	김○○, 이○○	임○○	전○○
주소	충남공주시 ×××××	충남공주시 ×××××	충남공주시 ×××××
전화번호	041) ×××-××××	041) ×××-××××	041) ×××-××××

I. 아동의 현재 수행수준, 강점, 욕구

1. IFSP 작성을 위해서 실시된 평가의 종류와 시기에 대해서 기술하세요.
   2000년 3월 15일에 AEPS 실시

2. 일상생활에서 관찰되는 아동의 현재 수행수준, 강점, 욕구에 대해서 요약하세요. 다음의 사항들이 포함될 수 있습니다.
   (아이는 무엇을 좋아하고 싫어하나요?, 아이는 어떠한 것에 좌절하나요?, 아이는 하루 일과 중 무엇을 하나요? 목욕하기, 먹기, 착탈의, 배변 등의 자조기술, 생각하기, 추론하기, 학습 등의 인지기술, 움직이기, 듣기, 보기, 건강 등의 신체발달, 감정, 문제 해결, 상호작용 등의 사회정서 발달, 의사소통 기술)

- 의사소통: 세나는 약 10개의 단어를 말하며 자주 듣지 않는 단어의 소리도 가끔 모방한다. 자신이 원하는 음식이나 음료를 손으로 가리키며 친숙한 짧은 지시를 따를 수 있다.
- 사회정서: 세나는 부끄러움을 많이 타며 주로 혼자서 논다. 다른 친구와 있을 때도 아주 가끔은 친구에게 관심을 보이기는 하지만 상호작용을 하기보다는 혼자놀이를 한다.
- 인지: 세나는 장난감 통에 물건을 넣었다 뺐다 하는 것을 즐긴다. 가상놀이 전조가 나타나기 시작해서 아이에게 우유 먹이기와 같은 행동을 보일 것으로 기대된다. 사물을 그 기능대로

사용한다. 색 맞추기 장난감을 가지고 노는 것을 좋아하긴 하나 다른 활동에서는 이러한 행동을 보이지 않는다.

- 자조: 세나는 숟가락과 포크로 혼자서 먹을 수 있지만 많이 흘린다. 신발과 양말을 벗긴 하지만 상의와 하의를 입고 벗는 데 도움이 필요하다. 기저귀가 젖어 있는 것을 불편해하지만 유아용 변기에 앉는 것을 좋아하지 않는다.
- 운동: 세나는 돌아다니는 것을 좋아하나 아직 계단을 오르내리거나 자연스럽게 뛰어다니지 못한다. 바깥놀이 시에는 자주 넘어진다.
- 건강: 영유아 건강검진 결과, 세나는 대체로 건강하다. 과거 7번의 중이염 이력으로 귀 정밀검진을 받았으며 튜브 수술이 추천되었다. 시력검사 결과는 정상으로 나타났다.

II. 가족의 강점 및 자원, 고려사항, 우선순위, 가족 성과

가족에 관한 정보
다음의 사항들이 포함될 수 있습니다.
(가족으로서 하고 싶은 일, 가족을 이루는 구성원, 중요한 가족 행사 및 사건, 유용한 인적자원 및 기관, 가족의 강점, 장애가 가족에게 미친 영향)

- 가족의 강점 및 자원
  - 세나를 위한 의료검진 및 정기검진에 적극적으로 참여한다.
  - 세나의 주치의 선생님이 세나의 문제를 경청해 준다.
  - 세나의 언니와 아빠는 세나의 문제에 많은 관심을 보이고 적극적이다.
  - 개인 자가용이 있어 이동이 자유롭다.
- 가족의 고려사항
  - 세나의 가족은 세나가 또래 아이들처럼 말하지 않는 것을 걱정한다.
  - 세나가 계단을 오르내리지 못하는 것에 대해 걱정한다.
  - 의사 선생님이 세나의 귀에 튜브 넣기를 권장하시는데, 사실 이러한 것이 무엇을 의미하며 어떠한 효과가 있을지 의문을 갖고 있다.
- 가족의 우선순위
  - 세나가 자신의 욕구를 우리 가족이 이해할 수 있도록 이야기했으면 좋겠다.
  - 세나가 스스로 계단을 오르내릴 수 있게 되었으면 좋겠다.
  - 귀에 튜브를 삽입하는 수술에 대한 정보를 얻고 싶다.

III. 기타 서비스
Part C 지원을 받지 않지만 도움이 되는 의료, 여가, 종교 등의 기타 서비스

구분	서비스	기간	비용 출처
여가	집에 자가용이 있고 가족들끼리 화목하여 1년에 두 번 이상은 항상 3박 4일의 여행을 다닌다.	연 2회	가족

IV. 전이

단계	참여자	전이 유형	전이일
• 서비스 조정자는 (1) 세나의 전이과정에 대해서 자세히 설명해 준다. (2) 세나가 받을 수 있는 다양한 서비스에 대해서 이야기해 준다. (3) 전이에 관련된 문서 작성 및 관련 정보 공유에 대한 허락을 받는다. (4) 가족, 조기중재자, 학교 관계자와 전이 모임 일정을 잡는다. • 조기중재자는 세나에게 전이를 경험한 가족을 소개해 준다.	가족 서비스 조정자, 조기중재자, 학교 관계자	세나가 3세가 될 때 유치원으로 전이	세나가 3세 되는 2001년 1월

V. 성과를 위한 구체적 계획

1. 성과 #1

• 세나가 자신의 욕구를 우리 가족이 이해할 수 있도록 이야기했으면 좋겠다.

성과 성취를 위한 단계와 활동	참여자	평가방법	종료일
• 부모는 잠자기 전에 세나에게 동화책을 읽어 준다. • 부모는 간단한 1~3단어로 된 문장을 사용한다. • 조기중재자는 부모가 다음의 활동을 하도록 격려한다. (1) 세나가 부모의 말을 모방하도록 간단한 문장을 쓰는 것을 시범 보이도록 격려한다. (2) 세나가 말할 기회를 자주 만드는 것을 돕도록 격려한다. (3) 세나의 의사소통 시도를 강화하는 방법에 대해서 알려 주도록 격려한다.	부모 조기중재자	부모보고 관찰	2000년 10월

• 부모는 책을 읽을 때 책에 있는 그림을 설명한다. • 조기중재자는 세나의 다음 언어발달에 대해서 이야기해 준다. • 세나가 다른 아이와 놀 기회를 자주 제공해 준다.			

2. 성과 #2

• 가족의 성과

– 세나가 스스로 계단을 오르내릴 수 있게 되면 좋겠다.

성과 성취를 위한 단계와 활동	참여자	평가방법	종료일
• 마트 등 계단을 오르내리는 기회가 있을 때마다 연습을 시킨다. • 집에서 쿠션, 베개 등을 이용해서 작은 높이에서 오르내리기가 가능하도록 연습시킨다. • 작은 유아용 계단을 집 화장실에 놓아 손을 씻거나 세수를 할 때 이용하도록 한다. • 집에서 나가거나 들어올 때 엘리베이터 대신 계단을 이용한다. • 세나의 행동에 긍정적 언행을 보인다. • 조기중재자는 부모가 보조를 줄이도록 돕는다. • 조기중재자는 세나의 다음 운동발달에 대해서 이야기해 준다.	부모 조기중재자	부모보고 관찰	2000년 10월

3. 성과 #3

• 가족의 성과

– 귀에 튜브를 삽입하는 수술에 대한 정보를 얻고 싶다.

성과 성취를 위한 단계와 활동	참여자	평가방법	종료일
• 서비스 조정자는 가족과 면담 일정을 잡고 가족의 궁금증과 걱정에 대해서 이야기 나눈다. • 가족에게 튜브 삽입 수술에 대한 유용한 문서들을 제공해 준다. • 청력 검사자는 세나의 귀 상태를 지속적으로 점검하고 가족에게 정보를 제공한다.	서비스 조정자, 조기중재자, 청력 검사자	부모보고	2000년 7월

VI. 조기중재 서비스

서비스 종류	책임자	장소	빈도	시간	시작일	종료일
조기중재	박○○	세나의 집	일주일 1번 26회기	1회 60분	2000년 4월 1일	2001년 1월 31일
언어치료	이○○	세나의 집	한 달에 1번 5회기 이상	1회 60분	2000년 6월 1일	2001년 1월 31일
	이○○	기관	한 달에 1번 7회기 이상	1회 15분	2000년 4월 1일	2001년 1월 31일
물리치료	서○○	세나의 집	연간 4회 4회기 이상	1회 60분	2000년 4월 1일	2001년 1월 31일
	서○○	기관	한 달에 1번 7회기 이상	1회 15분	2000년 4월 1일	2001년 1월 31일

1. 자연적 환경에서의 중재
- 조기중재 서비스가 자연적 환경에서 이루어졌습니까? 예 ☑, 아니요 □
- 조기중재 서비스가 자연적 환경에서 이루어지지 못한 사유

2. 부모님의 동의사항
- 나는 이 프로그램에 있어서 내 권리를 이해하고 부모 동의서를 받았다. ☑
- 나는 위에 작성된 대로 IFSP를 실행하도록 허락한다. ☑
- 나는 위에 작성된 대로 IFSP 실행을 반대하지만, 아래 서비스의 실행은 찬성한다. □

부모 서명 김○○, 이○○ 날짜 2000년 4월 1일

VII. IFSP 구성원

다음 분들이 IFSP 개발 모임에 참석하셨으며 IFSP 실행에도 도움을 줄 것입니다. IFSP 실행 시 이 구성원들 간에 지속적인 의사소통이 있음을 기억해 주십시오.

이름	관계	전화번호	참석 여부	서명란
김○○	부	041) ×××-××××	○	
이○○	모	041) ×××-××××	○	
박○○	조기중재자	041) ×××-××××	○	
이○○	언어치료사	041) ×××-××××	○	
서○○	물리치료사	041) ×××-××××	○	
홍○○	청력학자	041) ×××-××××	참석하지 않았으나 도움 제공	

출처: Connecticut Birth to Three System(2006)에서 수정.

일반적으로 IFSP 작성을 스스로 점검하기 위해서는 IFSP 평가척도(IFSP Rating Scale; McWilliam & Jung, 2001)가 사용될 수 있다. 신뢰도와 타당도를 검증받은 이 척도(Jung, 2010)는 12항목으로 구성되어 있으며, 〈표 5-4〉의 기준에 따라서 5점 척도로 평가된다. 구체적으로 가족 친화 용어의 사용 정도, 능동적 형태의 진술 정도, 발달에 필요한 정도, 성과의 명확성과 측정 가능성 정도, 자연적 맥락(일상생활)에서의 활용 정도, 성과와 중재절차의 연계성 정도, 자연적 환경에서의 실시 정도, 가족의 중재참여 정도, 가족의 우선순위가 성과에 반영된 정도, 성과가 가족의 우선순위에 반영된 정도, 강점을 기술한 정도, 기능성 정도 평가 항목이 있다.

IFSP 평가척도의 점수를 높이는 하나의 손쉬운 방법으로 추천되는 것은 IFSP 양식을 수정하는 것이다. 일부 전문가는 부모가 IFSP의 새로운 양식을 개발하는 것이 필요하다고 말하기도 하였다. Jung(2010)의 연구에 따르면, 가족의 일과, 다양한 지원에 대한 가족의 우선순위, 앞서 기술된 일과와 우선순위를 성과와 연계시키는 항목을 IFSP에 포함시킴으로써 그 질을 높일 수 있다.

이 장에서는 IFSP의 개념, 필요성, 절차, 개발, 평가 단계에 대해서 살펴보았다. 하지만 IFSP는 많은 유익한 기능에도 불구하고 불필요한 문서로 전락될 수 있다. 실제 미국의 여러 연구에서는 참여 가족들이 IFSP 개발 및 시행에 대한 개선의 필요성에 대해서 지적하였으며(Able-Boone et al., 1992), 전문가들도 의사

〈표 5-4〉 IFSP 평가척도

지표	척도 1 2	척도 3	척도 4 5
진술	전문용어 또는 모호하고 복잡한 용어	전문용어는 없으나 진술이 모호함	전문용어가 없으며 진술도 명확함
능동성	수동적 표현	능동적 표현이나 수동적인 성과	능동적 표현
긍정성	결점 강조	강점보다 결점이 많음	최대한 강점을 기술
필요성	발달에 필요할 것 같지 않음	발달에 필요한지 잘 모르겠음	발달에 필수적임
구체성	모호한 성과	정의되지 않고 측정이 어려운 성과	구체적이고 측정 가능한 성과
맥락 적절성	일과에 적용될 것 같지 않음	일과에 제한적으로 적용될 것 같음	일과에 적용이 가능함
연계성	절차와 성과의 연계성이 없음	절차와 성과가 간접적으로 연계됨	절차와 성과가 직접적으로 연계됨
중재 장소	분리환경	혼합환경	자연적 환경
가족참여	전문가의 중재 실행	보호자 참여를 암묵적으로 함	보호자를 책임자로 명시함
기능성	도구에서 추출된 과제	기능적 정보와 도구로부터 추출된 과제의 혼합	기능적 정보로부터 추출된 과제
성과와의 관계성	20%의 가족 우선순위 또는 고려사항이 최소 하나 이상의 성과에서 강조됨	60%의 가족 우선순위 또는 고려사항이 최소 하나 이상의 성과에서 강조됨	100%의 (모든) 가족 우선순위 또는 고려사항이 최소 하나 이상의 성과에서 강조됨
고려사항과의 연계성	20%의 성과에서 관련 고려사항 또는 우선순위가 있음	60%의 성과에서 관련 고려사항 또는 우선순위가 있음	100%의 (모든) 성과에서 관련 고려사항 또는 우선순위가 있음

출처: Jung(2010).

결정 시 가족들이 좀 더 협력적인 태도를 보여 주길 원하며, IFSP 절차 수행이 쉽지 않다고 언급하였다.

이처럼 IFSP가 불필요한 문서로 전락하지 않으려면 다음과 같은 사항이 고려되어야 한다(Gallagher & Desimone, 1995). 첫째, IFSP 모임 전에 전문가와 부모들을 훈련시켜야 한다. 이러한 훈련에는 동영상, 역할놀이, 실제 참관 등이 효과적으로 적용될 수 있다(Cloud, 1992; Zhang & Bennett, 2003). 이를 통해서 부모와 전문가는 자신의 역할에 대해서 알고 미리 준비할 수 있다. 둘째, 충분한 시간을 확보해야 한다. 기간 내에 문서를 마무리하는 것을 목적으로 하기보다는 이 기간 동안 부모와 라포를 형성하여 부모를 안심시킨 후 IFSP 개발에 들어가는 것이 필요하다(Zhang & Bennett, 2003). 즉, IFSP 개발에는 많은 시간이 걸리므로 충분한 시간이 투자될 필요가 있다. 셋째, 자주 검토하고 수정하도록 한다. 비록 법에서는 6개월 간격의 검토를 제시하고 있지만, 실제적으로 이는 다른 업무의 과중으로 인해서 쉽게 간과되곤 한다. 그러므로 IFSP가 의미 있는 문서가 되려면 가능한 한 많이 검토하고 수정할 필요가 있다. 이러한 과정에 IFSP 팀 구성원 모두가 참석해야 할 필요는 없으며 1~2명의 전문가만으로도 충분히 검토될 수 있다.

기억해야 할 것은 IFSP의 핵심은 문서 작성에 있는 것이 아니라 개발과 실행 과정에서 전문가와 가족 간의 협력관계 형성에 있다(Bailey et al., 1990; Gallagher & Desimone, 1995). 다시 말해서, 아동과 가족의 욕구를 충족시키는 IFSP가 되려면 가족과 전문가 사이의 질 높은 상호작용이 선행되어야 한다. 질 높은 상호작용을 위해서 전문가는 항상 자신의 역할에 대해서 점검하고 상호 존중과 협력에 도움이 되는 실제를 개발하고 실천해야 한다(McGonigel, 1991).

요 약

IFSP란 장애영아와 그들의 가족에게 적절한 서비스와 지원을 제공하기 위해서 개발된 IDEA에 명시되어 있는 법적 문서다. IFSP는 IEP와 달리 가족의 자원, 우선순위, 고려사항과 가족을 위한 목표 및 서비스 내용을 포함해야 하기 때문에 가족중심 교육 프로그램이라 할 수 있다. 즉, IFSP는 조기중재 서비스에 가족을 포함시킴으로써 아동의 발달적 욕구를 충족시키고 가족의 역량을 강화시키는 가족중심 접근법이다. 이러한 IFSP의 개발 및 시행은 법적·경제적 측면, 아동 발달의 측면에서 당위성을 갖는다.

장애아동이 서비스에 의뢰되면, 전문가는 부모와 만나서 라포를 형성하고 가족의 고려사항, 우선순위, 자원에 대해서 파악하는 것이 필요하다. 이러한 초기 만남 후에는 아동의 현재 수행 수준과 가족의 관심, 우선순위, 자원을 파악하기 위해서 평가를 실시해야 한다. 그런 다음 앞서 이루어진 평가결과에 기초해서 질 높은 IFSP를 개발해야 한다. IFSP의 양식은 법에서 명시하는 필수 구성 요소를 포함하는 한 자유로운 형태를 가질 수 있는데, IFSP 양식의 수정만으로도 IFSP의 질을 높일 수 있다. IFSP는 지속적인 점검과 함께 실행되어야 하며, 6개월마다 검토되고 1년을 주기로 평가되어야 한다.

기억해야 할 것은 IFSP의 핵심은 문서 작성에 있는 것이 아니라 개발과 실행 과정에서 전문가와 가족 간의 협력관계 형성에 있다는 점이다. 다시 말해서, 아동과 가족의 욕구를 충족시키는 IFSP가 되려면 가족과 전문가 사이의 질 높은 상호작용이 선행되어야 한다.

학습활동

1. 우리나라 실정에 맞는 IFSP 계획안을 작성해 보시오.

2. 자신이 작성한 IFSP를 이 장에 소개된 IFSP 평가척도를 사용해서 평가해 보고, 평가결과가 우리나라에 적용될 수 있는지 토론해 보시오.

3. IFSP 개발 및 실행 과정에서 부모의 참여를 높일 수 있는 구체적인 방안을 생각해 보시오.

제6장

전이지원 프로그램

1. 전이 및 전이지원에 대한 이론적 배경
2. 전이지원 프로그램의 참여 대상
3. 전이지원 계획 단계
4. 전이지원 프로그램

학습 목표

1. 전이 및 전이지원의 개념 및 필요성에 대해서 이해한다.
2. 전이지원 프로그램 계획 시 고려사항에 대해서 이해한다.
3. 전이지원 프로그램에 대해서 이해한다.

1. 전이 및 전이지원에 대한 이론적 배경

1) 용 어

우리나라에서 사용하고 있는 전이의 개념을 보면, 미국에서 1980년대 중반에 쓰인 'transition'을 1990년대 중반 이후부터 우리나라에서 전환교육이라는 용어와 함께 '전환과정' '직업전환' '전환 서비스' '전이' '전이 서비스' '진로교육' 등의 용어로 사용하였다(조인수, 2002). 이 중에서 전환과정과 직업전환은 학교체제에서 사회체제로의 전환이 이루어지는 과정이 강조되었느냐, 아니면 학교체제에서 사회체제로의 전환 시 직업이 강조되었느냐에 따라 용어 사용이 달라진다. 또한 전환 서비스는 환경체제에서 사회체제로의 전환을 위하여 학교에서 어떤 서비스가 주어져야 하는가에 초점을 맞춘 용어로 간주되기도 한다(박희찬, 1999). 심리학 용어사전에서는 전환과 더불어 널리 사용되고 있는 전이를 한 가지 학습한 교과가 다른 학습이나 반응에 영향을 미치는 일로 정의한다. 이와 같이 'transition'은 어떻게 정의하느냐에 따라 전혀 새로운 개념으로 해석될 수도 있고 그렇지 않을 수도 있다. 이 장에서는 장애유아들의 발달 특성상 새로운 것을 학습할 때 기존 경험에 새로운 경험을 재구성하면서 새로운 지식 습득 및 학습이 이루어짐을 감안해 볼 때 '전환'보다는 '전이' 개념이 더 가깝다는 의견(홍태영, 2008)을 수렴해 전이라는 용어를 사용하기로 한다.

2) 전이의 개념

장애유아의 전이지원을 실행하기 위해서는 우선 전이에 대한 개념 정립이 이루어져야 한다. 일찍이 Bronfenbrenner(1979)는 생태학적 환경에서 개인의 역할과 환경 또는 양자 모두에서 일어나는 변화의 결과로 개인의 위치가 바뀌게 될 때 생태학적 전이가 일어난다고 언급한 바 있다. 이는 모든 생태학적 전이가 발달과정의 연속이며, 인간의 행동은 특정한 환경적 맥락에 의해 통제되고 영향을 받는다는 것을 전제로 하고 있다. 이러한 생태학적 모형은 유아, 가족, 학교와 지역사회 사이의 연결과 상호 연관성을 강조한다.

일반적으로 장애유아에게 전이는 그 가족이 한 형태의 교육적 배치에서 다른 형태의 교육적 배치로 이동하는 과정이라고 정의할 수 있다(Gargiulo & Kilgo, 2000). 이는 장애유아가 한 유형의 학습환경에서 다른 유형의 학습환경으로 이동하는 과정으로, 장애유아들은 특수한 교육적 · 치료적 요구로 인하여 다양한 기관이나 프로그램으로 연속적으로 혹은 동시에 두 가지 이상의 서비스를 받게 되는 경우를 포함한다. 때로는 프로그램 간 또는 서비스 간 이동을 의미할 수도 있다(이소현, 2003). 대개는 가정에서 교육기관으로, 특수학교에서 통합된 교육환경으로, 유치원에서 초등학교로의 이동 등을 전이로 볼 수 있다.

전이의 종류는 수직적, 수평적으로 구분된다. 수직적 전이는 시간의 흐름에 따라 한 서비스 체제에서 다른 서비스 체제로 이동하여 유아와 가족이 참여하는 형태다. 수평적 전이는 유아와 가족이 다양한 서비스나 프로그램 내에서 여러 가지 활동에 참여하는 것을 의미한다. 이 장에서는 시간의 흐름에 따라 장애유아를 대상으로 하는 프로그램 간, 서비스 간의 수직적 전이에 초점을 맞춘다.

3) 전이지원의 필요성

장애유아의 인생에서 조기교육기관에서 취학 프로그램으로의 전이는 해당 유아와 그 가족에게 매우 중요한 사건으로, 단지 프로그램 간의 전이가 아니라 성취, 사회, 정서 발달과 관련하여 인생의 전이라 해도 과언이 아니다(Alexander & Entwise, 1988). 이 시기의 전이는 유아가 성인이 되어 집을 떠나기 전 최초로 겪는 가장 충격적이고 영구적인 분리라 할 수 있다(Chandler, 1993; Pianta, Rimm-Kaufman, & Cox, 1999; Rosenkoetter, Hains, & Flowler, 1994). 장애유아들은 물론 일반유아들도 초등학교로의 성공적 전이를 위해 체계적이고 종합적인 지원이 없을 경우 초등학교에 대한 불안과 두려움을 가지고 학교생활을 시작한다. 그만큼 장애유아에게 새로운 환경에 대한 충격은 더 크게 작용할 수 있다. 특히 장애유아와 그 가족에 부합되는 취학 전 특수교육과 통합 유아교육 프로그램에서 오랜 시간을 보낸 경우에 취학 전 프로그램에서 일반초등학교로의 전이는 적지 않은 도전이 될 것이다(강미라, 2003; Fowler, Schwartz, & Atwater, 1991). 박옥영(2002)에 따르면 장애유아를 둔 어머니의 95% 이상은 유아교육기관에서 유아의 전이를 돕는 전이지원 프로그램을 실행해 주기를 원하고 있었다. 특히 신체적·지적·사회적·정서적·언어적 장애를 가지고 있는 경우라면 비형식적인 유아교육기관 프로그램에서 형식적인 공교육에 적응하기란 매우 어려울 것이며, 더욱이 통합교육이 확대되고 있는 지금 많은 장애유아의 부모는 특수학교가 아닌 일반초등학교로의 입학을 선택한다. 하지만 장애유아의 조기교육 수준이 낮은 현 실정을 감안한다면 장애유아의 초등학교로의 입학에 대한 장애유아와 부모의 불안감과 스트레스는 우리의 상상을 넘어설 것이다(Hains et al., 1989).

따라서 이 시기의 성공적인 전이를 위한 세심한 고려와 대책을 포함하는 적절한 지원이 요구된다. 적절한 지원을 위해서는 장애유아의 가족, 장애유아를 보내고 받는 해당 교육기관의 교사들, 해당 유아와 가족에게 서비스를 제공하는 다른 전문가들 사이의 협력이 필수사항이라 할 수 있다(Rosenkoetter et al., 1994). 장애유아의 사회 적응을 위해서는 무엇보다도 가정에서 유치원으로, 유치원에서 초등학교로의 초기 전이가 매우 중요하다 하겠다.

2. 전이지원 프로그램의 참여 대상

효율적인 전이는 다음 교육 단계로 이동하는 장애유아들을 위해 가능한 한 많은 연속성을 창조해야 하며, 이는 가족, 학교 관계자들, 지역사회 사이에서 협력적 관계를 형성해야 가능하다.

1) 가 족

미국 공법 99-457(1986)에서 가족중심 접근을 법적으로 명시한 것처럼, 장애유아의 삶의 중요한 변인은 가족이며, 효과적인 서비스 전달을 위해서는 아동의 가족체계를 이해해야 한다는 인식이 점점 더 확산되고 있다. 예전과 달리 전문가들은 가족의 역할과 가족과의 협력적 파트너십에 대해 깊이 생각할 것을 요구받고 있다.

연초 입학 시기가 되면 여러 신문에서 자녀의 취학에 대한 부모의 걱정과 부담이 입학 유예로 이어지게 한다는 기사들이 보고되고 있다(홍성철, 2000). 이는 장애유아 부모들에게 초등학교로의 전이는 단순히 하나의 개인적 사건일 뿐만 아니라 사회에서 인식되는 장애에 대한 편견과 특수교육의 현실적 문제와도 연관되어 있기 때문이다. 유아특수교육의 성공 여부는 부모를 포함한 가족의 적극적인 참여 여부에 달려 있다고 해도 과언이 아니다. 부모는 자녀의 교육을 위한 계획 및 평가에 중요한 정보원으로서의 역할뿐만 아니라 가정에서의 교사 역할, 나아가 보조교사 역할 등 중요한 역할을 담당하기 때문에 부모참여는 필수적이라고 할 수 있다. 따라서 장애유아의 전이를 촉진하기 위해서 부모가 자녀에 대한 다양한 정보, 즉 자녀의 발달 특성, 자녀의 기술 습득 정도, 자녀의 필요에 효과적으로 대처하는 방법 등에 대한 정보를 교사나 전문가에게 제공하는 것은 전이 과정 동안 유아의 능력과 교육적 요구에 대한 보다 폭넓은 이해를 용이하게 한다(Diamond, Spiegel-McGill, & Hanrahan, 1988). 또한 전이과정에서 오는 부모의 불안과 심리적 스트레스는 장애유아의 정서적·심리적 안정에 직접적인 영향을 미치기 때문에 부모의 신뢰와 협조는 성공적 전이를 위해서 매우 중요하다.

장애유아의 성공적인 전이를 위해서 가족을 지원하는 과정은 3단계로 구분할 수 있다(Fowler & Hazel, 1996).

- 가족의 요구를 평가하는 단계
- 새로운 교육환경에서 장애유아의 적응을 원활하게 하는 기술과 정보를 부모에게 제공하는 단계
- 전이 계획을 수립하고 가족을 지원하는 단계

〈사례 1〉은 초등학교 입학에 대한 장애아동 부모의 이야기다. 이 사례에서와 같이 부모의 스트레스는 자책과 후회로 연결되며 부모역할에 대한 확신을 어렵게 하는 등 양육 효능감을 낮게 한다. 또한 가족의 적응과 가정환경 인식에 부정적인 영향을 미친다(김미라, 2004).

사례 1

가정에서의 장애유아 부모

지영이는 아침마다 엄마와 떨어지지 않으려고 떼를 쓴다. 신발을 신기려는 엄마로부터 신발을 빼어 던지는가 하면 옷을 입지 않겠다고 소리를 지르기도 한다. 이런 지영이와 매일 아침 씨름하던 지영이 어머니는 어느 날부터 지영이가 크게 저항할 때마다 유치원에 보내지 않게 되었다. 그리고 어느 때부턴가 지영이는 유치원에 가지 않고 하루 종일 엄마와 같이 시간을 보냈다. 하지만 이제 지영이는 비형식적 교육기관인 유치원이 아니라 형식적으로 교육을 받는 초등학교에 입학을 해야 한다. 지영이 어머니는 그에 따른 고민과 스트레스가 이만저만이 아니다.

초등학교 1학년 장애아동 부모

철수의 부모는 철수가 통합 유치원 과정에 다니면서 많이 발전하였다고 흡족해했다. 그러나 부모는 초등학교 보낼 나이가 되자 말할 수 없는 두려움과 절망감을 느꼈다. 하지만 이미 1년을 유예한 9세이기에 학교에 보낼 수밖에 없었다. 특수학교에 가기에는 상태가 좋은 편이고 일반학교에 가기에는 모든 면에서 너무나 떨어지는 듯했다. 감독(지도) 선생님과 함께 학교에 가는 아동이 있다는 말을 들었지만 재정적으로

부담이 되었다. 엄마가 직접 교실에 가서 감독(지도)을 하면 담임선생님이 싫어하실까 봐 교실까지만 동행하고, 밖에서 기웃거리며 아이가 화장실 간다면 도와주고, 알림장을 베껴 오고, 아이의 짝에게 선물을 사 주며 잘 봐 달라고 부탁하지만 시시때때로 괴롭히는 아이들에 대해서는 선생님도 일일이 제재할 수가 없는 실정이다.

IFSP의 주요 목적 중 하나는 질적인 전이 서비스 제공이다(유수옥, 2005). 〈표 6-1〉은 개별화 가족지원 계획(IFSP)에 장애유아 전이 서비스의 전이지원 계획 체크리스트를 활용하는 예다.

〈표 6-1〉 전이지원 계획 체크리스트

전이지원 계획 체크리스트	전이 활동 판별하기		
전이지원 계획 항목	날짜 (시작/종료 예정)	책임자 의견	진전 및 종료일
• 유아에게 적합한 지역사회 프로그램 탐색하기 • 가족 구성원에게 적합한 지역사회 프로그램 탐색하기 • Part B 부모의 권리나 책임감에 대한 토의하기(예: 절차상의 보호장치에 대해) • 전이에 관련된 유용한 부모 네트워크 만들기 • 이용할 수 있고 적절한 프로그램과 서비스를 평가하는데 가족 구성원들을 지원할 수 있는 단계들을 파악하고 수행하기 • 지원할 수 있는 단계들을 파악하고 수행하기 • 부모가 알고 있는 특별한 정보를 지역 관할 교육기관에 보내기(적절성 결정) • 부모 요구에 의거하여 다른 지역사회 프로그램에 특별한 정보 보내기 • 유아와 가족이 전이를 준비하는 것을 도와주기 위해 단계를 설정하고 수행하기 • 유아와 가족 구성원의 활동과 요구를 위해 전이의 주요한 의학적 관계자에게 통지하기 • 기타			

출처: Cook, Tessier, & Klein(2000).

2) 교사와 서비스 제공자

한 프로그램에서 다른 프로그램으로의 성공적인 전이와 그 이후의 교육환경에 대한 장애유아의 준비 계획은 조기교육기관의 중요한 목적 중의 하나다. 성공적인 전이의 관건은 장애유아가 새로운 환경에 얼마만큼 적응하느냐에 달려 있다(Margetts, 2000). 장애유아가 새로운 환경에 적응하면서 긴장하게 되면 일상적인 일과를 망칠 수도 있고 그 밖의 다른 부적응 행동(예: 칭얼대기, 옷에 소변 지리기 등)을 야기할 수도 있다. 이처럼 새로운 환경에 장애유아가 잘 적응하기 위해서는 부모가 가진 능력을 토대로 장애유아를 도와주도록 지원해 주고 장애유아의 발달적 필요성에 따라 적절한 교육적 프로그램을 제공하는 교사의 역할이 중요하다 하겠다. 가족은 어디서, 어떻게 장애유아가 서비스를 받을 수 있고, 어떠한 서비스가 적합한지 판단하고 찾는 데 어려움을 갖고 있다(김경숙, 2001). 따라서 교사와 서비스 제공자는 전이과정 동안 가족을 지원하기 위해 가족이 전이과정에서 무엇에 관심을 두는지 인식해야 한다. 가족이 필요로 하는 정보를 제공하고 배려한다면 장애유아와 가족을 위한 다양한 서비스를 제공하는 기회와 장애유아의 발달을 증진시킬 수 있을 것이다. 〈사례 2〉는 현장 교사들이 학기 초 장애아동으로 인해 겪은 경험을 소개하고 있다.

사례 2

초등학교 교사

A선생님은 초등학교 교사로 첫해를 맞는 신임교사다. 학급 정원이 40명에 달하는 학교에서 자폐 판정을 받은 지민이를 학생으로 맞았다. 수업 중 지민이의 갑작스러운 울음이나 자리 이탈로 인해 수업에 방해를 받으며 인내심을 가지고 참아 보지만 많은 스트레스를 받는다. 그래서 그녀는 지역 복지관에서 운영하는 초등학교 교사를 위한

특수교육 연수를 받고, 장애아동을 이해하기 위해 특수교사와 정보를 교류한다. 또한 학교에 학급에 필요한 도구 및 보조교사 지원을 요청했다.

초등학교 특수교사

B선생님은 초등학교 특수교사다. 그녀가 담당하는 대부분의 장애아동들은 일반학급에 통합되어 교육을 받고 있는데 일반학급 적응에 상당한 어려움을 겪고 있다. 특수학급에서 수업을 받는 몇 시간을 제외하고 보조교사도 지원되지 않는 데다가, 장애아동의 문제행동으로 인해 일반학급 선생님의 고충과 불만을 매일같이 듣는 것에 스트레스를 받고 있다. B선생님은 학교와 교육청에 어린이집 장애 전담교사 혹은 보조교사를 학기 초만이라도 일시적으로 통합학급에 파견하여 장애아동의 적응을 도울 수 있도록 요청하였다.

장애아동 통합 유아교육기관 교사

C선생님은 3년 동안 장애아동 통합반을 맡아 오고 있다. 선생님은 현재 자신이 맡고 있는 장애유아가 진학할 초등학교에 연락하여 전이 계획을 실행하려 한다. 하지만 장애유아를 맡을 초등학교 교사는 장애유아의 부모와 선생님의 방문을 탐탁치 않게 생각한다. 장애유아가 일반초등학교로 입학할 경우 교사의 부담이 높아질 우려가 있고, 장애아동의 적응이 일반아동에 비해 오래 걸려 뒤처지며, 결국에는 장애아동을 방치하거나 통합을 포기하는 사태를 여러 번 보아 온 터라, C선생님은 초등학교 선생님의 냉담한 반응에 다시 한 번 한숨을 내쉰다.

3) 장애유아

장애유아는 새로운 환경에 적응하기 어려워 퇴행 행동이나 여러 문제행동을 보일 수 있다. 새로운 환경에 적응할 수 있는 유아의 능력을 길러 주는 것은 성공적 전이를 위한 핵심이다. 가족과 서비스 제공자는 유아가 이미 습득한 기술을 일반화하고 전이에 필요한 새로운 기술을 익히고 적용하도록 도와야 한다(Noonan & McCormick, 1993).

전이를 위한 여러 기술이 충분히 습득되지 못하면 〈사례 3〉의 경호처럼 어려움을 겪을 수 있다.

사례 3

경호는 어느 날 등교시간에 집 앞 시멘트 바닥에 머리를 찧어 응급실에 실려 갔다. 아이를 치료했던 담당의사는 경호가 극도의 정서적 불안감과 스트레스를 동반하였으므로 당분간 초등학교에 등교하지 말 것을 권유했다. 유치원 생활 동안 이러한 돌발행동이 없었기에, 경호 부모의 충격은 매우 컸으며 새로운 교육환경에서 경호가 받을 스트레스에 대해 준비하지 못한 것을 후회했다.

4) 행정가

전이 계획의 성공 여부는 행정가의 지원에 따라 큰 영향을 받는다. 행정가의 전이과정에 대한 관심은 교육기관 간의 협력과 의사소통을 더욱 격려할 수 있으며, 교사와 서비스 제공자들에게 전이 관련 활동을 실행하는 데 필요한 도움을 제공할 수 있다. 행정가의 정책적 배려를 통해 전이 관련 기관들은 순조로운 전이과정에 좀 더 관심을 가지게 됨으로써 장애유아의 전이를 성공적으로 이끌 수 있다.

〈표 6-2〉는 효과적인 전이 프로그램의 구성 요소를 요약한 것이다.

〈표 6-2〉 효과적인 전이 프로그램의 구성 요소 및 방법론

구성 요소	내용
가족	• 프로그램 관련자는 가능한 한 빨리 가족에게 전이에 관련된 모든 정보(전이의 구성 요소 및 단계, 전이 구성 팀 등)를 제공한다. • 가족의 결정권과 프로그램 선택권에 대해 정보를 제공한다. • 미리 전이될 프로그램을 방문하여 프로그램 관련자와 가족이 이야기할 수 있는 기회를 제공한다. • 프로그램 제공자는 전이기간 중 가족과 함께 일하고 전이 관련 요소를 다룰 수 있도록 한다. • 가족에게 전이와 관련된 사안만을 다루는 독자적 회의를 제공한다.
교사와 서비스 제공자	• 서비스 제공자는 전이 구성 팀에서 동의한 전이 관련 절차들에 대해 계획대로 모든 제공자들의 임무, 역할, 책임을 위한 적절한 시간 등에 대해 숙지한다. • 지역사회 내의 서비스 종류와 자원들에 대해 잘 알고 이를 적절히 추진할 수 있어야 한다. • 전이를 계획할 때 다른 프로그램들을 방문하여 서로 정보를 나눈다. • 유아가 앞으로 전이될 프로그램의 관련자는 순조로운 전이를 위해 다른 교사나 또래 유아들을 준비시켜야 한다.
장애유아	• 서비스 제공자와 가족들은 유아가 전이될 환경에서 필요한 전이기술에 대해 결정한다. • 서비스 제공자와 가족들은 유아가 가지고 있는 현재 기술과 전이될 환경에서 필요로 하는 기술을 결정하기 위해 전이기술을 진단한다. • 진단된 전이기술을 습득할 수 있도록 유아의 선호도와 의견을 고려하여 계획한다. • 필요한 전이기술을 촉진하기 위해 환경 수정 및 적응 보조도구를 제공한다. • 전이과정 중 유아에게 예측되는 어려움에 대처할 수 있도록 지원한다. • 서비스 제공자와 가족들은 전이를 위해 유아를 준비시키는 역할과 책임을 수행하는 데 필요한 감독, 훈련, 지원을 받아야 한다.
행정가	• 행정가, 프로그램 제공자, 장애유아 그리고 가족이 함께 문서화된 동의서를 작성한다. • 서로 간의 지속적인 의사교환을 위하여 공식적인 의사소통 수단을 마련한다. • 프로그램 제공자, 행정가, 가족은 전이를 계획하고 준비할 적절한 시간을 설정한다.

출처: 이소현(1999).

3. 전이지원 계획 단계

1) 전이지원 프로그램 계획 시 고려사항

전이는 유아교육기관에서 초등교육기관으로 넘어가는 것뿐만 아니라 유아가 등원하여 기관에 머무르는 동안 이루어지는 활동 및 공간의 전이, 귀가 후 다른 특수교육기관으로의 전이 등 교육기관이 바뀌게 되거나 서비스 유형, 관계자, 프로그램 등이 바뀌게 될 때도 발생할 수 있다. 성공적인 전이를 위해서 김경숙(2003)은 가족의 지원 및 참여, 교사들 간, 교육기관 간의 협력을 강조하였다. 특히 교사는 장애유아와 가족의 전이를 촉진시키는 매우 중요한 위치에 있기 때문에 교사의 '전이'에 대한 인식과 개념 정립이 매우 중요하다(Bailey et al., 1998). 또한 전이 활동의 효율적 시행을 위해 어떠한 구체적인 준비과정이 예비교사의 교사 양성과정에서 필요한지 파악해야 한다. 이것이 밑바탕이 된다면 성공적인 전이와 통합을 전망해 볼 수 있을 것이다(Lieber et al., 2002).

Chandler(1993)는 성공적인 전이과정을 위한 수단으로 동일한 교실을 1년 이상 유지하기를 권장한다. 이는 장애유아와 가족의 스트레스와 고통을 줄이고 안정적이고 더 많은 학습시간을 제공할 수 있기 때문이다. 전이에 관한 연구들은 일반적으로 특별한 기술(specific skills)과 노력이 유아의 미취학 프로그램에서 취학 프로그램으로의 전이를 용이하게 한다고 한다. 전이기술과 관련하여 미취학기관에서 취학기관으로의 성공적인 전이는 사회적 행동과 교실 행동, 의사소통 기술, 과제 수행과 관련된 기술, 자조기술의 네 가지로 나눌 수 있다. 이와 연관하여 〈표 6-3〉은 김화영과 조윤경(2009)이 유아기관과 초등학교 교사들을 대상으로 취학 전 장애유아의 초등학교 전이 시 필요한 기술을 조사한 것이다. 다음 표는 실제 현장에서 교사와 예비교사, 그리고 부모에게 전이 시 필요한 기본적인 기술사항을 점검해 보도록 한다.

〈표 6-3〉 취학 전 장애유아의 초등학교 전이 시 필요한 기술

상위 범주	하위 영역	예 □ / 아니요 □
기본 생활기술	학교에 정해진 시간에 등교하기	예 □ / 아니요 □
	자기 교실 찾기	예 □ / 아니요 □
	자기 자리 찾기	예 □ / 아니요 □
	자기 가방과 사물함에 자기 물건 챙기기	예 □ / 아니요 □
	자신의 소유물 관리하기	예 □ / 아니요 □
	화장실 위치 알기	예 □ / 아니요 □
	용변처리 적절하게 하기	예 □ / 아니요 □
	급식시간에 독립적으로 도구를 사용하기	예 □ / 아니요 □
	스스로 식사를 가져오기	예 □ / 아니요 □
	외모 단정히 하기	예 □ / 아니요 □
	스스로 옷, 신발 착용하기	예 □ / 아니요 □
	교실에서 다른 장소로 이동하기	예 □ / 아니요 □
	실외 활동 시 집단 내 머물기	예 □ / 아니요 □
	횡단보도에서 안전규칙 지키기	예 □ / 아니요 □
학급규칙	단순한 지시 제시했을 때 따르기	예 □ / 아니요 □
	수업시간에 주의를 기울이며 잘 듣기	예 □ / 아니요 □
	다음 수업 준비하기	예 □ / 아니요 □
	수업이 끝날 때까지 착석하기	예 □ / 아니요 □
	차례 지키기	예 □ / 아니요 □
	학급의 물건을 제자리에 갖다 놓기	예 □ / 아니요 □
	다른 사람들과 그들의 소유물을 존중하기	예 □ / 아니요 □
	활동한 자리 정리하기	예 □ / 아니요 □
	정해진 규칙 잘 지키기	예 □ / 아니요 □
과제수행 기술	아동의 수준에 맞는 활동에 일정 시간 참여하기	예 □ / 아니요 □
	교사나 친구가 발표할 때 주의해서 듣기	예 □ / 아니요 □
	소집단 활동에 참여하기	예 □ / 아니요 □
	수업시간에 급우들과 협력하기	예 □ / 아니요 □

〈계속〉

과제수행 기술	알림장 보고 쓰기	예 □ / 아니요 □
	사물, 숫자, 기호, 글자의 모양과 크기를 변별하기	예 □ / 아니요 □
	수업 활동에 관련된 기본 도구 사용하기	예 □ / 아니요 □
	기본 색과 모양의 명칭 말하기	예 □ / 아니요 □
	10까지 수를 순서대로 쓰기	예 □ / 아니요 □
	자신의 이름 쓰기	예 □ / 아니요 □
사회성 · 의사소통 기술	친구들과 만나면 인사하기	예 □ / 아니요 □
	선생님을 만나면 인사하기	예 □ / 아니요 □
	자신을 다른 사람에게 소개하기	예 □ / 아니요 □
	친구에게 물건을 빌려 쓰고 빌려 주기	예 □ / 아니요 □
	교사와 친구의 활동 제안을 받아들이기	예 □ / 아니요 □
	다른 사람의 기분을 알고 행동하기	예 □ / 아니요 □
	친구와 적절하게 상호작용하기	예 □ / 아니요 □
	친구에게 잘못했을 때 사과하기	예 □ / 아니요 □
	상황에 맞는 목소리로 이야기하기	예 □ / 아니요 □
	대화를 할 때 번갈아 가며 이야기하기	예 □ / 아니요 □
	자기 감정과 요구를 말로 표현하기	예 □ / 아니요 □

출처: 김화영, 조윤경(2009).

2) 장애유아 전이지원 계획 단계

유아기 전이를 실시하는 과정에는 최소한 2개 이상의 교육기관이 관련된다. 따라서 전이가 원활하게 이루어지기 위해서는 단일 기관에서 독자적으로 운영하는 교육이나 치료 프로그램의 범위를 넘어서서 관련 기관들이 협력적으로 연계할 필요가 있다. 전이 계획은 유아와 가족이 전이과정에서 일어나는 변화를 편안하고 긍정적으로 받아들일 수 있도록 계획하는 것으로서 유아가 프로그램에 등록하면서부터 새로운 프로그램에 배치될 때까지로 연장되어야 한다. 유아기의 전이를 계획하고 실행하는 기본적인 과정은 〈표 6-4〉와 같다. 이러한 과정에서 활용될 수 있는 전이평가 요약서와 전이 계획안은 이 장 후반부에 부록으로 제시되어 있다 (http://www.dcf.vermont.gov).

〈표 6-4〉 효과적인 전이지원을 위한 절차

전이지원 절차		내용
1단계	전이지원 팀 구성	전이 팀을 구성하고 전이 조정자를 지명하는 단계다. 유아의 전이 계획 시 여러 사람이 함께 팀을 이루게 되는데, 교사나 팀 구성원 중에서 전이 조정자를 정한다.
2단계	전이가 가능한 환경 조사	교사나 서비스 제공자는 대상 유아가 다음에 등록할 가능성이 가장 큰 기관이나 학급을 방문하여 관찰하는데, 유아가 전이할 학급의 일과, 활동의 범위와 속도, 교수방법에 대해 파악하고 현재 유아가 다니는 학급과 새 학급 간의 유사점과 차이점을 살핀다.
3단계	전이 실행을 위해 필요한 기본적 전이과제 결정	장애유아가 전이할 교육기관을 방문한 후 전이 구성 팀 회의를 통해 입수한 정보를 토의하는데, 이때 프로그램들 간 차이점에 중점을 두어 그 차이가 대상 유아의 전이에 어떠한 영향을 미칠지 논의하고 현재의 프로그램과 나중의 프로그램의 운영방식을 조정하여 전이를 수월하게 한다.
4단계	필요한 전이 및 가족지원 계획	유아의 전이에 관해 가족과 논의한다. 가족의 입장에서는 선택할 수 있는 프로그램에 대해 알 수 있으며 앞으로의 변화에 준비할 기회를 갖게 된다. 현재의 프로그램에서는 대상 유아에 관한 평가결과나 현재 유아의 교육 목표와 장래의 교육에 대한 제안 등의 내용을 포함하는 간략한 보고서를 작성하여 부모와 상의한 후 전이될 앞으로의 프로그램에 전달한다.
5단계	유아에 관한 기록 및 기타 정보를 전달하기 위한 의사소통 방법 결정	유아가 새 교육기관에서 잘 적응할 수 있도록 준비시키는 단계다. 유아가 개인 사물이나 학급의 물건에 대해 책임감을 갖기, 수업을 방해하지 않는 방법으로 주의를 요청하기, 규칙 따르기, 용변 처리하기 등을 지도하고 과제 수행 시 유아에게 주는 교사의 촉진 빈도를 줄여 나가는 식으로 진행한다.
6단계	프로그램 결정	유아에게 적합한 서비스와 프로그램을 결정하는 단계다. 이때 유아의 능력이나 현재 상태와 장애유아가 일반유아들과 함께 활동에 참여하는 기회에 대한 논의가 이루어져야 한다.
7단계	입학 의뢰와 배치 전 활동을 포함하는 일정 정하기	부모의 승인 후 유아에 대한 기록을 새 프로그램에 전달하는 데 기록물을 전달하는 절차를 문서화하여 적절한 기록물을 담당자에게 전달하도록 한다.

〈계속〉

8단계	대상 유아와 가족의 사전 방문	유아와 부모가 새 프로그램을 방문한다. 이 시기는 빠를수록 좋다. 방문 시 유아와 가족이 충분히 탐색할 시간을 제공한다.
9단계	필요한 환경적인 수정이 이루어진 후 장애유아 배치하기	유아가 새 학급에 출석한다. 출석 후 하루 일과 전체를 소화하기가 어려울 수 있으므로 융통성 있게 운영하여 첫 주에는 한 시간씩만 새 프로그램에 참여하거나, 처음 며칠 동안은 부모와 유아가 함께 등원하거나, 이전 프로그램에서 하루 일과의 일부분을 보내고 나머지 시간은 새 프로그램에서 보내는 전략을 사용하기도 한다.
10단계	상담과 치료 서비스 제공	유아가 전이한 후 새 학급에의 적응을 용이하도록 지원 서비스를 제공한다. 예를 들어, 교직원 간의 의사소통, 교사와 가족 간의 의사소통, 자료와 활동의 아이디어를 나누기 또는 학급 내 지원을 들 수 있다.
11단계	평가 및 수정	현재 전이 프로그램을 평가하는 단계다. 이 평가를 통해 수정, 보완하는 과정을 거쳐 더욱 효과적인 프로그램을 장애유아와 가족에게 제공하기 위함이다.

출처: Fowler & Hazel(1996); Noonan & McCormick(1993).

3) 성공적 전이지원을 위한 전략

(1) 기관 간의 조율과 정책

장애유아들이 종종 서로 다른 기관으로부터 서비스를 받기 때문에 기관 간의 조정과 연계는 매우 중요하다. 기관 간의 연계 및 이해 없이는 유아의 전이를 준비하는 데 일관성이 없고 혼란을 가중시키는 결과를 초래한다.

(2) 참석자 간의 정보교환

의사결정 및 장애유아의 새로운 교육기관에 대해 회의를 갖기 전 가족과 전문가를 포함한 모든 참석자가 장애유아와 가족의 관심사와 우선순위에 대한 정보를 가져야 한다(Hains et al., 1991; Shotts et al, 1994). 전문가가 방문할 교육기관에서 전이에 필요한 정보와 분명한 의사소통 체계를 수립하는 것은 전이과정을 더욱 용이하게 해 준다 (Hains et al, 1991; Rosenkoetter et al, 1994).

(3) 가족지원

가족은 그들이 편하게 느끼는 수준에서 전이에 참여할 권리가 있다. 장애영유아가 원활하게 새로운 프로그램으로 전이할 수 있도록 가족을 지원하는 과정은 가족의 요구 평가하기, 부모교육 하기, 전이 계획 수립하기와 지원하기 3단계로 이루어진다(김경숙, 2009).

(4) 장애유아의 준비

장애유아의 새로운 교육환경에 필요한 기술을 가르치고 평가하는 것에 초점을 두어야 한다(Byrd & Rous, 1991; Rous et al., 1994). 이러한 기술들은 현재 유아의 유치원 프로그램의 일상에 대한 사회-행동 목표와 기능 기술에 주로 초점을 둔다. 예를 들어, 스스로 먹기, 신변처리와 같은 자기관리 및 교실에서의 규칙을 포함하고 자신의 요구사항뿐만 아니라 성인 및 또래와 효과적으로 의사소통할 수 있는 기술까지 포함한다.

(5) 전이 팀 훈련

연령(영아/유아)과 장애 유형에 따라 전이 서비스가 달라질 수도 있으나 부모와 전문가를 위한 훈련(Rous et al., 1994)과, 보다 일관성 있는 목표를 바탕으로 한 체계적 전이 서비스는 보다 성공적인 전이를 보장하는 데 도움이 된다.

4. 전이지원 프로그램

우리나라의 「장애인 등에 대한 특수교육법」(교육인적자원부, 2007)에서는 3~5세의 장애유아에 대한 의무교육 실시 근거 규정을 마련하고 보육시설에서도 그 시행을 인정하는 등 장애아동 보육에 있어 법적 환경의 변화를 마련하였다. 미국은 학령전의 영아와 유아를 Part B와 Part C로 나누었는데, 그 차이점은 〈표 6-5〉와 같다.

〈표 6-5〉 미국 IDEA Part B, Part C

구분	Part B	Part C
연령 범위	3~5세	0~3세
계획	IEP 또는 IFSP	IFSP
담당기관	주 교육청	주가 선정한 기관
주요 목표	발달적 학습	가족/영아 지원
서비스 책임자	유아특수교사	서비스 조정자
전이	일반학급 혹은 특수교육 프로그램으로	Part B 프로그램이나 정규 유치원 프로그램으로
전이 내용	3~5세 장애유아의 LEA(Local Education Agency: LEA)에서 IFSP를 IEP로 채택할 수 있다.	생후 6개월부터 시작할 수 있으나 대개는 9~12개월부터 3세까지의 장애유아를 대상으로 한다. 전이과정은 해당 유아의 현재, 과거, 미래의 교육기관 및 서비스 관련자와 부모를 포함한다. 만약 해당 유아가 LEA에서 전이되어 왔다면 LEA 관련자도 포함해야 한다. 만약 장애유아가 Part C에 부적합하다면 전이 팀은 장애유아에게 적절한 서비스를 가족과 논의한다.

미국에서는 3세가 된 장애유아가 취학 전 프로그램에 들어가기 3개월 전인 90일 전에 부모의 동의를 얻어 지방 교육청에 전이를 위한 회의를 사전에 알려야 한다. 또한 장애유아의 전이 계획에 부모가 참여해야 함을 법으로 명시하고 있다(PL 102-119, 1991). 〈사례 4〉는 토냐와 그 가족을 위한 전이 계획을 보여준다.

우리나라의 경우 장애유아의 일반초등학교 수준으로의 전이의 중요성은 거의 인식되지 못하는 실정이고(김민정, 2009), 「장애인 등에 대한 특수교육법」의 어느 조항에도 전이지원에 대한 언급이 없다. 하지만 많은 부모들이 유아교육기관 및 유아보육기관에서 유아의 전이를 돕기 위한 활동을 실시해 주기를 원하고 있다(박옥영, 2002). 그럼에도 아직까지 우리나라는 장애유아의 전이지원에 대한 구체적인 준비 없이 초등학교로의 전이가 이루어지고 있다. 반면에

사례 4

토냐와 그 가족을 위한 전이

토냐는 현재 2세 6개월로 4개월 전에 자폐 진단을 받았다. 또한 이분척수로 정형외과적 문제를 교정하고 혈액의 과도한 분비를 전환시키는 수술을 여러 번 받았다. 부모는 수술 때문에 먼 거리에 있는 병원에 가서 밤새도록 토냐를 간호해야 했다.

토냐에 비해 두 형제는 모두 건강하다. 아버지는 농부이며 어머니는 가정주부다. 토냐는 현재 0~3세 영아 프로그램에 다니고 있다. 과거 2년 동안 1주에 한 번씩 물리치료사가 집을 방문하여 조기중재 서비스를 제공하였다. 물리치료사는 지난 2년 동안 부모님과 매우 가까워졌으며, 부모님은 현재 토냐의 조기중재 서비스에 만족하고 있다. 하지만 토냐가 만 3세가 되면 더 이상 0~3세 서비스를 받을 수 없다. 물리치료사와 토냐의 선생님이 집을 방문하여 부모님에게 전이 계획에 대해 논의하고자 했을 때, 부모님은 새로운 서비스 계획에 반대하고 불만을 나타냈다. 새로운 교육기관으로 가는 데만 버스로 45분이 걸리는데다 안 좋은 음식을 제공하지는 않는지, 새로운 통합환경에서 토냐가 잘 적응할지에 대한 걱정과 무엇보다도 토냐에게 지난 2년 동안 서비스를 제공했던 물리치료사와의 이별에 대한 아쉬움 때문이었다. 부모님의 반응에 대해 물리치료사와 선생님은 전이 팀과 토냐를 어떻게 준비시키고, 어떻게 새로운 환경에 소개하는가에 대한 접근방법을 논의하였다. 그리고 부모님이 가지고 있는 걱정에 대해 물리치료사를 비롯한 전이 팀은 부모님이 새로운 교육환경을 방문하여 현재의 걱정을 해소할 수 있는 기회를 제공하였다. 이 과정에서 부모님은 버스 운전사, 보조교사, 그리고 토냐를 맡게 될 특수교사를 만날 수 있었다. 특수교사는 아이들을 찍은 교실 녹화 장면을 토냐에게 보여 주라고 하였고, 같은 반 장애유아의 부모들을 연결시켜 주었다. 이후 부모님은 토냐와 함께 교실을 방문하여 새로운 프로그램에 적응할 수 있도록 도왔다. 물리치료사는 토냐가 전이를 한 후 몇 달 동안 정기적으로 부모님과 대화를 통해 전이과정을 모니터링했으며, 이 과정을 통해 부모님은 앞으로의 토냐의 전이에 대해 좀 더 긍정적으로 생각할 수 있게 되었다.

출처: Lerne, Lowenthal, & Egan(2003).

미국 장애유아들의 초등학교로의 전이는 헤드스타트가 '자연스러운 전이(naturalistic transition)'를 위한 노력으로 국가적 차원에서 전이지원을 실행하였으며, 1986년 이후 전이를 위한 연구를 지원하고 있다.

장애유아의 인생에 있어 유아교육기관에서 초등학교로의 전이는 가장 중요한 것으로 개개인의 성취, 사회·정서 발달과 관련하여 매우 중요한 인생의 전이가 이루어지는 것이라고 할 수 있다(Alexander & Entwise, 1988). 유아교육기관에서 초등학교로의 전이는 초등학교라는 형식적 교육기관이라는 기대에 부응하기 위한 장애유아와 부모에게 불안감과 스트레스 같은 정신적 부담을 준다(Hains et al., 1989). 잘 계획된 전이지원 프로그램은 유아와 그 가족에게 성장과 발달을 위한 새로운 기회를 제공하고 스스로의 능력에 대한 강화를 경험하는 기회가 된다. 하지만 그렇지 못하면 장애유아와 가족들은 불확실한 미래에 대해 불안해하고 취약한 상태가 될 수 있다(이소현, 2003). 우리나라는 미국과 달리 유치원과 초등학교가 분리되어 있다. 물론 공립 유치원의 경우 초등학교 내에 설치되어 물리적으로 근접하나, 유치원과 초등학교 저학년의 교과와 학습활동이 통합교육과정에 포함되어 있지는 않다. 우리나라의 경우 한 달간의 유치원-초등 연계교육으로 매년 계획하고 장학 시에 보고하는 형식으로 실행되고 있다. 초등학교 입학을 앞둔 장애아동 가족은 교육환경의 배치 여부, 일반아동과의 또래관계, 일반학급 수업참여 등의 가능성과 자녀가 경험할 도전을 예측하고 대처해야 한다(오혜경, 정소영, 2003). 〈표 6-6〉은 한 유아특수학교에서 시행한 유아-초등 연계교육 계획에 대한 내용이다.

〈표 6-6〉 유아-초등 연계교육 계획

목적	1. 유치원생과 초등학생의 발달적 특성을 이해하여 유아들이 초등학교 교육과정에 자연스럽게 적응할 수 있도록 돕는다. 2. 유치원과 초등학교의 교육과정과 교육환경을 상호 이해한다. 3. 자료 및 정보의 상호 교류를 통하여 교육의 질을 향상시킨다.

〈계속〉

<table>
<tr><td>방침</td><td>1. 유치원과 초등학교의 연계교육이 활성화될 수 있도록 협력체제를 구축한다.
2. 유치원과 초등학교의 상호 교육과정 이해를 위한 연수 및 토론의 기회를 갖는다.
3. 교육 자료 및 정보 교환을 통한 연계교육을 활성화한다.
4. 유치원과 초등학교 교육 행사에 공동 참여할 기회를 제공한다.</td></tr>
<tr><td>세부 추진 계획</td><td>대상: 유치원 · 초등학교 저학년 교사, 유아, 초등학교 1학년 아동, 학부모
<table>
<tr><th>구분</th><th>내용</th><th>시기</th></tr>
<tr><td>시설 및 교재 · 교구 상호 활용</td><td>운동장, 급식소, 강당, 교재 · 교구 상호 공동 활용</td><td>연중</td></tr>
<tr><td>유 · 초 교육 행사 상호 참여 및 참관</td><td>초등학교 운동회 관람
유치원, 초등학교 학습발표회 공동 참관</td><td>5, 10, 11월</td></tr>
<tr><td>초등학교 견학</td><td>초등학교 1학년 교실 및 학교시설 견학</td><td>2월</td></tr>
<tr><td>초등학교 1학년 수업 참관</td><td>초등학교 1학년 수업 참관</td><td>2월</td></tr>
<tr><td>생활기록 자료 제공</td><td>생활기록부 사본 및 유아 관찰 자료 송부 (자료 요청 시)</td><td>2월</td></tr>
</table>
</td></tr>
<tr><td>기대 효과</td><td>1. 유 · 초 교육과정의 상호 이해로 학습활동에 흥미를 유발할 수 있다.
2. 자료의 상호 교류와 활용으로 연계성 높은 교육을 실시할 수 있다.
3. 유치원과 초등학교 간의 지속적인 협력으로 교육효과를 극대화할 수 있다.</td></tr>
</table>

요 약

이 장에서는 장애유아의 전이에 대한 용어, 개념, 필요성, 전이에 포함시켜야 할 대상과 전이지원 계획 및 전이지원 프로그램에 대해서 알아보았다. 전이지원 프로그램은 앞으로 장애유아가 새로운 교육환경에 잘 적응하도록 하는 데 효과가 있으며, 장애유아가 단순히 환경에 배치되는 것이 아니라 활동에 참여하고 적응하도록 하는 것을 목표로 한다. 기본적으로 성공적인 전이를 위해서는 프로그램의 연계를 확인하고, 유아가 초등학교에서 요구하는 학습뿐 아니라 신변처리와 같은 일상생활 적응훈련을 위한 준비를 하도록 교육하며, 전이지원 프로그램에 부모를 참여시켜 그들의 요구와 우선순위를 파악하는 것이 중요하다. 아직 외국에 비해 우리나라의 전이에 대한 인식과 법적 지원은 매우 미흡하다. 유치원-초등 연계교육을 교육과정에 포함시켜 계획하는 것에 그치지 않고, 전이지원 프로그램을 통해 장애유아가 서비스의 연계, 변화에 적응하고 필요한 기술을 준비하며, 궁극적으로는 새로운 교육환경에 배치되어 환경에 신속하게 적응하도록 촉진시킬 수 있어야 한다.

학습활동

1. 어린이집-유치원으로의 전이 및 유치원-초등학교로의 전이지원 프로그램 구성 시 각각의 보내는 팀(Sending Team Members: STM)과 받는 팀(Receiving Team Members: RTM)의 구성원에 대해 정의해 보고, 그 구성원을 조사해 보시오.

2. 이 장의 내용을 토대로 장애유아들이 어린이집-유치원 또는 유치원-초등학교로 전이될 때, 그들의 경험을 성공적으로 만드는 여러 변인 중, 전이를 촉진하는 가장 주요한 요인이 무엇인지 세 가지 이상 설명하시오.
   (예: 장애유아가 이전에 배운 능력을 유지, 학습 · 학교 · 교사들 · 또래들에 대한 장애유아의 긍정적 태도 등)

부록

전이지원평가 요약서

오늘 날짜: ______________

유아 이름: ______________ 생년월일: ______________

모 국 어: ______________

전이 프로그램 기관: ____________ 전이 프로그램 책임자 이름: ________

유아 진단명/장애: ________________________________

현재의 발달 정도/정보(지난 6개월간의 진단평가를 바탕으로):

적응 행동/스스로 하기

지각력

의사소통
(수용언어/표현언어)

소근육운동

대근육운동

읽기 정도
(읽고 쓰기 능력/산술 능력)

사회적/정서적

가족과 유아의 전이지원 계획

유아 이름: ____________________ 생년월일: ____________________

가족 이메일: ____________________ 가족 전화: ____________________

서비스 관계자명: ______________ 서비스 관계자 전화: ______________

비상연락: ____________________

현재 유아의 발달 정도와 가족의 우선권

(유아의 정보는 전이 회의와 가족과의 논의를 위해 수집되며, 가장 최근의 정보로 대체된다. 이 부분은 전체 회의에서 전이 구성 팀과 가족과 함께 작성되어야 된다.)

유아의 일반적인 건강 상태(의료, 치과, 영향, 청각, 시각 포함)

유아의 강점:

지원 영역:

의사소통과 이해력(의사소통 기술)

유아의 강점:

지원 영역:

놀이, 탐험과 사고(지각적/학습 기술)

유아의 강점:

지원 영역:

감정 표현과 반응, 타인과의 상호작용(사회 · 정서적 기술)

유아의 강점:

지원 영역:

손과 몸의 사용 (신체적/운동 기능)
유아의 강점:

지원 영역:

먹기, 자기, 배변하기, 입기(감각의 과정, 모방력, 적응력 및 자조력)
유아의 강점:

지원 영역:

다른 가족의 우선사항과 고려사항

전이지원 계획: 일정표			
장애유아와 가족의 성공적인 전이를 위한 유아교육 현장에서의 전이 계획 단계와 서비스	역할 분담	완료 시점	결과
6개월 전 보고			
전이지원 프로그램 전체 회의 공고			
유아가 만 3세가 되기 90일 전에 전이지원 프로그램 전체 회의를 실시한다.			
전이지원 구성 팀은 이동하게 될 교육기관에 가장 최근의 정보를 제공한다.			

전이지원 구성 팀			
구성원 이름	전화번호	역할	시작일
		부모/후견인	
		서비스 책임자	
		현재 서비스 제공자 (작업치료사, 물리치료사, 언어치료사)	
		행정가	
		미래의 서비스 제공자	
		기타	

출처: http://www.dcf.vermont.gov

제7장

부모와의 효과적인 의사소통

1. 의사소통에 대한 이해
2. 부모와의 효과적인 의사소통 필요성
3. 부모와의 효과적인 의사소통 기법

학습 목표

1. 의사소통의 기본 개념에 대해 이해한다.
2. 부모와의 의사소통의 필요성과 중요성에 대해 이해한다.
3. 효과적인 의사소통을 위한 대화의 기법에 대해 이해한다.

1. 의사소통에 대한 이해

1) 의사소통의 개념

의사소통(communication)이란 라틴어 'communis(공유)' 또는 'communi care(공동체, 공동성을 이룬다 또는 나누어 갖는다)'에서 유래되었으며, 일반적으로 '두 명 이상의 사람들 간에 언어나 다른 방법으로 그들의 의사, 정보, 감정, 태도, 신념을 전달하고 반응을 받으면서 상호 간의 의미를 공유하는 과정'으로 정의된다. 공유된 의미는 본질적으로는 의미의 이해를 포함하는 개념으로, 진정한 의미의 의사소통은 전달자가 보내는 어떤 것이 아니라 수신자가 이해한 어떤 것이라고 할 수 있다(이경순, 이미경, 김경희, 2006). 의사소통은 일방적인 의사전달만을 의미하는 것이 아니라 소통을 통하여 정보와 감정을 동시에 전달하는 과정으로, 둘 또는 그 이상의 사람들이 사실, 생각, 의견 또는 감정의 교환을 통하여 공통적인 이해를 이끌어 내고 수신자의 의식, 태도, 행동에 변화를 일으킨다. 이처럼 의사소통 과정에서는 송신자-메시지-수신자의 관계가 형성되는데, 여기서 메시지는 여러 가지 요인에 따라서 다르게 받아들여지고 해석될 수 있다. 왜냐하면 송신자와 수신자는 신뢰, 존경, 감정이입, 불안, 공포, 고통 등의 특별한 상황 또는 자신의 가치와 태도에 의해서 메시지를 해석하고 변경할 수 있기 때문이다(김수지, 2001).

전달되는 메시지를 해석하고 변경하는 과정에서 발생될 수 있는 문제를 최소화하고 원만한 의사소통을 유지하기 위해서는 효과적인 의사소통 기술이 필요하다. 효과적인 의사소통을 위한 조건으로는 먼저 상대방이 자신의 느낌과 감정을 자연스럽게 표현할 수 있도록 배려해 주는 수용적인 분위기가 무엇보다 중요하다.

2) 의사소통의 기능 및 중요성

인간은 의사소통을 통하여 서로 공통된 의미를 조성하고 서로의 행동에 영향을 주고받으며 협동하면서 사회생활을 영위해 나간다. 그러므로 의사소통의 가장 중요한 기능은 만족스러운 개인생활과 사회 구성원들 사이의 협동을 통한 사회의 성립 및 유지의 기능이라 할 수 있다. 즉, 의사소통의 기능은 인간이 사회환경에 대한 지식을 공유하고, 새로운 사회 성원을 교육시키며, 즐거움을 갖고, 서로 설득하고 통제해서 합의를 얻도록 하는 것이다(Schramm & Roberts, 1971).

의사소통은 그 사회에 참여한 구성원들이 이를 통해 집단을 구성하고 기능을 발휘한다는 의미에서 집단 유지의 가장 기본적인 과정으로 다음과 같은 중요성을 가진다. 첫째, 의사소통을 통해 다른 사람을 알고 이해할 수 있다. 둘째, 의사소통 시 다른 사람의 반응을 관찰할 수 있기 때문에 자신을 좀 더 이해하고 정확히 파악할 수 있다. 셋째, 의사소통을 통해 서로 간의 이해를 증진시키기 때문에 친밀한 인간관계를 형성할 수 있다. 넷째, 의사소통을 통해 서로 간의 이해를 증진시키기 때문에 인간관계에서 생긴 갈등이나 문제를 해결할 수 있다.

3) 의사소통의 구성 요소

의사소통의 구성 요소로는 송신자, 메시지, 수신자, 피드백 등을 들 수 있다. [그림 7-1]은 이러한 구성 요소를 의사소통 과정을 통해 나타낸 것이다. 첫째, 송신자(sender)는 전달과정을 시작하는 사람, 즉 의사소통을 하려는 사람으로서 메시지를 부호화한다. 메시지의 전달은 언어적, 비언어적으로 이루어진다. 송신자는 아이디어를 자신의 의도에 맞게 부호화해야 하는데, 이 부호화의 주요 형태는 언어라고 할 수 있다. 부호화의 역할은 전달자의 아이디어를 목적에 맞는 메시지의 형태로 만드는 작업이다.

둘째, 메시지(message)란 부호화의 결과이며 송신자의 목적이 말, 음성, 글 등

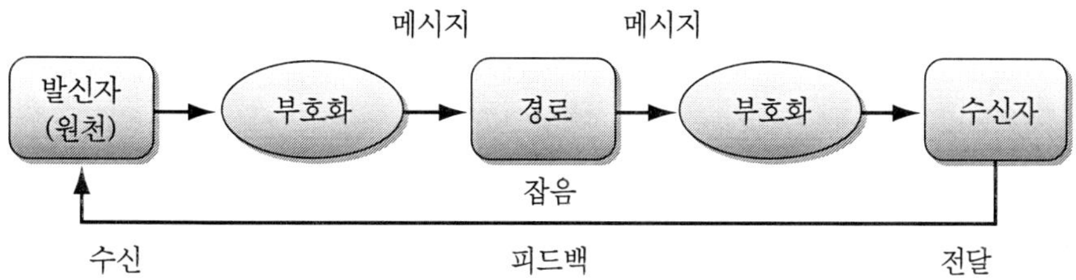

[그림 7-1] 의사소통 과정

출처: 이재열(2009).

의 언어적인 것과 몸짓, 표정 형태 등과 같은 비언어적인 것으로 표현된 것이다. 의사소통 과정에서 주제가 되는 메시지는 언어적 · 비언어적 형태를 취할 뿐 아니라 내용과 관계라는 두 가지 요소를 포함한다. 내용은 전달하고자 하는 메시지의 주제를 가리키며, 관계는 전달자의 수신자에 대한 욕구가 내재된 형태를 의미한다. 예를 들면, 한 남성이 어떤 여성에게 "오늘 저녁 특별한 약속 있으세요?" 라고 묻는 경우, 중요한 것은 상대가 약속이 있는지의 여부가 아니라 '당신과 함께 시간을 보내고 싶다' 는 의미를 지니고 있다는 것이다.

셋째, 수신자(receiver)란 송신자로부터 메시지를 받는 사람으로 해독자다. 부호화와 해독은 동시에 발생하고 송신자와 수신자 모두에게 일어나는 활동이다. 수신자는 메시지를 자신의 경험과 준거에 비추어 가치가 있도록 해석하며, 해독된 메시지가 전달자의 요구에 부합될수록 더욱 효율적으로 의사가 전달된다. 송신자와 수신자의 과거와 현재 경험은 의사소통에 영향을 미친다.

넷째, 피드백(feedback)이란 전자공학에서 사용하는 용어로, 정보가 송출되었던 원래의 지점으로 그 정보에 대한 반응을 되돌려 보내는 것을 말한다. 피드백은 정보를 전달하고 우리가 이해한 것을 분명하게 해 주는 과정이며, 정보의 의미를 정정하거나 조정하며 정보 내용을 명확히 하고 초점을 맞추어 주는 과정이다(이근후, 박영숙, 1998). 이러한 피드백은 송신자의 일방적인 의사소통이 아니라 상호 간의 의사소통 상황에서 일어난다.

4) 의사소통의 유형

의사소통의 유형은 크게 언어적 의사소통과 비언어적 의사소통으로 분류할 수 있다. 약 10%는 언어적 의사소통이고, 나머지 90%는 비언어적 의사소통이다(이경순 외, 2006). 언어를 통한 의사소통은 사실적인 지식을 정확하게 효율적으로 전달할 수는 있으나 감정이나 의미의 뉘앙스를 전달하기에는 효과적인 수단이 되지 못하며, 모든 인간의 의사소통 중에서 지극히 일부만을 나타내 줄 뿐이다(김수지, 2001). 따라서 효과적인 의사소통을 하기 위해서는 구어에 내재하는 한계와 문제점을 고려하여 비언어적 단서에 대한 지식까지도 포함함으로써 소통의 과정에서 발생할 수 있는 문제점을 극복하려고 노력해야 한다.

(1) 언어적 의사소통

언어는 인간에 의해 창조된 상징적 체계다. 우리는 언어를 통해 우리가 생각하고 느낀 것들을 전달하게 된다. 같은 언어로 표현되었다고 하더라도 모든 사람에게 같은 의미(상징)를 주는 것이 아니기 때문에 우리는 말하는 대상에 따라 적절한 언어를 사용해서 우리가 전달하고자 하는 뜻을 전달할 수 있어야 한다. 일반적으로 사람들이 일상생활에서 사용하고 있는 언어적 형태는 대화적 형태, 추구적 형태, 반영적 형태, 대면적 형태의 네 가지로 구분될 수 있다. 첫째, 대화적 형태란 일반적으로 친절하고 사교적이며 즐거움과 기쁨을 주는 대화 형태를 말한다. 둘째, 추구적 형태란 어떤 변화를 요구할 때 사용하는 대화 형태로서 설교, 비난, 충고, 방어, 경쟁, 요구, 지배, 칭찬, 판매, 주장 등에 주로 쓰인다. 이러한 대화 형태를 사용할 때 사람들은 감정이 개입되어 있어서 목소리 톤이 높거나 확고하다. 셋째, 반영적 형태란 다른 사람을 이해할 때 쓰는 형태로서 목소리가 침착하게 되고 문제를 파악하기 위해 약간은 주저하는 듯한 언어적 메시지를 보낸다. 넷째, 대면적 형태란 어떤 문제에 대한 자신의 입장을 표명하기 위해 자신의 생각을 개방적으로 표현하는 형태다. 이러한 대화 형태는 의식적이고,

책임감을 지녀야 하며, 명백하고, 직접적이며, 솔직하게 다른 사람을 배려해서 표현된다. 대부분의 사람들은 이러한 네 가지 형태를 복합적으로 사용하는 경향이 있다.

의사소통을 잘하기 위해서는 언어를 효과적으로 사용해야 한다. 좋은 생각이나 아름다운 감정을 가지고도 다른 사람들이 이해할 수 있는 방식으로 표현하지 못한다면 언어를 효과적으로 사용하지 못하는 것이 된다. 언어를 효과적으로 사용하기 위한 방법은 다음과 같다. 첫째, 자기가 표현할 중심 생각과 그것을 설명하기 위한 사실을 표현하기 위한 언어를 조직적으로 생각한다. 둘째, 올바른 단어들을 사용함으로써 자신이 생각해 온 것을 분명히 말한다. 셋째, 침착하게 자신이 말하고 있는 것을 생각한다. 넷째, 듣는 이가 당신을 이해할 수 있도록 명확하게 말한다.

(2) 비언어적 의사소통

비언어적 의사소통은 구어를 사용하는 것만으로는 표현할 수 없는 메시지를 전달하는 방법이며, 언어적 의사소통 과정을 보다 효과적으로 진행시키는 데 도움이 될 수 있다. 비언어적 의사소통의 종류로는 얼굴 표정, 음성, 눈 맞춤, 몸짓, 접촉 등이 있다(권순희, 2004; 김형태, 2003; 정정승, 2006).

① 얼굴 표정

얼굴 표정은 개인의 감정을 표현하는 비언어적 수단이다. 미소를 지으면 상대방에 대한 호감, 사랑, 기쁨, 만족을 표시하는 것이며, 눈살을 찌푸리거나 인상을 찡그리거나 입술을 꽉 깨물면 상대방에 대한 불쾌감이나 분노를 표현하거나 단호한 의지를 나타내는 것이다. 그러므로 대화를 할 때에는 먼저 상대방을 배려하는 마음으로 따뜻한 표정을 짓고, 상황에 따라 간간이 미소를 짓는 등 다양하고 적절한 생기 있는 표정을 지어 보이는 것이 좋다. 반면 눈썹 치켜뜨기, 하품, 입술을 깨물거나 꽉 다문 입, 상황에 부적절한 의미를 알 수 없는 미소, 과도

한 머리 끄덕임 등은 피하는 것이 좋다.

② 몸짓

의사소통 과정에서 손, 발, 머리, 몸통 등 신체의 움직임을 적절히 사용함으로써 메시지의 의미를 더욱 분명하게 전달하거나 강조할 수 있다. 또 대화 중 팔짱을 끼거나 다리를 꼬거나 마주 앉은 상대방 쪽으로 몸을 기울이는 자세, 가슴을 펴고 목에 힘을 주며 몸을 뒤로 젖히는 자세 등에 따라 상대방에 대한 호감의 정도나 태도를 나타낼 수 있다. 그러므로 대화를 할 때에는 예의에 어긋나지 않는 범위에서 최대한 자연스럽게 자세를 취하고, 팔과 손은 무릎 위 또는 의자 팔걸이에 자연스럽게 얹어 놓은 뒤 상황에 따라 적절하게 움직이는 것이 좋다. 그리고 상대방을 향해 약간 상체를 기울임으로써 상대방의 말을 경청하고 있음을 보여 주는 것이 좋다. 그러나 팔짱끼기나 정면을 비껴 앉기, 몸을 흔들기, 지나치게 몸을 앞으로 수그리기, 손가락으로 지적하기 등의 행동은 피하는 것이 좋다.

③ 눈 맞춤

대화 중에 온화하게 눈을 맞추는 것은 상대방에 대한 관심을 표현하는 것이다. 반대로 눈 맞춤을 피하는 것은 관심이 없다는 것을 전달하는 신호가 될 수 있다. 같은 눈 맞춤이라도 눈빛에 적의가 차 있으면 상대방은 위협을 느낄 수 있다. 그러므로 먼저 상대방의 눈높이에 맞추어 같은 눈높이를 유지하고, 상대방의 눈동자를 뚫어져라 응시하기보다는 부드러운 눈빛으로 상대방의 눈과 코언저리 등으로 적절하게 시선을 움직이며 대화하는 것이 바람직하다.

④ 음성

대화 중 특정 부분에 대한 음성의 고저, 크기, 속도, 강약, 리듬, 억양 및 일시 멈춤, 웃음, 신음 소리, 기침 등과 같은 비언어적 소리는 다양한 정보를 제공한다. 음성적 단서는 상대방의 정서적 표현을 알아내는 데 중요한 단서를 제공한다. 어조가 높으면 적대감과 대립감이 일어나고, 낮으면 만족이나 안심이 일어난다. 소리의 질이 조용하면 메시지가 더욱 분명해지고, 소리의 양이 크면 더욱 강조된다. 빠른 속도, 잦은 멈춤은 노여움이나 공포를 나타내며, 지나치게 잦은 멈춤은 결정적인 의견이 없음을 의미하거나 긴장 또는 저항을 의미한다. 그러므로 대화할 때에는 너무 크지 않은, 그러나 분명히 알아들을 수 있는 발음으로 적절한 속도를 유지하면서 말하는 것이 중요하다. 반면 우물대거나 너무 작은 목소리, 들뜬 듯한 목소리, 너무 높거나 큰 목소리, 너무 빠르거나 느린 목소리, 주저하는 어조, 잦은 문법적 실수, 너무 긴 침묵, 신경질적인 웃음, 작은 헛기침 등은 피하는 것이 좋다.

⑤ 접촉

접촉은 개인적 공간과 행동을 포함하며, 비언어적 메시지 중에서 가장 개인적이다. 접촉에 대한 반응은 말하는 사람의 성별, 나이, 기대, 문화적 배경, 관계의 정도 등에 영향을 받으며, 관심이나 동감, 돌봄 같은 것을 표현하거나 전달하는 방법이 될 수 있다. 사람들은 흔히 자기 주위의 물리적인 공간을 마치 자신의 일부처럼 취급하는 경향이 있는데, 이러한 영역을 개인적 공간이라고 한다. 자신의 공간 안으로 들어오는 타인에 대한 우리의 반응은 그 상황을 정의하는 양식에 따라 크게 다르다. 사이가 가까울수록 물리적인 거리도 가까워진다고 할 수 있다. 가족이나 연인 사이가 아닌 일반적인 관계의 대화에서는 상대방과의 거리를 약 1~2.5m 정도 유지하는 것이 바람직하고, 지나치게 가깝거나 먼 거리는 피하는 것이 좋다(Hall, 1959).

2. 부모와의 효과적인 의사소통 필요성

교사와 부모는 유아에 대한 지식을 서로 교환하면서 보다 정확한 정보를 공유하게 되는데, 이는 교사와 부모가 유아의 세계를 보다 잘 이해할 수 있도록 도움을 준다(Bredekamp & Shepard, 1989). 유아에 대한 지식 교환은 교사와 부모 간의 면담 등을 통한 상담과정에서 이루어질 수 있다. 이러한 과정에서 서로가 당면한 문제를 보다 합리적이고 효과적으로 해결할 수 있는 방법을 모색하게 될 뿐 아니라 협력관계를 형성하게 된다(Barry, 2000). 따라서 유아교육기관에서는 보다 바람직한 교육의 역할을 수행하기 위하여 부모에게 일반적인 양육 정보뿐만 아니라 각 유아에게 적합하고 실질적인 도움을 제공할 필요가 있으며, 이는 교사가 부모의 요구를 제대로 파악하고 부모와의 대화를 통한 의사소통 과정이 수반되었을 때 가능하다. 유아교육기관에서는 이를 위한 다양한 부모교육 프로그램을 실시하고 있으며, 면담 등을 통한 부모상담은 교사와 부모 간의 의사소통 방법 중 하나로 유아교육기관에서 널리 활용되고 있다.

그러나 많은 유아교육기관의 교사들이 부모상담 중 부모의 어려운 질문이나 생각의 차이가 있을 때 지속적인 대화방법에 어려움을 많이 느끼고 있고, 부모상담 시 필요한 효과적인 의사소통 기술을 교사교육의 내용에서 다루기를 원하고 있다(김영옥 외, 2008). 그러므로 부모들의 특성을 잘 파악하고 각 부모에게 적절한 방법으로 면담을 진행해 나가는 기술과 부모와의 대화방법 등에 대해 아는 것은 유능한 유아특수교사로서 반드시 갖추어야 할 능력 중 하나다.

특히 장애유아를 다루는 유아특수교사는 다른 어떤 교사들보다 밀접하게 학부모와의 면담을 수행하게 되며, 장애유아의 교육과 관련하여 여러 상황에서 다양한 사람들과 다양한 협의를 하게 된다. 미국 특수교사 및 관련 전문가들의 모임인 특수아동협의회(CEC)에서는 전문가들 간의 협력의 필요성이 널리 인식되고 교육 현장에서의 실행이 증가함에 따라, 자문 및 협력과 관련이 있는 항목을 '초임 특수교사에게 필요한 핵심 지식과 기술들' 에서 '의사소통과 협력' 이라는 영역으로 포함시켰다(Swan & Sirvis, 1992). 여기서 '협력' 은 장애아동의 특별한 필요를 충족시켜 주기 위한 전문가들과 부모들의 상호적인 노력으로 정의될 수 있다. 특히 장애의 정도가 심한 중도 장애아동의 경우에는 특수교사 이외의 여러 관련 서비스 전문가들이 개입하기 때문에 여러 전문 인력 간의 협력이 매우 중요한 요소다.

〈표 7-1〉에서 제시하는 내용은 가족 및 전문가와 함께 협력하기 위해 특수교사들이 알고 사용해야 할 핵심 지식과 기술이다. 이 목록은 장애아동 가족과 밀접하게 협력할 교사들을 안내하기 위해 개발되었다. 장애아동의 가족에게 적절한 전략과 기술을 개별화하여 적용함으로써 교사들은 가족 및 기타 전문가들과 함께 일할 수 있는 전략을 촉진할 기회를 가지게 되었다. Larson과 Lafasto (1989)는 이러한 팀 협력을 저해하는 요소들 중 하나로 개방적이고도 효과적인 의사소통의 부재를 꼽았다. 그러므로 특수교사는 부모는 물론 여러 다양한 분야의 전문가들과 다양한 상호작용 상황에서 설득력 있는 의사소통을 전개할 줄 알

〈표 7-1〉 가족과의 협력을 위해 특수교사가 알고 사용해야 할 핵심 지식과 기술

지식	기술
K1. 효과적 의사소통 기술을 개발하고 문화적 대응 프로그램에서 개인, 부모, 학교, 지역사회와 협력 K2. 특수아동 부모의 전형적 관심사와 이런 부모를 도와주기 위한 적절한 전략 K3. 팀 구성원으로 협력해서 일하는 특징 학생 프로그램의 개발 K4. 개별화 프로그램을 계획하는 데 특수아동 부모, 교사, 기타 학교와 지역사회 인사의 역할 K5. 특수아동에 관해 다른 사람들과 긴밀한 의사소통을 하는 데 요구되는 윤리성의 실현	S1. 여러 가지 학습환경에서 특수아동, 부모, 학교, 지역사회 인사와 협력해서 일하는 전략을 사용하기 S2. 개인, 부모, 교사, 기타 학교지원, 지역사회 인사와 의사소통하고 자문하기 S3. 가족과 전문가 사이에 호의적 기대와 유익한 관계 갖기 S4. 교육 팀에 적극적인 참여자가 되도록 가족을 돕고 촉진하기 S5. 가족이나 기초 보호자와 협력 회의를 계획하고 수행하기 S6. 여러 학습환경에 특수아동을 통합시키는 데 일반학급 교사, 기타 학교지원, 지역사회 인사와 협력하기 S7. 특수아동의 특정 학습 특성과 욕구에 관해 일반교사, 행정가, 기타 학교 직원과 의사소통하기

출처: Council for Exceptional Children(CEC, 2008).

아야 한다. 따라서 효과적인 의사소통 기술에 대한 지식의 습득은 필수적이라 할 수 있다.

3. 부모와의 효과적인 의사소통 기법

1) 의사소통 기법

여기에서는 효과적인 의사소통을 위해 상담 분야에서 주로 사용하는 의사소통 기법을 중심으로 살펴보고자 한다. 일반적으로 효과적인 의사소통 기법에는 적극적으로 경청하기, 확인하기, 공감하기, 질문하기, 자기 노출, 나-전달법, 피드백 등이 있다(김경미, 2009; 박경애, 2005; 정효정 외, 2010).

(1) 적극적으로 경청하기(관심 기울이기)

부모와의 라포 형성을 위한 가장 기본적인 기법이 바로 적극적으로 경청하기, 관심 기울이기다. 장애아동 부모들은 깊은 이해심을 가지고 자신의 고민을 들어줄 수 있는 차분한 청취자를 필요로 한다(Fortier & Wanlass, 1984; McGrown, 1982). 또한 대화 시 부모에게 전적으로 관심을 기울여 주는 것은 부모와의 좋은 관계를 발달시키는 데 매우 중요한 역할을 한다. 그러므로 부모와 대화할 때나 기타 여러 가지 상호작용을 할 때 시계를 보거나 주변 사물에 시선을 집중시키거나 딴 생각을 하는 것과 같은 행동은 부모로 하여금 교사에 대한 신뢰감을 떨어뜨리는 행동이 될 수 있으므로 주의해야 한다. 교사의 관심 기울이기 반응은 부모로 하여금 자신이 교사에게 존중받는 존재로 받아들여지고 있다는 느낌을 갖게 한다. 신체적, 심리적으로 상대방에게 주의를 집중하므로 부모에게 관심을 갖고 있다는 사실을 전달하게 되는 것이다. 효과적인 관심 기울이기 행동을 통하여 교사는 부모가 보다 안전하고 편안한 느낌을 가지고 대화하도록 도울 수 있으며,

더불어 쉽게 친밀한 관계를 형성할 수 있게 된다. 관심 기울이기 반응은 구체적인 언어 반응보다는 주로 자세, 태도, 행동과 같은 비언어적인 반응으로 나타나고 전달된다. 그러므로 관심 기울이기 반응을 익히기 위해서는 그러한 반응 및 행동을 체득해야 한다. 관심 기울이기 행동에는 좋은 자세, 온화한 시선, 상냥한 얼굴 표정과 음색, 즉각적인 언어적 · 비언어적 반응 등을 들 수 있다(김형태, 2003; 백미숙, 2006).

① 좋은 자세

몸의 위치, 움직임 등은 부모에게 관심을 전달하는 수단이 될 수 있다. 따라서 교사는 부모와 대화할 때 신체적으로 편안하고 자연스러운 자세를 취하는 것이 중요하다. 또한 앉은 자세도 가능하면 부모를 향해 상체를 약간 기울이는 것이 좋으며, 팔짱 끼기, 다리 꼬기 등의 모습은 부모에게 권위적이거나 부정적이고 방어적으로 비추어질 수 있으므로 가급적 피한다.

② 온화한 시선

대화하는 동안 부모와의 부드러운 시선의 유지는 교사의 관심을 전달할 수 있다. 그렇다고 시종일관 부모의 얼굴을 뚫어지게 응시하게 되면 오히려 부모가 부담을 느끼거나 기분이 상하게 되는 결과를 초래할 수 있다. 그러므로 온화한 시선을 통해 자신이 부모의 언동에 주의를 기울이고 있으며, 부모가 전달하고자 하는 의사의 내용을 경청하고 있다는 사실을 부모에게 알릴 수 있다.

③ 상냥한 얼굴 표정과 음색

부모와 대화할 때에는 가급적 밝고 유쾌한 얼굴 표정을 짓는다. 또한 격려를 담은 미소를 띠며, 수용적이고 부드럽고 친절한 음조를 사용하여 부모에 대한 교사의 진정한 관심과 존중을 전달하도록 한다.

④ 즉각적인 언어적 · 비언어적 반응

부모가 전달하고자 하는 의사를 이해하려고 애쓰고 있다는 사실을 나타내는 언어적 · 비언어적 반응을 부모의 언동 직후에 바로 해 주도록 한다. 예를 들면, 부모의 말이 끝난 직후에 고개를 끄덕인다든지, "아, 그래요?" "그랬군요." 등의 간단한 언어적 반응을 보여 주는 것이다. 이는 결국 부모에게 계속적인 관심을 갖고 있으며 부모를 이해하려 애쓰고 있으니 이야기를 계속하라는 격려의 메시지를 전달하는 것이 된다(백미숙, 2006).

(2) 확인하기

확인하기란 부모가 전달하고자 하는 생각, 정보 또는 의견을 부모가 의도한 바 그대로 교사가 정확하게 이해하고 있는가 확인해 보는 하나의 기법이다. 가끔 부모와 대화를 할 때 부모가 전달하려고 하는 메시지를 끝까지 정확하게 알아들으려고 하기보다는 부모의 말이 끝나기가 바쁘게, 때로는 채 끝나기도 전에 교사 자신의 생각을 전달하기 위한 말을 준비하기에 신경을 쓰게 되는 경우가 있다. 그리하여 부모가 전달하고자 하는 의사의 앞부분만 듣고 그것을 토대로 교사 자신의 생각을 피력하거나, 부모가 전달하고자 하는 진정한 의사를 정확하게 이해하지 못한 채 교사의 주관적 가치관에 입각한 동문서답 반응을 보일 가능성이 많다. 확인하기는 주로 부모의 메시지의 내용 면에 관계된다. 확인하기의 목적은 부모가 말하고 있는 내용 자체에 대하여 정확히 이해하려고 하는 동시에 그렇게 하기 위하여 애쓰고 있는 교사의 노력까지도 부모에게 전달하려는 데 있다. 다시 말해서, 교사가 부모에게 부모가 전하고자 하는 메시지의 내용을 지금 어느 정도로 이해하고 있는지 또는 오해하고 있는지에 대하여 알려 줌으로써 한층 더 명확한 의사소통을 가능케 하려는 것이다. 이와 같이 확인하기는 의사소통의 정확도를 증가시킬 뿐만 아니라 부모의 견해를 이해하려는 교사의 열망을 전달해 줌으로써 부모와 교사 간의 간격을 좁히고 친밀감을 발달시키는 데 필수 불가결한 하나의 기법이 될 수 있다. 확인하기 기술에는 반복하기, 바꾸어 말하기, 요약하기의 세 가지가 있다.

① 반복하기

부모가 한 말을 교사가 말한 그대로 반복함으로써 부모의 말을 제대로 알아들었는지를 확인하는 기법으로, 비교적 짧은 한두 마디의 말에 대해서만 해당된다.

예 1 A: 문제행동 때문에 힘듭니다.
B: 문제행동 때문에 힘드시다고요?

예 2 A: 아이가 많이 좋아졌어요.
B: 아이가 많이 좋아졌다고요?

② 바꾸어 말하기

부모가 말한 용어와 같은 뜻을 가진 다른 말을 사용함으로써 간단하게 부모의 말을 확인하는 것으로, 반복하기의 경우보다는 다소 긴 문장이나 전체적인 내용을 확인할 때 사용된다. 바꾸어 말하기에서 중요한 점은 부모가 말하고자 하는 요점을 분명히 이해하고 그렇게 이해하는 바를 전할 수 있도록 노력해야 한다는 점이다. 결국 바꾸어 말해 주는 것은 이야기에서 혼란된 내용을 명료하고 간결하게 해 줌으로써 이야기의 주제를 부각시키며, 교사의 이해가 올바른가를 검토할 수 있도록 한다. 일반적으로 바꾸어 말하기는 다음과 같은 형식으로 이루어진다.

예 1 그러니까 어머님 생각으로는…….
어머님은 지금 ~라고 말하고 있군요.
바꾸어 말한다면…….

예 2 A: 나로서는 그 검사결과에 대해 잘 모르겠어요. 어떤 때는 그런 행동들이 나오는 것 같기도 하다가, 또 어떤 때는 나타나지 않을 때도 있거든요.

B: 결국 어머님은 그 검사결과를 별로 신뢰하지 않는다는 말씀이시군요.

③ 요약하기

요약하기란 부모가 말하는 내용의 초점을 압축해서 주제를 명확하게 하도록 하는 것이다. 그런데 요약은 더 많은 말의 내용에 대한 반응이라는 점에서 바꾸어 말하기와 다르다. 즉, 바꾸어 말하기가 부모가 직전에 한 말에 대해서 확인하는 반응이라면, 요약은 보다 긴 시간 동안 이루어진 말의 내용을 확인하는 것이다. 요약은 때때로 부모의 진술과정에 대해서 언급함으로써 현재의 대화 또는 관계가 어디로 진행되고 있으며, 또 현재 어디에 위치하고 있는지를 파악하는 데 도움을 준다.

예 어머님의 이야기를 종합해 보면, 결국 어머님은 늘 신경 써서 하시는데 다른 식구들이 아이의 교육에 적극적이지 않아서 큰 진전이 없다는 것이군요.

(3) 공감하기

공감이란 부모가 느끼는 감정을 이해할 뿐 아니라 그것을 말로 전달하는 것을 뜻한다(장현덕, 2006). 즉, 부모와 대화를 나누는 동안 교사가 부모와 다르다는 점을 유지해 가면서 부모의 입장이 되어 부모의 방식대로 그들의 세계를 수용, 지각하고 그 생각과 느낌을 표현해 주는 것을 말한다.

대화에서 부모가 직접 하는 말의 내용을 이해하는 것도 중요하지만 부모의 감정을 이해하는 것도 대단히 중요하다. 부모의 감정을 이해하기 위해서는 무엇보다도 부모가 당면하고 있는 문제에 대해서 스스로 어떻게 느끼는지를 주의 깊게 들어 주어야 한다. 그렇게 함으로써 부모의 감정과 상황을 잘 이해하고, 이를 잘 이해했음을 부모에게 알릴 적절한 말을 생각해야 한다. 그다음 생각해 낸 적절한 말을 부모에게 전달해 주어야 한다. 그런데 교사들이 흔히 공감과 동정을 혼동하는 일이 많은데, 이 둘은 서로 다르다. 동정은 부모의 입장에서 그들과 같은 정서를 경험하는 것이다. 부모의 감정을 함께 경험하는 것이 반드시 부모에게 도움이 된다고 여기기는 어렵다. 다만 부모가 느끼는 바를 제대로 이해할 수 있다면 부모와 효율적인 관계를 형성하는 데 훨씬 용이할 수 있다. 이것이 바로 공감의 진정한 의미라고 할 수 있다.

공감의 기본적인 형식은 "당신은 ~라고(하게) 느끼는군요(느끼겠군요)."와 같은 것이다. 또한 공감에서는 부모가 특정한 감정과 기분을 갖게 되는 이유와 배경을 함께 알아주면 훨씬 도움이 되기 때문에 '~하다니' '~하기 때문에'와 같은 표현을 쓸 수 있다. 이것은 영어로 'You feel……' 이라는 표현으로, 예를 들면 다음과 같다.

예 1 A: 아이가 저를 보고 처음으로 소리를 내서 너무 기뻤어요. 앞으로 뭐든 다 할 수 있을 것만 같아요.
B: 정말 힘이 나시겠군요.

예 2 A: 이번에는 정말 대소변 훈련을 열심히 시켰습니다. 그런데 한 일주일 괜찮나 싶더니 오늘 또 마트에서 오줌을 싸는 바람에 바로 들어와야 했어요.
B: 열심히 훈련시켰는데도 결과가 만족스럽지 못하니 정말 기운 빠지시겠어요.

그리고 공감은 크게 표면 공감과 심층 공감의 두 가지로 구분된다. 표면 공감이란 부모의 말에서 겉으로 드러나는 감정 상태를 이해해 주는 것을 말한다. 부모의 이야기를 들으면서 그들의 현재 감정이 어떤지, 그리고 부모의 이야기 속에는 어떤 감정이 담겨 있는지 쉽게 알아차릴 수 있다. 이를 표면 감정이라 하는데 이를 알아주고 이해해 주는 것을 표면 공감이라고 한다. 이에 반해 어떤 부모들은 여러 가지 이유로 진정한 내면을 노출하기를 꺼리며 넌지시 비추거나 돌려서 말하곤 한다. 그러나 부모의 이야기에 신중하게 귀를 기울이는 예민한 교사라면 부모가 말하지는 않지만 속으로 생각하거나 느끼고 있는 내면의 기분을 이해할 수 있다. 이처럼 표현된 부모의 감정이나 기분 이면에 숨겨진 내적인 기분을 알아주는 것을 심층 공감이라고 한다. 표면 공감과 심층 공감의 차이를 예를 들어 구체적으로 알아보면 다음과 같다.

표면 공감

예 A: 요즘 너무 피곤해요. 그냥 아무 일도 하기 싫어요.

B: 네, 지금도 어머니 얼굴이 무척 피곤해 보여요.

A: 그 도우미가 참 고마워요. 우리 아이를 위해 그렇게 애써 주다니. 내 마음을 어떻게 전해야 할지 모르겠어요.

B: 도우미에 대한 고마운 마음이 크겠군요.

심층 공감

예 A: 음식을 자꾸 흘리는 우리 아이를 위해 제 친구가 턱받이를 직접 만들어 주었는데 너무 고마웠어요. 그렇잖아도 필요했던 참이었거든요.

B: 친구가 참 고맙겠어요. 그리고 그런 친구를 가진 것이 자랑스럽기도 하겠군요.

심층 공감은 어느 정도 추측이나 해석적 요소가 포함되므로 자칫 부정확할 수 있으며, 너무 공감을 잘하려다가 남의 감정을 지나치게 앞질러 추측함으로써 부모를 당황하게 만들 수 있다. 그러므로 심층 공감을 사용할 때에는 신중을 기해야 한다.

(4) 질문하기

질문은 어려움에 처해 있는 부모에게 관심을 두고 있으며 그에 대하여 좀 더 알고 싶다는 내용을 전달하게 된다. 대체로 부모의 말을 듣고 그 뜻을 다시 물어보는 것이 효과적이다. 예컨대, "어머님이 하신 말씀에는 여러 가지 뜻이 있을 수 있는데 어머님께는 그게 어떤 뜻입니까?" 와 같은 질문 반응은 부모에게 그에 관하여 좀 더 많은 것을 이야기할 수 있는 기회를 준다. 그래서 질문을 효과적으로 하는 방법을 익혀서 활용한다면 관계 형성에 도움이 될 것이다. 질문은 개방적으로 하는 것이 좋으며, '왜' 라는 질문보다는 '어떻게' 라는 질문을 사용하는 것이 효과적이다. 또한 부모가 대답할 수 없는 질문은 피해야 한다.

① 폐쇄적 질문/개방적 질문

일반적으로 폐쇄적 질문은 범위가 좁고 한정되어 있으며 부모로 하여금 특정한 답변을 요구하는 것이다. 반면 개방적 질문은 포괄적이며 부모에게 다양한 반응의 길을 터놓는 것이다. 그리고 폐쇄적 질문은 오로지 명백한 사실만을 요구하는 데 비해, 개방적 질문은 부모의 관점이나 의견, 사고, 감정 등을 이끌어 내는 특징이 있다.

간단히 말해, 폐쇄적 질문은 부모에게 '예' 또는 '아니요' 의 대답을 요구하는 질문을 말한다. 이에 반해 개방적 질문은 '예' 또는 '아니요' 의 대답이 아닌 구체적인 대답을 가능하게 한다.

예 1 A: 아이가 말을 안 한 지 오래되었나요?(폐쇄적 질문)
B: 아이가 말을 안 한 지 얼마나 되었지요?(개방적 질문)

예 2 A: 진단평가 보고서는 다 작성되었습니까?(폐쇄적 질문)
B: 진단평가 보고서는 어떻게 되어 갑니까?(개방적 질문)

② 직접질문/간접질문

직접질문이란 직선적으로 물어보는 것인 데 비해, 간접질문은 넌지시 물어보는 것이라 할 수 있다. 좀 더 구체적으로 설명하자면, 직접질문은 '-까?' 와 같이 물음표로 끝이 나는 형태이지만 간접질문은 물음표가 없거나 있어도 강도가 약하다는 특징이 있다. 경우에 따라서 간접질문은 부모에게 심문하거나 추궁하는 기분을 덜 느끼게 하고 비교적 부담 없이 대답할 수 있는 여유를 갖게 한다. 그리고 앞서 설명한 개방적 질문은 간접질문의 형태로 물음으로써 더 개방적으로 만들 수 있다.

예 1 A: 어머님께서는 일을 하십니까?(직접질문)
B: 어머님이 어떤 일을 하시는지 궁금합니다.(간접질문)

예 2 A: 그 검사결과가 예상한 대로입니까?(직접질문)
B: 그 검사결과에 대해서 어떻게 생각하는지 알고 싶습니다.(간접질문)

③ '왜' 라는 질문

우리는 흔히 자녀교육과 관련한 질문에서 특정 행동의 이유나 동기가 궁금할 때 '왜' 라는 질문을 던짐으로써 그 대답을 듣고 싶어 한다. 그러나 많은 경우에 이 '왜' 라는 질문은 부모에게 따지는 것 같은 인상을 주거나 무엇인가 부모와 동의하지 않는다는 불쾌감 또는 비판적인 감정을 표현하는 것 같은 느낌을 줄 때도 있다. 따라서 가능하면 '왜' 라는 질문을 하지 않는 것이 좋다. 그렇다면 진정으로 부모의 행동에 대한 이유나 동기에 대해서 궁금해서 질문하고 싶을 때는 '어떻게' 나 '무엇' 과 같은 것을 생각해 볼 수 있다. 또는 '어떤 이유로' 나 '어떤 동기로' 와 같은 표현을 통해서 간접적으로 '왜' 라는 질문의 효과를 얻을 수 있다. 그리고 이때 간접질문의 형태로서 질문을 한다면 더 좋을 것이다.

예 어머님은 왜 그 치료법을 택하셨어요? (×)
어머님이 그 치료법을 택하게 된 동기가 무엇입니까? (○)
어머님은 어떤 이유로 그 치료법을 택하게 되었지요? (○)

(5) 자기 노출(자기 개방)

자기 노출이란 간단히 말하면 부모의 문제와 관련하여 도움이 될 만한 비슷한 자기 경험을 부모에게 말하는 것이다. 자기 관련 반응은 크게 자기 표출과 자기 관여로 구분된다. 자기 표출(self-disclosure)이란 부모가 표현한 진술과 유사한 교사 자신의 과거 경험 및 감정을 특별히 언급하거나 대화시간(지금-여기) 이외의 경험이나 감정을 언급하는 것을 말한다. 자기 관여(self-involving)는 부모의 진술 또는 행동에 대한 즉각적이고 솔직하며 직접적인 반응을 말한다. 그리고 자기 노출이란 자기 표출을 가리키나 자기 표출과 자기 관여를 포함한 광의의 뜻으로 사용되기도 한다. 광의의 자기 노출은 부모의 관심이나 문제와 관련하여 교사 자신이 인간으로서의 독특성을 부모에게 나타내 보이는 것이라 할 수 있는데, 여기에는 과거, 현재 혹은 미래와 관련된 정보의 노출 혹은 감정의 노출이 포함된다(Jourard, 1971).

자기 노출은 부모에게 자신에 관한 것을 드러냄으로써 부모와 더욱 깊은 관계를 맺고 부모로 하여금 그들의 속마음이나 경험을 더욱 깊이 있게 개방하도록 촉진할 수 있다. 교사가 자신의 내면을 보다 솔직하게 드러낼 수 있을 때, 부모는 자신을 역시 한 인간으로서 경험하고 더욱 친밀감을 느끼게 할 것이다(장현덕, 2006). 자기 표출과 자기 관여의 예는 다음과 같으며, 일반적으로 이 둘 모두를 적절히 사용하는 것이 좋다.

자기 표출

예 A: 당장 내일부터 유치원에 가야 하는데 걱정이 돼서 잠이 안 와요.

B: 우리 아이를 맨 처음 유치원에 보낼 때 저도 그랬답니다. 아직 대소변을 확실히 가릴 줄을 모르는데 유치원 가서 혹시 실수라도 하면 어쩌나 생각하니 전날 잠이 다 안 오더군요.

자기 관여

예 A: 당장 내일부터 유치원에 가야 하는데 걱정이 돼서 잠이 안 와요.

B: 어머니의 답답한 맘이 제게도 전해져 제 맘까지 답답해져 오네요.

자기 노출을 할 때에는 우선 노출할 자료가 부모의 문제 해결에 도움이 되는 것인지를 잘 파악해야 한다. 도움이 안 되는 경험이나 교사 자신의 자랑을 하면 곤란하다. 그리고 노출할 시기와 정도(수준)를 잘 고려해야 한다. 초기부터 너무 깊은 노출을 한다면 주객이 전도될 우려가 있기 때문이다.

예 1 우리 조카는 절대로 아닐 거라고 굳게 믿었는데, 검사한 결과 발달장애라는 말을 듣는 순간 정말 아무 생각도 나지 않고 가슴이 '쾅' 하고 무너지더군요. 한동안 상심에 빠져 손에 일이 잡히지도 않고, 특수교사가 되어 조카에게 아무런 도움도 주지 못하는 제가 너무 무능력하게 느껴지더군요(자기 표출). 어머님의 말을 들으니 그때의 씁쓸했던 기억이 떠오르면서 지금 어머님의 마음이 제게 전해져 저도 마음이 많이 아프네요(자기 관여).

자기 노출은 구체적으로 비슷한 경험과 비슷한 느낌에 초점을 맞추어야 한다. 혹시 교사 자신에게서 비슷한 경험이 없다면 형제, 친구, 소설, 드라마 속에서의 간접 경험을 말해 주거나, 만약 그러한 경우라면 자신은 어떤 느낌일까를 말해 주는 방식으로 가정법을 사용하면 된다.

(6) 나-전달법

대화 기법 중 나-전달법(I-message)은 자신의 생각이나 감정을 표현할 때 '나'를 주어로 함으로써 대화의 분위기를 부드럽게 하고, 상대방을 주어로 할 때 발생할 수 있는 위압감을 줄이는 대화방식이다. 즉, 나-전달법은 상대방에 대한 자신의 평가와 해석을 표현하는 것이 아니라 자신이 느끼는 감정과 경험을 표현하는 것이다. 이러한 나-전달법은 자기 자신을 보다 잘 이해하도록 해 줄 뿐 아니라 상대방에게 자신을 더 잘 알릴 수 있게 하며, 궁극적으로 상대방에게 그들의 마음을 정직하게 개방하도록 용기를 준다. 예를 들면, "환경판을 아주 잘 만드시는군요."라고 말하는 대신 "난 선생님의 환경판이 아주 맘에 들어요."라고 다른 사람을 평가하지 않고 긍정적으로 지지할 수 있다. 또는 "직원 MT 장소를 잘못 선택하셨네요."라고 하는 대신에 "전에 사고를 당한 적이 있어서 그 장소를 좋아하지 않아요."라고 다른 사람을 비판하지 않고 싫은 감정을 전달할 수

예) 약속을 해 놓고 아무 연락 없이 오지 않은 동료 교사와의 대화 상황

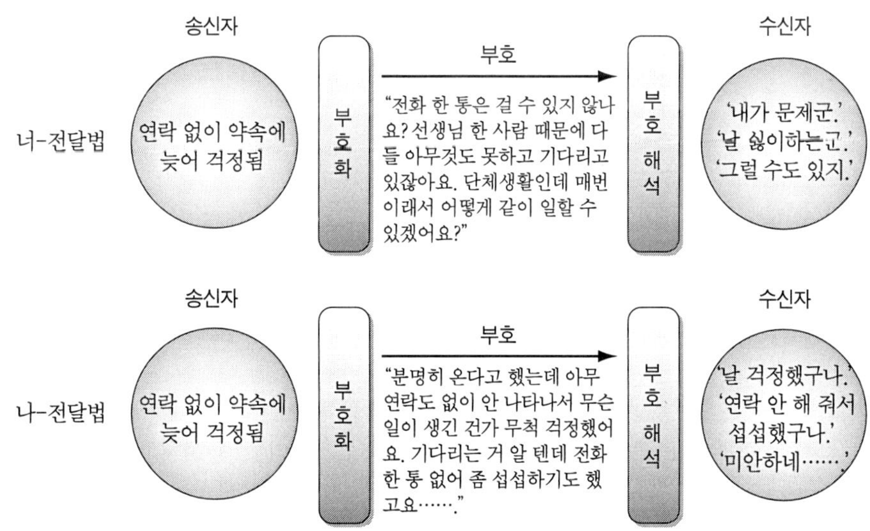

[그림 7-2] 너-전달법과 나-전달법의 비교

출처: Gordon(1970), p. 158 재구성.

있다. [그림 7-2]는 나-전달법과 너-전달법의 차이를 설명해 준다.

나-전달법의 구성 요소 세 가지는 문제를 유발하는 상대방의 행동을 비난 없이 묘사하기(상황), 그 행동이 자신에게 미치는 구체적인 영향력 전달하기(그에 따른 영향), 그로 인해 내가 갖게 되는 느낌 전달하기(나의 감정)다(Gordon, 1970). 나-전달법에서는 대화의 책임을 나 자신에게 맞추는데, 이는 느낌에 대한 책임이 상대방이 아닌 나 자신에게 있음을 알려 주기 때문에 상대방이 방어적 또는 부정적으로 반응하게 될 가능성을 줄인다. 즉, 대화할 때 상대방에게 자신의 불쾌한 감정을 갑작스레 드러내지 않고 문제가 된 상황과 그로 인한 자신의 감정을 서술함으로써 좀 더 쉽게 상대방의 이해를 받고 그의 행동 변화를 이끌어 내는 방법이다. 나-전달법을 사용하기 위해서는 다음과 같은 방법이 필요하다(Gordon, 1970).

첫째, 상대방의 말이나 행동 등에 대한 자신의 생각이나 감정을 전달할 때는 나를 주어로 해서 전달한다. 나 중심의 표현은 상대방에게 덜 위협적이 된다.

둘째, 상대방의 문제가 되는 행동과 상황을 구체적으로 말한다. 흔히 우리가 문제가 되는 상대방의 말이나 행동에 대하여 반응을 할 때, 현재 진행되고 있는 행동이나 상황을 언급하거나 상대방의 행동으로 떠오르는 과거의 기억들을 들추어내거나 그로 인한 상대방의 인간적 특성을 비난하는 경우가 있다. 예를 들면, 약속시간에 늦은 구성원에게 "약속시간을 어겨도 정도껏이지, 도대체 왜 그렇게 무책임하세요? 기다리는 사람들 무시하는 건가요?" 와 같이 약속시간에 늦은 그의 행동을 인간적 특성으로 표현하는 것이다. 이러한 말을 들은 상대방은 마음의 상처를 입어 자신을 방어하거나 또는 말한 사람을 공격하게 된다. 이런 경우에는 "당신이 약속시간보다 한 시간이나 늦게 오는 바람에……." 와 같이 문제가 되는 상대방의 행동만을 언급하는 반응이 보다 마음의 대화를 촉진시키는 효과적인 방법이다.

셋째, 상대방의 행동이 자기 자신에게 미친 영향을 구체적으로 말한다. 예컨대, 팀 구성원이 약속시간에 늦게 와서 걱정이 되어 그가 도착하기 전에 집으로 전화를 걸었다면 그의 늦은 행동이 전화를 걸게 만든 것일 수 있다. 따라서 "당신이 늦게 와서 기다리다 걱정되어 전화를 했어요."라는 반응이 이러한 경우에 해당된다. 그러나 이 경우에도 "당신처럼 사전 연락도 없이 약속시간에 늦는 사람하고 어떻게 함께 일을 할 수 있겠어요."와 같은 반응은 상대방의 마음에 상처를 입히게 되고, 이것이 결국 서로 상처를 입히는 대화를 유도하게 된다.

넷째, 상대방의 말이나 행동으로 인해 야기된 자신의 감정을 인정하고 이를 솔직하게 말한다. 이때 부정적인 생각이나 감정에 대해서는 지나치게 강조하지 않는다. 상대방의 말이나 행동에 의해 유발된 자신의 감정을 인정하고 공유할 필요가 있다. 이는 서로를 더욱 깊게 이해하는 데 도움이 된다. 감정을 솔직하게 말하지 않으면 서로를 이해하고 이해받는다는 경험을 할 수 없게 되어 깊은 대화로 발전하기 어렵다. 특히 상대방에 대한 부정적인 감정이나 생각 등을 표현할 때도 그러한 것들이 유발시키는 긍정적인 측면을 함께 표현할 수 있으면 더 효과적이다.

다섯째, 자신의 마음을 전달한 후에는 자신의 말에 대한 상대방의 생각과 느낌을 잘 들어 주는 경청적 대화를 진행해야 한다. 쌍방이 이러한 대화방식을 견지할 수 있다면 대화는 더욱 깊이 있게 촉진될 것이다. 나를 중심으로 하는 반응은 상대방에게 위협이나 방어적인 태도를 덜 일으키지만, 자신의 생각이나 감정만을 반복하여 표현하면 상대방을 공격하는 셈이 된다. 그러므로 상대방의 생각이나 느낌을 존중하는 적극적 경청의 자세로 돌아가야 한다.

(7) 피드백

피드백(feedback)이란 상대방에게 그의 행동이 어떠하였는지에 관한 정보를 제공해 주는 것을 말한다. 즉, 상대방의 행동이 자신의 행동에 어떤 영향을 미치고 있는가에 대하여 상대방에게 솔직하게 말로 알려 주는 것이다. 피드백 활동을 통하여 사람들은 자신의 행동이 타인에게 미치고 있는 영향에 대하여 학습할 수 있게 된다. 예컨대, 피드백은 어떤 행동에 대하여 거울의 역할을 해 주는 것이다. 피드백은 자기 자신이 상대방의 행동에 대해서 어떻게 생각하는지를 상대방에게 직접 이야기해 줌으로써, 상대방이 자신의 행동에 따른 결과를 알 수 있게 해 주며, 더 나아가 행동 개선의 기회를 제공해 준다. 그러므로 상호 간에 피드백을 주고받음으로써 타인들과 관계를 맺고 있는 자신의 모습을 확인할 수 있는 동시에 자신의 행동이 타인들에게 미치고 있는 영향에 관해서도 객관적으로 알 수 있게 된다(배은경, 2009). 그럼에도 불구하고 많은 사람이 피드백의 활용을 꺼린다. 그 주된 이유는 자신의 피드백이 상대방에게 제대로 받아들여질 것인가에 대한 불확실성 내지는 염려다. 뿐만 아니라 부정적이고 비판적인 피드백이 계속적으로 주어질 경우, 그 결과는 처음 의도와는 달리 서로에게 상처가 될 수 있다. 그러므로 피드백을 줄 때에는 상대방의 긍정적인 면과 부정적인 면을 균형 있게 다루어야 할 것이다. 즉, 타인으로부터 주어지는 부정적인 피드백을 통하여 비효과적인 행동을 개선할 수 있어야 하고, 또한 긍정적인 피드백을 통하여 특정 행동을 계속 발달시킬 수 있어야 한다. 다음은 효과적인 피드백을 위한 몇 가지 지침이다(배은경, 2009).

첫째, 평가적인 용어는 되도록 피하는 것이 좋다. 서술식으로 표현되어야 한다. 서술적이 되기 위하여 피드백은 동기보다는 행동에, 추리보다는 관찰에, 그리고 일반적인 것보다는 구체적인 것에 초점을 두고 이루어질 때 보다 효과적이다.

둘째, 객관적인 근거를 토대로 하여 이루어져야 한다. 주관적인 검증만으로 피드백을 주는 것은 가능한 한 피하는 것이 좋다.

셋째, 행동변화를 강요해서는 안 된다. 행동변화의 주체는 상대방이다. 따라서 책임도 상대방에게 있음을 분명히 해야 한다.

넷째, 가급적이면 처음에는 긍정적인 것부터 시작하는 것이 좋다.

다섯째, 주관적인 판단은 피하는 것이 좋다. 그럴 만한 근거가 있을 때는 그 근거를 갖고 판단할 수도 있다. 이 경우 그 판단을 절대시해서는 안 된다. 단지 가능성을 이야기할 따름이고 최종적인 판단은 상대방에게 유보해야 한다.

2) 설득 화법

유아교육기관에서 교사들이 부모와의 상담과정에서 가장 많이 호소하는 어려움 중 하나는 설득이다. 우리는 교육 현장에서 발달상의 위험 요소 등을 감지하고 부모에게 진단 의뢰를 권하였을 때 많은 부모가 받아들이지 않고 외면하거나 반박하는 경우를 종종 발견할 수 있다. 이외에도 여러 가지 이유로 아동의 교육에 소극적으로 임하는 부모도 있을 수 있다. 따라서 교사는 교육활동을 하면서 부모를 설득해야 하는 장면에 처했을 때 효과적으로 부모를 설득하는 방법에 대해서도 인지하고 있어야 한다. 부모를 설득할 때에는 신뢰감 형성, 일치감과 유대감 형성, 공감적 경청, 설득 근거의 충분한 제공, 점진적 · 단계적 설득, 언어 표현 등을 잘 고려해야 한다(박경현, 2003).

(1) 신뢰감 형성

모든 설득의 출발점은 믿음으로, 믿음 없이는 설득이 이루어질 수 없다. 교사가 지식, 경험, 생활 태도 등 모든 면에서 믿을 만할 때 비로소 부모가 교사의 말을 귀담아 듣게 된다. 교사의 인격에 의구심을 가지거나 교사의 언행의 불일치를 자주 경험하게 되면, 교사의 어떤 말에도 부모는 경청하지 않게 된다. 교사에 대한 신뢰감은 교사가 자질을 갖추었다고 부모가 판단할 때 든든해진다. 즉, 진솔하고 정직하며 항상 호의적인 교사, 지식과 경험이 풍부한 교사, 유아와 부모에게 열의와 정성을 다하는 교사는 고집이 세서 좀처럼 남의 말을 잘 듣지 않는 부모도 특별히 신뢰하게 된다(Myers, 2005).

(2) 일치감과 유대감 형성

교사가 부모를 설득할 때는 부모와 공동의 틀, 곧 일체감을 가져야 한다. 즉, 부모의 눈높이에 맞추어 그들의 현재 입장, 문제를 바라보는 시각 등을 이해함으로써 부모들의 생각을 변화시킬 수 있다. 유대감이 형성될 때, 부모는 쉽게 설득된다. 가령 칭찬을 반복하여 관계가 친밀해질수록 교사는 더 강력한 영향력을 행사할 수 있다.

(3) 공감적 경청

부모를 설득할 때는 부모의 의견에 귀 기울여야 한다. 부모의 입장을 이해하며 공감적 경청을 하면 설득하기가 쉬워진다. 간혹 부모가 옳지 못하거나 교사를 다소 모욕하는 말을 할지라도 그 상황을 회피하지 말고 부모와 눈 맞춤을 하며 들어 주고, 이따금 고개를 끄덕이거나 맞장구를 쳐 주는 등 반응을 보인다. 또한 부모가 말하는 도중에 끼어들지 않는 것이 좋고, 부모의 말을 끝까지 들어보지 않고 성급하게 교사가 먼저 결론을 내리지 않는다. 그렇게 부모의 불평을 열심히 들어 주고 나면, 부모는 자신의 말을 존중한 것에 대하여 감사하는 마음이 생기고 미안한 기분까지 들기도 할 것이다.

(4) 설득 근거의 충분한 제공

교사는 설득하고자 하는 부모의 자녀에 대해서 정확하고 충분한 정보를 확보하고 있어야 상담 중에 그 부모를 효과적으로 설득할 수 있다. 예를 들어, 유아의 보다 정밀한 장애 진단검사를 제안한다거나 심각한 문제행동의 교정에 부모의 적극적인 참여를 구하고자 할 때, 교사는 설득하고자 하는 부모의 자녀가 보이는 행동 문제에 대하여 평소 정확하고 충분한 정보를 확보하고 있어야 효과적으로 설득할 수 있다. 즉, 설득은 부모의 마음에 호소하여 행동의 변화를 일으켜야 하므로 부모가 교사의 생각에 동의하고 행동에 옮길 수 있을 만한 충분한 근거가 제시되어야 한다. 선별검사 도구를 이용한 결과, 활동 시 나타났던 구체적인 예, 통계 자료, 주변 다른 교사들의 증언 등 모든 근거를 십분 활용하면 설득하기가 용이하다.

(5) 점진적 · 단계적 설득

부모를 설득할 때는 서두르지 말고 점진적으로 접근하는 것이 효과적이다. 부모의 태도를 일시에 바꾸어 놓겠다고 생각하거나 무슨 일이 있어도 설득해 내고야 말겠다고 하면 성공하기 어렵다. 오히려 장기적인 안목과 인내심이 필요하다. 조급하게 당장 부모를 설득하려고 하다가는 오히려 역효과를 거두기 쉽다.

또한 교사가 부모를 설득할 때에는 처음에 부모가 지니고 있는 고정관념을 깨뜨려야 한다. 부모의 편견이나 고정관념을 약화시키기 전에는 무리한 권유는 하지 않는 것이 좋다. 충분한 논거와 논리적 설득으로 먼저 부모의 편견을 약화시켜야 한다. 다음으로 부모의 행동을 변화시켜야 한다. 부모가 수용적 자세가 되었을 때, 변화를 촉구하는 교사의 주장을 제시하여 부모의 행동에 변화가 오도록 한 다음 그 변화된 행동을 정착시켜야 한다.

(6) 언어 표현

부모와 대화할 때는 가능한 한 알아듣기 쉽게 표현하여야 한다. 복잡한 표현, 지나친 전문용어, 복잡한 통계 등의 사용은 대화를 어렵게 만들 수 있기 때문이다. 한편 교사는 부모와 대화할 때 비유적 표현을 통해서 까다로운 개념이나 이치를 설명할 수 있다. 하지만 비유적 표현은 논리적 엄격성이 요구되는 설득에서는 논리성을 약화시킬 수도 있고 정서적 공감을 얻어 내려는 설득에서는 허황된 구호로 인식될 수도 있다. 그러므로 교사는 부모와 대화할 때 비유적 표현을 제한적으로 사용해야 한다.

아울러 교사는 자신의 언어 구사를 스스로 점검해야 한다. 유아들에게 모범적인 언어 모델이 되어야 할 교사가 부모와의 대화 중에 품위 없는 언어를 구사한다면 자칫 교사로서의 자질을 의심받을 수 있다. 따라서 교사는 부모와 대화할 때 부모의 인격을 모독하는 말, 빈정거리는 말, 욕설, 비속어 등을 사용하지 않고 표준어를 구사해야 한다.

요 약

교사와 부모는 유아에 대한 지식을 서로 교환하면서 보다 정확한 정보를 공유하게 되는데, 이는 교사와 부모가 유아의 세계를 보다 잘 이해할 수 있도록 도움을 준다. 특히 장애유아를 다루는 특수교사는 다른 어떤 교사들보다 밀접하게 학부모와의 면담을 수행하게 되며, 장애유아의 교육과 관련하여 여러 상황에서 다양한 사람들과 다양한 의사소통을 하게 된다. 효과적인 의사소통을 하기 위해서는 무엇보다도 상대방의 느낌이나 감정을 자연스러운 분위기에서 표현할 수 있도록 배려하는 것이 가장 중요하다. 일반적으로 효과적인 의사소통 기법에는 경청하기, 확인하기, 공감하기, 질문하기, 자기 노출, 나-전달법, 피드백 등이 있다. 또한 많은 특수교사들이 부모와의 상담과정에서 어려움을 호소하는 것 중 하나가 '부모 설득하기' 다. 효과적으로 부모를 설득하기 위해서는 신뢰감 형성, 일치감과 유대감 형성, 공감적 경청, 설득 근거의 충분한 제공, 점진적 · 단계적 설득, 언어표현 등을 고려해야 한다. 부모 또는 아동의 교육과 관련한 전문가들과의 협력과정에서 야기될 수 있는 문제를 최소화하고 효율적인 의사소통을 유지하기 위해서는 이러한 의사소통 기법을 익히고 적용하는 노력이 필요하다.

학습활동

1. 나는 좋은 경청자인가

번호	문항	전혀 그렇지 않다	그렇지 않다	보통 이다	그렇다	매우 그렇다
1	나는 타인의 말 듣기를 좋아한다.	1	2	3	4	5
2	나는 내가 커다란 관심을 보이거나 호의적으로 말하는 사람에게 보다 주의를 집중한다.	5	4	3	2	1
3	나는 타인이 말할 때 그의 어휘력과 비언어적인 의사소통 능력을 평가한다.	5	4	3	2	1
4	나는 정신이 산만하지 않도록 한다. 주의가 산만하면 조용한 자리로 옮기도록 권유한다.	1	2	3	4	5
5	타인들이 나로 하여금 이야기를 하지 못하게 방해할지라도 나는 그들에게 주의를 기울여 경청한다.	1	2	3	4	5
6	타인이 말할 때에는 이야기가 끝날 때까지 기다려 준다.	1	2	3	4	5
7	나는 나와 관심사를 같이하는 사람에게 흥을 돋운다.	5	4	3	2	1
8	타인의 말을 들으면서도 개인적인 생각으로 오락가락한다.	5	4	3	2	1
9	나는 타인이 말할 때 그가 전하고자 하는 바를 잘 이해할 수 있도록 상대방의 비언어적 의사소통에 깊은 관심을 표명한다.	1	2	3	4	5
10	나는 다소 난해한 대화를 나눌 때 애써 아는 척한다.	5	4	3	2	1
11	나는 타인의 말을 들으면서 대답할 것에 대해 골똘한다.	5	4	3	2	1
12	나는 타인이 잘못을 저지르고 있다고 생각되면 더 충분히 설명할 수 있도록 질문을 던진다.	1	2	3	4	5
13	나는 나 스스로 이해하지 못하더라도 상대방을 이해하도록 노력한다.	1	2	3	4	5
14	나는 타인의 말을 청취할 때 그의 입장에서 서서 듣고 사물을 바라볼 수 있도록 노력한다.	1	2	3	4	5
15	대화를 나눌 때 상대방의 메시지를 정확하게 이해했음을 확인시켜 주기 위해 청취한 메시지를 반복한다.	1	2	3	4	5

채점 및 평가

각 칸에 적혀 있는 점수를 합산하여 나온 점수를 다음의 연속선상에 표시하시오.

15점 — 25점 — 35점 — 45점 — 55점 — 65점 — 75점

좋지 못한 경청자 ... 좋은 경청자

출처: 이재열(2009).

2. 공감하기

공감은 상대방의 감정을 정확하게 지각하여 알려 주어서 자신이 이해받고 있음을 인식하게 하여 보다 신뢰성 있는 인간관계를 촉진할 수 있다. 다음의 보기를 보고 적절한 공감 반응을 쓰시오.

> A: 저는 엄마가 미워요. 똑같이 잘못을 해도 동생은 그냥 두고 저만 야단을 치세요. 어제도 그래요. 동생은 저보다 훨씬 늦게 들어와도 별로 야단을 안 치시면서 제가 조금 늦었다고 어찌나 야단을 치시던지…….
>
> 공감 반응: 엄마가 불공평하다고 생각되니 원망스럽겠군요.

(1) A: 1년째 자원봉사 나가는 곳에 제가 예뻐하는 한 아이가 있는데, 오늘 처음으로 절 보고 '언니'라고 불렀어요. 정말 기분이 날아갈 것만 같았어요.

공감 반응

____

(2) A: 이번엔 정말 열심히 시험 준비를 했는데도 학점이 너무 엉망으로 나왔어요. 답안지를 다 못 채우고 제출한 걸 생각하면 지금도 잠이 오질 않아요…….

공감 반응

____

3. 나-전달법 연습하기

개인의 감정을 밝히고, 피드백을 주고받으며, 행동의 변화를 유도하는 효과적인 의사소통 기법으로 '나-전달법'이 있다. 절친한 친구가 당신에게 계속해서 언짢게 말한다고 가정하고, 당신이 친구에게 사용할 수 있는 '나-전달법'을 구성해 보시오.

네가 ________________________해서(또는 ~이) 나에게 문제가 된다.
그래서 나는 ______________________________하게 느낀다.
왜냐하면 ________________________________때문이다.
나는 네가 ____________________하면 좋겠어(또는 ~해 줄 수 있겠니?).

제8장

부모교육

1. 부모교육의 개념 및 필요성
2. 부모교육의 주요 이론 및 부모훈련 프로그램
3. 부모교육 프로그램의 계획 및 운영

학습 목표

1. 부모교육의 개념과 필요성에 대해서 이해한다.
2. 부모교육 프로그램의 계획, 내용, 운영에 대해서 이해한다.
3. 부모교육 프로그램의 실제에 대해서 이해한다.

1. 부모교육의 개념 및 필요성

1) 부모교육의 개념

부모교육이란 성인교육으로서 부모역할에 대한 정보를 제공하여 자녀를 보다 바람직한 방법으로 양육하며, 부모 자신도 인격적으로 성숙할 수 있도록 돕고, 영유아교육의 효과도 증진시키는 것이다(이원영, 이태영, 강정원, 2008). 부모교육이라는 용어는 부모교육 프로그램(parental education program), 부모역할(parenting), 부모훈련(parent training), 부모참여(parent participation) 등의 용어로 다양하게 쓰인다. '부모교육 프로그램' 은 부모와 자녀 사이의 긍정적인 상호작용을, '부모역할' 은 부모가 가정에서 자녀를 양육하고 보호하며 지도하는 과정이 원활히 이루어지도록 돕는 것을, '부모훈련' 은 자녀를 기르기 위한 행동적 기술 및 전략을, 그리고 '부모참여' 는 부모가 자녀의 교육기관에 파트너로 참여하여 협력하는 것을 강조한다(이원영 외, 2008).

부모교육의 목적은 부모가 자녀를 바르게 이해하도록 도와주고, 자녀지도에 필요한 지식, 능력, 태도 등을 익히도록 부모를 도와주어 부모와 자녀의 관계를 향상시키는 것이다. Fine(1980)은 부모교육의 내용과 과정을 〈표 8-1〉과 같이 정보 나누기, 자기 인식, 기술훈련, 문제 해결하기의 네 영역으로 나누어 설명하였다. 첫째, 정보 나누기(information sharing)에는 부모에게 도움이 되는 강연, 집단토의, 관련 서적 읽기, 부모 집단 모임 등이 있다. 둘째, 자기 인식은 부모가 자기인식(self-awareness) 증진을 통해 전통적인 자녀교육관을 변화시키는 것이다. 셋째, 기술훈련(skill building)이란 구체적 부모훈련 프로그램을 통하여 자녀양육을 위한 부모역할을 배우는 것이다. 넷째, 문제 해결(problem solving)은 자녀양육과 관련된 문제를 해결하는 기본적 방법을 가르쳐 주고 중재할 수 있는 능력을 지도하는 것이다. 따라서 장애아동 부모교육의 목적은 자녀의 장애 상태를 이해하고, 적절한 교육을 받기 위한 정보를 제공하며, 가족 내의 심리적인 고통을 덜어 줌으로써 장애아동의 장애 경감 및 성장에 도움을 주는 데 있다(이은경, 석동일, 2007).

〈표 8-1〉 부모교육의 내용과 과정

<table>
<tr><th>과정</th><th>내용</th><th>과정</th></tr>
<tr><td>A. 정보 나누기
• 강연
• 집단 토의
• 관련 서적 읽기
• 부모 집단 모임</td><td rowspan="2">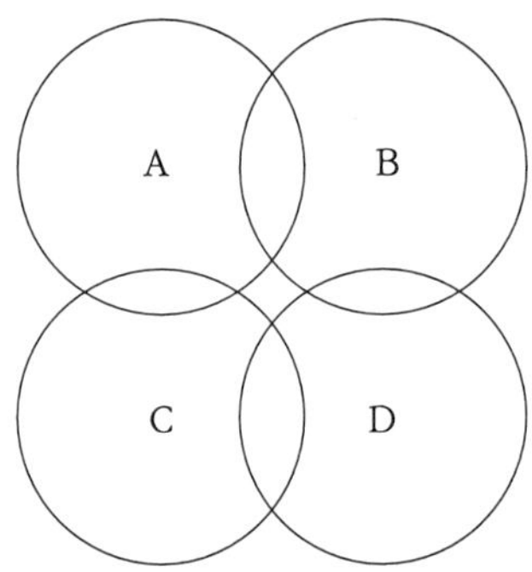</td><td>C. 기술훈련
• 시범, 연습, 피드백
• 관련 서적 읽기
• 토의</td></tr>
<tr><td>B. 자기 인식
• 집단 토의
• 개별/집단 활동
• 일기 쓰기 혹은 기록
• 자기분석 연습</td><td>D. 문제 해결하기
• 숙제, 피드백
• 체계적 관찰 피드백
• 토의
• 추후 검토</td></tr>
</table>

출처: 이득기(1995).

2) 부모교육의 필요성

장애아동의 교육에서 가정중심 중재는 매우 중요한데, 대부분의 부모는 장애아동에 대한 전문 지식이 부족한 편이다. 하지만 장애유아에 대한 지식과 이해는 가정교육의 질을 높이고, 학교교육과 가정교육의 일관성을 유지시킬 수 있으며, 긍정적인 장애인관의 확립에 도움을 줄 수 있기 때문에(최민숙, 2007) 매우 중요하다. 구체적으로 부모교육의 필요성을 유아의 측면, 부모의 측면, 사회의 측면에서 살펴보면 다음과 같다(유안진, 2003).

(1) 유아의 측면

부모교육의 필요성을 유아의 입장에서 살펴보면 다음과 같다.

첫째, 유아의 사회적·정서적 발달은 부모의 양육태도와 양육방법에 큰 영향을 받는다. 부모의 양육태도는 아동의 성장에 영향을 주는 가장 강력한 요인이다. 생후 3세 이전의 경험이 중요하며, 특히 생후 18개월까지는 성장의 결정적 시기다. 둘째, 유아의 인지 발달은 부모의 양육태도와 양육방법에 크게 영향을 받는다. 태어나는 즉시부터 부모가 적절한 시기에 적절한 자극을 줌으로써 인지 발달에 실조가 일어나지 않도록 하는 것이 바람직하다. 셋째, 부모의 양육태도와 양육방법은 유아의 신체발달에 영향을 미친다. 인간의 뇌발달은 유전적 정보에 의해서만 결정되는 것이 아니라 후천적 요인, 즉 영양과 환경적 자극에 큰 영향을 받는다. 그래서 부모는 적절한 영양과 환경적 자극을 제공해야 한다(전남련, 김의석, 김혜금, 시옥진, 권경미, 2008).

(2) 부모의 측면

부모교육의 필요성을 부모 자신의 입장에서 살펴보면 다음과 같다.

첫째, 미성숙된 한 인간으로서 부모교육이 필요하다. 아이를 낳고 기르는 동안 부모 자신의 인성이 성숙되어 갈 수도 있지만, 반대로 끊임없는 좌절, 갈등의 상태로 빠져들 수도 있다. 둘째, 확대가족제도의 붕괴로 젊은 세대들은 자녀양육에 따른 어른들의 도움, 조언 등을 즉각적으로 받을 수 없다. 따라서 부모교육을 통해 자녀를 보다 잘 키울 수 있는 지식과 각 단계에서 나타나는 심리적 특성을 배우는 것은 젊은 부모에게 자신감을 줄 수 있을 뿐만 아니라 보다 효과적으로 대처할 수 있게 한다. 셋째, 도시화, 문명화, 산업화로 개인 또는 가정 단위의 사회이동 횟수는 증가하고 있으며, 국내에서의 도시 간 이동은 물론 국제적 이동도 증가하고 있다. 따라서 상이한 문화와 각기 다른 풍습, 습관 등에 따라 자신의 자녀양육에 따른 바람직한 양육 모델을 갖는 데 도움이 되는 교육이 필요하다. 넷째, 성역할 개념의 변화에 대처하기 위하여 부모교육이 필요하다. 이제는 많은 여성이 어머니, 아내의 역할 이외에 자신의 생활 영역을 요구하고 있다. 사회로의 진출이 늘어남에 따라 이러한 여성의 열망이 기존의 성역할 개념과 충돌하여 결혼 및 자녀양육 문제와 갈등을 일으키는 경우도 많아지고 있다(전남련 외, 2008).

(3) 사회적 측면

부모교육의 필요성을 사회적 측면에서 살펴보면 다음과 같다.

첫째, 인적자원의 효율적 개발이라는 측면에서 부모교육이 필요하다. 국가 경제발전의 원동력은 인간이며 이처럼 중요한 인적자원의 지적 · 인성적 기반은 유아기에 상당히 많은 부분이 결정된다. 이에 정부, 사회의 입장에서 대책을 강구하여야 한다. 둘째, 사회균등의 정책으로 부모교육이 필요하다. 경제 기회 균등정책으로 볼 때, 유아교육 및 부모교육은 사회복지의 장기적 계획의 일환이다. 셋째, 교육의 경제성을 높이기 위해 부모교육이 필요하다. 유아의 연령이 어릴수록 가소성(plasticity)이 높기 때문에 고등교육에 투자할 때의 교육효과보다는 유아교육에 투자할 때의 교육효과가 더 큰데, 유아를 가장 효율적으로 교육시킬 수 있는 교사는 부모이기 때문에 부모교육이 필요하다(유안진, 2003).

2. 부모교육의 주요 이론 및 부모훈련 프로그램

1) 부모교육의 주요 이론

부모역할 수행과 부모-자녀 관계의 향상을 목적으로 하는 대표적인 부모교육 이론으로 Dreikurs의 민주적 부모교육이론과 Ginott의 인본주의적 부모교육이론을 소개한다.

(1) 민주적 부모교육이론

민주적 부모교육이론은 Alfred Adler의 개인심리학이론을 부모교육에 적용한 것이다. 이 이론에서는 전통적으로 인식되어 오던 권위적이고 엄격한 부모의 양육태도에서 벗어나 부모-자녀 관계도 민주적으로 변화해야 한다고 본다(김경혜, 조윤경, 2006). 여기서 민주적이라 함은 상호 존중과 동등한 대우라는 개념을 의미한다. 이 이론의 주요 목적은 유아와 성인이 평등하다는 가정하에 바람직한 부모-자녀 상호작용의 형태를 찾는 것이다(이영호, 2000).

민주적 부모교육이론은 미국과 캐나다에서 부모연구회(Parent Study Groups)를 통해 널리 적용되고 있다. 이 모임에서는 부모들이 의견 교환을 통해 자녀양육 과정에서 경험한 사례들을 서로 나누고 책을 통해 자녀교육의 원리를 습득한다. 대개 한 집단은 8~12명으로 구성되며, 총 8~12주 동안 매주 2시간 정도 연구 활동을 하게 된다. 모임은 훈련받은 지도자가 참석하여 도와주는 방식으로 진행된다. 이 모임을 끝낸 후, 대부분의 부모는 자녀에 대한 신뢰와 존중의 표현 방식에 많은 변화가 생겼다고 평가한 것으로 나타났다(연미희, 2009).

(2) 인본주의적 부모교육이론

인본주의적 부모교육이론은 Ginott의 인본주의 심리학을 부모교육에 적용하여 체계화한 이론이다. 여기에서는 부모와 자녀가 상대방을 서로 인간적으로 존중하고 이러한 바탕하에 의사소통이 이루어져야 한다는 점을 강조한다(박성연, 2009).

Ginott는 유아기에 문제를 보이는 것은 부모의 자녀양육에 문제가 있기 때문이라고 보았다. 다시 말해, 부모의 자녀양육 경험의 부족, 그릇된 정보, 바람직하지 않은 자녀양육 모델이 결국 유아의 문제를 유발한다는 것이다(전선옥, 김진영, 김정원, 2009). 이에 따라 부모에게 올바른 자녀양육 방법과 자녀와의 효과적인 대화기술을 가르치고 이를 습득하여 실생활에 적용하게 하는 것을 부모교육의 목적으로 한다(박성연, 2009).

구체적인 내용을 살펴보면, 인본주의적 부모교육이론에서는 부모와 자녀 간의 상호작용을 원활하게 하고 대화를 용이하게 하는 데에 중점을 두고 있다. 유

〈표 8-2〉 의사소통 기술의 4단계

1단계: 이야기 단계(평소에 느꼈던 자녀들과의 문제나 고민을 이야기하는 단계)
2단계: 감수성 증진 단계(자녀의 감정 상태로 이입되는 것을 돕는 단계)
3단계: 개념형성 단계(부모 스스로 양육 실패 원인을 찾고 올바른 양육기법에 대해 개념화하도록 훈련하는 단계)
4단계: 기술 익히기 단계(실제에 적용 가능한 기술을 발견하고 적용하는 단계)

출처: 김경혜, 조윤경(2006).

아와의 의사소통에서 기본이 되는 요소로는 존중과 기술을 들고 있는데, Ginott는 부모가 자녀와의 의사소통 기술을 단계별로 획득할 수 있도록 〈표 8-2〉와 같이 구조화된 4단계의 모형을 제시하였다(김경혜, 조윤경, 2006).

부모교육은 10~20명으로 집단을 구성하여 매회 1시간 30분씩, 총 15주의 과정으로 진행한다. 교육의 형식은 집단 토의 형식을 취하는데, 대개의 경우 참가자 자녀의 연령에 따라 취학 전, 아동, 사춘기, 청년기 등으로 나누어 발달 단계상 일어나는 유사 문제를 다룬다. 참가자가 모두 원형 테이블에 둘러앉아 자유스러운 분위기에서 이야기를 나눈다. 이것은 자녀와 눈높이를 같이한다는 의미와 교육을 담당하는 지도자의 권위를 최소화하는 것을 의미한다(유윤영, 2010).

2) 부모훈련 프로그램

부모훈련 프로그램으로 'Gordon의 부모 효율성 훈련' 'Dinkmeyer와 Mckay의 효율적 부모를 위한 체계적 훈련'을 소개한다.

(1) 부모 효율성 훈련

부모 효율성 훈련(Parent Effectiveness Training: PET)은 부모로서의 역할을 효과적으로 수행하기 위한 훈련을 의미한다. 이 훈련의 창시자인 Gordon은 인간관계의 개선을 특히 중요시했다. 인본주의 심리학에 근거해서 부모가 훈련을 받음으로써 자녀의 문제에 대한 치료적 효과는 물론 가족 구성원의 상호 성장에도 도움이 될 수 있다고 하였다(이숙, 우희정, 최진아, 이춘아, 2009).

PET의 목적은 부모가 보다 효과적으로 자녀를 양육하도록 필요한 양육기술을 가르치는 데 있다. 즉, 이 훈련을 통해 부모는 자신과 자녀가 개별적인 한 인간임을 깨닫고, 자녀가 보이는 행동의 의미를 잘 파악하며, 자신의 감정을 솔직하게 잘 표현하는 기술을 습득하여, 결과적으로 자녀와의 관계에서 발생하는 문제에 적절히 대응할 수 있는 의사소통 기술을 습득하게 된다(유윤영, 2010).

이 프로그램은 부모를 대상으로 직접 부모 효율성 훈련을 하는 지도자 교육과 부모를 대상으로 하는 교육으로 나누어 실시된다. 지도자는 PET 및 실제에 대한 훈련을 받고 자격증을 취득한 사람으로, 지역사회에서 학급당 약 10명 정도로 모임을 구성하여 PET 프로그램을 실시한다. 교재는 PET 본부에서 마련해 주는 자료를 사용한다. 특히 이 프로그램에서는 부모에게 역할놀이를 통해 자녀와의 대화 및 자녀양육 기술을 익히고 가정에서 실제로 당면하는 여러 문제를 다루어 보는 경험을 제공한다(백은령 외, 2010).

(2) 효율적 부모를 위한 체계적 훈련

효율적 부모를 위한 체계적 훈련(Systematic Training for Effective Parenting: STEP)은 Dinkmeyer와 Mckay가 Dreikurs의 민주적인 자녀양육법과 Ginott의 인본주의적 접근방식 및 Gordon의 PET 이론을 절충하여 만든 부모교육 프로그램이다(전남련 외, 2008).

STEP의 기본 가설은 민주적인 가정에 있다. 즉, 부모-자녀 관계의 질을 향상시키기 위해서는 부모와 자녀가 서로 존중하며, 부모는 자녀에게 스스로 결정하고 행동할 수 있는 기회를 보다 많이 제공하여야 한다는 것이다. 또한 부모와 자녀 간의 질적인 관계 형성은 자연적이고 논리적인 귀결에 의해 이루어지는 민주적 의사소통에 의해 가능하다고 주장한다(김명희, 2009). 한마디로 STEP의 교육철학은 사랑과 존중을 바탕으로 하는 인간 가치의 구현이며 부모가 용기와 격려로 자녀를 가르치는 방법을 터득하게 하는 데 그 목적이 있다.

STEP의 구체적인 내용으로는 자녀 행동의 이해, 자녀 이해와 부모 자신의 이해, 격려(자신감과 자기존중감 길러 주기), 의사소통(반영적 경청), 대안 찾기, 부모의 생각과 느낌 표현(나-전달법과 너-전달법), 책임감 훈육방법, 자연적 · 논리적 귀결의 활용, 가족 모임, 자신감 개발 및 잠재력 발휘가 포함된다(석동일, 2006). STEP은 부모들과 지도자가 함께 자녀양육 문제에 대해 토의하고 교재의 각 장에서 추천한 내용을 실천한 후 이에 대한 경험담을 나누는 방식으로 구성된다. 지도자는 10~12명의 부모를 한 집단으로 하여 프로그램을 운영한다(김수희, 2008). STEP은 조직적이고 단계적이며, 특히 강사를 위한 지침서가 명확하고 체계적이다. 프로그램을 종결하는 주에는 지도자가 전반적인 요약과 정리를 해 주고 종합적으로 재점검하는 시간을 갖는다(전남련 외, 2008).

3. 부모교육 프로그램의 계획 및 운영

1) 부모교육 프로그램의 계획

유아교육기관에서 부모교육을 계획하고 운영하는 것은 기본적으로 교육기관의 교육철학에 근거한다. 또한 부모교육에 대한 부모들의 요구와 생활 수준 및 학력 수준, 시간적인 여유 정도, 교육기관이 속한 지역사회의 특수성 등을 종합적으로 고려하여 부모교육을 계획하고 운영한다. 보다 효율적인 부모교육을 제공하기 위해 고려해야 할 점은 〈표 8-3〉과 같다.

부모교육 계획은 구체적으로 계획하고 실시하여야 한다. 이때 고려해야 할 점은 연간 부모교육 계획안을 미리 짜고 계절의 행사 외 활동을 고려하여 연관된 부모교육 내용을 실시하는 것이다. 또한 활동 계획을 결정할 때에는 부모들의 참여와 결정이 있어야 부모교육 참여의 효과를 높일 수 있다. 그러나 무엇보다

〈표 8-3〉 부모교육 계획 시 고려할 점

- 부모교육 계획은 월간 및 연간 계획으로 수립하며 각각 세부계획과 진행절차, 준비사항 등을 구체적으로 계획한다.
- 계획 수립 시 부모들의 의견을 최대한 반영하고 가능한 한 부모들이 자발적이고 적극적으로 참여할 수 있는 방향으로 계획을 세운다.
- 부모들과 교육기관 모두의 사정에 맞추어 실천 가능한 것에서부터 시작하여 점차 그 내용과 활동을 확장시켜 나간다.
- 부모들에게 경제적인 부담을 주지 않도록 해야 한다.
- 부모교육의 내용은 아동 발달이나 자녀교육에 관한 것뿐만 아니라 부모들 자신의 흥미를 반영하고 자기계발에 도움이 되는 내용도 포함한다.
- 계획 및 운영 과정에서 가능하면 전문가나 지역사회 인사의 협조와 자문을 받는 것이 좋다.

출처: 서울장애인종합복지관(2006).

도 유아교육기관의 특성에 알맞은 부모교육 계획이 필요하다. 부모교육 프로그램 연간 계획의 예시는 〈표 8-4〉와 같다.

〈표 8-4〉 부모교육 프로그램 연간 계획(통합유치원)

월	프로그램 내용
3월	특강: 통합유치원에서 이루어지는 언어치료에 대한 특강
4월	부모상담: 1학기 유아 개별화 교육 계획에 대한 회의 및 유아상담
5월	-
6월	모임: 현 재원 통합유아의 가족지원 모임
	특강: 유아의 학습과 발달을 촉진하는 부모
7월	부모상담: 1학기 유아 개별화 교육 계획에 대한 평가 회의 및 유아상담
8월	-
9월	부모상담: 2학기 유아 개별화 교육 계획에 대한 회의 및 유아상담
10월	특강: 통합유아의 행동 특성에 따른 수정과 가정에서의 지도
11월	모임: 현 재원 통합유아와 졸업 통합유아의 가족지원 모임
12월	부모상담: 2학기 유아 개별화 교육 계획에 대한 평가 회의 및 유아상담
1월	특강: 자녀의 즐거운 학교생활을 위하여(초등학교 전이교육)
2월	오리엔테이션: 원내에서 이루어지는 프로그램 및 통합유아에 대한 전체적인 지원 설명

출처: ○○유치원 부모교육 프로그램(2010).

2) 부모교육 프로그램의 내용

부모들에게 전달하려는 부모교육 프로그램의 내용은 대단히 중요하다. 어떤 내용을 부모교육 프로그램 내용으로 선정, 지도하는가가 부모교육 목표의 실현 여부를 결정해 주기 때문이다. 심혜숙과 송종원(2004)은 장애자녀를 가진 부모들을 대상으로 부모들이 받았던 부모교육의 내용을 조사하였는데, 장애에 대한 일반적 사항, 장애자녀 양육에 필요한 지식 및 기술, 비장애 자녀 혹은 부부간의 문제 등의 가족문제, 특수교육 방법, 장애인 운동 및 부모 운동, 부모 자신을 위한 심리적 지원, 지역사회 서비스에 관한 내용, 그리고 경제적 비용과 관련된 정보 순으로 부모교육이 많이 이루어지는 것으로 나타났다. 이처럼 장애아동 부모들은 장애아동 양육과 관련된 다양한 정보를 부모교육을 통해 제공받아 왔음을 알 수 있다.

부모교육 프로그램 내용을 선정할 때 고려할 점은 부모교육 목표를 실현할 수 있는 내용이어야 한다. 김향지(2001)는 장애자녀의 성장 발달을 위한 중재와 부모의 자질 향상과 역할 기능 발달을 위해 부모교육이 요구된다고 하였는데, 이러한 부모교육의 목표를 달성하기 위해서는 장애유아 부모의 요구에 적합한 프로그램으로 내용이 구성될 필요가 있다. 따라서, 지역사회조사, 학부모조사, 기존 부모내용 분석 등 다양한 여과과정을 통해 최적의 내용이 선정되어야 할 것이다. 또한 부모의 능력, 흥미, 필요 경험, 실생활과 관련 깊은 내용이어야 하며 시대적 변화에 맞고 참신성이 있어야 할 것이다. 이전 시기에 장애아동 부모에게 요구되었던 부모교육 내용이 장애자녀에 대한 양육방법과 부모들의 스트레스를 완화시키는 데 초점을 두었다면, 근래에 와서는 이러한 내용뿐만 아니라, 장애유아들이 유아교육기관과 지역사회에서 성공적으로 통합될 수 있는 다양한 정보를 제공하는 것이 필요하다.

3) 부모교육 프로그램의 운영

(1) 부모교육 프로그램의 운영 형태

유아교육기관에서 활용할 수 있는 부모교육 프로그램의 운영 형태를 부모회, 부모참여, 통신에 의한 만남, 가정에서의 면담, 부모면담으로 구분하고 그 유형을 분류하면 〈표 8-5〉와 같다(고정곤, 김준권, 김소영, 손현숙, 이정순, 2008).

〈표 8-5〉 부모교육의 형태에 따른 유형

형태	유형
부모회	강연회, 분단토의, 원탁토의, 강습회, 역할놀이, 특강, 좌담회, 극놀이, 워크숍, 독서토론회, 부모역할 훈련, 학부모 오리엔테이션, 공개토론회, 심포지엄, 독서 공개좌담회, 사교 모임(영화감상회 등)
부모참여	부모참여 수업, 운영회의 참여, 교육 자료 제작, 참관수업, 도서 대여, 장난감 대여, 부모 자원봉사, 아버지참여, 보조교사 참여, 1일 참여수업
통신에 의한 만남	가정통신문, 교육기관 안내서, 기록과 보고서, 원아조사서, 전자메일, 부모용 게시판, 뉴스레터, 홈페이지를 통한 정보 교환, 설문조사
가정에서의 만남	가정방문, 가족과의 점심식사, 생일축하, 초대
부모면담	면담(집단면담, 개별면담), 교육기관 방문, 홈페이지를 통한 만남, 대담

출처: 고정곤 외(2008).

(2) 부모교육 프로그램의 운영방법

부모교육 프로그램의 운영 형태에 따른 유형 중 유아교육기관에서 가장 많이 이루어지는 집단 모임, 개별 모임, 통신에 의한 만남으로 분류하여 운영방법을 살펴보고자 한다(김희진, 2006; 오영희, 2009; 장원동, 2008; 정옥분, 2008).

① 집단 모임

유아교육기관 관계자나 부모회가 다수 부모들을 대상으로 자녀교육과 관련이 있는 지식이나 정보를 부모들과 공유해야 할 때 실시한다. 유아교육에 대한 지식 및 정보를 공유할 수도 있고 자녀양육에서 겪는 문제에 대한 의견을 나누면서 해결점을 찾을 수도 있다. 또한 부모는 집단 모임에 참여하는 동안 같은 유아교육기관에 자녀를 보낸다는 동지의식을 갖게 된다. 참여 인원이 많을 경우 소외감을 갖는 부모들이 생길 수 있는 단점이 있다. 집단 모임에는 강연회, 공개토론회, 수업 참관 워크숍 등이 있다.

강연회 강연회는 부모들에게 유아교육에 필요한 기본 지식이나 정보를 알려 주기 위하여 그 분야의 전문가나 관련 인사를 초빙해 매달 1회 혹은 1년에 한두 번 정도 주제를 정하여 강연을 듣는 집단 모임이다. 이러한 강연회는 많은 사

〈표 8-6〉 강연회 안내문

제1회 학부모교실

강연회에 초대합니다

안녕하십니까? 본교 유치원은 장애유아와 일반유아 통합교육을 실시하고 있습니다. 통합교육의 중요성 및 효과에 대해 5회에 걸쳐 학부모교실을 실시하고자 하오니 많이 참석하셔서 귀중한 정보도 얻으시고 부모님 간에 친교를 갖는 시간이 되시기 바랍니다. 참석 여부를 ○월 ○일까지 담임교사에게 알려 주시기 바랍니다.

제1회 학부모 교실의 주제와 일시는 다음과 같습니다.

일 시: 20○○년 ○월 ○일 10:00(시간을 꼭 지켜주세요)
장 소: ○○학교 소강당
강 사: ○○○(○○대학교 교수)
강연 제목: 장애유아와 일반유아가 친구 되기

년 월 일
○○ 학 교 장

학급	이름	참석 여부	
		참석	불참
(　　　)반			

학부모: (인)

출처: ○○특수학교 유치원 학부모 교실 자료(2010).

람들에게 같은 내용을 동시에 전달할 수 있고 손쉽게 진행할 수 있기 때문에 기관에서 가장 많이 활용된다. 이는 부모회 임원들과 함께 부모의 관심이나 요구 등을 고려하여 1년 계획을 세워 시행한다.

강연회를 입학 초기에 열 경우 강연을 듣기 전이나 후에 유아교육기관의 교육 목적, 교육과정 등의 내용을 알려 줄 수 있어 효과적이다. 또한 대집단으로 강연회를 가진 후 학급별로 나누어 담임교사와 만날 수 있는 시간을 계획하면 부모들이 소속감과 안정감을 느낄 수 있다. 강연회 안내문의 예시는 〈표 8-6〉과 같다.

공개토론회 공개토론회는 강연회 다음으로 유아교육기관에서 많이 사용되는 방법으로 장애유아와 생활하면서 당면하는 문제를 대표 부모가 공개적으로 발표하는 것이다. 전체 부모 앞에서 토론을 하기 때문에 소모임에서 자신의 의견을 발표하는 것과는 다르며, 전문가를 여러 명 초청해 심도 깊은 내용을 듣는 심포지엄과도 구분된다. 보통 주제에 대한 찬반 양론이 논의된다. 공개토론회의 구성원은 5~6명 정도가 좋다. 경우에 따라 수를 조정할 수도 있으나 4명 이하나 7명 이상은 좋은 결과를 내기 힘들다. 공개토론회에 참가하는 부모들을 결정할 때에는 토론 주제에 대해 의견을 가장 잘 표현해 줄 수 있는 부모를 택하여야 한다. 부모들은 공개토론회를 통해 자신의 의견을 솔직하게 표현하는 과정에서 유아교육기관에 대해 갖고 있는 의심이나 불평 등을 해소할 수 있다. 한편 유아교육기관은 공개토론회에서 거론되는 문제점을 개선시켜 나감으로써 부모-교사 유대관계를 밀접하게 할 수 있으며 교육의 질을 높일 수 있다.

수업 참관 수업 참관은 부모들에게 유아교육기관의 교육 방향을 알리고 부모들이 자녀의 성장 · 발달 정도를 직접 관찰할 수 있도록 부모를 초대하여 수업 상황을 보여 주는 것을 말한다. 일반적으로 수업 참관은 한 학기에 한 번 또는 1년에 한 번 정도 실시되고 있으며, 수업 참관을 계획할 경우에는 사전에 참관일, 참관방식, 참관 시 주의사항 등을 자세히 알려 가능한 한 많은 부모들이 참여할 수 있어야 한다.

수업 참관을 계획할 경우 각 부모들에게 무엇을 어떻게 관찰해야 하며 주의해야 할 점이 무엇인지에 대해 사전에 구체적으로 안내해 주어야 한다. 사전교육의 형태는 상황에 따라 가정통신문이나 집단 또는 개별 만남, 전화, 이메일, 인터넷 등을 통해 실시될 수 있으며, 가능한 날짜와 시간을 여러 가지로 정한 후 부모들의 의견을 수렴하고 부모들의 직장생활을 고려하여 토요일이나 저녁시간으로 정하기도 한다. 교사는 수업 참관을 계획할 때 유아들이 무엇을 해냈는지를 보여 주는 결과적인 것보다 유아들이 유아교육기관에서 어떤 생활을 하는지를 보여 주는 과정 위주의 계획을 해야 한다.

〈표 8-7〉 어머님 참관 및 참여수업 계획안

<table>
<tr><td colspan="2">주제</td><td colspan="3">사랑하는 우리 가족</td></tr>
<tr><td colspan="2">목표</td><td colspan="3">가족의 역할에 대해 이야기를 나누고 우리 가족의 사진을 찾을 수 있다.</td></tr>
<tr><td colspan="2">활동명</td><td>활동 내용</td><td>준비물</td><td>비고</td></tr>
<tr><td rowspan="3">참관수업</td><td>통합 활동</td><td>짝꿍과 함께 가족 구성원 찾기(9:30~10:00)
1. ○○반 △△반 친구들이 각각 4명씩 참여한다.
2. ○○반 친구와 짝이 되어서 인사를 나눈다.
3. 교사가 보여 주는 가족 구성원 그림 자료(할아버지, 할머니, 엄마, 아빠, 언니, 오빠)를 보고 융판으로 함께 가서 사진을 찾아와 바구니에 담는다. (팀 구성)
4. 유아 모두 활동 후에 게임 후 느낌에 대해서 평가하고 친구와 인사하고 각 교실로 이동한다.</td><td>가족 구성원 그림 자료 각 3개씩</td><td>○○반 △△반, 친구 각 4명씩 ○○반으로 이동</td></tr>
<tr><td>아침 모임</td><td>• 교사와 인사 나누기(10:00~10:10)
• 날짜 날씨 알아보기
• 출석 확인하기
• 활동 순서 알아보기</td><td>이름 카드, 일과 카드</td><td>자기 의자에 앉아 출석 확인, 하루 일과 안내</td></tr>
<tr><td>간식시간</td><td>• 화장실 다녀오기, 손씻기(10:10~10:30)
• 자기 자리에 앉아 간식 기다리기
• 감사기도 후 맛있게 먹기
• 간식 접시, 컵 정리하기</td><td>간식 접시, 물컵</td><td>교실 내외에 있는 화장실 이용</td></tr>
</table>

〈계속〉

	이야기	우리 가족 사진 찾기(10:30~10:50) 1. 가족 그림 자료를 보면서 가족에 대해서 교사가 이야기해 준다. 2. 유아들의 가족 사진과 유아의 사진과 이름이 있는 집 모양 틀을 준비한다.	유아 및 가족 사진	
	나누기	3. 가족의 사진을 보면서 누구의 가족인지 이야기하고 한 명씩 나와서 자신의 가족 사진을 찾아서 자신의 이름과 사진이 있는 집에 붙여 본다. * 스스로 찾지 못하는 유아는 교사의 도움을 받는다. 4. 유아 모두 활동 후에 〈사랑〉 노래를 다함께 부르고 활동을 마친다.	이름과 사진이 들어간 집 모양 틀 8개	
참여수업	요리 활동	삼각김밥 만들기(10:50~11:10) 1. 유아들은 의자에 앉고 엄마들은 유아의 뒷자리에 앉아서 〈작은 동물원〉 노래로 주의 집중하도록 한다. 2. 교사가 요리 활동판을 소개하면서 요리 활동의 순서를 소개해 준다. * 개인 접시를 준비하여 주고 두 팀으로 나눠서 밥과 야채를 준비하여 둔다(당근, 양파, 맛살). 3. 엄마와 함께 준비된 밥과 야채를 개인 그릇에 담아서 주먹밥을 만들어 삼각김밥틀에 찍어서 삼각김밥을 완성한다. 4. 완성된 삼각김밥을 포장하고 어린이집 띠를 둘러서 유아들이 가정으로 가져가도록 한다. 5. 정리 노래가 들리면 엄마와 함께 정해진 곳의 접시를 정리하고 다시 이야기 나누기 자리에 모여 앉아서 활동에 대해 평가하고 마치도록 한다.	밥, 야채, 삼각김밥틀, 어린이집 띠	
	체육 활동	엄마와 함께하는 게임(11:10~11: 50) 이동시간 10분 포함 1. 체육 선생님과 인사 나누기 2. 몸풀기 체조 하기 3. 체육 선생님 시범을 보고 엄마와 함께 게임하기 4. 마무리 체조 하기	체육복	신나게 몸을 흔들고 큰 소리로 대답하기

출처: ○○유아특수학교 어머니 참여수업 계획 자료(2010).

워크숍 워크숍이란 부모들이 모여 유아교육기관에서의 교육활동이 효율적으로 진행될 수 있는 방법을 함께 생각하는 것이며, 또한 일을 하거나 유아교육과 관련이 있는 내용을 유아교육 전문가로부터 실제로 배우면서 실습해 보는 것이다. 워크숍은 부모들이 교수-학습 방법을 직접 경험해 볼 수 있기 때문에 가정에서 자녀를 교육할 때 활용해 볼 수 있다는 장점이 있다. 워크숍은 학급단위 모임 또는 소모임으로 하는 것이 좋다. 학급별로 워크숍을 갖는다면 자녀와 친한 친구의 부모를 만날 수 있는 기회가 되어 부모들이 즐거워한다. 워크숍을 진행할 때에는 부모들이 부담을 느끼지 않도록 하며, 지역이나 부모들의 필요에 따라 융통성 있게 계획하고 운영하여야 그 효과를 거둘 수 있다.

② 개별 모임

가정방문 가정방문은 교사가 학년 초 또는 학기 초에 유아의 가정을 방문하여 부모와 유아에 대해 이야기를 나누는 부모교육의 형식이다. 부모는 자녀의 유아교육기관에서의 생활에 대한 정보를 얻을 수 있고, 자녀양육이나 교육 문제를 의논할 수 있어 교육의 효과가 높으며, 교사에 대한 친밀감도 높아져서 유아교육기관에 대한 좋은 인상을 받을 수 있다. 교사는 시간과 노력을 많이 들이게 되지만 가정의 문화, 부모의 가치관, 양육태도, 양육방법, 부모와 유아의 상호작용 수준 등을 파악하여 유아를 교육하는 데 많은 도움이 된다.

가정방문을 하기 전, 교사는 우선 서로 합의한 날짜와 시간을 반드시 지켜야 한다. 둘째, 보통 30분 이하로 가정방문 시간이 너무 길지 않아야 한다. 셋째, 가정방문을 하는 동안 교사는 유아를 보다 효율적으로 지도하는 데 필요한 정보를 파악하며 가정의 분위기를 면밀히 관찰해야 한다. 마지막으로 유아교육기관을 대표한다는 생각에서 예의바르게 부모를 대하며 부모와는 사적인 대화를 피하고 쉬운 용어를 사용해야 한다.

개별면담 개별면담은 유아와 관련이 있는 사안을 교사와 부모가 함께 의논하는 것이다. 개별면담에서 교사는 유아교육기관에서의 유아의 생활을 부모에게 보고하는 것이 보통으로, 유아의 작품을 모아 놓은 포트폴리오, 사진, 각종 관찰결과 등을 미리 준비하여 부모에게 제시한다. 이때 교사 혼자 이야기하는 것이 아니라 부모가 자유롭게 이야기할 수 있도록 하여야 하며, 부모들이 하는 이야기 중 유아를 이해하고 돕는 데 필요한 내용은 적어 둔다. 대화의 초점은 유아의 발달 상황, 진보 정도, 도와줄 점 등에 두며 다른 유아와 비교하거나 비평하는 것은 피한다. 개별면담은 자녀에 대해 궁금한 것이 많은 부모의 욕구를 채워 줄 수 있으며 상호 신뢰성을 높여 준다. 개별면담 시 고려사항은 다음과 같다.

- 교사는 부모가 편안한 분위기에서 부담을 느끼지 않고 이야기할 수 있도록 노력해야 한다.
- 부모의 입장을 이해하고 부모의 생각을 존중해야 한다.
- 교사는 유아교육 전문가로서 부모를 당당하게 대해야 하고, 부모를 두려워하지 않아야 한다.
- 유아에 대해 이야기할 때는 긍정적으로 표현하여야 한다. 즉, 부모에게 정확하지만 부드러운 언어로 유아의 문제를 이야기해 주고 어떻게 대처해야 할지 그 방안도 말해 주어야 한다.
- 면담시간은 20~30분 정도로 하며 이야기의 초점이 항상 유아에게 집중되도록 한다.

자원봉사 자원봉사란 유아교육기관에서의 교육활동이 원활하게 운영될 수 있도록 부모가 보수를 받지 않고 유아교육기관의 활동이나 행사에 참여하여 도움을 제공하는 것을 말한다. 자원봉사가 원활히 이루어지기 위해서는 첫째, 사전교육을 통해 어떤 장소에서 어떤 일을 하여야 할지 구체적으로 알려 주어야 한다. 둘째, 부모의 관심이나 흥미, 시간적 여유, 능력, 유아교육에 대한 관심 정도 등을 고려하여 자원봉사 역할을 결정해야 한다.

③ 통신에 의한 만남

소책자 부모들은 유아교육기관에서 일어나고 있는 전반적인 활동에 대해서도 알고 싶어 한다. 그러므로 기관에서는 부모들에게 배부할 소책자를 제작하여야 한다. 이 책자에는 유아교육기관의 교육철학과 교육 목적, 방법, 운영 방침, 학급 구성 및 크기, 교사 현황, 교사 연락처, 응급 시 연락할 수 있는 유아교육기관 책임자의 연락처 등의 내용이 포함되어 있으며 도서 및 장난감을 대출할 수 있도록 관련 정보도 포함되는 것이 좋다.

가정통신 가정통신은 서신 및 전언을 통해 부모와 의사소통을 하는 부모교육의 형태다. 부모에게 유아교육기관에서 이루어지는 교수-학습 내용 및 활동을 알리거나 부모의 협조 요청, 부모들이 필요로 하는 정보를 제공하는 것을 목적으로 한다. 가정통신은 현재 유아교육기관에서 가장 많이 실시하는 보편적인 방법으로, 가장 소극적인 부모참여의 형태이나 맞벌이 부모를 위한 가장 효율적인 방법이기도 하다.

가정통신은 부모와의 의사소통 기회를 증진시키고 기관에 대한 부모의 신뢰를 증진할 수 있어 교육적 효과가 크다. 교사와 부모의 의사소통은 유아의 성장과정에서 일어날 수 있는 다양한 문제를 예방하고 문제가 발생할 경우 효율적으로 대처하도록 하므로 매우 중요하다. 가정통신문을 진술할 때에는 유아와 관련이 있는 내용을 사실에 근거하여 되도록 쉽게 작성하여야 한다. 그리고 유용한 정보를 수록하되, 지나치게 많은 정보를 주지 않는다.

기록과 보고서 유아교육기관에서는 유아의 생활을 여러 경로를 통해 파악한 후 이를 기록하여 부모에게 보내게 된다. 매 학기에 한 번씩 보내며, 초등학교에 들어가기 직전에는 생활기록부로 작성하였다가 입학할 때 보낸다. 유아교육기관에서의 생활을 관찰하여 그때그때 기록해 두면 비교적 유아의 발달과정을 연속적으로 파악할 수 있다. 기록을 할 때에는 유아의 이름, 활동이 일어난 장소 및 시간 등을 기록한다. 개별 유아마다 파일을 만들어 관찰 내용을 계속 저장해 두면 학부모와의 면담 자료로 사용하거나 초등학교에 보낼 수 있어 편리하고, 기록한 내용을 형식에 맞추어 재구성하여 부모에게 통지하면 보고서가 된다.

뉴스레터 뉴스레터를 통해 내방객에 대한 소식이나 유아교육기관에서 일어난 일 등과 활동을 알릴 수 있다. 이를 통해 부모들은 유아교육기관에 대한 소식을 접할 수 있을 뿐만 아니라 교사와 공감대를 이루어 동반자적인 유대감을 형성할 수 있다.

컴퓨터 부모들에게 유아교육과 관련이 있는 정보를 인터넷 카페 · 블로그, 이메일, CD-ROM 등을 활용하여 제공한다. 시간과 장소의 제약을 받지 않기 때문에 부모들이 편리한 시간에 활용할 수 있어 부모교육의 효과를 높일 수 있다. 컴퓨터를 활용한 부모교육은 신속하고 정확하게 많은 양의 정보를 제공할 수 있고 장소와 시간의 제약을 받지 않아 활용도가 높기 때문에 특히 맞벌이 부모에게 적합하다. 컴퓨터를 활용한 부모교육은 상호작용적이고 개방적이며 유아교육에 대한 부모의 능동적인 참여를 높일 수 있는 장점이 있다.

(3) 부모교육 프로그램의 사례

국내외에서 사용된 부모교육 프로그램은 여러 가지가 있지만, 여기서는 국내 연구자가 사용한 부모교육 프로그램에 대해서 살펴보기로 한다. 우선 설진화(2005)는 우리나라 장애인 복지기관 및 시설에서 실행 중인 40여 종의 부모교육 프로그램을 분석하여 일반적인 특수교육, 장애가족 지원에 관한 교육, 가정에서의 장애아동에 대한 학습 및 생활지도에 관한 교육, 장애아의 성장발달에 관한 교육, 스트레스와 대처에 관한 교육, 장애아의 직업 및 복지에 관한 교육, 지역사회 서비스에 관한 정보 및 교육, 상담 및 자문 등의 대분류와 그에 따른 소분류를 부모들에게 제시한 후 직접 프로그램을 선택하게 함으로써 부모들의 욕구를 반영하고자 하였다. 연구결과, 부모교육 프로그램에 참여한 부모들은 자기효능감과 대처 능력이 향상되었고 스트레스가 감소되었다. 설진화(2005)의 연구에서 사용된 부모교육 프로그램의 구성은 〈표 8-8〉과 같다.

〈표 8-8〉 역량강화를 위한 부모교육 프로그램 구성의 예시

회기	제목	내용	준비물
1회	오리엔테이션	• 모임의 의의 및 목적 설명 • 치료자 및 참가자 자기소개 • 프로그램의 내용 및 일정 소개 • 사전 검사 • 토의 및 모임의 내용 정리	자료물 평가척도
2회	장애아동의 성장 및 발달에 대한 교육	• 장애아동과 관련된 지식(발생원인/행동특성) • 장애의 발생 예방과 사후대책 • 장애아동의 신변자립 • 장애아동의 현 상태에 대한 지식 • 향후 장애아동의 성장에 대한 지식 • 토의 및 모임의 내용 정리	자료물
3회	스트레스와 대처	• 스트레스와 대처 • 양육 스트레스의 경험과 대처방식에 대한 토론 및 공유 • 장애아동이 가족과 자신에게 준 이점에 대한 글짓기 및 발표-강점 찾기를 중심으로 • 토의 및 모임의 내용 정리	자료물
4회	가족지원에 대한 교육	• 장애아동의 형제/자매가 가지는 갈등과 해결방안 • 가족 간의 대화법 • 장애아동을 위해 가족들이 협력할 수 있는 방안 • 가족의 역할 인식 • 가족 또는 부모모임의 필요성 • 토의 및 모임의 내용 정리	자료물 역할극
5회	장애아동의 가정 학습 및 생활지도에 대한 교육 I	• 가정에서 장애아동의 학습지도/교재개발/교구활용법 • 가정에서 장애아동의 일상생활지도 및 기본생활지도 • 장애아동의 언어발달과정과 가정에서의 언어지도 • 토의 및 모임의 내용 정리	자료물 역할극

〈계속〉

6회	장애아동의 가정 학습 및 생활지도에 대한 교육 II	• 장애아동과 상호작용하는 방법 • 장애아동의 성교육 • 가정에서의 장애아동의 문제행동 지도방법 • 토의 및 모임의 내용 정리	자료물 역할극
7회	장애아동의 직업과 복지에 대한 교육	• 장애아동에 대한 교육/재활/복지에 관련된 정책 및 활용방법과 원리 • 장애아동에게 제공되는 직업교육/관련 기관 및 시설에 대한 정보 • 장애아동의 학교 졸업 후 취업 및 진로지도 • 토의 및 모임의 내용 정리	자료물
8회	지역사회 서비스에 대한 정보	• 지역사회에서 부모들이 제공받을 수 있는 교육 프로그램과 서비스의 종류 및 제공기관과 시설에 대한 정보 • 장애아동의 상태에 적합한 교육기관, 병원 및 사회복지기관과 시설을 찾을 수 있는 정보 • 각 참가들의 정보를 교환하여 공유하기 • 토의 및 모임의 내용 정리	자료물
9회	프로그램 종결	• 장애아동을 잘 성공시킨 성공사례 • 장애아동의 양육 및 교육에 대한 부모들의 정보교환 • 추후 모임에 대한 토론 • 사후 검사 • 종결 및 평가	자료물 평가척도

출처: 설진화(2005).

정선진과 박승희(2009)의 연구에서는 초등학교 전이지원을 위한 부모교육 프로그램을 선행연구에서 나타난 주제, 내용, 절차를 근거로 구성하고, 실제 전이시기(11월부터 다음해 3월까지)에 이를 실시하였다. 연구결과, 장애자녀의 일반초등학교 전이지원을 위한 부모교육 프로그램은 자녀의 초등학교 전이시기 동안의 어머니 양육 스트레스를 감소시키고, 스트레스 대처방식 중 문제집중적 대처방식과 소망적 사고 대처방식을 향상시켰다. 〈표 8-9〉는 정선진과 박승희(2009)의 연구에서 사용된 일반초등학교 전이지원을 위한 부모교육 프로그램 구성의 예다.

〈표 8-9〉 장애자녀의 일반초등학교 전이지원 부모교육 프로그램 구성의 예시

<table>
<tr><th>회기</th><th>주제</th><th>내용</th><th>실시자</th><th>협력자</th></tr>
<tr><td>1회</td><td>유치원 프로그램과 초등학교 프로그램 간의 차이</td><td>• 교육과정 살펴보기
• 비교 문헌 살펴보기
• 선배어머니와의 경험 나누기
• 전이를 위해 필요한 정보 교환</td><td>전이지원 교사, 선배어머니</td><td>어린이집 교사, 초등학교 교사</td></tr>
<tr><td>2회</td><td>아동이 초등학교에서 성공적으로 적응하기 위한 중요한 기술</td><td>• 초등학교 교사 초대
• 교사의 설명
• 질의, 응답, 토의</td><td>초등학교 일반교사</td><td>전이지원 교사</td></tr>
<tr><td>3회</td><td>가정 연계 학습활동을 위한 부모교육</td><td>• 읽을 책 목록 제공
• 기술습득을 위한 활동(자조기술, 언어교육, 행동특성 다루기, 정서적인 어려움 다루기)</td><td colspan="2">전이지원 교사, 언어치료사, 심리치료사</td></tr>
<tr><td>4회</td><td>초등학교로 전이하는 동안 가족에게 중요한 일정 제공</td><td>• 입학에 필요한 서류
• 장애유아의 건강 진단서
• 영양상태 점검하기
• 유치원 생활기록부
• 아동에게 필요한 교재들</td><td>전이지원 교사</td><td>초등학교 일반교사, 초등학교 특수교사</td></tr>
<tr><td>5회</td><td>초등학교의 새로운 선생님과의 만남</td><td>• 학교에서의 특수교육 프로그램과 지원 서비스
• 장애아동의 특별한 요구와 필요에 대한 의견 교환
• 부모의 참여 활동과 부모와 아동이 학교 문제를 다룰 수 있는 방법들</td><td>초등학교 특수교사</td><td>전이지원 교사</td></tr>
<tr><td>6회</td><td>초등학교 방문하기</td><td>• 주변환경 탐색하기
• 교실환경 경험하기
• 행정체계 및 관련 서비스
• 학교 일정</td><td colspan="2">전이지원 교사</td></tr>
<tr><td>7회</td><td>초등학교 입학 후 배치절차와 법적 권리</td><td>• 의뢰, 평가, IEP, 배치절차
• 학교 서비스와 법적 권리</td><td>전이지원 교사</td><td>초등학교 특수교사</td></tr>
</table>

〈계속〉

<table>
<tr><td>8회</td><td>효과적인 의사소통 기술에 대한 논의</td><td>• 의사소통을 방해하는 사고를 막기 위한 여섯 가지 전략
• 아동의 강점과 필요를 효과적으로 설명하는 방법
• 효과적인 의사소통 기술
• 서로 의사소통해 보기</td><td colspan="2">전이지원 교사</td></tr>
<tr><td>9회</td><td>관련 서비스 전문가와 협력하기</td><td>• 관련 서비스 기관의 전문가와 협력하기
• 관련 서비스 기관 활용하기</td><td>전이지원 교사</td><td>지역사회 복지관 통합지원 팀장</td></tr>
<tr><td>10회</td><td>초등학교의 새로운 선생님과의 만남</td><td>• 장애아동의 특별한 요구와 필요에 대한 의견교환
• 부모와 아동이 학교 문제를 다룰 수 있는 방법들</td><td colspan="2">초등학교 특수교사</td></tr>
<tr><td>11회</td><td>자녀가 초등학생인 어머니와의 만남</td><td>• 초등학교에서 직면하는 어려움이나 고통을 이해시키고 나누기</td><td colspan="2">전이지원 교사
선배 어머니</td></tr>
<tr><td>12회</td><td>추수 지원</td><td>• 새로운 배치에 어떻게 적응하고 있는지 논의
• 어머니들의 스스로 문제를 해결할 수 있는 방법을 논의
• 어머니가 해결하기 어려워하는 문제 지원
• 학교자원 활용방법
• 적절한 지역사회의 지원처에 대한 정보 제공</td><td colspan="2">전이지원 교사</td></tr>
<tr><td>13회</td><td>추수 지원</td><td>• 자녀의 적응과정을 나누고 논의
• 어머니들의 스스로 문제를 해결할 수 있는 방법을 논의
• 어머니가 해결하기 어려워하는 문제 지원</td><td colspan="2">전이지원 교사</td></tr>
</table>

출처: 정선진, 박승희(2009).

조성은(2003)의 연구에서는 초등학교 장애아동 어머니의 심리적 적응훈련 프로그램을 개발하고, 장애아동 어머니들의 양육 스트레스 감소, 스트레스 상황 재정의, 그리고 가족적응에 미치는 효과를 알아보고자 하였다. 연구결과, 심리적응 훈련 프로그램은 어머니의 장애자녀 양육 스트레스 감소에 별다른 영향을 미치지 못하였지만, 스트레스 상황을 재정의 하는 수준과 가족적응 증진 중 부모태도 수준을 향상시키는 데는 효과가 있는 것으로 나타났다. 〈표 8-10〉은 조성은(2003)의 연구에서 사용된 장애아동 어머니의 심리적 적응훈련 프로그램 구성의 예다.

〈표 8-10〉 장애아동 어머니의 심리적 적응훈련 프로그램 구성 예시

회기	목적		내용
1회	소개하기와 별칭 짓기	자신에 대한 이해와 친밀감 형성하기	• 사전검사 실시 • 서로 소개하기와 별칭 짓기 • 프로그램을 통해 얻고 싶은 것: 개인 목표 설정 • 장애아동 양육하면서 어려운 점 나누기: 장애자녀 수용하기까지의 어려움 • 느낌 나누기
2회	나와 아이의 장점 찾아보기	자신과 장애자녀의 장점을 통해 자신감 기르기	• 들어가기: 현재 느낌 나누기 → 좋은 글 나누어 읽기 • 나와 아이에 대한 자랑거리 찾아보기 → 발표하기 • 장애아동 양육의 어려운 점 나누기: 장애자녀의 나쁜 습관이나 버릇 • 느낌 나누기 • 과제: 아이의 새로운 장점 찾아오기
3회	아이가 느끼는 나의 모습 오려 꾸미기	장애자녀가 나에 대해 어떻게 느끼는지 알기	• 들어가기: 현재 느낌 나누기 → 좋은 글 나누어 읽기 • 아이는 나를 어떤 사람으로 느낄 것인지 생각해 보기 → 오려 꾸미기로 표현하기 → 발표하기 • 장애아동을 양육하면서 어려운 점 나누기: 장애자녀와 다른 형제와의 관계 • 느낌 나누기 • 과제: 아이는 나를 어떻게 생각할 것이지 관찰해 오기

〈계속〉

4회	가족들의 모습 그리기	가족의 역동을 알고 가족의 지지와 협력 구하기	• 들어가기: 현재 느낌 나누기→ 좋은 글 나누어 읽기 • 우리 가족이 무엇인가 하고 있는 그림 그리기 → 발표하기 • 가족에 대한 느낌 이야기하기 • 장애아동을 양육하면서 어려운 점 나누기: 남편과 가족들의 이해와 협조 구하기 • 느낌 나누기 • 과제: 가족에게 감사 표현하기, 책 구입하기
5회	생각 바꾸기: 정서	감정 인식하기	• 들어가기: 현재 느낌 나누기 → 좋은 글 나누어 읽기 • 인지, 정서, 행동에 대한 강의: 인지, 정서, 행동 구별하기 • 느낌 알아차리기 게임 • 느낌에 대한 표현 적어 보기 • 장애아동을 양육하면서 어려운 점 나누기: 장애아동으로 인해 화가 났던 일 → 나의 행동 알아보기 • 느낌 나누기 • 과제: 책 읽기
6회	생각 바꾸기: 인지	비합리적 사고가 무엇인지 알고, 비합리적 사고로 인한 영향 알기	• 들어가기: 현재 느낌 나누기 → 좋은 글 나누어 읽기 • 인지, 정서, 행동에 대한 구분 연습하기 • 인지(생각) 구별하기 • 비합리적, 자기 파괴적 사고 찾아내기 • 합리적 사고로 바꾸기 연습 • 장애아동을 양육하면서 어려운 점 나누기: 장애자녀의 성교육 • 느낌 나누기 • 과제: 책 읽기
7회	생각 바꾸기: 인지	합리적 사고로 바꾸기	• 들어가기: 현재 느낌 나누기 → 좋은 글 나누어 읽기 • 합리적 사고로 바꾸기 연습 • 장애아동 양육하면서 어려운 점 나누기: 장애아동 진로와 장래 문제 • 느낌 나누기 • 과제: 책 읽기
8회	생각 바꾸기: 인지	독서를 통해 생각 바꾸기, 변화된 점 나누기	• 들어가기: 현재 느낌 나누기 → 좋은 글 나누어 읽기 • 읽은 책에 대한 느낌 나누기 • 변화된 점 나누기: 기대를 이루었는지 확인하기 • 수료증 수여, 사후검사

출처: 조성은(2003).

조인숙(2002)의 연구에서는 장애아동 어린이집에 다니는 취학 전 장애아동 어머니를 대상으로 사회적 지지 프로그램을 개발하여 실시하였다. 연구결과, 사회적 지지 프로그램은 장애아동 어머니의 스트레스를 감소시키고 대처를 증가시키는 것으로 나타났다. 〈표 8-11〉은 조인숙(2002)의 연구에서 사용된 사회적 지지 프로그램 구성의 예다. 사회적 지지 프로그램은 크게 정보적 지지(예, 강의), 정서적 지지(예, 스트레칭 및 이완요법), 물질적 지지(예, 차량 제공, 탁아), 평가적 지지(예, 어머니의 생각과 행위를 인정)로 구성되었다.

〈표 8-11〉 장애아동 어머니의 사회적 지지 프로그램 구성 예시

주	내용
1	• 참여자 이용차량 운행 • 사전조사 및 다과 • 강의: 장애아동 부모모임과 교육의 필요성 • 스트레스와 대처: 스트레칭 • 휴식: 다과 제공 • 프로그램 소개 및 친교의 시간 • 탁아 서비스 제공
2	• 참여자 이용차량 운행 • 강의: 장애아동의 출현과 가족의 영향 • 스트레스와 대처: 스트레칭 • 휴식: 다과 제공 • 친교: 스트레스란?, 이야기 나누기 • 탁아 서비스 제공
3	• 참여자 이용차량 운행 • 강의: 발달장애와 자적장애 아동의 이해 • 스트레스와 대처: 스트레칭 • 휴식: 다과 제공 • 스트레스와 대처: 이완요법, 생각 바꾸기 • 친교: 자신의 스트레스 파악하기, 이야기 나누기 • 탁아 서비스 제공

〈계속〉

4	• 참여자 이용차량 운행 • 강의: 수용언어 증진을 위한 방법 • 스트레스와 대처: 스트레칭 • 휴식: 다과 제공 • 스트레스와 대처: 이완요법, 생각 바꾸기 • 친교: 이야기 나누기 • 탁아 서비스 제공
5	• 참여자 이용차량 운행 • 강의: 장애아동 가정에서 학습과 생활지도 방법 • 스트레스와 대처: 스트레칭 • 휴식: 다과 제공 • 스트레스와 대처: 이완요법, 생각 바꾸기 • 친교: 이야기 나누기 • 탁아 서비스 제공
6	• 백양사 1일 여행 (등반, 친교, 중식, 노래방, 탁아 서비스 제공)
7	• 참여자 이용차량 운행 • 사후조사 및 다과 • 강의: 부모의 역할 • 스트레스와 대처: 스트레칭 • 휴식: 다과 제공 • 스트레스와 대처: 이완요법, 생각 바꾸기 • 친교: 이야기 나누기 • 탁아 서비스 제공

출처: 조인숙(2002).

부모교육 프로그램은 장애아동의 특정 영역 발달을 위해서 계획되고 실시될 수 도 있다. 예를 들면, 이금진과 송준만(2008)의 연구에서는 발달지체 영유아들의 언어 및 의사소통 능력 발달을 위해서 발달지체 영유아들에게 개별언어치료를 제공함과 동시에 그들의 어머니들에게도 소집단 부모참여 프로그램을 실시하고, 비디오 피드백을 위주로 한 개별상담을 제공하였다. 연구결과, 소집단 부모참여 프로그램은 어머니의 상호작용행동과 영유아의 상호작용행동에 긍정적인 영향을 미친 것으로 나타났다. 이금진과 송준만(2008)의 연구에서 사용된 소집단 부모교육 프로그램의 예는 〈표 8-12〉와 같다.

〈표 8-12〉 발달지체 영유아의 언어 및 의사소통 발달을 위한 소집단 부모교육 프로그램 구성 예시

회기	교육 내용	실시방법
시작 회기	1. 부모참여 프로그램의 목적 및 목표 2. 부모참여 프로그램의 참여시간 및 소집단 구성	
1	1. 부모참여 중재의 필요성 1) 부모의 태도 변화시키기 2. 부모참여 중재 전과 후의 아동과 부모의 놀이과정 담은 샘플 비디오 관찰(비디오 관찰 후 중재전과 후의 차이점 적어 보기)	강의 및 비디오 관찰
2	1. 영유아의 의사소통 발달 1) 영유아의 의사소통 발달 순서 이해 2) 영유아의 의사소통에 대한 프로파일 작성해 보기 2. 영유아의 의사소통 기능 1) 영유아의 의사소통 기능에 대한 이해 2) 의사소통 기술 증진의 목표 설정(영유아의 의사소통표 작성해 보기)	강의 및 토론
3	1. 영유아의 의사소통 증진전략 1) 낱말단계 영유아의 언어지도: 영유아의 언어발달 수준에 따라 의사소통 능력을 증진시키기 위한 질문방법 연습하기 2. 가정에서의 전략 사용 후 발표 및 토의 준비(가정에서 비디오 촬영해 보기)	강의
4	1. 영유아의 의사소통 증진전략 1) 놀이활동을 통한 의사소통 지도 2) 놀이활동을 통한 의사소통지도에 관한 비디오 관찰	강의 및 비디오 관찰
5	첫 번째 개별상담	강의, 비디오 촬영 및 피드백
6	1. 가정에서의 적용에 대한 토의: 지난 회기에서 배운 내용을 집에서 실시해 본 결과를 발표 2. 적절한 언어 촉진방법 및 중재전략 학습 재강의	비디오 관찰 및 토의

〈계속〉

7	1. 영유아의 상호작용 기술 1) 질문, 지시, 반응기회 시 주의사항 2) 행동에 반응할 때의 주의사항 2. 영유아의 관계형성 방법 3. 부모가 아동의 현재 언어기술에 대한 평가를 보면서 중재자로서의 자신의 역할 점검(중간 평가를 위한 가정에서의 아동과의 상호작용 비디오 녹화해 오기 과제를 부여)	강의 및 토론
8	두 번째 개별상담	강의, 비디오 촬영 및 피드백
9	1. 아동의 진전에 대한 토론 2. 아동과 부모가 의사소통 하는 장면을 비디오로 녹화한 것을 보면서 상호작용 분석하기	토의 및 비디오 분석
10	1. 일상생활에서의 의사소통지도(다음 회기까지 장애를 가진 자녀와 그 형제자매, 또는 또래와의 상호작용을 관찰해 오는 과제를 부여)	강의 및 비디오 관찰
11	1. 의사소통중재 어려움에 대한 토의 1) 의사소통 중재와 관련하여 경험하고 있는 특별한 어려움 나누기 2) 함께 문제 해결 방안 모색 2. 형제자매 또는 또래 친구와의 상호작용 관찰 결과 발표	토의 및 발표
12	세 번째 개별상담	강의, 비디오 촬영 및 피드백
종결 회기	프로그램 종료모임 및 만족도 평가	

출처: 이금진, 송준만(2008).

요 약

장애유아 부모교육의 목적은 자녀의 장애 상태를 이해하고 적절한 교육을 받기 위한 정보를 제공하며 가족 내의 심리적인 고통을 덜어 줌으로써 장애유아의 장애 경감 및 성장에 도움을 주는 데 있다. 장애유아의 교육에서 가정중심 중재는 매우 중요하지만, 대부분의 부모는 장애유아에 대한 전문 지식이 부족한 편이다. 하지만 장애유아에 대한 지식과 이해는 가정교육의 질을 높이고, 학교교육과 가정교육의 일관성을 유지시킬 수 있으며, 긍정적인 장애인관의 확립에 도움을 줄 수 있기 때문에 매우 중요하다.

유아교육기관에서 부모교육을 계획하고 운영하는 것은 기본적으로 교육기관의 교육철학에 근거한다. 또한 부모교육에 대한 부모들의 요구와 생활 수준 및 학력 수준, 시간적인 여유 정도, 교육기관이 속한 지역사회의 특수성 등을 종합적으로 고려하여 부모교육을 계획하고 운영한다. 부모교육 프로그램의 운영 형태는 부모회, 부모참여, 통신에 의한 만남, 가정에서의 만남, 부모면담으로 구분되고, 부모교육 프로그램의 운영방법은 집단 모임, 개별 모임, 통신에 의한 만남으로 구성된다.

학 습 활 동

1. 효율적 부모를 위한 체계적 훈련(STEP)을 활용하여 부모교육 프로그램을 작성해 보시오.

2. 장애 특성에 맞는 부모교육 방법을 계획해 보시오.

제9장

부모결연 프로그램

1. 부모결연 프로그램의 개념 및 필요성
2. 부모결연 프로그램의 절차

학습 목표

1. 부모결연 프로그램의 개념 및 필요성에 대해서 이해한다.
2. 부모결연 프로그램의 절차에 대해서 이해한다.

1. 부모결연 프로그램의 개념 및 필요성

1) 부모결연 프로그램의 개념

장애아동 가족지원은 장애아동의 형제자매에 대한 지원, 장애아동 부모에 대한 지원, 조부모에 대한 지원 등 가족 내 다양한 구성원들을 대상으로 이루어질 수 있다. 그중에서도 장애아동 부모를 위한 지원이 가장 일반적이다. 그들을 위한 지원은 대부분 심리적 어려움을 극복하는 것을 돕는 집단 심리 프로그램 또는 부모교육 프로그램으로 전문가의 주도하에 이루어져 왔다. 근래에는 장애아동 부모가 다른 장애아동 부모를 지원하는 프로그램, 즉 부모결연 프로그램(parent to parent program: P2P)이 활발히 이루어지고 있다.

부모결연 프로그램이란 훈련된 선배부모(veteran parent, support parent, 지원부모)가 도움을 요청한 비슷한 상황의 후배부모(referred parent, 의뢰부모)에게 정서적 지원과 정보적 지원을 제공해 주는 프로그램이다. 다시 말해서, 훈련된 선배부모와 훈련되지 않은 후배부모를 일대일로 결연시켜, 선배부모는 개인적 성장과 정서적 만족감을 경험하고 후배부모는 필요한 정보와 정서적 지원을 얻게 되는 윈-윈(Win-Win) 접근법이다.

이러한 부모결연 프로그램이 가족지원 유형에서 해당되는 부분은 〈표 9-1〉과 같다. 부모결연 프로그램은 간접적 지원(예: PBS 실행), 사회적 지원(예: 바우처)이 아니라 부모에게 직접적인 도움을 제공하는 직접지원 유형이며, 학교, 병원, 국가기관 등을 통한 공식적인 지원이 아니라 가족, 친척, 이웃 등 가까운 일반인들을 통한 비공식적 지원이다. 그리고 부모결연 프로그램은 가족 역량을 강화함과 동시에 가족의 욕구를 충족시켜 주는 가족 주도의 접근법이다(전혜인, 2010).

최초의 부모결연 프로그램은 1971년 네브래스카 주 오마하에 있는 다운증후군 부모에 의해 시작되었다(Iscoe & Bordelon, 1985). 이 부모는 두 명의 전문가와 협력하여 의뢰 및 부모결연 방법을 고안하고, 선배부모를 훈련시키고, 참여 가족에게 추후 지원을 제공하였다. 그리고 연방정부로부터 재정지원을 받아서 프로그램에 참여하고 싶어 하는 지역사회 내 다른 가족과 전문가들에게 관련 연수를 제공하였다. 이후 부모결연 프로그램은 미국 전역에 빠르게 퍼지게 되었고, 주(州) 차원의 부모결연 프로그램도 생겨나게 되었다(Santelli et al., 1997). 1980년대에는 애리조나 주, 플로리다 주, 뉴햄프셔 주, 버지니아 주, 워싱턴 주 등의 일부 주에서만 부모결연 프로그램이 시행되었지만, 현재는 미국 전역에서 600개가 넘는 부모결연 프로그램이 실시되어 6만 5,000명 이상의 부모들이 지원을 받고 있다. 현재 이 부모결연 프로그램은 미국 외에 캐나다, 오스트리아, 뉴질랜드, 잉글랜드, 덴마크까지 퍼져 있다(Santelli et al., 2000). 부모결연 프로그램은 크게 주 차원의 부모결연 프로그램과 지역사회 부모결연 프로그램으로 구분할 수 있다. 미국의 경우 29개 주에서는 지역사회 부모결연 프로그램과 주 차원의 부모결연 프로그램을 모두 갖고 있다. 주 차원의 부모결연 프로그램에서는 기존 프로그램과 새로운 프로그램에 연수 및 기술적 지원을 제공해 준다. 그리고 참여를 희망하는 가족에 대한 데이터베이스를 구축하고 이를 활용하여 짝을 찾기 어려운 가족을 돕는다. 또한 일부 주 차원의 부모결연 프로그램은 연방정부 지원을 받는 부모훈련 및 정보 센터(Parent Training and Information Center: PTIC)를 만들어서 장애아동 부모에게 여러 가지 부가적인 도움을 제공해 주고 있다(Santelli et al., 2000).

〈표 9-1〉 가족지원 유형에서 부모결연 프로그램에 해당되는 부분

<table>
<tr><th colspan="6">구분</th></tr>
<tr><td colspan="2">직접지원</td><td colspan="2">간접지원</td><td colspan="2">사회지원</td></tr>
<tr><td colspan="3">공식적 지원</td><td colspan="3">비공식적 지원</td></tr>
<tr><td colspan="3">가족 역량강화</td><td colspan="3">가족 구성원의 욕구 충족</td></tr>
<tr><td colspan="3">전문가 주도</td><td colspan="3">가족 주도</td></tr>
</table>

비고: 음영 부분이 부모결연 프로그램에 해당되는 부분임.

출처: 전혜인(2010).

2) 부모결연 프로그램의 필요성

일반적으로 사람들은 자신과 비슷한 상황에 있는 사람과 경험을 나누고 싶어 하며, 자신의 상황을 이해하는 누군가를 알게 되면 안정감을 느끼게 된다(Santelli, Poyadue, & Young, 2001). 하지만 장애아동 부모는 다른 가족과 지역사회에 통합되지 못하기 때문에 자신과 유사한 다른 가족을 발견하는 것이 어렵다(Dunst, Trivette, & Cross, 1986; Kazak & Marvin, 1984). 또한 부모들마다 도움을 받고자 하는 부분이 다를 수 있지만, 대부분의 장애아동 부모들, 특히 장애아동을 막 출산한 부모들은 자신의 경험을 들어 주고 이해해 줄 수 있는 누군가를 만나고 싶어 한다(Boukydis, 1984). 이러한 장애아동 부모들의 상황에서 볼 때 같은 경험을 한 부모들끼리 연결해 주는 결연 프로그램이 필요하다.

선행 연구의 결과도 부모결연 프로그램의 필요성을 지지해 준다. 연구에서 만성적 질병이 있는 아동의 부모를 대상으로 실시된 결연 프로그램은 효과적인 것으로 나타났다(Bennett, Contessa, & Turner, 1999; Winch & Chiristoph, 1988). 그리고 장애아동 부모결연 프로그램의 효과를 보기 위한 3년간의 국가 차원의 참여적 실행 연구(participatory action research)와 집단실험 연구의 결과도 긍정적이었다. 장애아동 부모들은 부모결연 프로그램을 통해서 자신의 상황을 수용하게 되었고, 문제 해결력도 증가하게 되었으며, 자신의 욕구를 이전보다 더 많이 충족할 수 있게 되었다. 그리고 참여 가족들은 부모결연 프로그램을 통해서 다른 곳에서는 얻을 수 없는 독특한 지원을 받았다고 말하였으며, 80% 이상의 부모는 부모결연 프로그램이 도움이 된다고 언급하였다(Fox et al., 2002; Santelli et al., 2000; Singer et al., 1999).

국내 연구에서 전혜인(2006)은 특수학교 초등부 신입생 어머니와 고등부 재학생 어머니 9명을 결연하여 지원하였는데, 그 결과 신입생 어머니의 양육 스트레스가 감소되었고 가족 역량 수준은 유의미하게 증가되었다. 또한 김미영(2006)도 초등학교 입학 예정인 장애아동 어머니와 일반초등학교에 재학 중인 장애아동 어머니를 결연하여 7개월 동안 지원하였는데, 프로그램에 참여한 초등학교 입학 예정인 장애아동 어머니는 긍정적 기여 인식과 가정환경 인식이 향상되었다.

이러한 국내외 선행 연구에 기초해 볼 때, 부모결연 프로그램은 전문가들이 제공하지 못하는 또 다른 정보적 · 정서적 지원을 제공한다고 볼 수 있다. 전문가들은 장애자녀를 양육하는 것이 어떠한 것인지 완전히 이해할 수 없기 때문에 그 지원이 제한적일 수밖에 없다(Singer et al., 1999). 부모결연 프로그램은 정보적 측면에서 양육 정보, 자원 이용에 관한 정보, 문제 해결에 필요한 정보, 학업 관련 기술에 관한 정보 등을 제공한다. 정서적 측면에서는 동병상련을 통해서 부정적 정서를 떨쳐 버리고 안정감과 즐거운 정서를 느끼도록 해 준다(Herbert, Klemm, & Schimanski, 1999). 이러한 선행 연구를 통해서 밝혀진 긍정적 효과를 고려해 볼 때 부모결연 프로그램은 필요하다. 〈사례 1〉은 부모결연 프로그램을 통해서 후배 및 선배 부모, 전문가가 얻을 수 있는 긍정적 효과를 보여 주고 있다.

이러한 부모결연 프로그램의 필요성은 조기중재 프로그램에서 더욱 높게 나타난다. 미국 연방정부는 조기중재 서비스에 가족중심 실제가 적용되어야 한다고 언급하고 있다. 부모결연 프로그램의 시행은 가족중심 실제의 일환이며, 전문가들도 종합적인 조기중재 서비스 구축의 핵심은 부모결연 프로그램에 있다고 지적한다. 이에 미국의 조기중재자들은 주 차원 부모결연 프로그램을 적극적으로 활용하고 있어서, 89%의 주 차원 부모결연 프로그램이 0~2세 장애영아 프로그램과 연계되어 운영되고 있다(Santelli et al., 2000). 이러한 이유로 영유아 특수교육에서 부모결연 프로그램이 더욱 중요함을 알 수 있다.

미국의 경우를 고려해 볼 때, 우리나라도 영유아특수교육 분야에서, 특히 장애영아 교육 분야에서 부모결연 프로그램을 활성화하는 것이 필요하다. 현재 우리나라는 2007년 「장애인 등에 대한 특수교육법」으로 장애영아의 무상교육이 법적으로 보장되어 있기는 하지만, 아직까지 장애영아의 교육체계가 제대로 확립되어 있지 않다. 이러한 초기 단계에서 부모결연 프로그램을 활성화하는 것은 당장 현실적으로 어려울 수 있다. 하지만 가족중심 실제가 생략된 영아특수교육 체계는 사상누각(砂上樓閣)이 될 수 있으므로, 이러한 프로그램들의 실시를 위한 제반 사항을 단계적이고 체계적으로 구축해 나가야 한다.

사례 1

내게 부모결연 프로그램에 대한 경험은 정말 소중하다. 우리 아이가 처음 장애 진단을 받았을 때 나는 깊이 절망했다. 훌륭한 의사 선생님, 간호사, 심지어 친구와 가족들도 나를 이해하지 못했다. 하지만 나는 부모결연 프로그램을 통해서 만난 선배부모를 통해 처음으로 우리 가족의 미래에 대해서 긍정적으로 생각하게 되었다. 나의 선배부모는 내가 필요할 때면 항상 도움을 주었다.

내가 아이를 출산했을 때에는 지역사회 내에 부모결연 프로그램이 없었다. 당시에 나는 외로움과 무서움을 느꼈고, 내 주변에는 이러한 나를 이해해 줄 수 있는 사람이 아무도 없었다. 내가 처음으로 누군가와 친밀한 감정을 느끼게 된 것은 지역에 새롭게 생긴 부모결연 프로그램을 통해서였다. 나는 부모결연 프로그램을 통해서 다운증후군 자녀가 있는 다른 부모를 만났고, 선배부모로 참여하기 위하여 연수를 받았다. 그런 후 병원에서 후배부모를 처음 만났을 때 고통스럽고 즐거웠던 수많은 생각이 주마등처럼 지나갔고, 그녀를 돕고 싶다는 생각이 들었다.

우리가 처음 부모결연 프로그램을 만들었을 때, 이 프로그램은 가족에게만 도움이 될 것이라고 생각하였다. 하지만 부모결연 프로그램은 전문가에게도 커다란 도움이 되었다. 일반적으로 전문가들은 가족들이 겪는 경험을 잘 이해하지 못하기 때문에 자신들이 제공하는 서비스가 가족들에게 불충분하다고 느낀다. 하지만 부모결연 프로그램은 전문가들이 채워 주지 못하는 부분을 채워 준다. 즉, 부모결연 프로그램은 가족에게 직접적인 지원을 할 뿐만 아니라 간접적으로 전문가의 역할을 지원해 줌으로써 서비스의 질을 높여 준다.

2. 부모결연 프로그램의 절차

지역사회에 부모결연 프로그램이 없다면 [그림 9-1]의 과정을 통해서 부모결연 프로그램을 시작할 수 있다.

1) 후원회 결성 및 기금 마련에 대한 결정

부모결연 프로그램은 완전한 자원봉사 형태로 이루어지거나 특정 단체의 후원을 받아서 운영될 수 있다. 자금을 조달하기 위해서 기부 요청하기, 연구비 형

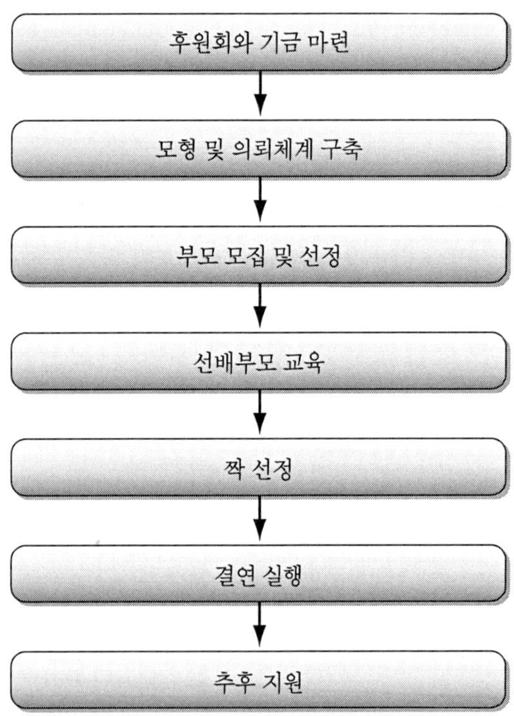

[그림 9-1] 부모결연 프로그램의 절차

출처: Santelli et al.(1997)에서 수정.

태의 지원을 위해 연구 계획서 작성하기, 빵 만들어 팔기 등 다양한 활동이 이루어질 수 있다. 부모결연 프로그램을 운영할 때 반드시 재정이 있어야 하는 것은 아니지만 프로그램 운영을 위한 다양한 활동을 원활히 하기 위해서는 금전적 지원이 중요하다. Santelli 등(2001)은 자금이 부모결연 프로그램의 실행을 가능하게 하고 안정적으로 하는 것을 돕는다고 하였다.

2) 부모결연 프로그램 모형 개발

부모결연 프로그램에 대한 자료들을 수집하고 이를 토대로 적절한 부모결연 프로그램 모형을 개발한다. 부모결연 프로그램 모형은 다양한 부모들에게 적용할 수 있는 것으로 개발되어야 한다. 현재 미국의 부모결연 프로그램에 참여하고 있는 부모들은 대부분 연소득 3만 5,000달러 이상의 백인으로, 소수인종 부모들의 참여율은 낮다. 최초의 부모결연 프로그램이 중산층의 백인 어머니에 의해서 시행되었기 때문에 유사한 특성의 부모에게만 적용이 용이했을 것이라고 예측된다. 전문가들은 많은 부모결연 프로그램에 다양한 인종적 · 문화적 배경의 가족을 포함시키기 위해 여러 가지 전략들을 개발해 왔다. 이러한 전략들에는 지역사회 중요 인사를 프로그램 조정자로 참여시키기, 다양한 언어로 번역된 유인물 배치하기, 선배부모와 후배부모 간의 장거리 전화 보조하기 등이 포함된다. 이처럼 다양한 문화의 부모들이 참여할 수 있는 부모결연 프로그램 모형을 개발하여 실시해야 한다(Santelli et al., 1995). 더불어 참여 부모를 모집하고 선정하기 위한 기초 단계로 서비스 제공자들에게 이러한 프로그램에 대해서 알려야 한다.

3) 프로그램에 참여할 부모 모집 및 선정

부모 모집을 위해서는 전화, 브로슈어, 팸플릿, 개인적 소개 등을 통한 프로그램 홍보가 이루어져야 한다. 홍보를 보고 연락을 취해 온 예비 선배부모가 있을 경우, 부모결연 조정자는 개별면담을 통해서 부모결연 프로그램에 대해서 자세히 설명해 주어야 한다. 그런 후에 예비 선배부모가 프로그램에 참여할지 여부를 결정하도록 해야 한다. 그리고 부모결연 조정자는 다음과 같은 사항을 고려하여 예비 선배부모를 선별해야 한다(Santelli et al., 1997).

- 가족 상황
- 타인에게 지원을 제공하는 능력
- 문제 대처력
- 의사소통 기술
- 성숙함 및 감정이입
- 시간의 유용성
- 다양성에 대한 존중

4) 선배부모에 대한 교육

선배부모에 대한 교육은 부모결연 프로그램의 질을 결정하는 매우 중요한 부분이다. 선배부모는 장애와 관련된 개인적이고 실제적인 경험이 풍부하다. 이러한 경험은 지속적인 지원을 가능하게 하며, 다른 가족 구성원과 지역사회 내의 조기중재 서비스에 커다란 도움이 될 수 있다. 선배부모는 장애 경험이 풍부하다고 하더라도 부모결연 프로그램을 시작하기 전에 우선 의사소통과 적극적 경청 기술 등의 훈련을 받아야 한다(Santelli et al., 1995).

일반적으로 이러한 선배부모 교육은 8~12명의 소그룹 형태로 최소 4시간 이상 이루어져야 한다. 8~12명이라는 인원은 그룹원 간의 친밀감 형성 및 다양성 공유가 가능한 적정 인원이다. 하지만 선배부모 교육의 시간은 정해져 있는 것이 아니어서 일부 프로그램에서는 30~40시간의 의사소통 기술훈련과 10시간의 부모결연 프로그램에 대한 집중적 훈련이 제공되기도 한다(Ireys et al., 2001).

부모결연 프로그램은 다음의 내용을 포함해야 한다(Santelli et al., 1997).

- 부모결연 프로그램에 대한 소개
- 장애인에 대한 긍정적 철학
- 자기이해 활동
- 지역사회 자원과 의뢰과정에 대한 정보
- 의사소통 및 적극적 경청 기술
- 장애 경험에 대한 적응

이외에도 가족의 경험 공유하기, 문화적 다양성, 역할놀이 활동, 리더십 등에 관한 내용도 교육에 포함될 수 있다. 기억해야 할 점은 이러한 선배부모 교육은 단기간에 끝나서는 안 되며 선배부모의 욕구에 맞추어 다양한 형태로 지속적으로 이루어져야 한다는 것이다. 우리나라에서 효과적으로 실시된 바 있는 선배부모 훈련 계획안(전혜인, 2005)을 이 장의 부록에서 참고하기 바란다.

한편 전문가들은 다음과 같은 질문을 통해서 선배부모에 대한 교육을 계획할 수 있다(P2PUSA, 2011).

- 선배부모 교육에 어떠한 내용을 포함할 것이며, 어떠한 형태의 연수(예: 몇 주간 이루어지는 1~3시간의 일일연수 또는 2~3일간의 집중연수)를 실시할 것인가?
- 선배부모 교육에 활용할 수 있는 지역사회 인사 또는 자원이 있는가?
- 누가 선배부모 교육을 실시할 것이며 연수의 수준은 어떻게 할 것인가?
- 누가 선배부모 훈련 중에 다과나 아이 돌보미 서비스를 제공할 것인가?
- 누가 선배부모에게 추후 지도를 제공할 것인가?
- 선배부모로 훈련되지 않은 부모가 있을 경우 그들을 어떻게 준비시킬 것인가?

5) 결연 짝 선정

유사한 경험을 가진 부모들 간에 결연이 이루어지면 프로그램의 효과성은 더 높아진다. 즉, 결연 가족 간에 유사한 경험이 많을수록 결속력과 효과성이 강해지기 때문에 유사 요인이 많은 가족끼리 짝을 이루는 것이 중요하다(Santelli et al., 1997). 그러므로 부모결연 조정자는 가족의 유사성을 알아내기 위해서 특정 양식지를 활용하여 참여 가족의 배경적 정보를 수집하는 것뿐만 아니라 가족들과 라포를 형성하려고 노력해야 한다. 그런 후에 수집된 자료와 정보를 바탕으로 하여 최대한 유사한 부모끼리 짝을 만드는 것이 중요하다.

일반적으로 전문가들은 여러 가지 요인 중에서도 우선적으로 자녀의 장애와 연령, 가족의 관심과 어려움을 고려하여 결연 짝을 선정해야 한다고 언급하고 있다. 2010년 미국의 많은 부모결연 프로그램에서는 아동의 장애 및 연령, 관심 또는 고민사항, 부모의 연령, 지리적 거리, 사회경제적 수준, 문화/인종, 사용 언어, 결혼 상태의 유사성을 고려하여 결연 짝을 선정하는 것으로 나타났다 (Parent to Parent USA Organization Survey, 2010).

개별 가족들마다 우선적으로 원하는 서비스가 있기 때문에 그에 맞추어서 일대일 결연이 이루어져야 한다. 왜냐하면 어떤 부모는 장애와 일상생활 관련 이슈에 관한 정보를 얻고자 하고, 어떤 부모는 정서적 · 교육적 지지를 위한 단체 모임을 갖고 싶어 하기 때문이다(Santelli et al., 1995). 이러한 개별 가족의 선호도와 욕구에 영향을 미치는 요인으로는 아동과 가족의 특성을 들 수 있다. 예를 들어, 자녀의 장애가 심한 부모들과 자녀의 장애가 심하지 않은 부모들이 원하는 부모결연 프로그램의 내용은 다를 수 있다.

Santelli 등(1996)의 연구결과에 의하면, 자녀의 연령과 장애에 상관없이 모든 부모들은 외로움과 고립감의 감정에 대한 지원(정서적 지원), 지역사회 자원과 서비스 정보에 대한 지원(정보적 지원), 단체 모임을 갖고 싶어 하였다. 그리고 학령기 자녀를 둔 부모들은 학령 전기 자녀를 둔 부모들보다 문제 해결에 관한 지원을 더 많이 받고 싶어 하였다. 장애가 심한 자녀를 둔 부모들은 그렇지 않은 부모들보다 저렴한 보조장비 및 24시간 보호 서비스에 대한 욕구를 더 많이 보였다. 그러므로 부모결연 프로그램은 효과성을 높이기 위해 지원을 받는 사람의 특성과 요구에 맞는 맞춤식 지원 형태로 이루어져야 한다.

6) 결연 활동의 실행

선배부모와 후배부모가 일대일로 결연된 후 결연 활동을 실시할 때 고려해야 할 사항은 다음과 같다. 첫째, 선배부모와 후배부모 간에 결연이 이루어지면 부모결연 조정자는 선배부모에게 전화를 걸어 준비가 되었는지를 확인한다. 그런 후 선배부모가 후배부모에게 24~28시간 이내에 연락을 취하도록 격려해야 한다(Santelli et al., 1997). 왜냐하면 후배부모들은 이러한 초기 결연 활동에 대해서 막연한 두려움과 긴장감을 느끼는 경향이 있기 때문이다.

둘째, 부모결연 프로그램은 전문가가 제공하는 지원과 달리 시간과 방법에 제한이 따르지 않는다. 선배부모는 후배부모의 요구에 따라서 언제든지 지원을 제공해야 하며(Santelli et al., 2001), 개별 방문, 전화, 메일 등 다양한 방법으로 지원을 해야 한다(Santelli et al., 1995). 그리고 부모들이 원할 경우 부모들 간의 단체 모임도 이루어져야 한다. 비록 부모결연 프로그램은 일대일 결연에 기초하고 있지만, 미국에서도 부모들의 요구로 84%의 부모결연 프로그램에서 단체 모임이 열리고 있다.

셋째, 선배부모가 후배부모에게 연락한 횟수와 후배부모의 만족도 사이에 상관관계가 있다. 다시 말해서, 선배부모가 후배부모에게 접촉을 많이 할수록 참여부모의 만족도는 증가한다(Santelli et al., 2000). 그러므로 선배부모가 후배부모에게 자주 연락할 수 있도록 여러 가지 방안을 고려해 보아야 한다. 일반적으로 일대일 결연이 이루어진 후에 선배부모는 8주 내에 최소 4번(24시간 이내, 2주, 4주, 8주)의 연락을 취해야 한다. 선배부모들은 〈표 9-2〉와 〈표 9-3〉과 같은 일지

〈표 9-2〉 선배부모의 개별면담 일지

날짜	2005. 5. 30.
결연 형태	종현이 어머니와의 개별적인 만남
장소	학교 앞 분식점
내용	• 종현이 어머니와 학교 앞 분식점에서 만남 • 우리 가족에 대한 소개를 하고 종현이네 집 가족에 대한 이야기를 들음 • 수혜의 잠버릇에 대해 이야기함 • 방과 후 수업을 잘하는 복지관에 대해 물어봄 • 스트레스가 생길 때는 어떻게 푸는지 서로 이야기 나눔
느낌	아직은 서로 친해지지 않아서 많은 얘기를 나누지는 못했다. 우리 수혜 이야기를 하면 종현이 어머니께서 잘 이해해 주시고 잘 들어 주셔서 좋았다.

출처: 전혜인(2010).

〈표 9-3〉 선배부모의 전화일지

부모결연 조정자로부터 연락을 받은 후 24시간 이내 짝으로 연결된 후배부모에게 연락해 주세요. 이 양식을 활용하면 도움이 될 것입니다.

날짜: 부모 이름:

주소:

전화번호:

아동의 이름과 연령:

연락한 상황/이유

• 당신의 경험을 공유해 주세요.
• 현실적이고 긍정적 태도를 보여 주세요.
• 가족들이 어떻게 지내는지 물어보세요.
• 적극적으로 경청하세요.
• 가족을 격려해 주세요.

정보 요청하기

• 당신이 가지고 있는 자원을 기억해 보세요.
• 정보가 더 필요할 경우 부모결연 조정자에게 연락하세요.

끊기 전에 다시 연락할 거라고 말하고 정확한 날짜와 시간을 정하기

• 점심 약속을 잡아 보세요.
• 아이와 동반하는 것을 좋아할 수 있어요.
• 형제자매들끼리 도움이 될 수 있어요.

출처: http://www.beachcenter.org

기록을 통해서 자신들의 활동을 스스로 점검하고 효과적으로 지원을 할 수 있다.

7) 추후 지원

부모결연 조정자는 부모결연 프로그램이 시작되고 부모결연을 마칠 때까지 선배부모와 후배부모 모두의 상호 만족감을 높이기 위해서 개별적인 추후 지원을 제공해야 한다(Santelli et al., 1997). 부모결연 조정자는 이러한 활동을 통해서 선배부모와 후배부모가 정기적으로 만나고 전화 통화를 실시하는지 확인하고 그들을 격려한다. 그리고 선배부모와 후배부모들이 순조롭게 상호 지지적인 활동을 하는 경우에는 격려를 하고, 어려움을 겪는 경우에는 상담 및 필요한 지원을 제공한다.

구체적으로 부모결연 조정자는 결연이 된 후 2~3일 내에 선배부모에게 전화를 걸어 첫 연락이 잘 이루어졌는지 또는 궁금한 점은 없는지 물어볼 필요가 있다. 또한 후배부모에게도 연락을 하여 결연이 어떻게 진행되고 있으며 어떠한 느낌을 갖는지 물어야 한다. 결연이 된 후 2~3주 동안은 선배부모와 후배부모에게 자주 연락을 하고, 두 부모에게 사유와 시기에 상관없이 언제고 재결연이 가능함을 상기시켜 주어야 한다(http://www.p2pusa.org). 또한 선배부모가 후배부모에게 연락하는 것을 잊어버리는 것을 예방하기 위해서 〈표 9-4〉와 같은 엽

〈표 9-4〉 상기를 위한 엽서

① 24시간 이내 내 후배부모에게 연락을 취했다. 날짜: 서명:	② 2주 후 나는 내 후배부모에게 연락을 취했다. 날짜: 서명:
③ 한 달 후 나는 내 후배부모를 방문했다. 날짜: 서명:	④ 다음 달에 나는 내 후배부모를 다시 만났다. 날짜: 서명:

서를 보낼 수 있다. 마지막 8주째에는 부모결연 프로그램의 평가를 위해서 선배부모와 후배부모 모두에게 연락을 취한다.

우리나라의 경우 부모결연 프로그램의 추후 지원으로 전화, 이메일, 휴대전화 문자메시지, 우편서신, 인터넷 동호회 활동이 실시되었다(전혜인, 2005). 우리나라의 경우 외국과 달리 인터넷 사용이 활성화되어 있어서 전혜인(2005)은 이를 추후 지원을 위한 방법으로 활용하였다. 그 결과 참여 어머니들은 인터넷 동호회를 통해서 일상적인 이야기와 고민, 모임 후기를 교류하면서 만남에 활기를 갖게 되었다.

요 약

부모결연 프로그램이란 훈련된 선배부모가 도움을 요청한 비슷한 상황의 후배부모에게 정서적 지원과 정보적 지원을 제공해 주는 프로그램이다. 다시 말해서 훈련된 선배부모와 훈련되지 않은 후배부모를 일대일로 결연시켜, 선배부모는 개인적 성장과 정서적 만족감을 경험하고 후배부모는 필요한 정보와 정서적 지원을 얻을 수 있는 윈윈 접근법이다. 부모결연 프로그램에 대한 국내외 선행 연구에 기초해 볼 때, 부모결연 프로그램은 전문가들이 제공하지 못하는 또 다른 정보적 · 정서적 지원을 제공한다고 볼 수 있으므로 증거에 기반한 실제로 인식되고 보급될 필요가 있다. 그리고 이러한 부모결연 프로그램은 가족중심 실제의 일환이기 때문에 영유아특수교육 분야에서 더욱 활성화될 필요가 있다.

부모결연 프로그램의 절차는 후원회 결성 및 기금 마련, 부모결연 프로그램 및 의뢰체계 구축, 부모 모집 및 선정, 선배부모 교육, 결연 짝 선정, 결연 활동의 실행, 추후 지원의 단계로 이루어질 수 있다. 이 중에서도 선배부모 교육 및 결연 짝 선정의 단계는 매우 중요하다고 볼 수 있다. 왜냐하면 유사한 경험을 갖는 부모들 간의 결연은 프로그램의 효과성을 높이며, 선배부모 교육은 부모결연 프로그램의 질을 결정하는 중요한 단계이기 때문이다. 그리고 결연 및 추후 지원 실행 단계에서는 부모결연 조정자의 역할이 중요하다. 부모결연 프로그램은 전문가 주도가 아닌 자조 그룹의 형태이기는 하지만 선배부모와 후배부모 모두의 상호 만족감을 높이기 위해서는 부모결연 조정자가 자신의 역할을 알고 성실히 수행하는 것이 중요하다.

학습활동

1. 부모결연 프로그램을 통해서 선배 및 후배 부모, 전문가가 얻을 수 있는 긍정적 효과는 무엇인지 토론해 보시오.

2. 부모결연 프로그램을 통해서 얻을 수 있는 기타의 긍정적 혜택에 대해서 토론해 보시오.

3. 부모결연 프로그램에 참여할 부모를 모집하기 위한 브로슈어를 만들어 보시오.

4. 결연 및 추후 지원의 실행을 도울 수 있는 전략들에 대해서 토론해 보시오.

5. 우리나라에 부모결연 프로그램이 활성화되기 위해서는 어떠한 노력이 필요한지 이야기해 보시오.

부 록

선배부모 훈련 계획안

차시	1차시	주제	부모결연 프로그램 개관 소개
대상자	지원을 제공하는 어머니	목표	• 참가자 간에 친밀감을 형성할 수 있다. • 부모결연 프로그램의 목표와 내용을 알 수 있다.
교육절차	교육활동		준비물
내용	1. 친밀감 형성 • 자기 소개하기 • 장애자녀와 가족에 대해 소개하기 2. 부모결연 프로그램의 목표와 내용 • 부모결연 프로그램의 목적 소개하기 • 부모결연 프로그램의 일반적인 형태 소개하기 • 부모결연 프로그램의 이점 소개하기		부모 사전교육 요강, 부모결연 프로그램 소개지, 이름표
토론	부모결연 프로그램에 대한 질문을 중심으로 연구자가 설명하며, 참가자들은 참여 동기에 대해 자유롭게 이야기 나눔		
정리	1차시의 주제를 다시 환기시키고 교육을 마침		

차시	2차시	주제	장애아동 부모 이해
대상자	지원을 제공하는 어머니	목표	• 장애아동 부모의 적응 단계에 대한 지식을 습득할 수 있다. • 장애에 대한 긍정적인 철학을 가질 수 있다.
교육절차	교육활동		준비물
내용	1. 장애아동 부모의 심리적 적응 단계 • 장애아동 부모의 심리적 적응 단계 소개하기 • 심리적 적응 단계에 따른 효과적인 지원 내용과 방법 소개하기 2.장애자녀가 있음으로 인해 개인 및 가족이 얻는 긍정적인 면 • 장애자녀가 있음으로 인한 긍정적인 기여에 대해 이야기 나누기		부모 사전교육 요강

〈계속〉

토론	장애자녀를 키우면서 심리적으로 어려웠던 자신의 경험을 이야기하며, 어려움을 극복한 방법에 대해 이야기 나누기	
정리	2차시의 주제를 다시 환기시키고 교육을 마침	

차시	3차시	주제	의사소통과 듣기 기술 습득
대상자	지원을 제공하는 어머니	목표	효과적인 의사소통 방법을 알 수 있다.
교육절차	교육활동		준비물
내용	1. 효과적인 의사소통의 기본적 태도 이해 2. 반영적 경청(reflective listening) 소개 • 반영적 경청과정 설명하기 • 반영적 경청기술 설명하기 3. 나-전달법 소개 • 나-전달법의 요소 설명하기 • 나-전달법의 공식을 소개하기		부모 사전교육 요강, 의사소통 방법 유인물
토론	가족 내에서 혹은 타인과의 의사소통에서 어려움을 겪었던 사례를 서로 이야기해 보기		
정리	3차시의 주제를 다시 환기시킴		

차시	4차시	주제	의사소통과 듣기 기술 실제
대상자	지원을 제공하는 어머니	목표	효과적인 의사소통 방법을 실행할 수 있다.
교육절차	교육활동		준비물
내용	1. 반영적 경청(reflective listening) 소개 • 반영적 경청과정 연습하기 (상황에 대한 역할극 하기) 2. 나-전달법 소개 • 나-전달법 연습하기 (상황에 대한 역할극 하기)		부모 사전교육 요강, 역할극을 위한 유인물
토론	실제로 역할극을 해 보면서 느낀 점과 어려운 점 이야기 나누기		
정리	4차시의 주제를 다시 환기시키고 다음 모임 일정을 공지함		

<table>
<tr><td>차시</td><td>5차시</td><td>주제</td><td colspan="2">스트레스와 대처</td></tr>
<tr><td>대상자</td><td>지원을 제공하는 어머니</td><td>목표</td><td colspan="2">• 장애자녀를 양육하는 어머니의 스트레스에 대해 알 수 있다.
• 스트레스 대처전략을 습득할 수 있다.</td></tr>
<tr><td>교육절차</td><td colspan="3">교육활동</td><td>준비물</td></tr>
<tr><td>내용</td><td colspan="3">1. 장애자녀를 양육하는 어머니의 스트레스
• 장애 유형과 장애 특성에 따른 어머니의 스트레스 설명하기

2. 스트레스 대처전략
• '나' 스트레스 대처전략 소개
(인지적 전략, 문제 해결 전략, 기타 스트레스 대처전략 소개)

3. 정신과적 중재가 필요한 경우와 그에 대한 대처
• 우울증 증세 알아내는 방법 소개
• 우울증에 대한 처치 소개</td><td>부모 사전교육 요강, 스트레스 대처전략 유인물</td></tr>
<tr><td>토론</td><td colspan="3">본인이 심각한 스트레스를 경험했던 사례를 이야기하고 자신의 대처방법에 대해 이야기 나누기</td><td></td></tr>
<tr><td>정리</td><td colspan="3">5차시의 주제를 다시 환기시키고 교육을 마침</td><td></td></tr>
</table>

<table>
<tr><td>차시</td><td>6차시</td><td>주제</td><td colspan="2">서비스 전달체계 이해 및 권리 행사</td></tr>
<tr><td>대상자</td><td>지원을 제공하는 어머니</td><td>목표</td><td colspan="2">• 특수교육 및 관련 서비스 전달체계 이용 정보 제공
• 부모의 권리를 행사하기 위해 필요한 정보 제공</td></tr>
<tr><td>교육절차</td><td colspan="3">교육활동</td><td>준비물</td></tr>
<tr><td>내용</td><td colspan="3">1. 서비스 전달체계 이해를 위한 연수 및 부모의 권리 연수
• 관련 법, 규정 소개
(예: 관련 법, 조항, 적격성 기준, 부모의 권리, 교육부, 교육청에 문의하는 방법 등)
• 아동의 교육에 관한 결정을 하는 사람들과 알고 지내기
(예: 공식적/비공식적 모임에서 교사와 행정가와 잘 지내기, 아동의 교사와 아동에 대해 정기적으로 상담하기, 필요하면 교장/교육청에 요구하기, 요청사항은 서면으로 확실히 해 두기)</td><td>부모 사전교육 요강, 지역사회 서비스 자원 유인물</td></tr>
</table>

〈계속〉

내용	• 정보를 모으기 (예: 책이나 논문을 읽기, 학회에 참석하기, 부모지지 모임에 가입하기, 교육적인 전문용어에 익숙해지기, 의문이 생기면 주저하지 말고 전문가에게 질문하여 명확한 답을 얻기) • 효과적으로 의사소통하기 (예: 모임 시 자신이 원하는 구체적인 결과를 인식하고 있으며, 말할 때 조용하고 명료하게 하기, 가능할 때마다 써 두기 등) • 아동의 강점과 흥미에 대해 교사와 함께 이야기하기	
토론	서비스 전달체계와 관련해서 어려움을 겪었던 사례를 이야기하기, 서로 정보 교환하기	
정리	6차시의 주제를 다시 환기시키고 다음 모임 일정을 공지함	

차시	7차시	주제	지역사회 정보
대상자	지원을 제공하는 어머니	목표	지역사회 자원 소개와 지역사회 자원에 접근하는 방법에 대한 지식 제공

교육절차	교육활동	준비물
내용	1. 자녀양육과 관련된 정보의 중요성 소개 • 자녀양육과 관련된 정보 소개하기 • 지역사회 정보를 통해 얻을 수 있는 다양한 이익 소개하기 2. 지역사회의 서비스 자원 소개 • 본교를 중심으로 한 구체적인 주변 지역사회의 서비스 자원 소개하기(구체적인 장소 소개, 웹사이트 소개) • 지속적인 서비스 자원 공유의 중요성 이해하기	부모 사전교육 요강, 지역사회 서비스 자원 유인물
토론	각자 자신이 알고 있는 주변 서비스 자원에 대해 정보 공유하기	
정리	7차시의 주제를 다시 환기시키고 다음 모임 일정을 공지함	

<table>
<tr><td>차시</td><td>8차시</td><td>주제</td><td colspan="2">결연 활동 안내</td></tr>
<tr><td>대상자</td><td>지원을 제공하는 어머니</td><td>목표</td><td colspan="2">• 지원하는 어머니의 역할 소개/결연 활동 시 주의사항 소개
• 구체적인 결연 절차 및 일정 소개</td></tr>
<tr><td>교육절차</td><td colspan="3">교육활동</td><td>준비물</td></tr>
<tr><td>내용</td><td colspan="3">1. 지원을 제공하는 어머니의 역할
• 지원을 제공하는 어머니가 결연 활동에서 하는 일에 대해 소개하기

2. 지원을 제공하는 어머니의 태도
• 지원을 제공하는 어머니의 바람직한 태도와 바람직하지 않은 태도에 대해 이야기 나누기
• 결연 활동 시 유의할 점에 대해 이야기 나누기

3. 본 연구에서 실시되는 부모결연 프로그램의 구체적인 내용 소개
• 전체 모임 소개하기
• 개별 모임 소개하기
• 전화 통화, 이메일 주고받기, 홈페이지를 통한 연락 등의 결연 형태에 대해 소개하기

4. 프로그램의 일정 소개
• 프로그램의 구체적인 일정에 대해 소개하기
• 추가지원에 대해 소개하기</td><td>부모 사전교육 요강, 프로그램 안내지</td></tr>
<tr><td>토론</td><td colspan="3">• 가상적인 결연 짝의 특성에 따른 결연의 태도에 대해 이야기 나누기
• 부모결연 프로그램을 실행하는 것에 있어서 궁금한 점에 대해 연구자에게 물어보며 다양한 의견을 나누기</td><td></td></tr>
<tr><td>정리</td><td colspan="3">8차시의 주제를 다시 환기시키고 전체 연수를 종결함</td><td></td></tr>
</table>

출처: 전혜인(2010).

제10장

형제자매 지원 프로그램

1. 장애유아 형제자매에 대한 이해
2. 장애유아 형제자매로서의 경험
3. 형제자매에 대한 지원의 목적 및 필요성
4. 형제자매를 위한 지원 프로그램

학습 목표

1. 형제자매 지원의 필요성에 대해서 이해한다.
2. 형제자매 지원 프로그램에 대해서 이해한다.

1. 장애유아 형제자매에 대한 이해

대가족에서 핵가족으로의 가족구조 변화에 따라 가족 구성원의 수는 예전에 비하여 현저하게 줄었으며, 이에 따라 각 가정에서 가족 구성원들은 서로의 삶에 보다 밀접한 영향을 미치게 되었다. 특히 형제자매의 경우 부모보다 일생 동안 더 많은 시간을 함께 보내게 되는데, 이은주(2001)는 형제자매의 관계는 형제자매 서로 간의 성장과 발달에 지대한 영향을 미친다고 언급하였다. 실제 형제자매는 유아기와 아동기를 거쳐 성인기에 이르기까지 가장 가까운 가족으로서, 때로는 가장 가까운 친구로서 서로에게 영향을 미치게 된다. 장애유아의 가족에 대해 다룬 연구들은 주로 장애유아의 부모를 대상으로 해 왔다. 하지만 장애유아의 출생이 장애유아의 부모에게만 영향을 미치는 것은 아니다. 장애유아의 출생은 전체 가족 구성원의 삶에 영향을 미친다고 할 수 있다. 〈사례 1〉은 장애아동의 언니가 청각장애 동생을 어떻게 이해하고 있는지에 대해 쓴 『내게는 소리를 듣지 못하는 여동생이 있습니다』라는 책에서 인용한 것이다. 이 장에서는 가족 구성원 중 장애유아의 형제자매에 대해서 알아보겠다.

사례 1

내게는 소리를 듣지 못하는 여동생이 있습니다.

내 동생도 다른 친구들의 동생들처럼 뛰고, 구르고, 구름사다리 오르기를 좋아합니다. 그 애는 피아노를 치지만, 노래도 못 하고, 멜로디를 들을 수도 없어요. 무릎에 올라앉은 고양이가 골골거리는 건 느낄 수 있지만, 전화벨이나 현관 벨이 울리는 건 못 들어요. 하지만 그 애는 다른 사람들이 말하는 것보다 더 많은 말을 얼굴이나 어깨로 할 수 있지요. 그 애는 아주 특별한 동생이랍니다.

출처: Peterson(2004).

많은 연구자들은 장애아동의 형제자매에 대하여 관심을 갖게 되었다(김화림, 2006; 오정희, 박중규, 2007; 이지연, 2006; Cuskelly & Gunn, 2003; Fisman et al., 2000; Guite et al., 2004; Hodapp & Urbano, 2007; Ishizaki et al., 2005; Pit-Ten Cate & Loots, 2000; Vadasy et al., 1984; Williams et al., 2002). 이러한 연구들은 비장애 형제자매가 장애 형제자매로 인하여 어떤 경험을 하는지에 대해 보고하고 있다. 장애유아의 형제자매는 장애유아의 부모보다 장애유아의 전체 삶에 있어서 함께 보내는 시간이 더 많으며(이미숙, 권회연, 2009), 서로 간의 상호작용은 서로의 성장과 발달에 영향을 미친다(이은주, 2001; Cuskelly & Gunn, 2003; Dyson, 1999; Hodapp & Urbano, 2007). 장애유아의 형제자매에 대한 연구의 중요성은 가족체계(family system)의 관점에서도 살펴볼 수 있다. 가족체계는 가족 구성원들이 서로 영향력을 주고받는 관계에 있는 것이다. 장애유아의 출생은 형제자매의 삶에 영향을 미치고, 형제자매는 장애유아의 삶에 영향을 미친다. 장애유아 가정의 형제자매는 일반 가정의 형제자매들이 겪는 경험뿐만 아니라 장애 형제자매를 두었다는 사실로 인해 형제자매와의 관계에서 특별한 경험을 하게 된다. 이는 장애유아와 그 부모의 관계에 비추어 이해될 수 있는데, 장애유아의 출생으로 인해 장애유아의 부모는 일반유아의 부모들이 경험하지 못하는 특별한 경험을 하고, 이러한 장애유아의 출생은 부모의 삶에 영향을 미친다. 이와 동일하게 가족 구성원인 형제자매의 경우에도 장애 형제자매의 출생으로 인해 삶에 영향을 받는다. 따라서 장애유아의 가족을 온전히 이해하기 위해서는 장애유아 부모의 경험뿐만 아니라 비장애 형제자매의 경험도 함께 이해해야 할 것이다.

장애아동 형제자매에 대한 연구는 크게 두 가지의 대별되는 관점에서 이루어져 왔다. 1970년대에 이루어진 장애아동 형제자매에 대한 연구들은 비장애 형제자매들은 그들의 장애 형제자매로 인해 고립, 죄의식, 분개와 같은 특별한 감정적 문제들과 같은 부정적인 결과를 경험한다고 주로 강조하여 왔다. 하지만 그 이후의 형제자매에 대한 연구들은 비장애 형제자매가 일반아동들에 비해 더 많은 정서적 문제와 행동적 문제를 경험하는 것은 아니라고 보고하고 있다. 즉, 비장애 형제자매들은 아주 잘 적응하기도 하고 또래들에 비해 성숙하고 책임감 있는 태도를 보여 주기도 한다는 것이다(Byrne, Cunningham, & Sloper, 1988; Dale, 1996; Seligman & Darling, 1989). 이러한 장애 형제자매를 둔 비장애 형제자매의 경험은 타인에 대한 배려와 친절한 태도가 증가하는 긍정적인 결과를 가져왔다는 보고들이 존재한다. 이처럼 장애 형제자매로 인한 비장애 형제자매의 부정적인 경험과 긍정적인 경험에 토대해 볼 때, Lobato(1990)는 비장애 형제자매들 또한 장애 형제자매처럼 특별한 요구를 가진다고 언급하였다.

장애아동 형제자매에 관한 연구들은 다양한 측면에서 이루어져 왔다. 형제자매들의 사회 · 심리적 발달 경험에 대해 알아보거나(구자현, 한경임, 2008; 신혜정, 강위영, 2001; 이윤화, 권진욱, 2002; 정은순, 1993; Guite et al., 2004; Ishizaki et al., 2005; Pit-Ten Cate & Loots, 2000), 형제자매가 장애아동의 발달에 어떠한 긍정적인 영향을 제공하였는지를 조사하거나(신혜정, 1997; 이영철, 김소라, 2001; 한경임, 임민숙, 2006; 한경임, 2001), 형제자매를 위한 지원 프로그램을 실시하였을 때 그 효과에 대해 보고한 연구들이 주를 이루고 있다(김수희, 2004; 양숙미, 2003; 전혜인, 박은혜, 1998; Dyson, 1998). 이러한 연구들은 장애유아의 형제자매에 대한 관심과 지원을 통하여 형제자매가 변화된 가족 기능에 적응하도록 하고, 나아가 형제자매가 장애유아의 긍정적 발달에 영향을 미칠 수 있도록 하려는 관점에서 형제자매에 대한 지원의 필요성을 강조하고 있다.

2. 장애유아 형제자매로서의 경험

장애유아의 형제자매들은 그들이 장애 형제자매를 두었다는 사실에 대하여 긍정적인 적응을 하기도 하며 부정적인 경험을 하기도 한다. 또는 장애유아의 형제자매들은 이러한 긍정적인 적응과 부정적인 경험을 동시에 가지기도 한다.

Pit-Ten Cate와 Loots(2000)는 비장애 형제자매들이 장애 형제자매와의 의사소통을 하는 데 어려움이 있으며, 또한 장애 형제자매의 건강과 그들의 미래에 대해 고민한다고 하였다. 그리고 Coleman(1990)은 비장애 형제자매들이 부모로부터 장애 형제자매에 대한 보상으로 학업적으로 우수하거나 학교 활동에서 뛰어나야 한다는 부담감을 갖고 있다고 하였다. 또한 Powell과 Ogle(1985)은 비장애 형제자매들이 그들의 부모, 자기 자신, 장애 형제자매에 대해 고민하고 있다고 하였다. 비장애 형제자매들은 부모와의 관계에 있어서 원활한 의사소통과 신뢰가 중요한 부분이라고 하였다. 비장애 형제자매들은 부모가 자녀들을 동일하게 대하려고 노력한다는 것을 알고 있으며, 부모들이 제한된 시간 때문에 항상 그렇게 할 수 없다는 것을 알고 있다고 하였다. 아울러 장애아동 형제자매의 자아개념에 대해 보고한 연구들은 비장애 형제자매들이 부정적인 자아개념을 가지는 경향이 많다고 보고하였다(Dyson, 1996). 물론 모든 장애유아의 형제자매들이 부정적인 자아개념을 나타내는 것은 아니지만, 비장애 형제자매들이 장애 형제자매에 대해 고민하고 부모들이 장애 형제자매에게 더 많은 관심을 가진다고 생각하여 소외감을 느껴서 이러한 스트레스로 인해 부정적인 자아개념을 갖기 쉽다고 보고하였다. Powell과 Ogle(1985)은 비장애 형제자매들이 가지고 있는 고민, 두려움, 그리고 그들의 감정에 대해 다른 사람들과 함께 이야기할 기회를 가지는 것이 필요하다고 주장하였다.

장애 형제자매들의 장애 유형에 따라 비장애 형제자매들은 독특한 경험을 하기도 한다. 예를 들어, 자폐증이 있는 형제자매를 둔 비장애 형제자매는 장애 형제자매가 보이는 반복적이고 예측할 수 없는 문제행동이 다른 사람들로부터 부정적인 반응을 얻게 한다는 것을 알고 있다. 또한 장애 형제자매의 이러한 문제행동에 대해 비장애 형제자매가 대처할 수 있는 적합한 기술이 부족하기 때문에(Morgan, 1988), 비장애 형제자매들 또한 이러한 장애 형제자매에 대한 스트레스로 인해 정서적이고 행동적인 문제를 가지게 되는 경우가 많다. 자폐증을 가진 형제자매를 둔 비장애 형제자매는 일반아동들이나 자폐증이 아닌 다른 장애

유형을 가진 형제자매를 두고 있는 다른 비장애 형제자매들에 비해 더 많은 정서적 · 행동적 문제를 경험한다(Bagenholm & Gillberg, 1991; Fisman et al., 1996; Rodrigue, Geffken, & Morgan, 1993).

장애 형제자매에 대한 비장애 형제자매의 긍정적인 반응이나 적응에 가장 중요한 영향을 미치는 것은 장애 형제자매에 대한 부모의 태도라고 할 수 있다. 특히 어머니의 태도는 비장애 형제자매의 적응에 영향을 미치게 된다(Burke & Montgomery, 2000; Taylor, Fuggle, & Charman, 2001). 장애 형제자매가 출생하게 되면 가족 전체에 영향을 미치게 되는데, 이 시기에 부모가 장애 형제자매의 장애를 받아들이고 변화된 가족체계에 적응하고 대처하고자 하는 노력을 보인다면 비장애 형제자매의 장애 형제자매에 대한 태도에도 영향을 미치게 된다.

현대사회에서 장애유아 형제자매의 경험과 인식에 대해 살펴볼 때 간과하지 말아야 하는 것은 바로 가족구조의 변화와 통합교육의 확대일 것이다. 가족구조는 대가족에서 핵가족으로 변화해 왔다. 이러한 핵가족의 구조는 비장애 형제자매가 장애 형제자매와 더 밀접한 관계를 맺도록 하였다. 때로는 비장애 형제자매가 부모를 대신해 장애 형제자매를 돌봐주어야 하는 상황에 놓이는 경우도 발생하였다. 이로 인해 장애 형제자매에 대한 돌봄의 역할이 다양한 가족 구성원들에게 나누어질 수 있었던 대가족 구조에서 핵가족 구조로의 변화는 비장애 형제자매의 장애 형제자매에 대한 역할을 증가시키는 계기가 되었다(이미숙, 2008, 2009). 또한 장애학생의 일반교육으로의 통합 확대로 비장애 형제자매가 다니는 일반유치원이나 보육시설에 장애 형제자매가 함께 다니게 되는 경우도 발생하게 되었다. 이때 비장애 형제자매는 가정에서뿐만 아니라 가정 밖에서도 장애 형제자매와 함께해야 한다는 부담감에 놓일 수 있다. 따라서 현대사회에서 비장애 형제자매를 이해한다는 것은 이러한 사회적 상황의 변화와 맞물려 이해되어야 할 것이다. 무엇보다 중요한 것은 장애유아의 형제자매들이 장애 형제자매를 두었다는 사실을 받아들이고, 이러한 사실에 대해 스트레스를 경험하지 않고 긍정적인 적응을 해 나가야 하는 것이다. 하지만 장애유아의 형제자매가 장애 형제자매의 존재를 받아들이지 못하고 부정적인 경험을 지속적으로 한다면, 전문가들은 그들이 긍정적 적응을 할 수 있도록 장애유아 가족지원의 차원에서 형제자매에 대한 지원을 함께 제공해야 한다.

장애 형제자매가 유아기에 해당된다면 그 장애유아의 형제자매는 같은 유아기 또는 초등학교 학령기에 해당하는 경우가 대부분일 것이다. 이처럼 장애유아로 인해 손위 또는 손아래 형제자매가 겪게 되는 비장애 형제자매로서의 경험은 청소년기나 성인기에 해당하는 비장애 형제자매의 경험과 다를 수밖에 없다. 또 그들에 대한 지원은 그들의 연령에 적합한 수준에서 제공되어야 한다. 특히 비장애 형제자매의 연령이 학령전기에 놓이게 되는 경우, 장애 형제자매의 출생과 양육으로 말미암아 부모들이 장애 형제자매에게 집중하게 되어 비장애 형제자매들은 부모의 관심을 충분히 받지 못하고 소외감과 외로움 등을 경험하게 된다. 또한 비장애 형제자매가 학령기에 놓이게 되면, 비장애 형제자매들은 부모로부터 장애 형제자매의 돌봄에 대한 요청을 받을 수 있다. 특히 그들이 장애 형제자매와 동일한 학교에 다니는 경우 학교에서도 장애 형제자매를 돌보아야 한다는 부담감과 장애 형제자매의 장애에 대해 설명해야 한다는 스트레스에 시달리게 된다. 이처럼 비장애 형제자매들의 생애주기에 따라 그 경험이 다를 수 있으므로, 교사 및 관련 전문가들은 비장애 형제자매의 생애주기에 적합한 지원을 제공할 필요가 있다.

3. 형제자매에 대한 지원의 목적 및 필요성

장애유아의 부모를 중심으로 하는 연구들에서 일관되게 강조하고 있는 것은 장애유아의 부모들에 대한 지원이다. 마찬가지로 장애유아의 형제자매에 대한 연구들에서도 동일하게 주장하고 있는 것이 바로 비장애 형제자매의 지원에 관한 것이다.

장애유아의 형제자매들은 그들 나름대로의 심리적인 문제를 경험하게 되며 개별적인 요구를 지니게 된다(McKeever, 1983; Seligman, 1983). 형제자매들은 종종 죄의식, 외로움 그리고 낮은 자신감을 가지기도 한다(Lobato, 1990). 장애아동의 형제자매와 관련된 연구들에서는 형제자매들이 지원을 요구하고 있으며, 장애를 가지고 있는 그들의 형제자매를 이해할 수 있도록 도와주는 프로그램을 기대하고 있다고 보고하였다(Powell & Ogle, 1985; Wilson, Blacher, & Baker, 1989). 따라서 교사, 상담가 그리고 관련 전문가들은 이러한 비장애 형제자매들의 정서적 어려움을 고려하여 지원을 제공할 필요가 있다(Summers, Bridge, & Summers, 1991).

Atkinson과 Crawforth(1995)에 따르면 비장애 형제자매들은 자신들이 가지게 되는 양가감정에 대해 갈등을 경험한다. 양가감정이란 비장애 형제자매들이 장애 형제자매에 대해서 사랑과 애정의 감정을 갖기도 하지만, 한편으로는 그들의 장애 형제자매에 대해서 분노, 질투와 같은 부정적 감정을 갖기도 한다는 것이다. 또한 장애 형제자매로 인해 잠을 자는 데 방해를 받거나 숙제를 하는 데 있어서 방해를 받아 어려움을 가지게 되는 경우가 존재하기 때문에, 이러한 어려움에 대해서도 지원 프로그램을 통해 함께 이야기하는 것이 필요할 것이다.

이처럼 비장애 형제자매에 대한 지원은 비장애 형제자매가 장애 형제자매로 인해 부정적 경험을 줄여 나가고 긍정적 적응을 하도록 하기 위한 것에 일차적인 목적이 있다. 비장애 형제자매의 긍정적 적응이라고 하는 것은 비장애 형제자매가 장애 형제자매의 장애를 수용하고 장애 형제자매에 대한 협력자로서의 역할을 제공하는 것이라 할 수 있다. 아울러 비장애 형제자매에 대한 지원을 통해 그들의 긍정적 적응이 장애 형제자매의 성장과 발달에 긍정적 영향을 제공하기 위한 것에도 그 목적을 찾을 수 있다.

4. 형제자매를 위한 지원 프로그램

1) 형제자매 지원 프로그램의 필요성

비장애 형제자매에 대한 연구들에서는 비장애 형제자매들이 부모의 관심 부족, 장애 형제자매의 보살핌 요구에 대한 증가, 성취에 대한 부담감 등으로 인해 많은 스트레스를 경험한다고 하였다(Hannah & Midlarsky, 1985; Lobato, 1983; McHale & Gamble, 1989; McHale, Simeonsson, & Sloan, 1984; Meyer & Vadasy, 1994; Seligman, 1983). 이에 따라 형제자매 지원 프로그램은 형제자매들이 가지고 있는 심리 · 정서적 문제를 해결하기 위해 개발되어 왔다.

비장애 형제자매들은 그들의 긍정적인 적응을 위하여 그들과 유사한 환경에 처해 있는 다른 비장애 형제자매들과 함께 그들의 경험, 걱정이나 우려에 대해 함께 이야기할 수 있는 기회를 가지는 것이 중요하다. 이러한 기회는 비장애 형제자매들의 자기존중감을 향상시키고, 발생될 수 있는 여러 가지 문제에 대처할 수 있는 방법을 제공해 주게 된다. 대부분의 지원 프로그램은 레크리에이션, 사회화, 토론, 활동, 게임 등으로 구성되어 있다. 이러한 프로그램에 참여한 비장애 형제자매들은 재미있는 활동에 참여할 뿐만 아니라 그들을 지원하기 위해 마련된 특별한 프로그램에 참여하게 된다.

국내에도 비장애 형제자매에 대한 지원의 관점에서 그들을 위한 지원 프로그램이 운영되고 있다. 국내에서 운영되는 지원 프로그램 또한 프로그램을 통해 비장애 형제자매가 자신처럼 장애 형제자매를 두고 있는 다른 형제자매들을 만나게 되며, 장애 형제자매에 관련된 정보를 제공받고, 비장애 형제자매의 심리 · 정서적 갈등을 해소해 주고자 하는 데 그 목적이 있다(전혜인, 박은혜, 1998).

2) 형제자매 지원 프로그램의 내용과 구성

비장애 형제자매 지원에 대한 연구자들의 관심과 비장애 형제자매들의 요구로 인해 비장애 형제자매를 지원할 수 있는 프로그램들이 개발되었다(Lobato, 1985, 1991; McLinden, Miller, & Deprey, 1991; Meyer, Vadasy, & Fewell, 1985; Summers et al., 1991). 기존에 개발된 형제자매 지원 프로그램은 유사한 내용들로 구성된 측면이 있다. 예를 들어, McLinden 등(1991)은 Lobato(1985)의 프로그램을 적용하여 지원 프로그램을 개발하였는데, 이 프로그램은 동료지원(peer support), 감정을 표현할 수 있는 포럼(forum), 장애 형제자매에 대한 대처전략(coping strategies) 등으로 구성되었다. 하지만 이러한 내용 이외에도 비장애 형제자매와 관련된 여러 연구에 따르면 장애 형제자매의 장애 관련 정보(Murphy et al., 1976; Powell & Ogle, 1985)와 사회적 네트워크 기회를 제공해 줄 수 있는 레크리에이션 활동도 형제자매에게 도움이 된다(Meyer et al., 1985).

기존에 개발된 형제자매 프로그램들은 유사한 특성을 가지고 있기도 하지만 동시에 많은 차이점을 가지고 있다. 먼저 그룹 구성에 있어서 어떤 형제자매 지원 그룹은 여러 유형의 장애아동 형제자매를 포함하기도 하고(Chinitz, 1981; Lobato, 1985; Lobato & Kao, 2002), 또 어떤 그룹은 특정 장애를 지닌 장애아동 형제자매만으로 구성하기도 한다(Howlin & Yates, 1990). 참여 아동의 연령과 관련해서 유치원 연령에 해당하는 비장애 형제자매 유아만을 대상으로 하는 경우도 있으며(Lobato, 1985), 다양한 연령대를 함께 포함하여 그룹을 구성하는 경우도 있다(Chinitz, 1981).

그룹의 프로그램 구성이나 조직 또한 다양한 형태로 존재한다. 예를 들어, 프로그램 회기와 관련하여서 하루 일정으로만 이루어지는 1회의 프로그램도 있으며(Howlin & Yates, 1990), 때로는 8회 등의 프로그램이 여러 날에 걸쳐 진행되기도 한다(Chinitz, 1981). 유아기나 아동기에 있는 비장애 형제자매들을 위한 지원 프로그램은 주로 일대일이 아닌 그룹의 형태로 진행된다. Dwivede(1993)는

6~12세 아동들의 경우 그룹 활동을 선호한다고 보고하였으며, Fell(1994)은 아동들이 그들의 감정을 표현할 때 어른들과 일대일로 이야기하는 것보다는 두려움을 감소시키는 집단으로 하는 것에 더 익숙하다고 하였다. 특히 Lobato와 Kao(2002)의 연구에서는 비장애 형제자매에 대한 지원 프로그램을 실시하는 동안 동시에 부모지원 프로그램을 실시하였는데, 부모지원 프로그램의 내용은 비장애 형제자매에 관련된 내용으로 이루어졌다.

이러한 지원 프로그램의 공통적인 목적에는 비장애 형제자매들의 장애 형제자매에 대한 이해를 높일 수 있는 정보의 제공, 장애 형제자매에게 적응하기 위한 방법에 대한 토론, 장애 형제자매 존재에 대한 그들의 감정을 표현하도록 하기 등이 포함된다. 이러한 지원 프로그램에서 프로그램 진행자는 토론을 이끌어 나가고, 활동들을 구조화하고, 문제 해결을 모색하기 위한 역할놀이 등을 진행한다(Chinitz, 1981; Howlin & Yates, 1990; Lobato, 1985; Summers et al., 1991). 이처럼 형제자매 지원 프로그램의 전체적인 구성에는 장애 형제자매에 관한 정보 제공, 장애 형제자매에 대한 그들의 경험을 나눌 수 있는 기회 제공, 장애 형제자매와의 갈등을 해결할 수 있는 전략 제공, 레크리에이션 활동 등이 포함된다.

3) 형제자매 지원 프로그램에 대한 평가

부모, 교사, 관련 전문가들은 형제자매 지원 프로그램이 비장애 형제자매에게 실질적인 도움이 될 것이라고 생각하고 이러한 프로그램을 운영하거나 운영을 지지하기도 한다. 하지만 실제 이러한 프로그램이 형제자매에게 어떠한 긍정적 결과를 가져왔는가에 대해서는 구체적이고도 체계적인 보고가 부족하다. 또한 각 연구마다 다른 평가방법이나 평가도구를 사용하여 지원 프로그램의 공통적인 효과를 해석하는 데에도 어려움이 있다. Chinitz(1981)는 지원 프로그램이 운영되는 동안 비장애 형제자매를 대상으로 하여 질적 평가를 하였다. Howlin과

Yates(1990)는 지원 프로그램을 시작할 때와 마칠 때 비장애 형제자매들로 하여금 설문지에 응답하도록 하여 지원 프로그램의 이점이 무엇인지를 파악하고자 하였다. 설문지의 문항은 장애 형제자매가 가지고 있는 장애에 대한 지식이나 미래에 대한 걱정과 같은 일반적인 문항으로 구성되었다. 유치원에 재학하고 있는 형제자매를 대상으로 한 Lobato(1985)의 연구와 소규모의 초등학생 집단을 대상으로 한 McLinden 등(1991)의 연구에서는 지원 프로그램의 효과를 평가하기 위해 객관적인 사정도구를 이용하여 형제자매 자신이 아닌 다른 사람이 간접적인 평가를 실시하도록 하였다.

형제자매 지원 프로그램이 개발되거나 실시된 이후 그 평가와 관련하여 고려되어야 할 부분이 바로 지원 프로그램에 참여한 형제자매들로부터의 직접적인 평가일 것이다. 실제 형제자매들이 지원 프로그램 참여를 통해 무엇을 배웠으며, 어떠한 내용이 그들에게 가장 도움이 되었는지에 대해서는 많은 연구가 이루어지지 못하고 있다. 비장애 형제자매를 위한 지원 프로그램을 실시하고 그 효과를 평가하였던 연구들은 주로 어머니를 대상으로 하여 형제자매 지원 프로그램의 효과를 평가하였다(김수희, 2004; 전혜인, 박은혜, 1998). 이는 형제자매 지원 프로그램에 참여한 형제자매를 대상으로 하여 직접적인 평가를 실시하지 않고, 지원 프로그램에 참여한 형제자매의 추후 태도 및 행동을 토대로 어머니들이 응답하는 형태였다. 물론 이러한 지원 프로그램의 효과를 어머니의 견지에서 평가해 볼 수도 있겠지만, 보다 정확한 지원 프로그램의 효과를 평가하기 위해서는 비장애 형제자매를 대상으로 직접적인 평가를 실시할 필요가 있다. 형제자매 지원 프로그램의 가장 중요한 참여자라고 할 수 있는 형제자매들은 그러한 지원 프로그램의 효과에 대해 증명해 줄 수 있는 가장 적격한 참여자일 것이다. 형제자매들로부터 직접 얻은 지원 프로그램에 대한 평가는 이후 형제자매 지원 프로그램을 어떻게 발달시켜 가야 하는지에 대한 실제적인 정보를 제공해 줄 수 있을 것이다.

형제자매 지원 프로그램의 평가와 관련하여 고려되어야 할 또 하나는 바로 장기적인 관점에서의 지원 프로그램에 대한 평가다. 지원 프로그램에 대한 기존의 연구에서 아쉬운 점은 지원 프로그램이 실시된 직후에 그 효과를 평가했지만, 지원 프로그램이 실시되고 어느 정도 지난 후에 평가를 실시하여 지원 프로그램의 효과가 장기적으로 지속되었는지에 대해서는 알아보지 못하였다는 것이다. 물론 지원 프로그램이 실행되고 난 직후 평가가 이루어질 수도 있겠지만, 지원 프로그램의 보다 장기적인 효과를 알기 위해서는 장기적인 관점에서 체계적인 평가가 이루어져야 할 것이다.

물론 이러한 다양한 평가방법에도 불구하고, 많은 연구는 이러한 지원 프로그램이 형제자매들의 장애에 대한 지식과 자기 가치를 향상시켜 주며, 비장애 형제자매와 장애 형제자매의 긍정적인 상호작용을 증가시켰다고 보고하고 있다 (Dyson, 1998; Evans, Jones, & Mansell, 2001; Lobato, 1985). 하지만 형제자매 지원 프로그램에 대한 보다 체계적인 평가를 위해서는 지원 프로그램의 다양한 목표를 평가할 수 있는 형식적이고 체계적인 방법의 개발이 요구된다.

4) 형제자매 지원 프로그램 사례

국내외에서 사용된 형제자매 지원 프로그램에는 여러 가지가 있지만, 여기서는 국내 연구자가 사용한 형제자매 지원 프로그램 네 가지와 국외 연구자가 사용한 형제자매 지원 프로그램 두 가지를 소개하고자 한다.

먼저 국내에서 소개된 비장애 형제자매에 대한 지원 프로그램을 살펴보자. 양숙미(2003)가 개발한 비장애 형제자매 지원 프로그램은 비장애 형제자매들이 모여 서로 지지해 줄 수 있는 체계를 마련하였으며, 장애 형제자매에 대한 정보를 제공해 주고, 장애 형제자매의 문제행동에 어떻게 대처해야 하는지에 대한 정보를 제공하여 비장애 형제자매의 역량을 키워 주기 위한 의도로 개발되었다. 양숙미(2003)의 연구에서 사용된 형제자매 지원 프로그램의 구성은 〈표 10-1〉과 같다.

〈표 10-1〉 형제자매 지원 프로그램 구성 예시 1

회기	프로그램의 목표	내용	실천도구
1회	• 프로그램의 기대 명확화 • 참여 동기 부여	• 프로그램의 성격과 목적 설명	
2회	• 초기관계 형성 • 문제 공유, 연대감 형성 • 프로그램의 특성 이해 • 욕구 명확화	• 자기소개 • 장애 형제자매와 관련된 경험 공유 • 욕구 발표하기 • 질의와 토론/모임에 대한 평가	욕구 체크리스트
3회	• 발달장애에 대한 이해 증진 • 장애의 특성, 제한점 이해	• 장애에 대한 이해 • 장애의 원인 및 특성 • 역할극을 통한 장애 형제자매의 입장 되어 보기 • 질의와 토론/모임에 대한 평가	장애에 대한 유인물 비디오
4회	• 장애 형제자매의 장점과 긍정적 특성 인식	• 장애 극복 사례에 대한 강의/체험기 듣기 • 장애 형제자매의 학교 방문 • 질의와 토론/모임에 대한 평가	장애 극복 체험 강사 학교 섭외
5회	• 장애 형제자매로 인해 발생하는 문제 해결 능력 강화	• 경험했던 생활상의 문제 제시하고 공유하기 • 문제 해결을 위한 대안, 정보 공유 • 질의와 토론/모임에 대한 평가	유인물 역할극
6회	• 부정적 정서 완화	• 부정적인 정서 토로와 경험 공유하기 • 상호 경험 공유와 지지 제공의 논의 • 질의와 토론/모임에 대한 평가	유인물 역할극
7회	• 장애 형제자매로 인한 긍정적 기회 검토 및 장애 형제자매를 옹호하기	• 장애 형제자매로 인한 긍정적 기회 제시, 검토하기 • 장애 형제자매를 옹호하기 위한 방법 제시하기 • 질의와 토론/모임에 대한 평가	
8회	• 집단 모임 평가 • 성취 경험 공유 • 미래에 대한 계획	• 지난 모임에 대한 회고와 검토 • 학습 내용과 성취 경험 공유 • 미래 행동 계획 발표	

출처: 양숙미(2003).

전혜인과 박은혜(1998)의 연구에서는 비장애 형제자매의 지원 프로그램을 통하여 비장애 형제자매가 장애 형제자매를 대하는 태도가 어떻게 변화하였는지, 그리고 비장애 형제자매의 자아개념에 어떠한 영향을 미쳤는지를 알아보고자 하였다. 연구결과에서는 지원 프로그램을 통하여 비장애 형제자매가 장애 형제자매를 지지해 주고 수용해 주는 태도가 증가하였으며, 지원 프로그램 이전에 보여 주던 장애 형제자매에 대한 적대적인 태도는 많이 감소한 것으로 나타났다. 〈표 10-2〉는 전혜인과 박은혜(1998)의 연구에서 사용된 형제자매 지원 프로그램의 구성이다.

김수희(2004)의 연구에서는 지원 프로그램을 통해 비장애 형제자매가 가지고 있었던 우울감과 장애 형제자매를 대하는 태도가 어떻게 변화되었는지를 알아보는 실험을 하였다. 그들의 연구에서도 비장애 형제자매들의 우울감의 정도가 감소하였으며, 장애 형제자매를 대하는 태도가 이전보다 긍정적으로 변화되었

〈표 10-2〉 형제자매 지원 프로그램 구성 예시 2

회기	단계 및 부제	활동	준비물
1회	도입 '우리 서로 알아가자'	• 공놀이 • 공포의 콩주머니	• 공 • 콩주머니
2회	자아개념 확립 '나는 누구인가?' '나는 왜 여기에 있나?'	• 나비 그림 • 자기 콜라주	• 물감, 종이 • 잡지, 가위, 풀
3회	장애 형제자매와의 관계 '동생이 다른 아이들과 다른 것은 사실이다. 그래도 내 동생이다!'	• 타임캡슐 • 좋은 소식/나쁜 소식	• 종이, 연필, 필름통 • 알루미늄 호일, 상자 • 종이, 연필
4회	장애 이해하기 '내 동생도 그런 장애였구나!'	• 원판에 콩주머니 던지기 • 나의 특별한 꿈은 • 장애 지니고 그림 그리기	• 전지, 콩주머니 • 종이, 연필 • 종이, 크레파스
5회	가족체제/마무리 '달라도 괜찮아요' '안녕'	• 가족 모빌	• 옷걸이, 종이 • 크레파스, 가위, 실

출처: 전혜인, 박은혜(1998).

다. 〈표 10-3〉은 김수희(2004)의 연구에서 사용된 형제자매 지원 프로그램의 구성을 보여 준다.

〈표 10-3〉 형제자매 지원 프로그램 구성 예시 3

회기	프로그램 내용	목적
예비 모임	• 사전검사 실시(프로그램 실시 1주 전)	
1회	• 프로그램 목적 설명 • 별칭 짓기 • 자기소개(콜라주로 자기 광고)	〈도입〉 자기 개방 및 친화감 형성
2회	• 자화상 그리기(과거-현재-미래상 표현) • 우리집 이야기(각 가족 구성원과 기억에 남는 일, 만족스러웠던 일, 아쉬웠던 일 회고)	〈우울감 다루기〉 내면의 자기 모습, 가족관계, 외부 환경과의 관계성을 점검하면서 우울감 수준을 완화시킴
3회	• 나의 안과 밖(내가 보는 나-남이 보는 나의 모습을 상자의 안-밖에 표현) • 20개의 질문(주인공은 장애 형제자매와의 경험과 관계된 어휘를 하나 선택하여 알려 주고, 집단원들은 스무고개 방식으로 구체적인 상황을 맞히는 게임)	
4회	• 기쁜 소식 & 나쁜 소식(장애 형제자매와 관련된 상반된 토막 이야기를 짓도록 하여, 내면의 이미지들을 현실적으로 끌어냄) • 장애 지니고 그림 그리기	〈장애 형제자매와의 관계 다루기〉 장애 형제자매와의 관계에서 표현하지 못했던 양가감정 및 기타 갈등을 표현, 장애 형제자매에 대한 수용 확장 〈마무리〉 전체 회기 평가
5회	• 점토 작업(명상-점토 작업-이야기 꾸미기) • 단어로 그리는 초상화(긍정, 부정 어휘를 모두 사용해 장애 형제자매의 모습을 묘사)	
6회	• 같은 점과 다른 점(자신과 장애 형제자매의 독사진을 준비하여 같은 점과 다른 점을 찾기) • 나와 형제자매의 강점 및 약점 한 가지 • 종결 파티 및 전체 회기 평가	
사후 모임	• 사후검사 실시(프로그램 종결 후 1주 내)	

출처: 김수희(2004).

권회연 등(2010)의 연구에서는 형제자매 지원 프로그램이 형제자매의 대처·적응력에 미치는 효과를 알아보기 위하여 형제자매 지원 프로그램을 실시하였다. 연구에서도 형제자매 지원 프로그램의 실시 이후 형제자매들의 대처·적응력이 향상되었다는 결과가 보고되었다. 권회연 등(2010)이 사용한 형제자매 지원 프로그램의 구성은 〈표 10-4〉와 같다.

〈표 10-4〉 형제자매 지원 프로그램 구성 예시 4

<table>
<tr><th>회기</th><th>주제</th><th>활동 목표</th><th>활동 내용</th><th>구성 요소</th><th>구분</th></tr>
<tr><td>1</td><td>프로그램 안내 및 자기소개</td><td>• 신뢰감 형성하기
• 자기 소개하기, 목표 설정하기</td><td>• 자기 애칭 짓기
• 조 만들기
• 조별 활동 목표 정하기</td><td>자아의식</td><td rowspan="3">개인 내적</td></tr>
<tr><td>2</td><td>나를 알자</td><td>• 긍정적 자아개념, 자존감 표현하기
• 개인의 참을성, 인내심, 충동 조절력 표현하기</td><td>• 호일로 만든 거울에 자기 얼굴상 만들기
• 거울에 자신의 장점 말하기 ("거울아, 거울아! 이 세상에서 누가 제일 멋지니?")
• 참을 수 있는 것과 없는 것 대차대조표 만들기
• 참을 수 없는 일 고무총에 쏘아 누가 멀리 날리나? (게임)</td><td>자아의식, 개인 내 문제 해결 능력</td></tr>
<tr><td>3</td><td>가치관 정하기</td><td>• 긍정적 가치관 세우기</td><td>• 가치관 경매 게임(조별)
• 자신의 꿈 말하기</td><td>문제 해결 능력 및 성숙</td></tr>
<tr><td>4</td><td>자기 가족 알리기</td><td>• 가족의 요구, 흥미, 바람 표현하기</td><td>• 점토로 가족상 만들어 역할극 하기
• 가족에게 하고 싶은 말 하기(장애 형제자매 및 부모)</td><td>가족사정 I</td><td rowspan="2">개인 외적</td></tr>
<tr><td>5</td><td>자기 가족 자랑하기</td><td>• 가족의 목표, 우선순위, 관심 표현하기</td><td>• 가족 사진 가져오기
• 가족의 목표를 정해 와 목표를 주제로 한 가족 자서전 만들기</td><td>가족사정 II</td></tr>
</table>

〈계속〉

<table>
<tr><td>6</td><td>지지 집단 찾기</td><td>• 가족 자원 찾기</td><td>• 나를 중심으로 네트워크 그리기
• 비장애 형제자매 집단 프로그램 및 기타 지원, 자조집단의 활동 영상물 감상</td><td>가족 자원</td><td rowspan="3">개인 외적</td></tr>
<tr><td>7</td><td>지지 집단 다지기</td><td>• 가족 자원을 이용해 가족 조화, 가족 자부심 다루기</td><td>• 가족 캠프를 통해 가족 미션 수행하기
• 장기자랑(우리 가족 최고!)</td><td>가족 자원</td></tr>
<tr><td>8</td><td>프로그램 결과 통합하기</td><td>• 미래의 나, 미래의 가족 그리기</td><td>• 명상을 통한 만다라 그리기
• 부모님과 장애 형제자매, 미래의 나에게 편지 쓰기</td><td>낙관론, 신뢰, 안정감</td></tr>
</table>

출처: 권회연 외(2010).

이상으로 우리나라에서 소개된 형제자매 지원 프로그램에 대해 살펴보았다. 이제부터는 외국에서 소개된 형제자매 지원 프로그램에 대해 살펴보고자 한다. 〈표 10-5〉는 Dyson(1998)의 형제자매 지원 프로그램에서 사용된 하루 일정표의 예시다.

〈표 10-5〉 형제자매 지원 프로그램의 일정표 예

오후 1:30	자기 얼굴 그리기와 기타 미술 활동
1:45	환영의 시간: 자기소개 및 가족 소개하기, 오늘 하루 계획하기
2:00	지체장애와 시각장애 이해하기: 모방과 집단 토의
2:30	간식시간
2:45	장애 형제자매에 관한 책 읽기
2:55	장애 형제자매에 관해 이야기하기 및 문제 해결
3:15	자유놀이: 실내 게임 및 실외 활동
3:30	정리 및 작별(good-bye)

출처: Dyson(1998).

〈표 10-6〉은 우리나라에도 잘 알려져 있는 Sibshops에 대한 소개다. Sibshops는 장애 형제자매를 둔 비장애 형제자매를 위한 워크숍으로 잘 알려져 있다. Sibshops에 대한 전반적인 소개와 일정표 예시는 〈표 10-6〉과 〈표 10-7〉에 제시하였다.

〈표 10-6〉 Sibshops에 대한 소개

Sibshops란 무엇인가

Sibshops는 장애 형제자매를 둔 비장애 형제자매들이 레크리에이션 상황에서 또래지원 및 교육을 받을 수 있도록 하는 것이다. Sibshops는 또래지원을 제공하게 되는데, 대개 Sibshops은 학령기 아동을 대상으로 마련된 것이므로 아이들의 시각에서 생동적이고 레크리에이션적인 상황에서 또래지원을 제공한다. Sibshops에 대한 구체적인 내용은 다음과 같다.

누가 Sibshops에 참여하는가

Sibshops은 원래 8~13세에 해당하는 형제자매를 대상으로 개발되었지만, Sibshops 프로그램은 더 어린 형제자매들이나 청소년에 해당하는 형제자매들에게도 쉽게 응용할 수 있다.

Sibshops에 참여할 수 있는 최적의 숫자는 몇 명인가

Sibshops은 적으면 5명에서 많으면 45명까지 포함할 수 있다. 예를 들어, 12명의 아동을 기준으로 2명의 프로그램 실행자가 요구된다.

언제 Sibshops가 제공되는가

Sibshops는 종종 토요일 오전 10:00에서 오후 2:00까지 실시된다. 이 시간이 게임을 하고, 토론을 하고, 정보 활동을 하고, 점심을 같이 준비하고 먹는 데 소요되는 최적의 시간으로 고려된다. 물론 모든 가족들에게 토요일 10시에서 2시까지의 시간이 가장 이상적인 시간이 아닐 수 있다. 각 지역사회에 따라 가장 적합한 요일과 시간을 선택하는 것이 필요하다.

얼마나 자주 Sibshops가 열리는가

지역사회의 요구와 상황에 따라 다르겠지만, 일반적으로 Sibshops는 매주 실시될 수도 있으며 때로는 연간 단위로 실시될 수도 있다. 하지만 일반적으로 Sibshops는 한 달에 한 번 또는 두 달에 한 번 실시된다.

Sibshops 프로그램의 목표는 무엇인가

목표 1: Sibshops는 형제자매들이 편안하고 레크리에이션 상황에서 다른 형제자매들을 만날 수 있는 기회를 제공한다.

목표 2: Sibshops는 형제자매들이 다른 형제자매들과 일반적인 기쁨과 고민에 대해 함께 이야기할 수 있는 기회를 제공한다.

목표 3: Sibshops는 형제자매들에게 다른 형제자매들이 그들의 장애 형제자매 때문에 경험하게 되는 공통적인 경험에 대해 어떻게 대처하는지를 배울 수 있는 기회를 제공한다.

목표 4: Sibshops는 형제자매들이 그들의 장애 형제자매의 장애에 대해 더 많이 배울 수 있는 기회를 제공한다.

목표 5: Sibshops는 부모와 관련 전문가들이 형제자매들이 종종 겪게 되는 경험과 고민에 대해 더 많이 배울 수 있는 기회를 제공한다.

출처: Meyer & Vadasy(2008).

〈표 10-7〉 Sibshops 일정표 예시

10:00	이름표 만들기
10:20	소개/또래지원 활동: 강점과 약점
10:45	레크리에이션
11:50	점심식사 준비
12:00	점심
12:20	점심식사 정리하기
12:30	또래지원 활동: 또래 고민 상담해 주기
12:55	레크리에이션
13:30	또래지원 활동
13:55	정리하기

출처: Meyer & Vadasy(2008).

5) 형제자매를 위한 상담 및 훈련 지원 프로그램

장애아동 형제자매를 위한 지원 프로그램이라고 하였을 때, 많은 사람들은 앞서 언급된 형제자매 집단을 대상으로 하는 지원 프로그램을 떠올리게 된다. 하지만 형제자매를 위한 지원 프로그램은 우리가 일반적으로 알고 있는 이러한 지원 프로그램만 있는 것이 아니며, 형제자매를 위한 상담 프로그램이나 훈련 프로그램도 있다.

상담 프로그램은 비장애 형제자매들과 일대일 개별상담으로 운영되거나 집단상담으로 운영될 수 있다. 이러한 상담 프로그램은 비장애 형제자매들이 장애 형제자매로 인해 경험하게 된 자신의 감정을 솔직하게 표현할 수 있도록 도와주며, 형제자매들이 장애 형제자매로 인해 가지고 있는 문제가 있다면 그것을 해결하도록 도움을 제공한다. 교사나 전문가들은 비장애 형제자매와 상담을 진행할 때 그들의 연령을 고려하여 비장애 형제자매가 편안한 분위기에서 상담에 임할 수 있도록 하여야 한다. 상담 시 일반적인 상담기술이 적용되겠지만, 특히 유아기에 해당하는 형제자매와 상담을 진행하게 될 때는 그들이 제한된 언어와 인지 능력을 가지고 있다는 것을 고려해야 한다. 또한 그들은 감정을 표현할 때

제한된 단어들을 사용하게 된다. Patterson과 Eisenberg(1983)가 제시한 다음의 유의점을 고려하여 유아기 형제자매와 상담을 진행해야 할 것이다.

- 유아들이 그들의 감정을 적절히 표현할 수 있도록 도와주라. 유아들은 상담가가 자신이 했던 말들을 정리해서 다시 표현하는 것을 듣게 될 때 도움이 될 수 있다.
- 유아들을 조심스럽게 대하고 상담 동안 유아들에게 집중하라.
- 유아들과 많은 대화를 나눠야 한다는 불필요한 기대를 갖지 마라.
- 상담시간 동안에 대화를 원활하게 하기 위해서 유아에게 시각적 자료나 놀이를 활용하라.
- 인형과 같은 비구조화된 놀이 자료를 활용하라.
- 놀이 동안에 유아가 나타내는 감정을 관찰하고, 유아들이 언어적 표현을 사용하도록 격려하라.
- 유아와 신뢰를 형성하기 위해 유아의 일상생활에서 발생한 일에 관해 이야기하라.

비장애 형제자매를 위한 훈련 프로그램은 장애 형제자매를 도와주고는 싶지만 어떻게 도와주는 것이 적절한지 잘 알지 못하는 형제자매를 대상으로 실시될 수도 있으며, 비장애 형제자매의 훈련을 통해 장애 형제자매의 발달을 촉진하기 위해 실시될 수도 있다. 훈련 프로그램과 관련하여 양숙미(2003)는 비장애 형제자매가 장애 형제자매의 교사 역할을 하도록 지원하기 위한 훈련 프로그램을 제안하였다. 하지만 중요한 것은 이러한 훈련 프로그램이 운영되기 위해서는 비장애 형제의 적극적인 참여가 전제되어야 한다. 훈련 프로그램에 참여하기를 원하지 않는 비장애 형제자매에게 이러한 훈련 프로그램의 참여를 강요하는 것은 비장애 형제자매에게 또 다른 스트레스를 부과하는 것이 될 수 있다.

6) 형제자매 지원 프로그램의 개발 및 적용 시의 고려점

형제자매 지원 프로그램의 개발 및 적용 시의 고려점으로는 두 가지를 생각해 볼 수 있다.

첫째, 형제자매 지원 프로그램은 형제자매의 연령을 고려하여 개발될 필요가 있다. 즉, 초등학생 형제자매를 위해 마련된 지원 프로그램이 성인기 형제자매에게 적용될 수 없으며, 중·고등학생 형제자매를 위해 마련된 지원 프로그램이 유치원생 형제자매들에게 적합할 수 없다는 것이다. 서명석(2004)은 비장애 형제자매의 적응 정도는 그들의 형제자매가 장애로 진단받은 후 어느 정도의 시간이 흘렀는가에 따라서 달라진다고 하였다. 또한 양숙미(2003)도 비장애 형제자매의 발달 단계에 따라서 비장애 형제자매들의 심리·사회적인 갈등 상태가 달라질 수 있으므로 비장애 형제자매의 발달 단계에 적합한 지원 프로그램이 개발되어야 한다고 강조하였다. 따라서 형제자매 지원 프로그램은 그 대상을 고려하여 그들의 수준에 맞는 적합한 지원 프로그램이 구성되어야 할 것이다. 하지만 국내 실정에서는 이처럼 다양한 수준으로 마련되어 있는 형제자매 지원 프로그램이 부족하며, 지원 프로그램의 운영자가 기존에 개발된 지원 프로그램의 내용을 조합하거나 대상 연령에 맞도록 수정하여 사용하는 정도라고 볼 수 있다.

둘째, 비장애 형제자매에 대한 지원 프로그램을 제공할 때는 이러한 지원 프로그램이 조기에 실시되어야 하며, 또한 일회성이 아닌 장기적으로 실시되어야 한다는 것을 고려해야 한다. 주로 비장애 형제자매는 초등학교 시기가 되고 나서야 지원 프로그램에 참여하는 경우가 대부분이다. 하지만 비장애 형제자매가 초등학교 시기가 되었을 때 지원 프로그램이 실시된다는 것은 이미 장애 형제자매에 대한 긍정적이거나 부정적인 인식이 형성된 뒤에 실시되는 것이라 볼 수 있다. 따라서 가능하다면 이러한 지원 프로그램이 초등학교 이전 시기에 제공되어 비장애 형제자매가 장애 형제자매에 대해 부정적인 인식을 갖지 않도록 예방할 필요가 있을 것이다. 그리고 지원 프로그램을 일회적이거나 단기에 끝내 버리는 행사가 아니라, 비장애 형제자매의 생애주기의 관점에서 지속적이며 장기적으로 운영되도록 할 필요가 있다. 지원 프로그램을 통해 다른 형제자매들을 만나고 그들과 감정을 공유하면서, 비장애 형제자매들은 서로에게 든든한 이해자이자 지지자로서 생활할 수 있을 것이다.

요 약

장애유아의 형제자매들은 장애유아의 생애에서 가장 많은 시간을 함께 보내게 되는 가족 구성원이라고 할 수 있다. 장애유아와 비장애 형제자매가 어떠한 상호관계를 가지는가에 따라 그들은 서로에게 긍정적 또는 부정적 영향을 미치는 관계로 발전할 수 있다. 비장애 형제자매가 장애유아에게 긍정적 영향을 제공하고 비장애 형제자매 스스로도 긍정적 적응을 해 나가기 위해서는 형제자매에 대한 지원이 요구된다. 비장애 형제자매는 부모의 관심이 장애 형제자매에게 집중된다고 생각하여 소외감이나 고립감을 경험하게 되고, 부모의 높은 기대에 대한 부담감을 경험하기도 하며, 때로는 낮은 자아개념을 나타내기도 한다. 하지만 비장애 형제자매들이 이러한 부정적인 경험만을 하는 것은 아니다. 즉, 그들은 장애 형제자매로 인해 타인에 대한 이해와 나이에 비해 성숙한 태도 등과 같은 긍정적인 모습을 보여 주기도 한다. 비장애 형제자매가 보다 사회·정서적으로 건강하게 성장할 수 있도록 하기 위해 형제자매를 위한 지원 프로그램이 실시되고 있다. 이러한 지원 프로그램은 형제자매들이 자신들과 비슷한 상황에 놓여 있는 다른 비장애 형제자매들을 만나 자신의 장애 형제자매와 관련된 이야기들을 하고, 장애 형제자매의 장애에 대해 이해하며, 여러 가지 게임과 활동을 통하여 스트레스를 해소하고 즐거운 시간을 가지도록 한다. 앞으로는 이러한 지원 프로그램의 효과에 대한 체계적인 평가를 통하여 비장애 형제자매들에게 보다 유익한 지원 프로그램들이 개발, 적용되어야 할 것이다.

학습활동

1. 장애유아의 형제자매가 경험할 수 있는 긍정적인 측면과 부정적인 측면에 대해 토론해 보시오.

2. 장애유아의 형제자매를 위한 지원 프로그램을 구성해 보시오.

제11장

가족지원 프로그램의 평가

1. 가족지원 프로그램 평가의 이해
2. 가족지원 프로그램 평가의 실시
3. 가족지원 평가결과의 활용

학습 목표

1. 가족지원 프로그램 평가의 개념 및 기능에 대하여 이해한다.
2. 가족지원 프로그램의 평가 현황에 대하여 이해한다.
3. 가족지원 프로그램 평가의 실시 원칙 및 평가 자료 수집방법, 평가결과 활용방법에 대하여 이해한다.

1. 가족지원 프로그램 평가의 이해

1) 평가의 정의

가족지원 프로그램 평가의 정의를 살펴보기 위하여 평가와 프로그램 평가란 무엇인지를 먼저 알아보기로 한다. 평가와 프로그램 평가의 정의는 학자들마다 약간씩 차이가 있다. 일반적으로 평가는 감정하기(appraise), 비판하기(criticize), 검사하기(examine), 감사하기(inspect), 분석하기(analyze), 비교하기(compare), 심의하기(review), 연구하기(study) 등의 활동과 더불어 사정하기(assess), 추정하기(estimate), 결정하기(decide), 평정하기(rate), 판단하기(judge) 등의 활동으로 이루어진 복합적인 개념이다(배호순, 2008). 그리고 프로그램 평가란 프로그램의 가치를 판단하는 과정이며(기영화, 2001), 프로그램의 계획, 실행, 발전을 위한 유용한 정보를 제공하는 데 중점을 두는 것으로(배호순, 2008) 양적 자료와 질적 자료의 특성을 파악한 후 가치판단을 통하여 미래 방향을 설정해 주는 것이다.

가족지원(family support)이란 단순히 가족이 필요로 하는 욕구를 충족시켜 주는 개념이 아니라, 가족들이 자신의 필요 및 욕구를 충족시키기 위해서 환경을 구성하고 독립적으로 문제를 해결하는 능력을 갖게 하는 것이다. 즉, 가족지원은 가족체계를 강화하고 유지하며 가족들 스스로 비공식적인 지원망을 개발하도록 돕는 것을 궁극적인 목적으로 하며, 가족이 상호 융화되는 것과 관련된 모든 활동을 의미한다(오혜경, 정소영, 2003).

이상의 평가와 프로그램 평가, 가족지원의 정의에 기초해서 가족지원 프로그램 평가를 정의하면 다음과 같다. 가족지원 프로그램 평가란 가족지원 프로그램의 운영절차가 얼마나 충실하게 이루어졌는가를 살펴보기 위해서 가족과 전문가가 선정한 평가방법을 적용하여(백은령 외, 2010) 프로그램 결과의 효율성 및 적합성에 대해 가치판단을 내리는 것이다(오혜경, 정소영, 2003).

2) 평가의 목적 및 기능

프로그램 평가가 수행되는 궁극적인 목적을 지적한다면 욕구를 가지고 있는 사람들에게 질 좋은 서비스를 제공하는 것에 기여하기 위해서이며(지은구, 2010), 제공된 서비스가 합리적인 비용으로 실제 필요로 하는 내용을 제대로 제공하고 충족시켰는지를 확인하기 위해서다(Posavac & Carey, 2003). 즉, 장애아동 가족지원 프로그램 평가의 목적은 프로그램의 성과나 효율성을 개선 또는 증진시키기 위하여 프로그램이 성취하려는 목적을 효과적으로 수행하였는지를 살펴보는 것이며, 프로그램의 개선이나 유지 그리고 확대에 책임이 있는 사람들에게 프로그램에 관한 유효한 정보를 제공하는 것이다(지은구, 2010).

장애아동 가족지원 프로그램 평가가 갖는 기능은 다섯 가지로 나눌 수 있다(이영자, 유효순, 이정욱, 2007). 첫째, 평가결과에 기초해서 프로그램의 목표를 명확히 하거나 재진술하는 것이다. 다시 말해서, 진행자는 평가를 통해서 프로그램의 목표를 다시 한 번 확인하고 내용을 파악하여 프로그램이 바람직한 방향으로 진행되도록 개선할 수 있다.

둘째, 진행자는 평가를 통해서 프로그램의 어느 부분이 효과적이고 문제가 있었는지를 파악할 수 있다. 예를 들어, 장애아동의 가족을 모집하고 프로그램을 안내하는 부분은 잘 이루어졌으나 실제 프로그램 운영에서 여러 가지 이유로 효과가 충분히 나타나지 않았을 경우가 있다. 이 경우 평가를 통하여 프로그램 계획에서 효과가 충분히 나타나지 않았던 이유들을 파악하고 그것을 다음 프로그램 운영에 반영할 수 있다.

셋째, 평가결과는 주제 선정, 지원 프로그램 운영 등에 도움이 된다. 예를 들어, 장애아동 가족지원 프로그램의 주제 중 '아빠와 함께 하는 가족지원 프로그램' 또는 '형제자매와 함께 하는 여름캠프 프로그램' 등이 효과적이었다면 다음 해에도 같은 프로그램이 운영될 수 있다. 그리고 프로그램을 운영하면서 특정 분야에 대한 지원이 필요하다고 평가되었다면 다음에는 지원 프로그램을 추가하여 운영할 수 있다.

넷째, 평가는 가족지원 프로그램의 목표 달성을 위한 효과적이고 대안적인 과정에 대한 아이디어를 제공한다. 장애아동 가족지원 프로그램의 평가는 목표 달성을 위하여 강조하거나 삭제 또는 수정해야 할 부분을 알 수 있도록 하고, 다른 방법으로 대체해야 할 프로그램들에 대한 아이디어를 얻을 수 있도록 한다.

다섯째, 평가는 동기 유발에 도움을 준다. 가족들은 자신의 강점이 프로그램에 긍정적인 영향을 미쳤다는 평가결과를 접할 경우에 강화된다. 즉, 프로그램 평가는 장애아동 가족에게 자신의 강점을 프로그램에 적극적으로 반영하고자 하는 동기를 부여해 준다. 따라서 평가는 평가결과 자체로도 의미가 있지만 다음 프로그램을 위한 준비의 과정이 되기도 한다.

3) 평가의 종류

평가의 종류는 개념과 목적, 평가의 탐구방법, 평가의 철학적 배경 등 다양한 기준에 따라 분류할 수 있으며, 계획 · 실행 · 산출 등 어떠한 단계를 측정하느냐에 따라서 평가방법이 달라진다(강현석, 주동범, 2004; 배호순, 2008). 평가방법을 설명하기 위한 모형에는 인증모형, 목표중심 모형, 평가연구 모형을 포함하는 고전적 평가모형과 의사결정중심 평가, 판단중심 평가, 반론중심 평가 등을 포함하는 대안적 평가모형이 있다. 여기서는 장애아동 가족지원 프로그램 평가를 설명하기에 적합하다고 여겨지는 의사결정중심 평가모형을 기준으로 평가의 종류를 살펴보기로 한다.

(1) 계획 관련 결정을 내리기 위한 평가

계획 관련 결정(planning decision)을 내리기 위한 평가란 프로그램의 목표를 결정하기 위한 정당한 근거를 제공할 목적으로 이루어지는 가장 기본적인 평가 형식으로 상황평가에 해당한다(배호순, 2008). 상황평가란 프로그램이나 수업 평가를 실시함에 있어 전반적인 맥락 또는 환경을 분석하여 필요한 조건과 실제 상황을 명시하고 필요조건과 실제 상황에 맞아떨어지지 않은 부분과 이유 그리고 해결방안을 확인, 진단하는 과정이다(김진규, 2004). 주된 방법으로는 체제분석, 조사, 기록물 고찰, 면담, 진단검사, 델파이 기법 등이 활용된다. 평가의 목적은 프로그램의 일반적 목표, 구체적인 실천 목표를 결정하는 데 도움이 되는 자료를 제공하는 데 있다(배호순, 2008).

(2) 실행 관련 결정을 내리기 위한 평가

실행 관련 결정(implementation decision)을 내리기 위한 평가란 프로그램 수행과정 중에 어떤 활동을 어떻게 실천하고 어떤 자원을 언제, 어디에, 어떻게 활용할 것인가 등을 실천적 결정이라고 규정하고 프로그램의 진행 및 수행 과정을 평가하는 것으로, 형성평가 또는 과정평가로도 불린다(배호순, 2008). 과정평가란 프로그램의 운영방법과 절차를 수정 · 보완하는 데 필요한 정보를 수집, 제공하기 위해 프로그램이 실시되고 있는 동안 프로그램의 운영 상황을 정기적으로 점검하는 평가다(김진규, 2004). 예전에는 프로그램을 처음 계획한 대로 실시하고 종료하였는지가 평가의 중요한 기준이었다. 즉, 과거엔 계획에 의해 한 치의 오차도 없이 프로그램이 잘 이루어졌는지가 중요한 기준이었으나, 현재의 가족지원 프로그램에서는 프로그램의 운영 상황을 정기적으로 살피고 역동적으로 반응하는 것도 중요한 평가기준으로 보고 있다.

프로그램의 설계와 실행과정에 초점을 두는 과정평가는 두 가지 목적으로 실시된다(김희진, 2005). 첫째, 프로그램이 실시되는 과정에서 즉각적으로 수정해야 할 것이 있으면 수정해야 하기 때문이고, 둘째, 프로그램 평가결과에서 효과가 있거나 없었을 때 왜 그런 결과가 나왔는가를 알아야 하기 때문이다. 가족지원 프로그램을 계획하고 운영하기 위해서는 많은 노력과 시간 그리고 비용이 필요하다. 다시 말해서, 도움이 필요한 가족이 누구이고 얼마나 되는지를 파악하고, 파악된 가족을 가족지원 프로그램에 참여시켜 프로그램 종료 시까지 지원을 받도록 하고, 프로그램이 실시될 장소를 찾는 일들은 비용과 시간이 필요한 일이다. 따라서 많은 시간과 비용을 쓰게 되는 프로그램을 성공적으로 이끌기 위해서는 과정평가를 통해 어떠한 요소들이 프로그램의 성공에 기여하는지 살펴보고, 프로그램 운영 상황을 정기적으로 살펴보는 것이 중요하다고 할 수 있다.

(3) 구조화 관련 결정을 위한 평가

구조화 관련 결정(structuring decision)을 위한 평가는 프로그램의 목적을 달성하기 위하여 어떻게 자원을 활용할 것인가를 결정하는 데 필요한 정보를 제공하기 위해 이루어지는 것으로 투입평가에 해당한다(배호순, 2008). 투입평가는 평가에 동원되는 자원 또는 자원체제의 활용방법을 결정할 때 필요한 정보를 수집 · 제공하기 위한 평가다(김진규, 2004).

투입평가는 담당기관의 적절한 잠재력, 프로그램 목표 달성전략, 선정된 전략의 실천방안 등을 확인하는 것이며, 프로그램 진행 중에 취해야 할 행동의 적절성, 실천 가능성, 경제성을 파악하기 위하여 가용한 인적 · 물적 자원, 해결전략, 절차방안을 기술하고 분석하는 데 목적을 두는 평가방법이다(배호순, 2008).

(4) 순환 관련 결정을 내리기 위한 평가

순환 관련 결정(recycling decision)을 내리기 위한 평가는 특정 프로그램을 종료시킬 것인지 또는 지속시킬 것인지, 기금을 증액시킬 것인지 또는 감축시킬 것인지를 결정할 필요가 있을 때 실시하는 평가로 산출평가에 해당한다(배호순, 2008).

산출평가는 프로그램 종료 단계와 실시 도중에 이루어지는 결과를 측정하고 해석하기 위해 이루어지는 평가(김진규, 2004)로, 얻어진 정보를 목표, 상황, 투입 및 과정에 관련된 정보와 연결시키는 데 중점을 둔다. 목표와 연계된 준거를 조작적으로 정의하고 측정하며, 측정결과를 사전에 결정된 기준이나 준거에 비교하여 프로그램을 지속, 종료, 수정, 재강조할 것인지에 대한 결정에 필요한 정보를 제공하기 위한 목적으로 실시되는 평가다(배호순, 2008).

이상으로 평가의 네 가지 종류에 대해 살펴보았다. 지금까지 이루어진 연구결과들은 대체적으로 목표가 잘 달성되었는지를 알아보는 산출 단계의 결과평가가 주로 이루어졌다. 그러나 앞으로는 계획 및 실행의 과정에 대한 평가도 중요하게 다루어져야 할 것이다(김희진, 2005). 평가에 있어서 과정과 결과는 상호 영향을 미치는 것으로 프로그램 진행과정이 잘 이루어지면 결과에 좋은 영향을 미치고, 또 그 결과를 프로그램 계획 단계에 반영하면 프로그램 진행과정이 개선될 수 있다.

4) 평가의 필요성 및 논쟁점

평가는 마지막 단계에서 이루어지고 끝나는 것이 아니라 새로운 시작을 위한 준비가 되며, 다양한 사람이 평가에 참여하는 것이 어떤 장점과 시사점이 있는지, 그리고 프로그램의 실행과정에서 이루어지는 평가가 어떻게 프로그램의 개선에 활용될 수 있는지를 아는 것에 도움이 된다(김희진, 2005). 즉, 가족지원 평가는 프로그램의 효과를 평가하기 위해서도 필요하지만 평가를 통하여 개선하고 보완해야 할 점들을 찾아내고 더 발전된 프로그램을 운영하기 위해서도 필요하다. 또한 Rossi, Freeman과 Lipsey(1999)에 따르면 평가는 프로그램이 계속 진행되어야 하는지, 개선되어야 하는지, 확대되어야 하는지, 축소되어야 하는지를 결정하기 위해서 필요하다. 또 프로그램의 만족도를 평가하기 위해서, 프로그램 관리와 행정의 효율성을 증가시키기 위해서, 프로그램 지원자들의 요구에 대한 책임성을 만족시키기 위해서도 필요하다. 이러한 필요성에 의해 실시되는 프로그램 평가에 관한 논쟁점은 다음과 같다.

(1) 프로그램의 개별성 및 시간에 따른 변화성으로 인한 문제

장애자녀가 그 가족에게 미치는 영향은 대상에 따라 다양하게 나타날 수 있으며 개별 가족들이 갖게 되는 관심도 다양하게 나타난다(이소현, 2003). 이는 장애아동을 위한 가족지원 프로그램도 각 가족의 독특한 요구에 의해 이루어지며 개별화된 형태로 이루어져야 함을 시사한다. 다시 말해서, 집단 모임보다는 개별 모임을 통하여 각 가족이 처한 상황에 적절한 교육을 실시해야 하고 집단 모임에서도 각 가족의 독특한 요구를 만족시켜 줄 수 있는 프로그램을 함께 운영해야 한다.

개별화된 프로그램은 제공되는 정보나 서비스의 내용, 길이, 접촉 빈도, 전달방법 등이 매우 다양하기 때문에 사례 연구의 성격을 갖게 된다. 따라서 다른 가족에게 제공된 프로그램을 또 다른 개별화된 프로그램과 비교해서 그 효과를 평가하는 것은 불가능하다. 사례 연구의 경우, 개별 가족이 프로그램을 통해 어떻게 변화하였는지를 자세하게 알려 주는 데는 도움이 되지만, 그 효과가 다른 가족에게까지 일반화되리라는 보장은 할 수 없다. 다시 말해, 평가결과를 통하여 프로그램만의 효과라고 할 수 있거나 프로그램의 결과를 가지고 다른 가족에게 같은 프로그램을 지원하여 효과를 기대하기 어렵다는 것이다. 따라서 각 가족의 독특한 특성을 고려하여 프로그램을 운영하고 그에 따른 평가기준을 마련하는 것이 필요하다(김희진, 2005).

또한 프로그램 운영 중에도 각 가족의 변화하는 요구들을 적극적으로 받아들이고 변화에 대처할 수 있어야 한다. 예를 들어, 처음에는 아동의 행동 문제에 대한 대처방안에서 시작했으나 점차 비장애 형제자매를 위한 교육을 요구할 수도 있고, 부모의 경제적인 상황 해결방법, 장애자녀를 키우면서 원만한 부부관계를 유지하는 방법 등으로 요구가 다양하게 변화될 수 있다. 이러한 요구에 대하여 진행자는 변화된 요구를 반영하는 방법을 찾으면서 프로그램을 운영해야 한다.

(2) 진행자의 자율성에 따른 문제

가족지원 프로그램이 목표를 달성했는지를 평가하는 것은 프로그램이 최초의 계획대로 차질 없이 진행되었다는 전제에 따른다(김희진, 2005). 그러나 장애아동 가족지원 프로그램은 각 가족이 가지고 있는 독특한 특성과 구성원들 사이에서도 각자의 위치에 따라 다른 부담을 경험하게 되므로(오혜경, 2002), 각 가족의 요구와 참여자의 수준이 다양할 수 있다. 즉, 장애아동 가족지원은 아동이 가진 발달상의 특수성과 장애의 정도 및 특성을 고려한 장애아동 가족지원 욕구를 기초로 하여 개념 및 유형을 재정립하고, 장애아동 및 가족의 특수성을 고려한 장애아동 가족지원 정책 및 복지 서비스 체계가 요구되는 분야다(한현정, 김혜영, 2003). 이러한 독특성으로 인하여 장애아동 가족지원 프로그램은 진행자에게 많은 자율성이 주어지게 되는데, 이러한 자율성은 프로그램을 융통성 있게 운영하고 상황에 맞게 진행할 수 있게 한다. 하지만 프로그램 평가에서 기준을 상실하게 하여 평가의 어려움으로 다가오기도 한다. 다시 말해, 진행자의 자율성이 발휘될수록 계획된 프로그램의 평가결과는 달라질 여지가 많다. 따라서 평가를 위해서는 프로그램 운영의 규칙과 기준을 사전에 계획하는 것이 필요하다.

(3) 목표 달성방법 명시에 대한 문제

평가의 기본 전제는 이 프로그램을 통하여 도달할 수 있는 구체적이고 명확한 목표가 제시되어야 하며 목표에 도달하는 방법이 기술되어야 한다는 것이다(김희진, 2005). 그러나 장애아동 가족지원 프로그램은 각 가족이 가지고 있는 개별적인 필요와 지원 욕구(이소현, 2003)로 공통적인 목표 달성방법을 한 가지로 명시하기가 어렵다. 즉, 평가의 기본 전제인 명확한 달성 가능 목표 제시가 어렵기 때문에 평가를 실시하는 데 어려움이 따른다. 따라서 장애아동 가족지원 프로그램의 평가를 위해서는 각 가족이 가지고 있는 독특성과 자율성을 고려하는 개별화된 목표 달성방법을 명시하면서 평가를 실시하는 것이 필요하다.

(4) 프로그램 평가 측정 시기와 관련된 문제

일반적으로 가족지원 프로그램의 효과가 가족 구성원들에게 나타나기까지는 적어도 3~4년이라는 시간이 소요된다(김희진, 2002). 이러한 점을 고려해 볼 때 평가를 통해 추출된 단기 성과의 의미로 가족지원 프로그램이 긍정적인 변화가 있었다고 단정 짓기에는 무리가 있다(신동주, 2009).

장애유아를 위한 가족지원 프로그램의 평가는 프로그램을 실시하고 나서 프로그램 종료 시점에서 평가를 실시한 연구(박성신, 박지연, 2007; 정선진, 박승희, 2009; 조윤경, 김경해, 2005)가 많다. 예를 들면, 장애유아 가족지원 프로그램이 형제자매의 효과적 스트레스 대처방안에 대한 내용으로 운영되었을 경우, 프로그램의 효과는 형제자매가 프로그램을 운영하기 전에 실제 스트레스 상황에서 어떻게 대처했는지를 평가하고 프로그램이 끝나고 나서 같은 상황에서 어떻게 대처하는지를 평가할 수 있어야 한다. 그러나 현실적으로는 프로그램이 끝나고 나서 프로그램의 결과가 어떠했는지를 평가하는 정도이고, 실제로 형제자매가 느끼는 스트레스 상황에서의 변화를 평가하기는 어렵다.

따라서 프로그램의 실제적인 효과를 평가하기 위해서는 일정 시간이 흐른 후 상담이나 설문지를 통하여 프로그램을 받고 나서의 대처 상황에 대한 변화를 알아보는 평가가 필요하다.

(5) 부모의 설문지 작성 거부에 대한 문제

가족지원 프로그램의 주 수혜자인 부모를 대상으로 평가를 실시할 경우 부모들이 설문지 작성에 대하여 갖는 거부감이 평가를 어렵게 하는 요인이 된다(오혜경, 2002). 가족지원에 참여한 부모들이 설문지의 내용을 잘 이해하지 못하거나 설문지 작성에 대한 부담감으로 인하여 평가에 참여하지 않는 경우에 평가하기가 어렵게 된다. 이러한 경우를 대비해서 평가방법을 설문지가 아닌 면담이나 자연스러운 간담회 형식으로 운영하여 부모들이 평가방법에 쉽게 접근할 수 있도록 하는 것이 필요하다.

2. 가족지원 프로그램 평가의 실시

프로그램 효과성에 관한 평가라든가 프로그램 전달체계에서 통합적 프로그램의 구성 요소에 대한 평가는 프로그램의 유효성을 결정하고 향후 프로그램 실행과 중단을 결정하는 데에 중요한 영향을 미친다(김영희, 2005). 따라서 평가는 프로그램의 시작 단계부터 프로그램의 일부분으로 설계되어 그 계획을 수립해야 한다(김희진, 2005). 평가과정에는 전문가뿐만 아니라 가족의 참여도 포함해야 한다(오혜경, 정소영, 2003). 이에 평가의 실시과정을 평가규칙과 평가절차로 나누어 설명하면 다음과 같다.

1) 평가규칙

평가규칙(evaluative rule)은 일반적으로 평가의 실시 및 그 결과의 활용에 관한 전반적인 지침이나 중점사항, 방침이나 규정 등을 의미한다(배호순, 2008). 평가규칙은 평가에 대한 긍정적 시각, 프로그램의 목적과 일관성을 유지하는 평가계획 수립, 현실적인 평가계획과 기대, 윤리적인 문제 고려, 부모 및 가족 집단의 다양성 인식, 프로그램 실행과정을 고려한 평가 실시 등을 포함한다(김희진, 2005).

(1) 평가에 대한 긍정적인 시각

평가가 효율적으로 이루어지기 위해서는 평가의 각 단계가 객관적이고 체계적으로 진행되어야 한다. 또한 감독자나 진행자는 평가를 바라보는 시각을 긍정적으로 설정해야 한다(김희진, 2005). 평가 감독자 또는 진행자가 평가에 대하여 귀찮거나 성가시고 부가적으로 해야 할 것으로 생각하거나 참여 부모가 평가에 대해 자신을 감시하는 것이라고 생각하게 되면 정확한 평가가 이루어지기 어렵다. 그러나 평가를 긍정적인 것으로 생각하고 진행되는 프로그램의 일부로 받아들이게 되면 명확한 평가가 이루어짐과 동시에 추후에 진행될 프로그램의 개선이라는 목표도 달성할 수 있다. 따라서 감독자, 진행자, 참여 부모 모두는 평가가 가족의 서비스를 개선하고, 가족을 위한 정책을 만들고, 프로그램을 지속하기 위한 자금을 모으는 데 필요한 과정이라는 것을 인식하고 평가에 임하는 것이 필요하다.

평가의 과정에서도 평가의 대상이 된다는 인식보다는 모두 평가의 주체라는 인식을 갖고 적극적으로 참여하는 자세를 갖는 것이 중요하다. 특히 부모들에게는 협조를 통해 더 나은 서비스가 제공되고 다음에 참여할 부모와 가족들에게 돌아갈 혜택을 늘리는 데 기여했다는 자부심을 갖게 하는 것이 중요하다(김희진, 2005).

(2) 프로그램의 목적과 일관성을 유지하는 평가계획 수립

일반적인 평가 목적은 프로그램의 기획 및 개발을 위한 목적, 프로그램의 개선 및 변화를 위한 목적, 프로그램의 목표 달성 정도를 파악하기 위한 목적, 프로그램의 효과 및 영향을 사정하기 위한 목적, 프로그램의 장점 및 가치를 파악하기 위한 목적, 프로그램 수행의 점검 및 통제를 위한 목적 등 다양하다(배호순, 2008). 따라서 평가는 프로그램의 목적을 달성했는가를 알아보기 위한 것(김희진, 2005)이기 때문에 목적에 맞는 평가계획이 수립되어야 한다. 예를 들어, 장애아동을 위한 가족지원 프로그램이 부모의 우울감을 감소시키고 자기존중감을 향상시키기 위한 목적으로 실시되었다면 평가 종료 후에 실시되는 평가에서는 장애유아 부모의 우울감과 자기존중감에 미친 영향이 평가되어야 한다. 표준화된 도구라는 이유로 혹은 다른 프로그램에서 사용했다는 이유로 프로그램의 목적과 관련 없는 평가를 하는 것은 바람직하지 않다.

(3) 현실적인 평가 목표 및 계획의 수립

프로그램 계획자나 진행자들은 프로그램을 개발하고 진행하는 과정에서 애착을 갖기 때문에 정서적으로 몰입하게 된다(김희진, 2005). 따라서 참여 부모와 가족에게 획기적인 변화가 이루어지기를 기대하게 된다. 그러나 특히 장애유아 가족지원의 현실에서는 부모와 가족이 프로그램에 참여했다고 해서 괄목할 만한 변화가 즉시 일어나는 일은 드물고 조금씩 변화해 가는 것이 일반적이다. 따라서 프로그램의 계획 단계부터 현실적으로 가능한 평가 계획과 기대 목표를 세워야 한다. 즉, 정해진 기간 내에 도달 가능하지 않은 목표를 설정하기보다 현실적으로 가능성 있는 계획과 목표를 세우는 것이 필요하다.

(4) 윤리적인 문제 고려

가족지원 프로그램은 신뢰를 바탕으로 하기 때문에 평가를 할 때도 신뢰를 깨뜨리지 않도록 노력해야 한다. 평가결과는 익명성이 보장된다는 것, 평가결과가 다른 가족을 돕고 프로그램을 개선하기 위해 실시된다는 것 등 평가의 목적과 활용에 대해 부모에게 알려야 한다(김희진, 2005). 예를 들면, 장애아동 가족지원 프로그램의 평가결과는 가족을 지원하기 위해서 활용된다는 것을 사전에 알려야 하고, 지나치게 개인적인 생활에 관한 질문, 너무 이해하기 어렵거나 시간이 많이 소요되는 질문, 장기간의 가정방문 관찰 등이 포함된 평가는 프로그램에 대한 부모의 신뢰를 저하시킬 수 있으므로 평가과정에서 고려되어야 한다.

(5) 부모 및 가족 집단의 다양성 인식

가족지원 프로그램을 운영하고 평가하기 위해서는 가족이 가지고 있는 강점과 문제점들을 파악하여 상호 의견을 교환하고 지원하면서 평가에 대한 긍정적인 관점을 갖는 것이 중요하다(김희진, 2005).

일반아동의 부모 및 가족 집단도 다양성을 가지고 있지만 특히 장애아동의 가족 집단은 일반적인 가족 집단의 특성뿐만 아니라 각 아동이 가지고 있는 장애특성에 의해서도 다양성을 갖게 된다. 예를 들면, 정서·행동장애 아동과 시각장애 아동 가족의 특성 및 프로그램에 대한 지원 요구는 다르다. 정서·행동장애 아동의 가족은 아동의 정서 · 행동 문제에 대하여 가족이 효율적으로 접근할 수 있는 방법을 원할 수 있고, 시각장애 아동의 가족은 잔존 시력의 활용 또는 대체수단으로 생활해 가도록 가족이 도울 수 있는 방법을 프로그램 지원으로 요청할 수 있다. 그리하여 평가는 가족 특성과 가족이 직면한 다양한 문제를 고려하여 이루어져야 한다.

(6) 프로그램 실행과정을 고려한 평가 실시

평가의 초점은 지원이 가장 필요한 부모와 가족에게 적합한 지원이 제공되어 최대한 효율적인 방식으로 프로그램이 진행되었는가를 알아보는 것이다(김희진, 2005). 즉, 장애아동의 가족에게 프로그램 참여를 권유하는 방법에 대한 평가, 종료 시까지 프로그램에 참여하도록 유지하는 과정에 대한 평가, 프로그램을 실행하는 데 영향을 미치는 진행자의 역할과 효율성에 대한 평가, 프로그램에서 비전문가를 활용하였다면 이에 대한 장단점이 해당 프로그램에서 어떻게 작용하였는지에 대한 평가 등이 이루어져야 한다.

〈사례 1〉은 특수학교 유치원 과정 2년차인 뇌성마비 학생 영수에 대해 현재 담임인 김 교사와 작년 담임인 허 교사가 나눈 대화다.

사례 1

김 교사: 선생님, 얼마 전 영수 어머니가 학교에 전화를 해서 아이 수준을 생각하지도 않고 내년이면 학교에 들어가야 하니 준비가 필요하다면서 쓰기지도를 요구하더라고요. 영수는 아직 신변처리가 안 돼서 기본 생활훈련이 더 필요하거든요. 평소에는 영수의 학교생활에 그다지 관심도 없으셨는데…….

허 교사: 그러면 영수의 진단결과를 어머니와 상의해 보셨어요?

김 교사: 진단결과를 이야기하기는 했지만 영수 어머니는 집에서는 더 잘한다고 하면

서 요구가 많아요. 제가 이야기를 해도 막무가내인 것이 많아서 머리가 아파요. 결국 제가 알아서 해야 할 것 같아요.

허 교사: 선생님, 혹시 요즘 영수네 가족에게 무슨 문제가 있나요? 작년에는 영수의 유치원 생활에 대하여 어머님이 수시로 상담하고 저도 영수의 생활을 말씀드리면서 교육과정을 진행할 수 있었거든요. 또 영수를 평가할 때도 어머님께 의견을 들을 수 있었고요. 어머님이 관심이 많으셨는데 가정에 변화가 생기지는 않았나 해서요.

김 교사: 아버님이 새벽부터 밤늦게까지 일을 하시지만 생활은 여전히 힘드신가 봐요. 요즘은 형과 누나도 불평을 많이 하고 영수를 귀찮아하고 그러나 봐요.

허 교사: 작년에는 형과 누나가 영수와 함께 놀이도 해 주고 그랬어요. 동생을 잘 돌봐 줘서 영수 어머님이 한결 마음이 놓인다고 했거든요. 그래도 그 아이들도 부모님의 사랑이 필요한 시기인데……. 동네에 복지관이나 바우처를 이용할 수 있는 방법은 없을까요? 영수네 가족에게 어떤 지원이 필요한지 한번 알아보고 영수의 진단결과에 대해서 서로 의견을 교환해 보는 것도 좋을 것 같네요.

2) 평가절차

프로그램을 평가하기 위한 행동이나 활동들은 일련의 순서에 따른 과정을 거치게 되고, 학자들마다 평가의 단계는 조금씩 차이가 있다(오현숙, 최호윤, 2010; 지은구, 2010). 평가의 일반적 절차는 평가의 근거 및 목적 확인, 평가 대상 및 내용 확인, 평가 계획서 작성, 평가준거의 설정, 평가 지표 및 자료의 수집, 자료 분석 및 판단, 평가보고서 작성, 평가결과의 해석과 활용 등으로 요약할 수 있다(배호순, 2008; 성태제, 2010). 평가절차를 정리하면 [그림 11-1]과 같다.

첫째, 평가의 근거 및 목적 확인 단계에서는 교육목표가 적절하게 설정되었는지, 그 목적을 달성하기 위하여 세부 시행 계획이 제대로 구성되었는지를 확인

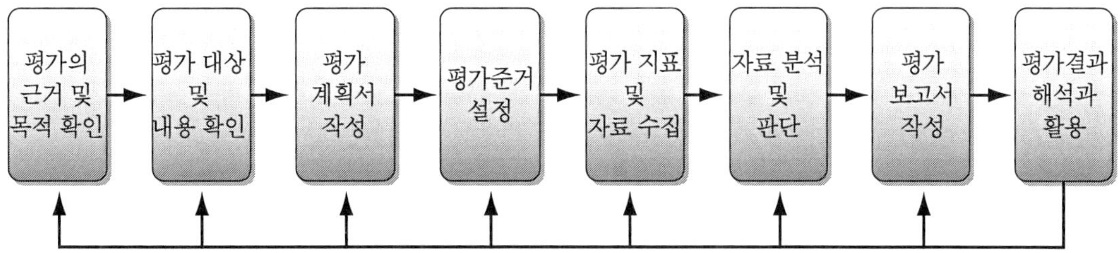

[그림 11-1] 평가절차

출처: 배호순(2008)에서 재구성.

한다(성태제, 2010). 평가 목적의 확인과 구체화는 평가 활동의 설계와 준비, 평가에 대한 지원을 받는 데 중요한 요소다(배호순, 2008; 오현숙, 최호윤, 2010). 장애아동 가족지원의 목표는 프로그램 구성 초기에 미리 설정하는 것이 중요한데, 이는 가족지원의 평가를 위한 준비 단계를 강조한 것이다(백은령 외, 2010). 〈표 11-1〉은 산출 목표와 평가 목표의 예를 보여 주고 있다.

둘째, 평가 대상 및 내용 확인에서 프로그램 평가의 경우 직접적으로 평가하고자 하는 사물, 활동, 인물, 프로그램, 프로젝트, 워크숍 등의 목적, 기능, 속성과 그로 인한 효과 등이 평가 대상이 될 수 있다(배호순, 2008). 가족지원 프로그램의 경우에는 평가의 목적에 따른 프로그램의 여러 측면 및 속성, 단계, 차원, 산출결과 등이 성과 대상 및 내용이 될 수 있다.

셋째, 평가 계획서 작성 단계에서는 평가 활동의 기획 및 설계가 이루어진다(배호순, 2008). 평가 계획을 수립할 때는 평가 목적 확인을 비롯하여 평가 목표 진술, 평가 설계 선정, 평가도구 제작, 평가 자료 수집, 평가결과 분석, 평가결과 보고, 평가결과 활용의 8단계로 구분하여 작성한다(변창진 외, 1996). 평가계획 수립 단계에서 평가 목적 확인 단계를 포함시키는 것은 평가를 실시하는 목적에 따라 평가의 내용과 방법이 달라지므로 평가 목표를 진술하고 평가 설계를 선정하기 전에 다시 한 번 검토해야 정확하고 안전한 평가 계획을 세울 수 있기 때문이다(김진규, 2004). 특히 프로그램의 성과를 비교하거나 변화 정도를 제시하기 위해

〈표 11-1〉 장애아동 가족지원 프로그램의 산출 목표와 성과 목표의 예

<table>
<tr><td>사업 목적</td><td colspan="2">1. 저소득층 야간 방임 장애아동의 안전 증대 및 정상적 성장 지원
2. 저소득층 야간 방임 장애아동 가정의 가족관계 강화를 통한 가족 유대감 증대</td></tr>
<tr><td>성과 목표</td><td colspan="2">1. 야간 방임 저소득 장애아동에 대한 야간 돌봄 서비스의 강화
2. 야간 방임 저소득 장애아동의 기초학습 능력 향상
3. 야간 방임 저소득 장애아동 가족의 가족관계 강화</td></tr>
<tr><td>목적</td><td>산출 목표</td><td>성과 목표</td></tr>
<tr><td rowspan="3">1. 저소득층 야간 방임 장애아동의 안전 증대 및 정상적 성장 지원</td><td>1-1. 저소득층 야간 방임 장애아동 20명 안전보호</td><td>보호 장애아동의 야간 안전 사고율 감소</td></tr>
<tr><td>1-2. 20명 아동에 대한 무료 석식 및 간식 제공, 건강체조 프로그램 시행</td><td>평균 신체발달 지수 향상</td></tr>
<tr><td>1-3. 주 5회 숙제지도 및 주 2회 기초학습 지도</td><td>기초학습 능력 향상</td></tr>
<tr><td rowspan="2">2. 저소득층 야간 방임 장애아동 가정의 가족관계 강화를 통한 가족 유대감 증대</td><td>2-1. 월 1회 보호자와 함께 하는 프로그램 시행</td><td rowspan="2">보호 장애아동의 가족 유대감 증대</td></tr>
<tr><td>2-2. 월 1회 보호자/자녀 상담을 통한 심리적 유대감 형성</td></tr>
</table>

출처: 백은령 외(2010)에서 재구성.

서는 목표를 설정하고 계획과정에 포함되도록 하는 것이 중요하다(백은령 외, 2010).

넷째, 평가준거의 설정은 평가할 대상 및 내용 또는 평가하고자 하는 대상의 속성, 또는 그로 인한 산출 및 활동 결과의 특정 영역이나 차원을 말한다(배호순, 2008). 이는 평가 활동의 근거로서 그 범위나 영역 또는 초점을 결정해 주며 평가 지표 및 기준의 근원으로 작용한다. 평가준거를 설정하고 그것을 분석하고 상세화하여 구체적인 수준의 평가준거로 작성하는 일을 수행하면 평가 내용이 분명해지고 그것을 바탕으로 한 평가 자료 수집 활동이 원활하게 연결될 수 있다.

다섯째, 평가 지표 및 자료 수집은 평가준거에 관한 판단을 위하여 근거 자료를 제시하는 표현방식, 준거에 관한 결과 및 산출을 입증해 주는 자료, 또는 그 자료를 수집하기 위한 측정 방법 및 도구를 의미하며(배호순, 2008), 이는 실제로 프로그램 평가에 요구되는 자료를 수집하는 단계이다(김진규, 2004).

평가 자료의 수집은 일반적으로 자료를 수집하기에 가장 쉽다고 여겨지는 설문지 이외에(김희진, 2005), 면담, 프로그램의 직접관찰, 프로그램에 대한 기관이나 협회의 기록과 사례기록 등과 같은 문서 자료 수집(김진규, 2004) 등 다양한 방법으로 이루어질 수 있다. 〈표 11-2〉에는 가족지원 프로그램의 실행과 평가를 위한 자료 수집에 사용될 수 있는 방법이 제시되어 있다(김희진, 2005).

여섯째, 자료 분석 및 판단은 평가 활동의 가장 핵심적이고 필수적인 활동(배호순, 2008)으로, 특정 기준이나 규칙을 선정하고 관련 근거 자료를 수집하고 적합한 비교단위와 관점을 택하는 일이 이루어지는 동시에 그 자료의 분석에 근거하여 가치판단이 이루어진다.

일곱째, 평가보고서 작성은 평가의 사전 계획부터 평가 진행과정, 평가에 의하여 수집한 정보, 분석결과, 결과에 대한 해석 등의 평가를 통한 모든 내용을 일목요연하게 정리한 자료다(성태제, 2010). 그러므로 평가보고서를 통하여 평가에 대한 모든 내용을 알 수 있다. 평가보고서의 일반적인 양식은 평가 일시 및 평가자, 평가 대상, 평가 목적, 평가 내용, 평가절차, 평가결과, 평가결과의 해석, 결론 및 논의의 형태로 이루어진다(성태제, 2010).

여덟째, 평가결과의 해석과 활용은 평가 대상이 평가결과를 인지하였을 때 바람직한 변화가 나타나기 때문에 평가 대상뿐 아니라 평가 대상과 관련된 모든 대상에게 공개됨을 원칙으로 한다. 평가결과는 중요한 의사결정을 하는 유용한 정보로 사용되어 교육을 개선하는 중요한 자료가 되며, 나아가 책무성을 부여할 수 있는 자료로 사용된다(성태제, 2010).

〈표 11-2〉 자료 유형에 따른 자료 수집방법

자료 유형	자료 수집방법
프로그램의 실시를 점검하고 기록하기 위해 사용하는 서식	• 프로그램이 실시되는 전 과정을 기록 - 계획 또는 메시지 형태로 정보 기록 - 가족방문 계획 또는 방문 기록 - 시간별 과제 수행 기록 - 업무일지 기록: 매일 각 일과를 소요시간과 함께 기록하는 서식 • 자원봉사자의 모집과 훈련에 대한 기록 • 다른 기관들과의 협력과정 기록 • 가족에게 전달된 서비스의 수와 특성, 약속 취소 원인, 탈락률 등을 기록
의료 및 건강 기록	• 외부 기관(병원/보건소)의 협조와 의료와 관련된 서비스 기록 • 건강 상태와 관련된 서비스 기록 - 산전/산후 병원 방문 횟수 - 임신기의 음주, 흡연 같은 건강 관련 습관 - 저체중이나 조산 유무, 모유 수유 유무 및 지속기간 • 예방주사 접종 종류, 안전사고 발생 빈도 등
면담과 질문	• 대상 부모와 진행자를 대상으로 수집 가능 • 기존에 개발된 설문지와 현황 파악을 위한 설문지 및 인터뷰 • 개인적 배경에 관한 정보, 욕구조사를 위한 질문, 프로그램에 대한 기대 및 평가 • 일대일, 집단, 전화, 녹음 또는 기록 등의 다양한 수단으로 자료 수집 • 대상 부모의 문해 능력을 파악하여 설문지와 인터뷰 중 적절한 수준 적용
관찰	• 체계적인 계획을 세워 시간 또는 사건을 중심으로 관찰 - 가정환경(가구 배치, 놀잇감 수 등) - 부모-자녀 상호작용(내용, 방법, 질) - 집단 모임에서의 역동성(지도자, 추종자, 관심 보이는 부모, 무관한 부모, 상호작용 패턴, 토론된 내용 등)

출처: 김회진(2005)에서 재구성.

3. 가족지원 평가결과의 활용

가족지원 프로그램에서 이루어진 평가는 평가에 머무는 것이 아니라 평가결과를 통하여 프로그램에 참여한 가족, 진행자, 감독자, 지역사회와 프로그램이 모두 발전하고 성장할 수 있는 자료로 활용되어야 한다(김희진, 2005). 평가결과는 장애아동 가족들이 프로그램에 관심을 기울일 수 있도록 하고 그들의 참여에 영향을 줄 수 있어야 한다. 즉, 프로그램 평가 활동은 그 자체로 끝나는 것이 아니라 평가의 결과를 유용하게 이용하는 것이 바람직하며(김혜경, 2010), 평가의 실시 못지않게 중요하다.

이러한 평가결과는 참여 가족의 모집, 교육과정 개발 및 개선, 프로그램 전달방법 및 횟수와 시간 개선, 프로그램 진행자의 모집, 자원 배분 및 개선, 평가의 준비와 실시과정 개선, 지역사회 기관과의 협조 증진, 자금지원 기관으로부터의 지속적인 지원 약속, 정책 결정자들에게 효과적인 문제 해결방법 제시, 유사한 프로그램 운영자들에게 정보 제공 등에 활용될 수 있다(김희진, 2005).

또한 기관에서 다양한 방법으로 수집한 평가결과를 기록, 정리, 보관함으로써 여러 가지 측면에서 효과적으로 활용할 수 있다. 평가결과를 잘 활용하기 위해서는 평가의 해석이 잘못되거나 왜곡되는 일이 없도록 객관적인 입장에서 신중을 기해야 한다(김혜경, 2010).

요 약

가족지원 프로그램의 평가는 계획의 효율성과 개입결과의 적합성에 대해 이루어지는 것으로, 가족지원 프로그램 운영절차가 얼마나 충실하게 이루어졌는가를 살펴봄으로써 결과의 효율성에 대한 가치판단을 내리는 과정이다. 이러한 장애아동 가족지원 프로그램 평가의 목적은 프로그램의 성과나 효율성을 개선 또는 증진시키기 위하여 계획과 전달을 강화하는 것이고, 프로그램이 성취하려는 목적을 효과적으로 수행하였는지를 살펴보는 것이다. 가족지원 프로그램 평가의 필요성은 프로그램의 효과를 평가하기 위해서도 필요하지만, 평가를 통하여 개선하고 보완해야 할 점들을 찾아내고 더 발전된 프로그램을 운영하기 위해서도 중요하다. 가족지원 프로그램의 평가규칙에는 평가에 대한 긍정적 시각, 프로그램의 목적과 일관성을 유지하는 평가계획 수립, 현실적인 평가 계획과 기대, 윤리적인 문제 고려, 부모 및 가족 집단의 다양성 인식, 프로그램 실행 과정을 고려한 평가 실시 등이 포함된다. 평가의 일반적 절차는 평가의 근거 및 목적 확인, 평가 대상 및 내용 확인, 평가 계획서 작성, 평가준거의 설정, 평가 지표 및 자료의 수집, 자료 분석 및 판단, 평가보고서 작성, 평가결과의 해석과 활용 등으로 요약할 수 있다.

가족지원 프로그램에서 이루어진 평가는 평가에서 머무는 것이 아니라 평가결과를 통하여 프로그램에 참여한 가족, 진행자, 감독자, 지역사회와 프로그램이 모두 발전하고 성장할 수 있는 자료로 활용되어야 한다. 그리고 평가결과는 장애아동 가족들에게 프로그램에 관심을 기울일 수 있도록 하고 참여에 영향을 줄 수 있어야 한다.

학습활동

1. 장애아동 가족지원 프로그램의 산출 목표와 성과 목표의 예를 참고하여 장애아동 가족의 지원에서 사용할 수 있는 산출 목표와 성과 목표를 도출하시오.

2. 가족지원 프로그램의 평가절차에 대해서 설명하시오.

부 록

장애영유아 가족지원 프로그램의 실제

Ⅰ. 수도사랑의 학교
Ⅱ. 곡교 어린이집
Ⅲ. 밝은 어린이집

여기에 실린 수도사랑의 학교(유아특수학교), 곡교 어린이집(통합 어린이집), 밝은 어린이집(장애전담 어린이집)의 가족지원 프로그램은 세 기관의 협조를 얻어서 싣는 것이며, 각 기관의 가족지원 관련 활동의 일부만을 소개하였습니다.

Ⅰ. 수도사랑의 학교

- 기관 유형: 유아특수학교
- 주소: (110-054) 서울시 종로구 사직동 262-57
- 홈페이지: http://www.sudolove.sc.kr
- 연락처: 02) 739-9867~8

학교 전경

학교 측면

야외놀이터

1층 새싹반

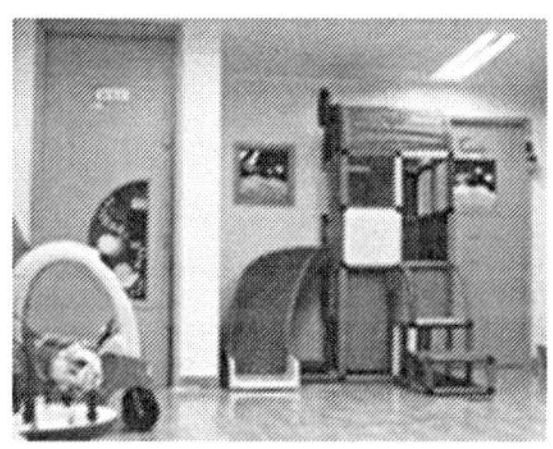
새싹반

옥상놀이터

2층 하늘반

하늘반

수영장

감각운동실

음악치료실

언어치료실

[그림 1] 사진으로 보는 수도사랑의 학교

1. 시설 소개

수도사랑의 학교는 1982년 수도교회의 장애유아를 위한 상담 활동에서 시작되었다. 이후 1985년 '수도특수유아교실'(1993년 이후 수도사랑의 교실)을 개원하게 되었으며, 1998년에는 서울특별시 교육청으로부터 '수도사랑의 학교' 설립 인가를 받은 후에 수도사랑의 교실을 폐원하고 수도사랑의 학교로 출범하게 된다. 2010년 기준 12회 졸업생이 배출되었으며, 34명의 학교 직원과 2~5세 유아 29명이 있다.

수도사랑의 학교의 특성은 자체적인 운영계획서를 개발하고 이에 기초하여 학교를 운영하고 있다는 점이다. 또한 가족지원 프로그램으로 반응성 교수(responsive teaching)를 적용하고 있으며, 가족지원 프로그램 및 특색교육 활동은 장애유아의 연령대별(2세 이하 새싹반, 3세 바다반, 3~4세 나무반, 5세 하늘반)로 차별화되어 있다는 점이다.

2. 가족지원 프로그램

수도사랑의 학교의 가족지원 프로그램은 장애유아의 연령대별(2세 이하 새싹반, 3세 바다반, 3~4세 나무반, 5세 하늘반)로 차별화되어 있다. 구체적으로 2세 이하 새싹반은 '엄마와 함께하는 즐거운 학교' 활동을, 3세 바다반은 '엄마랑 나랑' 활동을, 3~4세 나무반은 '의사소통 놀이'를 실시하고 있다. 각 반에서의 활동들을 살펴보면 다음과 같다.

1) 엄마와 함께하는 즐거운 학교

(1) 목표

다양한 형태의 가정지원 활동을 통해 영아 발달에 대한 학부모의 이해를 돕고 영아의 전인적 발달을 도모한다.

(2) 방침

- 가정지원 활동에는 영아, 주 양육자, 교사가 반드시 참여한다.
- 엄마참여 수업, 가정방문 지도, 가정연계 자료, 일상생활 연계의 형태와 내용으로 구성한다.
- 엄마참여 수업은 매주 금요일 실시한다.
- 가정방문 지도는 주 1회 가정에 방문하여 실시한다.
- 가정연계 자료는 필요한 시기에 자료를 구성하여 배부한다.
- 일상생활 연계는 학교 일과와 가정방문을 통해 지속적으로 실시한다.

(3) 내용

① 엄마참여 수업

엄마참여 형태의 수업을 진행한다. 영아의 표현에 반응하고 놀이를 촉진하는 방법을 안내하고 놀이 활동에 참여하도록 한다. 사전에 엄마와의 협의를 통해 동화를 선정하고 수업시간에 엄마가 동화책을 읽고 관련 독후 활동으로 진행한다.

② 가정방문 지도

'엄마의 그림책 읽어 주기 활동'을 중심으로 엄마와 영아 간의 의사소통 및 상호작용을 증진시키는 것을 목적으로 하며, 학부모의 요구를 반영한 개별화 가족지원 계획에 따라서 운영한다. 이를 위해 엄마를 대상으로 교육을 실시한다.

③ 가정연계 자료

엄마참여 수업과 가정방문 지도에 연계되도록 영아의 발달에 대한 자료와 가정에서 즐겁게 할 수 있는 놀이 자료를 제공한다.

④ 일상생활 지도 연계

영아의 발달 연령에 이루어야 할 용변훈련 및 식사도구 사용과 적절한 식습관 형성, 개인위생 활동 등 일상생활과 관련된 내용을 학교에서 놀이 활동을 통해 경험하며 가정과 연계하여 지도한다.

2) 엄마랑 나랑

(1) 목표

- 부모참여 프로그램인 '엄마랑 나랑' 활동을 통해 양육자와 대상 유아의 상호작용 능력을 증진시킨다.
- 부모참여 프로그램에 반응성 교수 교육과정을 적용해 대상 유아와 양육자의 상호작용 방법을 구체적으로 안내하고 적용한다.

(2) 방침

- 바다반 유아와 정기적으로 엄마참여 수업에 참여할 수 있는 양육자를 대상으로 한다.
- 1학기 활동과 2학기 활동으로 나누어 진행한다.
- 1학기는 반응성 교수 교육과정을 학급 내에서 적용하여 교사와 보조원이 적절한 전략을 사용할 수 있도록 하고, 2학기는 엄마와 대상 유아의 자연스러운 놀이 활동을 통해 반응성 교수전략을 안내한다.
- 1학기 동안 교사와 보조원의 반응성 교수전략 수행을 정기적으로 평가하고, 2학기에는 담당교사가 개별 적용하여 부모와 유아의 반응성 교수전략을 평가한다.
- 객관적인 상호작용 평가를 위해 Mahoney(1999)의 어머니 행동평정척도(Maternal Behavior Rating Scale: MBRS)와 유아 행동평정척도(Child Behavior Rating Scale: CBRS)를 실시하고, 정기적으로 실시하는 유아발달검사(Korea-The Child Development Inventory: K-CDI; 김정미, 신희선, 2006)를 통해 유아의 발달을 평가한다.

(3) 내용

① 연간 활동 계획

1학기에는 반응성 교수 활동으로 주간별로 중점적인 전략을 세워 교사 및 보조원에게 반응성 교수에 대한 연수를 실시하며, 부모참여 프로그램으로 반응성 교수전략을 활용한 놀이 활동을 안내한다. 2학기에는 1학기와 마찬가지로 주간별 중점 반응성 교수전략을 세워 반응성 교수 프로그램을 개별 적용하며, 반응성 교수 프로그램 적용의 날을 정하여 부모를 참여시켜 프로그램을 진행한다.

② 월간 반응성 교수전략

반응성 교수는 인지 및 사회적 놀이 영역에서 이루어지는데, 진행 내용은 〈표 1〉과 같다. 월간 반응성 교수전략에 따라 1학기에는 교사와 보조원이 적용하고, 같은 내용으로 2학기에는 부모와 유아가 반응성 교수전략을 실시한다.

〈표 1〉 월간 반응성 교수전략

월	전략(교사, 보조원-유아)		월	전략(부모-유아)	
4	인지 및 사회적 놀이 영역	• 유아의 세계로 들어가기 • 거울처럼 반영해 주기	9	인지 및 사회적 놀이 영역	• 유아의 세계로 들어가기 • 거울처럼 반영해 주기
5		• 한 번 하고 차례 기다리기 • 마주 보고 놀이하기	10		• 한 번 하고 차례 기다리기 • 마주 보고 놀이하기
6		• 유아 모방하기 • 유아의 속도 맞추기	11		• 유아 모방하기 • 유아의 속도 맞추기
7		• 기대하고 수행 기다리기 • 놀이 상대자로 행동하기	12		• 기대하고 수행 기다리기 • 놀이 상대자로 행동하기

③ 교사 및 보조원 연수

- 연수 진행교사는 화요일 교육과정 협의회 시 2주간 적용된 반응성 교수전략의 사용에 대해 협의하고, 다음 시간의 전략에 대해 소개한다.
- 각각의 교사와 보조원이 대상 유아와 상호작용한 동영상을 분석해 서로에게 피드백을 한다.

④ 반응성 교수전략을 활용한 놀이 활동(1학기)

- 2주 월요일에 진행한다.
- 학급에서 실시하는 놀이 활동을 안내하고, 반응성 교수전략을 적용할 수 있게 구체

적으로 소개한다.

⑤ 반응성 교수 프로그램의 개별 적용(2학기)

• '엄마랑 나랑' 활동을 통해 개별 목표를 수립하고 적용해 나가는 형식의 반응성 교수 프로그램을 진행한다. 실시 순서는 [그림 2]와 같다.

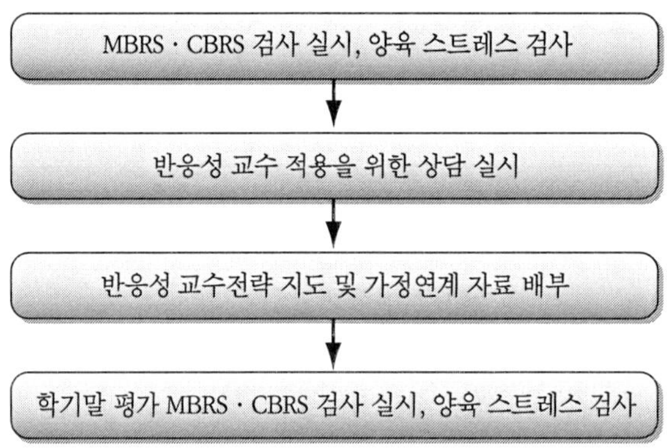

[그림 2] 반응성 교수 프로그램 실시 순서

• 2주와 4주 수요일에 '반응성 교수 적용의 날' 로 잡아 학급에서 자연스러운 놀이환경을 만들어 전 교사와 보조원이 반응성 교수전략을 학급 유아에게 적용하고, 50분 단위로 1명의 부모님이 참여하여 안내받은 반응성 교수전략대로 유아와 놀이를 실시하고 교사의 피드백을 받는 형식으로 반응성 교수를 실시한다.

3) 의사소통 놀이

(1) 목표

듣고 말하는 활동을 통하여 일상생활에 필요한 의사소통 능력과 언어 능력을 기른다.

(2) 방침

- 매주 수요일 진행하되, 4주 수요일에는 학부모가 함께 한다.
- 유아의 흥미 및 교육 목표에 맞는 동화를 선정한다.
- 의사소통에 필요한 어휘를 선정하고 이를 가정과 연계함으로써 일반화를 촉진한다.
- 영유아 언어발달검사와 의사소통 놀이 체크리스트로 언어 능력을 평가한다.

(3) 내용

의사소통 놀이는 요구하기, 지시 따르기, 선택하기, 거절하기, 핵심 어휘 말하기의 5단계로 구성하며, 단계별로 교육 목표를 세분화하여 실시한다. 교육 내용에 대한 교육 목표의 예시는 〈표 2〉와 같다.

〈표 2〉 의사소통 놀이와 교육 목표

교육 내용	교육 목표
1. 요구하기	1-1 교사의 도움을 받아 대체 의사소통 기구의 버튼을 누른다.
	1-2 교사의 촉구에 의해 몸짓으로 요구한다.
	1-3 필요에 따라 몸짓 또는 대체 의사소통 기구를 이용한다.
	1-4 말로 의사 표현을 한다.
	1-5 원하는 것을 말로 요구한다.
	1-6 행동, 상황에 맞는 말을 한다.
2. 지시 따르기	2-1 여러 가지 소리와 말소리 듣기에 흥미를 보인다.
	2-2 익숙한 목소리를 듣고 반응한다.
	2-3 자신의 이름에 반응한다.
	2-4 행동과 관련된 말을 듣고 따른다.
	2-5 시키는 말에 따라 행동한다.
3. 선택하기	3-1 신체적 보조를 받아 선택한다.
	3-2 언어적 보조를 받아 선택한다.
	3-3 초기 도움이 제공되면 독립적으로 선택한다.
	3-4 독립적으로 선택한다.

〈계속〉

4. 거절하기	4-1 신체적 보조를 받아 거절한다.
	4-2 언어적 보조를 받아 거절한다.
	4-3 초기 도움이 제공되면 독립적으로 거절한다.
	4-4 독립적으로 거절한다.
5. 핵심 어휘 말하기	5-1 여러 가지 소리를 낸다.
	5-2 바른 발음으로 말하기를 시도한다.
	5-3 그림 카드를 손으로 가리킨다.
	5-4 해당 그림의 버튼을 누른다.
	5-5 바른 발음으로 말하기를 시도한다.
	5-6 사물의 명칭 또는 상황에 맞는 말을 한다.

이상으로 수도사랑의 학교의 가족지원 형태에 대해 알아보고 각 반에서 실시하는 활동들에 대해 세부적으로 살펴보았다. 수도사랑의 학교에서는 구체적인 요일과 시간을 잡아 가정과 연계하여 반응성 교수 프로그램을 적용하고 있었다. 가족지원 프로그램을 실시하면서 어려운 점으로 준비시간이 많이 든다는 점을 들었고, 좋은 점으로는 학부모와 지속적으로 상호작용할 수 있는 통로가 있다는 점을 들었다.

II. 곡교 어린이집

- 기관 유형: 통합어린이집
- 주소: (134-870) 서울시 강동구 천호 2동 362-60
- 홈페이지: http://www.gokgyo.co.kr
- 연락처: 02) 472-4200, 4300

어린이집 전경

옥상놀이터

아틀리에

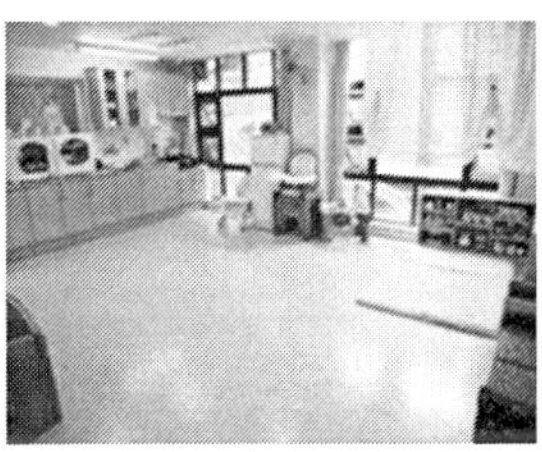

병아리반(0세반)

토끼반

세종대왕반 해시계팀

요리실

작업치료실

수영장

장난감 도서관

재미있는 놀이실

신나는 놀이실

[그림 3] 사진으로 보는 곡교 어린이집

1. 시설 소개

1992년 국공립 시설로 문을 연 곡교 어린이집은 장애유아와 일반유아의 통합보육을 실시하고 있는 곳으로, 3개월 영아에서 초등학교 2학년 취학 유아까지 입소할 수 있다. 2010년 기준으로 37명의 교직원, 30명의 장애유아, 182명의 일반유아가 있다. 장애유아가 있는 반에는 장애유아 전담교사가 배치되어 있는데, 현재 4명의 교사가 특수교사 자격증을 가지고 있다.

곡교 어린이집의 특성은 연간 가족지원 계획을 세우고 이에 맞추어서 가족지원을 체계적으로 제공하고 있다는 점이다. 또한 〈표 3〉에서 볼 수 있듯이 전체 학부모를 대상으로 통합이해 교육을 실시하고 있으며, '곡교 이야기' 간행물을 발행하여 원의 소식을 학부모와 지역사회에 알리고 있다.

〈표 3〉 연간 통합유아 지원 계획

형태	대상	시기 및 횟수	내용
부모 오리엔테이션	통합부모 (신입, 전체)	연 1회 신입부모: 1월, 전체 부모: 2월)	신입부모 오리엔테이션은 어린이집 운영에 대한 전반적인 안내를 하고, 전체 부모 오리엔테에션에서는 부모교육, 부모를 위한 시상식, 교사 소개, 반별 오리엔테이션 시간을 갖는다.
부모교육 (강의, 간담회)	통합부모 (전체)	연 3회 (2월, 6월, 11월)	부모 설문을 통해 부모들이 요구한 주제를 다루거나, 교사들이 제안한 주제를 다루기도 한다. 또한 제도적인 변화가 있을 때 필요에 따라 부모교육을 실시하기도 한다.
부모 간담회	통합부모 (연령별 모임)	연 2회 (학기별)	연령별로 통합부모, 원장, 통합 팀장이 모여서 교실운영에 대한 건의사항을 이야기하거나 자녀양육에 관한 정보를 나눈다.
부모 설문	통합부모 (전체)	연 1회 (2월)	통합보육 프로그램을 평가하고, 건의사항이나 평소 털어놓기 힘든 이야기를 무기명으로 기록하여 부모들의 의견을 운영에 반영한다.

〈계속〉

<table>
<tr><td rowspan="2">부모상담</td><td rowspan="2">통합부모
(전체)</td><td>통합
지원
교사</td><td>연 3회
(4월, 9월,
1월)</td><td>교사와 양육자들이 만나서 유아의 IEP 계획 및 평가에 관한 상담을 통해 목표를 공유하고, 일관된 지도를 하도록 지원한다.
• 4월: 1학기 IEP 계획
• 9월: 1학기 IEP 평가 및 2학기 IEP 계획
(동영상 평가, 진로상담 포함)
• 1월: 총 평가 및 전이를 위한 안내</td></tr>
<tr><td>치
료
사</td><td>연 2회
(3월, 8월)</td><td>유아를 관찰하고 평가한 내용을 토대로 부모와 상담하여 유아에 관한 정보를 제공하고, 유아를 위한 적절한 교육전략을 안내한다.</td></tr>
<tr><td>가정연계</td><td>통합유아
(전체)</td><td colspan="2">수시로</td><td>개별 가족의 요구에 따라 다양한 형태의 가정연계를 실시한다.
• 아빠의 자녀양육 참여를 이끌어 내기 위한 놀이 방법 안내
• 교실에서 실행하는 활동에 대한 안내
- 새 노래, 경험하게 될 장소, 체조, 활동지
• 치료사들과 필요한 활동 연계
- 한 달 동안 지도해야 하는 목표 언어 설정
- 감각 통합에 근거한 활동
• 가정연계 수첩
- 영아반은 의무적으로 실행하고, 나머지 유아들은 부모의 요구나 교사의 필요에 따라 실행</td></tr>
<tr><td>가정방문</td><td>통합유아
(전체)</td><td colspan="2">연 1회
(3월말)</td><td>가정방문은 부모-교사 상호 이해를 높이고 유아에 대한 적절한 교육적 조치를 의논하기 위해 실시한다.</td></tr>
<tr><td>통합캠프</td><td>통합유아
(전체)</td><td colspan="2">연 1회
(7월)</td><td>1박 2일(금~토) 동안 통합유아들과 교사들이 현장학습, 원내 프로그램 등 다양한 놀이 활동을 하고, 통합유아의 가족들은 특별한 시간을 갖도록 지원한다(부부를 위한 시간, 주 양육자의 휴식, 형제와 부모를 위한 시간 등).</td></tr>
<tr><td>형제
초대의 날</td><td>형제가
있는
통합유아
(초등학생
이상)</td><td colspan="2">연 1회
(1월)</td><td>통합유아의 형제 중에서 자원봉사를 원하는 형제를 초대하여 동생들을 돌보고 교사를 도우면서 자신의 유능함을 느끼도록 돕는다. 또한 자신의 친동생이 다른 유아들과 더불어 생활하는 모습을 보면서 동생에 대한 긍정적인 시각을 가질 수 있도록 돕는다.</td></tr>
</table>

〈계속〉

신입유아 적응 프로그램 (토요 가족놀이)	신입 통합유아	연 1회 이상 (2월 토요일)	신입유아들이 낯선 어린이집에 등원하기 전에 가족들과 함께 교실을 둘러보고 교사를 만나 볼 수 있다. 교사들이 준비한 신나는 활동을 하여 어린이집에 대한 기대감을 가지고 등원할 수 있도록 하는 적응 프로그램이다. 주 양육자(엄마) 이외의 다른 가족들도 어린이집에 대한 관심을 갖도록 한다.
순환놀이	통합유아 (전체)	매주 목요일	작업치료사가 강당에 준비해 놓은 대근육 활동에 엄마와 함께 참여함으로써 양육자와의 바람직한 상호작용 기회를 경험하도록 돕는다.

비고: 통합유아는 장애유아, 통합부모는 장애유아의 부모, 통합지원교사는 특수교사를 말함.

2. 가족지원 프로그램

곡교 어린이집의 가족지원 프로그램에서는 〈표 3〉에서 본 것과 같이 부모 오리엔테이션, 부모교육, 부모간담회, 부모 설문, 가정과 연계한 활동, 가정방문, 통합캠프, 형제 초대의 날, 신입유아 적응 프로그램인 토요 가족놀이, 순환놀이를 운영하고 있다. 여기서는 통합캠프와 신입유아 적응 프로그램만을 살펴보겠다.

1) 통합캠프

(1) 목표

장애유아들에게는 독립심과 사회성을 길러 주고 새로운 환경에서 경험을 해 볼 수 있도록 한다. 또한 부모님에게는 유아들과 잠시 떨어져 있는 시간적 · 정신적 여유를 드림으로써 그동안 유아들에게 집중되었던 관심과 애정을 다른 가족들과 함께 나누며 시간을 보낼 수 있도록 한다.

(2) 방침

- 연 1회 1박 2일 일정으로 실시한다.

• 특별한 치료 프로그램을 캠프 안에 삽입하여 실시한다.
• 어린이집의 모든 교사와 자원봉사가 함께 프로그램을 지원한다.

(3) 내용

〈표 4〉는 곡교 어린이집의 통합캠프 안내문이다. 이 안내문에는 통합캠프의 시간표, 활동 내용이 자세히 설명되어 있으며 활동별 참여 여부와 참여 가능한 시간을 조사하는 동의서가 첨부되어 있다. 또한 아버지의 자녀양육 참여를 이끌어 내기 위한 가정연계 프로그램 차원에서 캠프 프로그램 안에 '아빠하고 나하고' 라는 프로그램을 넣어 신체 놀이를 계획했다. 또한 어머니는 따로 부모교육 일환으로 성교육을 실시하여 캠프를 좀 더 알차게 활용할 수 있도록 계획하였다.

〈표 4〉 통합캠프 안내문

알록달록 색깔놀이

요즘 무더위와 폭우가 우리 유아들을 힘들게 하지만 신나는 추억을 만들어 보고자 통합캠프를 준비하였습니다. 20○○년도 캠프는 '알록달록 색깔놀이' 라는 주제로 다양한 색을 느끼며 놀이할 계획입니다. 유아들이 선생님들과 즐거운 시간을 보내는 동안에 가족들만의 특별한 시간(어머님의 휴식시간, 아버님과의 데이트, 언니 · 오빠 · 동생들과의 소풍 등)을 가져보세요.

캠프 일정과 활동 내용은 다음의 표를 참고하시고, 아버님의 많은 참여 부탁드립니다. 유아들의 개별적인 특성에 따라 참여도와 준비물 등을 담임선생님과 이야기 나누어 주세요.

날짜	시간	활동 내용
7월 24일 (금) 1부 현장학습	10:00~10:30	입소식
	10:30~12:00	장흥아트파크로 출발
	12:00~1:00	점심식사
	1:00~3:00	장흥아트파크 이용(www.artpark.co.kr): 실내놀이터(에어포켓), 어린이체험관, 미술관, 실외놀이터
2부 원내 활동	3:00~3:30	오후 간식
	3:30~5:00	어린이집으로 이동
	5:00~5:30	휴식
	5:30~6:30	저녁식사 및 자유놀이

〈계속〉

	6:30~7:30	〈색깔 놀이터〉	무지개 나라로 – 여러 가지 색깔 장난감으로 놀아요
			아이스크림 속으로 – 면도크림으로 놀아요
			바다 속으로 – 풍선과 뽁뽁이로 놀아요
	7:30~8:00	정리 및 휴식	
	8:00~9:00	〈요리 활동〉 케이크, 수박화채 만들기	
	9:00~9:30	씻고 옷 갈아 입기	
	9:30~10:00	〈누워서 놀아요〉 로션 바르기, 촉감볼 마사지	
	10:00~	취침	
7월 25일 (토)	8:30~9:00	기상, 세면	
	9:00~9:30	아침식사	
	9:30~10:00	〈퇴소식〉 영상을 보고 있을 때 아버님이 유아들 옆에 와서 앉아 주세요.	
	10:00~10:30	〈아빠하고 나하고〉 아빠와의 신체놀이	
	10:30~	귀가	

◈ 일정표

※ 알림사항

① 캠프 참가동의서는 아래 면을 잘라 7월 20일까지 각 반 담임교사에게 제출해 주세요.

② 등원: 7월 24일 오전 10시까지, 강당으로, 파란 티셔츠를 입고 샌들을 신겨서 보내 주세요.

③ 귀가: 아버님이 오세요. 30분 동안 몸을 이용해 함께 놀아 주시면 되니까 부담 없이 오세요. 어머님은 강동어린이회관에서 10시부터 '성교육'이 있으니 참여하시고, 아버님은 캠프가 끝나면 강동어린이회관에 있는 동동놀이체험관에서 유아들과 놀이하시면서 어머님을 기다려 주세요.

④ 준비물: 점심도시락, 물, 간식과 음료수, 여벌 옷 1벌, 잠옷

----------------------- 절 취 선 -----------------------

(2009년 통합캠프 참가동의서) 반명: ____________ 유아명: ____________

캠프 참여 여부?	□ 캠프에 참석을 원합니다	□ 캠프에 참석하지 않습니다	
참여 가능한 시간?	□ 금요일 5시 귀가 (현장학습 후)	□ 금요일 9시 귀가 (낮잠 자기 전)	□ 토요일 10시 30분 귀가 (모든 활동 참여 후)
아버님 참여 여부?	□ 참여할 수 있습니다	□ 참여가 어렵습니다	
어린이회관 성교육 참여 여부	□ 참여할 수 있습니다	□ 참여가 어렵습니다	

〈표 5〉는 통합캠프 일정표이고, 〈표 6〉은 캠프에서 이루어지고 있는 게임 활동 계획서다. 또한 통합캠프에서 차별화된 특별한 치료 프로그램을 캠프 안에 넣어 유아들이 활동할 수 있도록 하고 있다. 〈표 7〉은 캠프에 삽입되어 실시되고 있는 치료 프로그램의 한 예로, '내 몸에서 소리가 나요' 라는 주제 속에서 유아들이 여러 가지 감각자극과 이완을 경험할 수 있도록 하는 10~20인의 소그룹 프로그램이다. 이 프로그램은 매년 다르게 구성되어서 유아들이 다양한 경험을 할 수 있도록 제공된다.

〈표 5〉 통합캠프 일정표 예시

시간		프로그램명	장소	비고
○월 ○일 (목)	오후 5시	입소식	강당	박 터트리기 고깔모자 쓰기
	5시 30분	저녁식사	식당	
	6시~8시 (프로그램 당 30분 소요)	내 몸에서 소리가 나요* (감각통합 프로그램)	장난감 도서관	별지 참고
		요리방(꼬마김밥, 샌드위치)	식당	
		게임방	신나는 놀이실	
		재미있는 놀이실 놀이	재미있는 놀이실	
	8시~9시	영화감상	강당	
		불꽃놀이	신관 옥상	
	9시 이후	화장실 사용 및 취침	구관 영아반, 사자반	
○월 ○일 (금)	7시 30분	기상		
	8시	화장실 사용 및 아침식사	식당	
	9시 40분	인형극장으로 출발	지하철 이용(5호선 올림픽 공원 역)	
	11시	인형극 관람(오즈의 마법사), 화장실 사용	올림픽 공원 어린이극장	오전간식 준비
	12시	어린이집으로 출발	지하철 이용	
	1시	귀가	강당	

비고: 〈표 7〉 참조하기 바람.

〈표 6〉 통합캠프의 게임 활동 계획서 예시

게임 내용	활동방법	비고
체조 (아기공룡 둘리, 개구리 소년)	① 준비된 음악을 들려주고 교사가 다양한 신체 동작을 보여주며 함께 참여할 수 있도록 유도한다. ② 준비운동을 겸해 스트레칭을 하여 편안하게 게임을 할 수 있도록 한다.	카세트, 음악 CD
사탕 먹기	① 지정된 장소를 정해 사탕을 접시에 담아 둔다. ② 교사가 시범을 보여 주며 게임에 대해 설명하여 준다(팀을 나눈다.). ③ 호루라기 신호가 들리면 제자리에서 5바퀴를 돌고 달려가 접시에 담긴 사탕을 먹고 돌아온다. ④ 먼저 들어온 친구에게 스티커를 붙여 승패를 알 수 있게 한다.	사탕 100개, 접시 2개, 호루라기 각 교사별로, 스티커 인원수별로
친구와 협동하여 풍선 나르기	① 두 팀으로 나누어 짝을 정한다. ② 교사가 아동을 한 명 선택하여 시범을 보여 준다. ③ 시작 신호가 울리면 함께 신문지 위에 풍선을 올려 출발해 반환점을 돌아온다. ④ 먼저 골인하면 스티커를 붙여 준다.	신문지, 풍선
보물찾기	① 두 그룹으로 나누어 한 팀은 자유놀이를 하도록 하고 나머지 한 팀은 볼 풀장을 이용하여 지정된 종이블록을 찾는다. ② 찾아 나온 유아에게 막대사탕을 선물로 주고 먼저 경기를 마친 친구는 자유놀이를 하고 번갈아가며 활동한다. ③ 게임이 다 끝나면 친구들에게 서로서로 인사하고 놀이실을 나와 다른 장소로 이동한다.	색깔별 보물(종이블록 이용하기), 막대사탕

〈표 7〉 치료 프로그램 예시 – '내 몸에서 소리가 나요'

구분	준비물	지도 내용
그룹 I 감각 적응력 증진	시각(스탠드, 초 3개), 후각(레몬향 스프레이), 청각(관현악 CD), 촉각(공이 든 매트, 스폰지 풀, 병아리반 촉감이불, 촉감방석매트)	단계 1: 아동입실상황에서 모든 조명을 켜 주고, 향 스프레이와 음악 CD 그리고 네 종류의 촉감매트를 깔아놓고 아동의 반응을 관찰한다. 아동의 적응여부에 따라 점차 시각-후각-청각 순으로 촉각자극 외의 모든 자극을 없앤다. 단계 2: 모든 자극이 정지된 상태에서 촉각적 느낌을 충분히 느껴 보도록 하나, 의도적으로 아동을 이동시키거나 자극도구를 들어 문지르지 않고 스스로 자극 정도를 조절할 수 있도록 한다. 단계 3: 다시 청각-후각-시각 순으로 자극의 종류를 늘려 아동의 적응반응(Adaptive Response)의 양을 늘려 간다.
그룹 II 운동성의 촉진	노래 테이프(삐뚤빼뚤), 트램펄린, 터널, 스쿠터 보드 2개, 줄	단계 1: 아동이 전혀 준비동작이 없는 상황에서 전신동작이 요구되는 체조를 시행하여 아동의 동작 수행 정도를 파악한다. 단계 2: 아동의 전신을 사용하여 근 긴장을 높여 줄 수 있는 체육도구(트램펄린 뛰기, 터널 기어가기, 스쿠터 보드 밀고 돌아보기)를 사용하여 아동이 자신의 도전과제를 스스로 선택하여 움직이면서 충분히 활동성을 높일 수 있도록 지도한다. 단계 3: 모든 도구를 정리하고 다시 처음의 체조음악을 틀어 아동의 동작 수행 정도에 대한 변화를 관찰한다.
그룹 III 전신적 근긴장 완화	레인보우 매트 2장, 자연음, 조용한 경음악 CD	단계 1: 아동의 입장 시에 자세의 근긴장 정도를 아동이 누운 상태에서 각 관절을 수동적으로 움직여 가며 관찰하고, 아동 스스로 누운 자세를 충분히 즐겨 보도록 잔잔한 음악을 틀어 준다. 단계 2: 조금은 자극적인 자연음을 배경으로 아동이 바로 누운 자세에서 옆으로, 다시 옆으로 일어나 앉았다가 옆으로 누우며 엎드리도록 하면서 간단한 팔과 다리 동작을 각 자세마다 요구하여 아동이 따라 하는 정도를 관찰한다. 단계 3: 다시 아동이 바로 누운 자세에서 충분히 잔잔한 음악을 들으며 자신의 몸이 이완되는 것을 느끼도록 하여 준다.

2) 신입유아 적응 프로그램: 토요 가족놀이

(1) 목표

유아가 낯선 어린이집에 등원하기 전에 가족들과 함께 교실을 둘러보고, 교사들이 준비한 신나는 활동을 가족과 함께 함으로써 어린이집에 대한 기대감을 갖고 적응을 돕는다.

- 장애유아: 원에서 어떻게 생활하며 지내야 하는지를 배우고, 정서적으로 편안한 상태를 경험할 수 있다.
- 부모: 새로운 교육, 보육 기관에 대한 불안감을 줄이고, 교사의 협력자로서 통합교육과 원의 일과운영에 대한 이해를 가질 수 있다.
- 교사: 통합아의 개별 특성과 적응 정도를 파악하여 필요한 교육 목표를 세우고 참여전략을 계획하여 협력자로서 부모와의 관계를 형성한다.

(2) 방침

- 장애유아와 가족이 함께 어린이집에서 준비한 활동에 참여하고 환경을 둘러봄으로써 새로운 장소에 대한 거부감을 줄여 편안하고 즐거운 곳임을 느낄 수 있도록 계획한다.
- 등원하기 전인 2월에 여러 차례(연 1회 이상) 실시한다.
- 놀이실과 도서관에서 자유놀이를 진행 시 유아가 새로운 장소를 익히고 교사와 상호작용할 수 있도록 한다.
- 적응기간은 보통 한 달이며, 적응기간을 획일적으로 정하여 실시하는 것보다 개별적인 특성과 적응 정도에 따라 교사와 부모가 충분한 협의를 통해 시간을 조정해 나가는 노력이 필요하다.
- 기존에 다니던 유아가 새로운 반으로 편성된 경우와 어린이집으로 새롭게 입소한 경우 유아의 적응도가 다르므로 차별성을 두어 적응기간을 계획한다.
- 무리하게 새로운 곳에서 적응하도록 하는 것보다는 유아의 적응도에 따라 적응할 수 있도록 부모와 교사의 긴밀한 협조가 요구된다.

(3) 내용

〈표 8〉은 적응 프로그램의 시간표이고, [그림 4]는 토요 가족놀이의 활동 영역별 내용이며, 〈표 9〉는 만 4세반의 적응 프로그램 내용의 예시를 담은 것이다. 이들 그림과 표에서 볼 수 있는 것처럼 유아는 부모와 함께 원에서의 적응 활동을 시작하게 된다. 이때의 활동은 유아들의 흥미를 끌 수 있으며 가족, 선생님, 또래와의 상호작용을 촉진시키는 것으로 계획되어야 한다.

〈표 8〉 신입 적응 프로그램 실시 시간표

시간	장소	활동 내용
10:00~10:40	신나는 놀이실: 대근육놀이 장난감도서관: 장난감놀이	각 놀이실에서 자유놀이 이름표 달고 담임교사와 인사 나누기
10:50~11:30	신나는 놀이실	인사하기/체조/TP 활동(신문지 펀치, 신문지 구겨 미술 활동 연계)
11:30~12:00	원 돌아보기	각 담임교사가 인솔

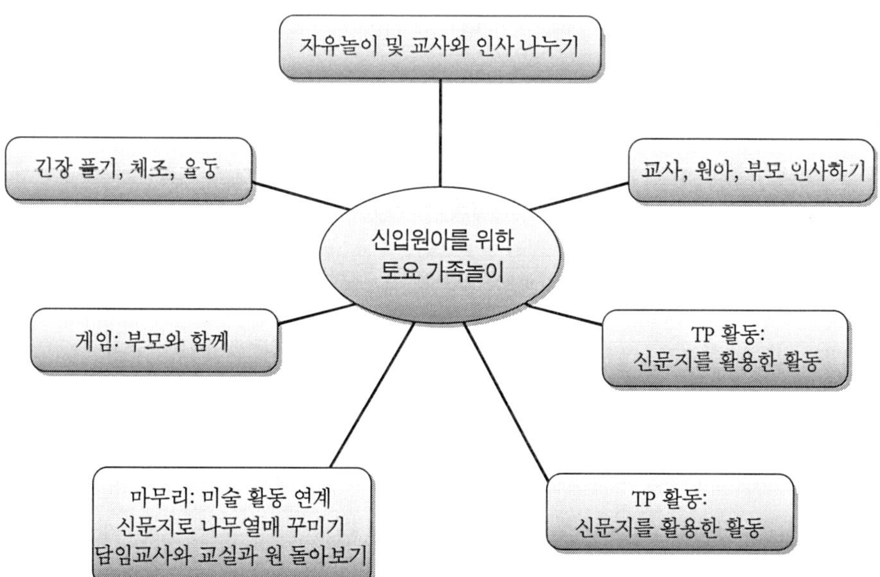

[그림 4] 토요 가족놀이의 활동 영역별 내용

〈표 9〉 만 4세반 적응 프로그램

기간	시간	유의사항	내용
1주	등원~ 1시간 내외	부모와 유아가 함께 활동할 수 있도록 배려해 주고 유아가 선택한 자유놀이 중심으로 진행	• 새로운 교실과 선생님 알기: 교사와 인사하기, 교실의 위치 익히기 • 교실환경 익히기: 교실에 배치된 각 영역과 새로운 교재 · 교구 탐색하기 • 자신의 사물함, 바닥, 책상 자리 익히기: 글씨, 그림을 통하여 자신의 자리 익히기, 서랍장에 자신의 물건 정리하기 • 화장실 사용하기: 화장실 위치 익히기, 스스로 옷 입고 벗기, 용변 처리하기, 비누칠하여 손 씻기 • 간식 먹기: 자신의 간식 자리 익히기, 기도하기, 도구 사용하기, 골고루 정해진 양 먹기, 정리하기 • 자유 선택놀이: 각 영역 돌아보기, 선호하는 놀잇감 찾아 놀이하기
2주	등원~ 2시간 내외	차차 부모와 떨어져서 교사와 함께 활동하여 신뢰를 조성할 수 있도록 함(단, 유아의 적응 정도에 따라 무리하게 격리되지 않도록 유의)	• 1주의 활동들을 반복적으로 지도하기 • 새로운 친구들 익히기: 또래의 얼굴과 이름 익히기, 또래와 인사하기 • 대그룹 활동: 자신의 자리 익히기, 이야기하는 교사 · 또래에게 시선 맞추기, 자신의 이름이 호명되면 손들어 대답하기, 활동에 참여하기 • 어린이집과 주변 환경 둘러보기: 어린이집의 각 장소(식당, 놀이실, 실내외 놀이터) 둘러보기, 계단 바르게 사용하기(올라가는 계단, 내려가는 계단 구분하기), 어린이집 주변 천호공원 산책하기 • 식사하기: 식당으로 이동하기, 식사도구(숟가락, 젓가락, 포크) 사용하기, 골고루 정해진 양 먹기, 정리하기 • 양치하기: 자신의 칫솔 인식하기, 각 부분 칫솔질하여 양치하기, 양치컵 정리하기
3주	등원~ 3시간 내외	일과에 적응하는 정도를 파악하여 주간 교육 활동 참여를 시도해 보고 활동에 대한 개별 수정이 필요한 경우에는 조정	• 전체 일과에 참여하기 • 1, 2주의 활동들을 반복적으로 지도하기 • 낮잠 자기: 낮잠 전 화장실 사용하기, 옷 벗어 정리하기(옷 개기, 정해진 곳에 정리하기), 낮잠시간에 편안하게 쉬기 • 대소집단 활동: 영역별로 제시되는 활동에 참여하기
4주	교사와 부모의 참여로 결정	원과 가정에서의 적응 정도를 살펴본 후 부모와 논의하여 시간을 정하고 적응기간 이후의 등원시간과 귀가시간도 정함	• 가정방문(통합교사와 통합지원교사가 함께 함) • 부모님과 협의하여 가정방문 가능 날짜, 시간에 대한 일정 계획하기 • 사전에 가정방문조사서를 부모님께 배부하여 참고 자료로 활용하기 • 가정방문조사서를 기초로 원아에 대한 전반적인 상세 정보 얻기

이상으로 곡교 어린이집의 가족지원 형태에 대해 알아보고 가족 캠프와 적응 활동에 대해 세부적으로 살펴보았다. 곡교 어린이집은 많은 책에서도 소개되고 있으며, 어린이집의 홈페이지를 통해서도 교육 정보에 쉽게 접근할 수 있도록 공개해 두고 있다. 곡교 어린이집은 가족지원 프로그램을 실시하면서 어려운 점으로 맞벌이가정이 많아 학부모 참여율이 저조한 것을 꼽았다. 그리고 좋은 점은 가족의 육체적 · 심리적 스트레스를 줄이고, 유아를 포함한 가족 전체의 복지를 증진시키며, 가족과 아동의 기능과 발달에 효과적으로 대처할 수 있는 것이라고 했다.

Ⅲ. 밝은 어린이집

- 기관 유형: 장애전담 어린이집
- 주소 : (712-200) 경북 경산시 신천동 324-1
- 홈페이지: http://eduthera.or.kr
- 연락처: 053) 801-1894~5

어린이집 전경

등산로

실외놀이터

소망반

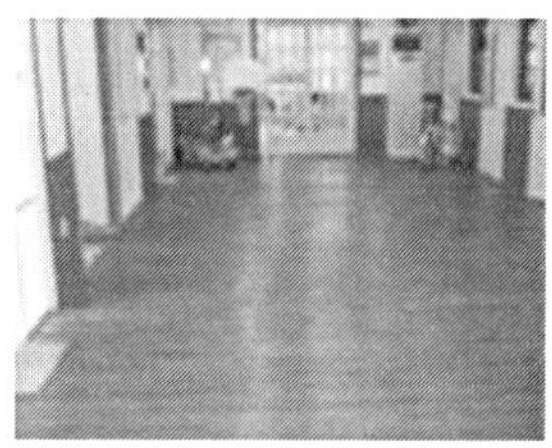
1층 유희실

밝은 쉼터

운동발달실

물리치료실

동물체험장

모래놀이장

잔디축구장

식물체험장

[그림 5] 사진으로 보는 밝은 어린이집

1. 시설 소개

밝은 어린이집은 2005년 사회복지 법인으로 설립되어 2011년 기준 6회 졸업생을 배출했으며, 37명 교직원과 0~12세 장애유아 76명이 있다. 밝은 어린이집의 특징은 다채로운 가족지원 프로그램과 지역사회와 긴밀한 협조체계를 가진다는 점이다. 가족지원 프로그램으로 부모보육 도우미, 형제자매 대화방, 가족 캠프 등 다양한 프로그램을 운영하고 있으며, 매년 각 프로그램에 대한 평가를 실시하여 이를 운영에 반영하고 있다. 또한 자원봉사자 모집, 기금후원, 물품후원, 마일리지 후원(경산 E마트) 등 다양한 후원 체계를 가지고 있으며, '겨자씨' 라는 연간 간행물의 발행으로 원의 소식을 학부모와 지역사회에 알리고 있다.

2. 가족지원 프로그램

밝은 어린이집에서는 다양한 가족지원 프로그램으로 가족 캠프, 부모-교사 상담, 가족운동회, 종합 전시 · 발표회, 부모보육 도우미, 수업 참관, 홈페이지를 활용한 상담, 소식지 및 가정통신문을 통한 정보 공유, 형제자매 대화방을 운영하고 있다. 여기서는 부모보육 도우미와 형제자매 대화방을 살펴보겠다.

1) 부모보육 도우미

(1) 목표

부모보육 도우미의 목적은 첫째, 유아들이 지역사회에서 생활할 때 당면할 수 있는 다양한 상황, 장소, 사람에 대한 적응력을 길러 주고 사회적 자립 능력을 향상시킬 수 있도록 도와준다. 둘째, 활동을 학습으로 연결시키고 모든 유아들이 사전 활동, 계획적인 활동, 사후 활동, 평가 등의 활동을 통해 얻은 경험으로 학습 활동에 대한 흥미를 촉진시키고 다양한 지식과 가치, 태도와 기술을 익히게 한다. 셋째, 보육 도우미 활동을 통해서 익힌 유아교육방법을 가정에서도 활용하는 데 목적을 두고 운영한다.

(2) 방침

- 프로그램에 따라 사전 활동, 활동, 사후 활동, 평가를 실시한다.
- 어린이집의 운영 형태와 각 반 유아의 개별적 특성을 고려하여 재구성하여 실시한다.
- 활동통합 보육과정을 기초로 하여 가정 그리고 지역사회와 연계하여 실시한다.
- 사회적응 교육과 체험교육은 반복지도를 원칙으로 한다.
- 부모보육 도우미는 사회적응 훈련 및 체험교육이 있을 때 실시되는 것을 원칙으로 하되 어린이집 사정에 따라 변경될 수 있다.
- 부모보육 도우미의 역할은 교사를 돕는 데 있는 것이 아니라 가정교육과 어린이집 교육의 연계를 위한 것임을 명심한다.
- 부모보육 도우미를 통해서 익힌 유아교육방법을 가정에서도 활용한다.

(3) 내용

부모보육 도우미는 부모가 사회적응 교육이나 체험교육 등과 같은 보육 활동에 참여하여 학습 활동에 대한 흥미를 촉진하고 학습을 심화·확장시키는 데 도움을 준다. 또한 주변에 대한 관심과 사회현상을 바르게 이해하고 사회 구성원으로서 살아가는 데 필요한 지식, 가치, 태도와 능력을 발달시킬 수 있도록 유아지도 기술을 돕는 활동을 한다. 〈표 10〉은 밝은 어린이집에서 가정으로 발송되었던 부모보육 도우미 신청과 교육시간표에 관한 안내문이다. 부모보육 도우미는 부모가 직접 교수방법을 배우고 이를 실행함으로써 유아에게 긍정적 상호작용 모델이 되는 것에 의의가 있다.

〈표 10〉 부모보육 도우미 안내문

부모보육 도우미 신청에 관한 안내

본 어린이집에서는 유아양육에 대한 부모의 전문성을 활용하고, 가정교육과 어린이집 보육 간의 연계 강화를 위하여 2008년 2학기부터 부모보육 도우미제도를 도입하여 실행해 왔습니다. 그 결과 유아들의 사회적응 훈련, 체험교육 등에서 부모보육 도우미가 상당히 긍정적인 영향을 미쳤습니다.

따라서 2009년에는 부모보육 도우미제도를 정착시키고 부모보육 도우미의 역할을 확장하여 유아보육 활동에 더욱 능동적으로 참여할 수 있는 기회를 드리고자 합니다. 부모보육 도우미를 신청하고자 하는 부모(보호자)께서는 아래 양식에 의거하여 2월 27일까지 신청해 주시기 바랍니다. 많은 부모님의 신청을 바랍니다.

사회복지법인 밝은 어린이집 원장

아동명: 부모명:

부모보육 도우미를 신청함	부모보육 도우미를 신청하지 않음

2009 부모보육 도우미 교육시간표

1. 목적

부모보육 도우미 교육은 보육도우미를 희망하신 부모님들이 본 어린이집 보육 특성과 운영 방침을 이해하고 보육 활동에 적극 참여하여 활동 통합보육과정이 성공적으로 실행될 수 있도록 돕는 능력을 기르고, 나아가 가정교육과 어린이집 보육의 연계성을 강화하는 것을 목적으로 한다.

2. 교육시간표

시간 일정		내용	준비물	담당자
1	10:00~11:10	활동 통합보육과정의 특성 행동지도 방법	PPT 2009학년도 보육운영 지침서	원장
2	11:15~11:50	사회적응 교육과 체험교육과 보육도우미의 역할	정보교환지	안○○ 팀장
3	11:50~12:10	지체장애 유아의 지원방법	PPT	박○○ 팀장

먼저 부모보육 도우미로 유아들의 교육에 동참해 주신 부모님들께 감사 인사드립니다. 다름이 아니오라 부모보육 도우미로 활동하실 부모님들의 개인적 일정 조정을 돕기 위해 미리 4~8월의 현장 체험교육 및 사회적응 교육 연간 계획안과 부모보육 도우미 활동참여 일정표를 보내드립니다. 특별한 사정이 없으시면 일정표대로 참여해 주시기를 바라며, 부모보육 도우미의 협조가 유아들의 교육에 큰 도움이 될 것입니다. 만약 일정표대로 참여하시기 어려운 부모님께서는 미리 상담해 주셔서 교육에 큰 지장이 없도록 해 주시면 고맙겠습니다.

2009. 4. 9.

사회복지법인 밝은 어린이집 원장 드림

2) 형제자매 대화방

(1) 목표

비장애 형제자매들 상호 간에 정보를 교류할 수 있는 장이 되며 발달지체 등의 장애에 대한 이해를 돕는다. 또한 비장애 형제자매들의 내현적 행동 문제를 바람직한 방향으로 표출하여 문제 해결을 돕는다.

(2) 방침

- 형제자매 대화방은 어린이집 내의 형제자매들을 원칙으로 한다.
- 형제자매 대화방은 유아들을 이해하고 지도에 도움이 되는 정보를 교환한다.
- 형제자매 대화방들의 사생활 관련 정보는 공개하지 않는 것을 원칙으로 한다.
- 형제자매 대화방은 3개월 간격으로 실시되는 부모상담 시와 동일하게 실시되는 것을 원칙으로 하되, 어린이집 사정에 따라 변경될 수 있다.
- 형제자매 대화방은 상호 신뢰를 바탕으로 실시한다.

(3) 내용

밝은 어린이집에서는 유아의 형제자매들을 대상으로 공통의 경험을 이야기하고, 깊이 있는 대화와 감정이입을 통해 형제자매들의 고민과 갈등, 생각 등을 듣고 해결방안을 제시하고 공유하기를 목적으로 매년 형제자매 대화방을 열어 가고 있다. 〈표 11〉은 형제자매 대화방을 실시하기 위한 모집 안내문이다.

〈표 11〉 형제자매 대화방 모집 안내문

제5회 형제자매 대화방

안녕하십니까?

따뜻한 바람 속에 향긋한 꽃내음이 묻어오는 7월입니다. 우리는 6월 가족 캠프 일정 속에 포함된 우리 유아들의 형제자매 대화방에서 형제자매들의 다양한 의견들을 듣고 이해할 수 있는 뜻 깊은 시간을 가졌습니다.

장애유아가 있는 가정의 경우 부모와 그 밖의 가족 구성원 모두가 장애유아의 영향을 받게 되고 가족생활 패턴이 모두 장애유아 중심으로 이루어집니다.

부모는 장애유아에 대한 미안함과 죄책감으로 장애유아에게 대부분 관심을 쏟기 때문에 그 밖의 형제자매를 돌보기가 힘든 상황이며, 이러한 상황에서 비장애 형제자매가 받는 정신적 충격이나 고통들이 밖으로 표면화되지 못하고, 외로움과 질투, 자기비하와 과잉 동일시 문제, 수치심, 분노, 부모의 보상심리에 대한 부담감 등이 사회생활에서의 갈등의 요소가 될 수 있습니다.

밝은 어린이집에서는 장애유아의 형제자매를 대상으로 공통의 경험을 이야기하고 깊이 있는 대화와 감정이입을 경험해 봄으로써 장애 형제자매에 대한 이해와 문제해결 방안을 모색해 보기 위해 제1회 형제자매 대화방을 실시하려고 합니다. 따라서 형제자매들이 적극적인 참여를 할 수 있도록 협조해 주시기 바랍니다.

• 참여 안내

1. 일시: 2009년 7월 25일 토요일 오전 10시 30분~12시, 오후 1시 30분~2시 30분
2. 장소: 밝은 어린이집 2층 강당
3. 대상: 밝은 어린이집 유아들의 모든 형제자매

사회복지법인 밝은 어린이집 원장

형제자매 대화방은 〈표 12〉와 같이 1학기에 2번, 2학기에 2번, 연 4회 어린이집 운영 형태에 따라 조정되어 시행되며, 구체적인 일정 및 주제는 제시된 바와 같다. 밝은 어린이집의 자체 평가에 따르면 형제자매 대화방에서 장애유아의 형제자매가 처음 만났을

〈표 12〉 형제자매 대화방의 일정

일자	장소	참가자 수	주제
6/27	경주조선 온천호텔	11명	장애 형제자매에 대한 인식 함께 생활하면서 불편한 점 함께 생활하면서 좋은 점
7/25	밝은 어린이집	11명	장애 형제자매로 인해 갖게 된 경험 현재 비장애 형제자매들이 갖고 있는 고민 부모님께 바라는 점 장애 형제자매 관련 장래계획
10/24	밝은 어린이집	12명	장애 형제자매가 갖고 있는 장점 장애 형제자매와 긍정적으로 상호작용할 수 있는 방법
12/23	밝은 어린이집	15명	가족에 대한 나의 생각 장애 형제자매가 가족의 생활에 미치는 영향

때는 어색해하고 원활한 대화가 이루어지지 않았으나, 회를 거듭할수록 서로 친밀감과 유대감이 강하게 형성되었다. 그리고 형제자매들이 다양한 프로그램에 참여하면서 서로의 특성과 문제를 이해하게 되었다. 특히 혼자만의 문제로 여겨졌던 갈등과 고민의 경우 다른 비장애 형제자매들과의 대화와 토의를 통해 그 해결방법을 찾는 기회가 되었다. 그리고 가족관계와 부모의 양육방법에 대한 솔직한 대화가 자유롭게 이루어져 부모와 가족들을 이해하는 계기가 되었다. 아울러 자신의 고민뿐 아니라 다른 형제자매들의 고민들을 공유하고, 자기 혼자만의 아픔이나 걱정이 아니라는 것을 알게 됨으로써 장애유아와 보다 긍정적인 상호작용을 할 수 있었다.

이상으로 밝은 어린이집의 가족지원 형태에 대해 알아보고, 부모보육 도우미와 형제자매 대화방에 대해 세부적으로 살펴보았다. 밝은 어린이집에서는 가족지원 프로그램으로 부모보육 도우미, 형제자매 대화방, 가족 캠프 등 다양한 가족지원 프로그램을 운영하고 있었으며, 프로그램을 운영하는 데서 그치는 것이 아니라 평가 및 개선사항까지 파악하고 이를 다음 프로그램에 반영하고 있었다. 또한 가족지원 프로그램을 실시하면서 어려운 점으로는 부모의 참여도를 끌어올리는 것과 프로그램을 운영하는 데 드는 재정적인 지원의 어려움을 들었으며, 좋은 점으로는 가족들을 이해하고 그들을 참여시켜 유아의 발달 상황에 적극적인 교육을 지원하게 할 수 있다는 점을 꼽았다.

참고문헌

강미라(2003). 발달지체유아의 유치원 전환에 대한 부모와 교사의 인식수준. 대구대학교 대학원 박사학위 논문.

강현석, 주동범(2004). 현대 교육과정 평가. 서울: 학지사.

강혜원(2011). 부모 역량강화를 위한 양육지원 프로그램이 장애유아 부모의 양육효능감과 부모-유아 상호작용에 미치는 영향. 이화여자대학교 대학원 석사학위 청구논문.

강휘원(2007). 한국의 다문화사회 형성과 지방정부. 한국행정학회 학술대회 발표논문집, 77-96.

고정곤, 김준권, 김소영, 손현숙, 이정순(2008). 현장중심 부모교육의 이론과 실제. 경기: 양서원.

교육과학기술부(2008). 2008년도 다문화가정 학생교육 지원계획.

교육과학기술부(2010). 특수교육연차보고서.

교육인적자원부(2007). 장애인 등에 대한 특수교육법.

구자순(2001). 함께 또 따로: 떨어져 사는 부부. 이동원 외 공저. 변화하는 사회 다양한 가족(pp. 65-90). 서울: 양서원.

구자현, 한경임(2008). 장애아동 비장애 형제 생활경험의 근거이론적 분석. 중복 · 지체부자유연구, 51(3), 199-218.

권기덕, 김동연(1995). 장애아가족의 가족스트레스연구. 대구대학교 사회과학연구소. 사회과학연구, 1, 299-322.

권순희(2004). 번역: 말하기에서의 언어적, 비언어적 범위. 화법연구, 7, 251-301.

권회연, 전병운, 이진아, 김형준, 정환별, 양승창(2010). 장애아동의 비장애 형제자매 지원프로그램이 비장애 형제자매의 대처 · 적응력에 미치는 효과. 특수교육저널: 이론과 실천, 11(2), 147-171.

기영화(2001). 평생교육프로그램개발. 서울: 학지사.

길귀숙(2003). 바람직한 의사소통. 조선대학교 노인교육담당자 및 지도자 양성과정 연수교재.

김경미(2009). 한눈에 쏙쏙 들어오는 쉽고 재미있는 상담교실. 경기: 예담.

김경숙(2001). 상급교육기관으로의 연계 및 전환교육. 현장특수교육, 8(5), 34-39.

김경숙(2003). 유아의 전이를 위한 가족과 교육기관의 교류 활동에 관한 연구. 특수교육학연구, 37(4).

김경숙, 김미숙, 김성애, 김수진, 박숙영, 백유순, 이성봉, 조광순, 조윤경, 최민숙, 허계형(2009). 유아특수교육개론(2판). 서울: 학지사.

김경혜, 조윤경(2006). 장애아동 가족 기능강화 프로그램의 이론과 실제(전2권 실제편, 이론편). 서울: 파라다이스 복지재단.

김명희(2009). 부모교육과 상담. 서울: 동문사.

김미라(2004). 장애아동 어머니가 자녀의 초등학교 통합 직전에 느끼는 스트레스에 관한 질적 연구. 가톨릭대학교 대학원 석사학위논문.

김미영(2006). 부모결연 프로그램이 초등학교 입학예정 장애아동 어머니의 긍정적 기여와 가정환경 인식에 미치는 효과. 이화여자대학교 대학원 박사학위논문.

김미옥(2001). 장애아동가족의 적응과 아동의 사회적 능력에 관한 연구-가족탄력성의 효과를 중심으로. 이화여자대학교 대학원 박사학위논문.

김민정(2009). 장애유아의 초등학교 전이를 위한 학교 준비도에 관한 유치원 특수 학급 및 초등학교 저학년 특수학급 부모의 인식. 이화여자대학교 교육대학원 석사학위논문.

김성천, 정수연, 정혜림(2002). 해결중심 부모집단 상담이 발달장애아동과 부모의 상호작용에 미치는 효과. 한국사회복지학회, 48, 179-213.

김수지(2001). 호스피스 총론. 서울: 한국호스피스협회.

김수희(2004). 장애아동의 비장애형제를 위한 프로그램이 비장애형제의 우울감과 장애형제를 대하는 행동에 미치는 영향. 특수아동교육연구, 6(1), 21-36.

김수희(2008). 부모교육. 서울: 학현사.

김승권, 양옥경, 조애저, 김유경, 박세경, 김미희(2004). 다양한 가족의 출현과 사회적 지원 체제 구축 방안(연구보고서 2004-13). 한국보건사회연구원.

김영애(2002). 사티어 의사소통 훈련 프로그램. 서울: 김영애가족치료연구소.

김영옥, 홍지명, 김세루, 김권일(2008). 유아교육기관의 부모상담 현황 및 교사와 부모의 요구 분석. 유아교육논집, 12(1), 165-190.

김영희(2005). 유아특수교육에 있어 포괄적 가족지원 프로그램 실천방향. 유아특수교육연구, 5(2), 26-47.

김유경, 조애저, 최현미, 이주연(2008). 다문화시대를 대비한 복지정책방안 연구-다문화 가족을 중심으로.

서울: 한국보건사회연구원.

김점향(1998). 장애아어머니의 적응자원에 관한 연구. 대구대학교 대학원 석사학위논문.

김정미, 곽금주(2006). 취학 전 아동과 부모 간의 상호작용 행동 평가를 위한 K-MBRS와 K-CBRS의 타당화 연구. 한국심리학회지: 발달, 19(4), 21-37.

김정미, 곽금주(2007). 3-6세 유아를 위한 가정환경자극 척도(EC-HOME)의 타당화 연구. 한국아동학회, 28(1), 115-128.

김정미, 성옥련, 현명호(2000). 부모-아동 상호작용 행동 평정척도(MBRS 및 CBRS)의 타당도 연구. 한국심리학회지: 발달, 19(4), 895-904.

김정미, Mahoney, G. (2009). 부모 아동 상호작용 행동 평가: K-MBRS와 K-CBRS. 서울: 박학사.

김종숙(2001). 신재혼 풍속도: 재혼가족. 이동원 외 공저. 변화하는 사회 다양한 가족(pp. 121-147). 서울: 양서원.

김진규(2004). 프로그램 평가방법. 서울: 학지사.

김창숙(2011). 글로벌 시대 부모교육. 서울: 양서원.

김향지(2001). 장애유아 부모상담의 특성 및 내용구성방안. 정신지체연구, 3, 127-143.

김혜경(2010). 영유아 프로그램 개발과 평가. 서울: 창지사.

김화림(2006). 동일학교 재학여부, 출생서열, 성별에 따른 정신지체형제를 가진 비장애형제의 스트레스. 단국대학교 특수교육대학원 석사학위논문.

김화영, 조윤경(2009). 장애유아의 초등학교 전이 기술에 대한 유아교사와 초등교사의 인식 수준 비교. 특수아동교육연구, 11(3), 157-178.

김홍옥(2003). 교사의 역할 훈련. 서울: 양철북.

김희진(2002). 저소득층 부모지원 프로그램 개발 적용 및 평가과정에 대한 연구. 유아교육연구, 22(3), 43-66.

김희진(2005). 현대 부모 및 가족지원 프로그램. 서울: 창지사.

김희진(2006). (유아교육기관에서의) 부모 교육과 지원. 서울: 파란마음.

박경애(2005). 상담의 주요 이론과 실제. 서울: 교육아카데미.

박경현(2003). 교사의 설득 화법(Teacher' s Persuasion). 화법연구, 5, 199-216.

박미노(2007). 조손가정 손자녀들의 학교 적응에 관한 연구: 손자녀들이 인지하는 가족기능을 중심으로. 고려대학교 인문정보대학원 석사학위 청구논문.

박민경(1996). 장애형제를 둔 정상형제자매 프로그램에 관한 연구. 숭실대학교 대학원 석사학위논문.

박성신, 박지연(2007). 장애영유아 가정에 대한 방문지원이 어머니의 양육 효능감 및 어머니와 영유아의 상호작용 행동에 미치는 효과. 유아특수교육연구, 7(3), 93-110.

박성연(2009). 부모교육. 서울: 교육과학사.

박옥영(2002). 영유아기 자녀를 둔 부모들의 조기중재에 대한 인식도 조사. 우석대학교 교육대학원 석사학위논문.
박지연, 유은연(2004). 장애아를 둔 저소득층 가정의 가족지원 실태 및 요구에 관한 질적 연구. 특수교육학연구, 39(2), 139-169.
박희찬(1999). 전환교육 계획의 수립과 실천. 현장특수교육, 6(1), 20-29.
배은경(2009). 한상담 의사소통 프로그램. 相談과 指導, 44, 421-441.
배호순(2008). 교육프로그램평가론. 도서출판: 원미사.
백미숙(2006). 효과적 리더십으로서의 효과적 경청. 숙명리더십연구, 4, 79-98.
백유순(2010). 특수교육대상 유아 부모의 개별화교육프로그램에 대한 이해와 참여 실태 및 만족도. 유아특수교육연구, 10(2), 161-185.
백은령, 김기룡, 유영준, 이명희, 최복천(2010). 장애인가족지원. 서울: 양서원.
변창진, 최진승, 문수백, 김진규, 권대훈(1996). 교육평가. 서울: 학지사.
보건복지부(2008). 2008년 장애인 실태조사.
보건복지부(2010). 건강가정지원센터 설치수 및 이용자 현황.
서명석(2004). 장애아동 형제의 부담감이 가족적응과 학교적응에 미치는 영향. 한국가정관리학회지, 22(6), 201-218.
서울장애인복지관(2006). 가족지원 프로그램의 실제. 서울: 다우.
서혜영(1991). 장애아 어머니의 적응과 사회적 지원에 관한 연구. 연세대학교 대학원 석사학위논문.
석동일(2006). 의사소통장애아동 부모교육과 참여. 대구: 대구대학교출판부.
설진화(2005). 정신지체 장애아동 부모들의 역량강화를 위한 부모교육프로그램의 효과. 한국가족복지학, 16, 47-74.
성태제(2010). 현대교육평가. 서울: 학지사.
손병덕, 황혜원, 전미애(2010). 가족복지론. 서울: 학지사.
손유니(2001). 능력강화를 위한 가족지원 프로그램이 장애아동 부모의 스트레스와 자기효능감과 대처능력에 미치는 효과: 정신지체 초등부 학부모를 중심으로. 이화여자대학교 교육대학원 석사학위 청구논문.
송영혜(1994). 복막투석 환아 어머니의 스트레스와 대응방법에 관한 연구. 이화여자대학교 대학원 석사학위논문.
신동주(2009). 유아교육기관의 가족지원 프로그램 개발연구. 덕성여자대학교 대학원 미간행 박사학위 청구논문.
신숙재, 정문자(1998). 어머니의 양육 스트레스, 사회적 지원과 부모효능감이 양육행동에 미치는 영향. 아동학회지, 17(1), 27-41.
신은정(2004). 조부모손자녀세대의 가족기능과 손자녀의 심리적 특성과의 관계: 자아존중감, 우울, 불안을 중심으로. 경북대학교 대학원 석사학위 청구논문.

신혜정(1997). 자폐 유아의 주시행동 향상을 위한 형제자매 중재효과. 정서 · 학습장애연구, 13(1), 137-154.

신혜정, 강위영(2001). 자폐아동의 형제관계 연구. 정서 · 학습장애연구, 17(1), 381-412.

심혜숙, 송종원(2004). 장애자녀를 둔 부모상담 모형 개발을 위한 상담욕구분석. 교육연구, 14(1), 31-51.

안정헌(1989). 의사소통과 인간관계. 인문논집, 34(1), 163-188.

양경애(2003). 장애아동 가족의 지원서비스에 대한 욕구조사. 대구대학교 대학원 석사학위논문.

양경화(2000). 일반아동과 자폐아동 어머니의 결혼만족도와 양육스트레스에 관한 연구. 호남대학교 대학원 석사학위논문.

양숙미(2003). 장애형제가 있는 비장애인을 위한 지원 프로그램 고찰. 한국가족복지학회, 8(1), 69-84.

연미희(2008). 부모교육의 이론과 실제. 서울: 동문사.

오영희(2009). 최신 가족학의 이론과 실제. 서울: 21세기사.

오정희, 박중규(2007). 장애형제관련 스트레스 요인 및 비장애형제의 자아개념수준, 부모 양육태도가 형제관계 태도에 미치는 영향. 재활과학연구, 25(2), 35-52.

오현숙, 최호윤(2010). 사회복지 프로그램 개발과 평가. 서울: 21세기사.

오혜경(2002). 영유아기 장애아동에 대한 조기개입에 있어 가족중심적 지원에 관한 고찰. 한국가족복지학, 7(1), 39-60.

오혜경, 정소영(2003). 영유아기 장애아동의 양육부담과 가족지원. 서울: 신정.

왕한석, 한건수, 양명희(2005). 국제결혼 이주여성의 언어 및 문화 적응 실태 연구: 전라북도 임실군 (및 순창군 · 남원시) 일원 사례 보고서. 국립국어원.

유수옥(2005). 유아특수교육론. 서울: 학지사.

유안진(2003). 부모교육의 이론과 실제. 서울: 동문사.

유영주, 강희중, 김밀양, 김순기, 김연, 박정희, 배선희, 손정영, 안재희, 양순미, 오윤자, 이인수, 이정연, 이창수, 전영자, 최희진, 홍성례, 홍숙자(2004). (새로운) 가족학. 서울: 신정.

유윤영(2010). 부모교육. 서울: 정민사.

이경순, 이미경, 김경희(2006). 인간관계와 의사소통. 서울: 현문사.

이경희(1993). 장애아동의 가족 스트레스와 적용의 구조모형. 서울대학교 대학원 박사학위논문.

이근후, 박영숙(1998). 사회적응을 위한 인간관계. 서울: 하나의학사.

이금진(2006). 언어치료와 함께 실시한 소집단 부모참여 프로그램이 어머니와 발달지체 영유아의 상호작용행동과 영유아의 언어능력에 미치는 영향. 이화여자대학교 대학원 박사학위 청구논문.

이금진, 송준만(2008). 소집단 부모참여프로그램이 어머니와 발달지체 영유아의 상호작용행동 및 영유아의 언어능력에 미치는 영향. 특수교육학연구, 42(4), 1-25.

이득기(1995). 신부모교육론. 서울: 상조사.

이미선, 김경진(2000). 장애 영유아 가족지원 방안 연구. 안산: 국립특수교육원.

이미숙(2008). 국내 장애아 조부모 역할 증진에 대한 고찰. 중복 · 지체부자유연구, 51(3), 143-166.

이미숙(2009). 중증 장애아 조부모의 경험 및 역할에 대한 질적 연구. 특수교육학연구, 43(4), 113-133.

이미숙, 권회연(2009). 장애아동 형제자매의 긍정적 적응 및 발달을 위한 방안 고찰. 정서 · 행동장애연구, 25(1), 141-163.

이민호, 최기창, 이원령, 김미경, 최신애(2004). 장애아 가족의 일상생활에서 나타나는 정서문제. 특수교육재활과학연구, 43(1), 138-147.

이병인(2003). 발달지체 영유아 개별화가족지원계획 개발 및 시행을 위한 방법론 고찰. 정서 · 행동장애연구, 19(4), 91-120.

이소현(1999). 특수아 조기교육의 최상의 실제: 프로그램의 구조적 측면을 중심으로. 교육과학연구, 28, 168-169.

이소현(2003). 유아특수교육. 서울: 학지사.

이수남(2008). 신뢰받는 교사가 되기 위한 의사소통 기법. 相談과 指導, 43, 153-172.

이숙, 우희정, 최진아, 이춘아(2009). 훈련중심 부모교육(2판). 서울: 학지사.

이승희(2009). 특수교육평가. 서울. 학지사.

이영숙(2011). 경청. 활천, 66-67.

이영자, 유효순, 이정욱(2007). 유아사회교육. 서울: 교문사.

이영철, 김소라(2001). 형제 · 자매의 환경중심 언어중재 효과. 특수교육학연구, 36(3), 55-76.

이영철, 허계형, 이상복, 정갑순(2008). 영유아를 위한 사정, 평가 및 프로그램 체계: AEPS Volume 1. 서울: 굿에듀.

이영호(2000). 장애아동부모 어떻게 도울 것인가? 서울: 학문사.

이원숙(2005). 가족복지론. 서울: 학지사.

이원영, 이태영, 강정원(2008). 영유아교사를 위한 부모교육. 서울: 학지사.

이윤화, 권진욱(2002). 장애아동형제의 부담감에 관한 연구-대전지역을 중심으로. 연세사회복지연구, 8, 59-85.

이은경, 석동일(2007). 장애아동 부모교육 프로그램의 평가모형 개발. 언어치료연구, 16(1), 149-163.

이은주(2001). 비장애형제와 장애아동형제간 상호작용 유형 관찰 연구. 성균관대학교 대학원 석사학위논문.

이재열(2009). 생활 속의 인간관계론. 서울: 북코리아.

이종호(2002). 장애아동 아버지의 스트레스와 대처행동. 호서대학교 대학원 석사학위논문.

이지연(2006). 발달장애아동 형제자매의 적응유연성에 관한 연구-위험요인과 보호요인의 상호작용을 중심으로. 서울대학교 대학원 석사학위논문.

이한우(1999). 장애아동 부모의 양육태도 및 스트레스간의 관계적 특성연구. 특수교육연구, 22, 143-160.

임종길(2006). 자폐아동 어머니의 결혼 만족도에 따른 양육스트레스에 관한 연구. 청주대학교 대학원 석사학위논문.

임현승(2004). 사회적 지지가 장애아동을 둔 어머니들의 양육스트레스와 우울증에 미치는 영향. 한국사회복지학회 학술대회자료집, 1, 639-656.

장원동(2008). 부모교육. 서울: 교문사.

장현덕(2006). 상담기법훈련 프로그램. 相談과 指導, 41, 283-296.

장혜경, 민가영(2002). 이혼여성의 부모역할 및 자녀양육지원방안에 관한 연구. 서울: 한국여성개발원.

전남련, 김의석, 김혜금, 시옥진, 권경미(2008). 부모교육론. 서울: 양서원.

전선옥, 김진영, 김정원(2009). 부모교육. 서울: 창지사.

전혜인(2005). 부모결연프로그램이 장애아동 어머니의 양육스트레스와 양육효능감 및 가족역량강화에 미치는 영향. 이화여자대학교 대학원 석사학위논문.

전혜인(2006). 부모결연프로그램이 장애아동 어머니의 양육스트레스와 양육효능감 및 가족 역량강화에 미치는 영향. 이화여자대학교 대학원 박사학위 청구논문.

전혜인(2010). 장애아동 가족지원의 실제: 부모결연 프로그램. 서울: 한국학술정보.

전혜인, 박은혜(1998). 장애아동의 형제를 위한 형제 지원 프로그램의 효과. 교육과학연구, 27, 129-144.

전혜인, 박지연(2004). 정서 및 행동장애아동의 가족지원에 관한 문헌고찰: 1995-2004. 정서 · 행동장애연구, 20, 117-137.

정경미, 이경숙, 박진아, 김혜진(2008). 한국판 부모 양육스트레스 검사의 표준화 연구. 한국심리학회지: 임상, 27(3), 689-707.

정경아(2007). 장애아동 가족지원 서비스 만족도 및 욕구에 관한 연구. 가야대학교 대학원 석사학위논문.

정선진, 박승희(2009). 장애자녀의 초등학교 전이지원을 위한 부모교육 프로그램이 어머니의 양육스트레스와 스트레스 대처방식에 미치는 영향. 유아특수교육연구, 9(1), 135-160.

정숙경(2002). 가족환경 변인에 따른 취학전 장애아동 어머니의 사회적 요구와 지지. 대구대학교 대학원 석사학위논문.

정영숙(2005). 빈곤과 최저생계비 측정에 관한 연구: 발달장애아동 가족의 치료교육비를 중심으로. 정서 · 행동장애연구, 21(1), 69-91.

정옥분(2008). 부모교육. 서울: 학지사.

정옥분, 정순화, 홍계옥(2005). 결혼과 가족의 이해. 서울: 시그마프레스.

정은순(1993). 정신지체아 정상형제자매의 자아개념과 좌절감에 관한 연구. 대한간호학회지, 23(1), 90-106.

정정승(2006). 의사소통과 비언어적 표현 양상. 영미어문학, 81, 225-249.

정효정, 심순애, 이준희, 장문규, 전영택, 김미숙, 채소희, 허린강(2010). 현장 중심 상담 심리. 서울: 파워북.

조성연(2004). 여성 한부모가족의 모-자녀 관계. 한국가정관리학회지, 22(1), 153-167.

조영달(2006). 다문화 가족 교육 지원을 위한 자료 개발 연구. 서울: 교육인적자원부.

조윤경, 김경해(2005). 통합보육시설 재원 장애아동 부모에 대한 가족기능 강화프로그램이 「가족 삶의 질」

에 미치는 영향. 한국영유아보육학, 41, 157-180.

조성은(2003). 장애아동 어머니의 심리적 적응훈련 프로그램 개발 및 효과. 전남대학교 대학원 박사학위논문.

조인수(2002). 전환교육의 발달과정과 실천적 과제. 특수교육학연구, 37(2).

조인숙(2002). 사회적지지 프로그램이 장애아동 어머니의 스트레스와 대처에 미치는 효과. 전남대학교 대학원 박사학위논문.

조홍식, 김인숙, 김혜란, 김혜련, 신은주(2010). 가족복지학. 서울: 학지사.

주혜진(2009). 장애아동을 위한 이용시설 개선방안 및 정책지원방안 연구. 대전: 대전발전연구원.

지은구(2010). 사회복지프로그램 개발과 평가. 서울: 학지사.

최경석 (2003). 한국가족복지의 이해. 인간과 복지.

최민숙(2007). 장애아동 교육을 위한 가족참여와 지원. 서울: 학지사.

최석윤(2010). 장애인의 아버지로 산다는 것. 전국장애인부모연대, 장애와 비장애를 넘어 함께 웃는 날, 9, 13-19.

최선화 (2009). 다문화가정 아동의 내재화 문제에 영향을 미치는 요인 연구: 대전 충남 · 북 지역을 중심으로. 충남대학교 대학원 석사학위 청구논문.

최은정(1987). 자폐아동부모의 특성과 부부적응도에 관한 연구. 이화여자대학교 대학원 석사학위논문.

최지영, 양윤란, 김재환(2004). 발달장애 아동의 부모를 위한 인지-행동적 부모훈련 프로그램의 효과. 한국심리학회지: 임상, 23(1), 1-16.

최형성, 정옥분(2001). 어머니의 양육효능감 척도의 개발. 아동학회지, 22(3), 1-16.

최혜순(2010). 부모교육. 서울: 동문사.

통계청(1997). 인구 주택 총 조사 보고서.

통계청(2001). 인구 주택 총 조사 보고서.

통계청(2006). 인구 주택 총 조사 보고서.

통계청(2007). 인구혼인 · 이혼조사.

통계청(2008). 혼인통계 결과.

통계청(2009). 한국의 사회동향 2009.

하은영(2008). 다양한 가족에 대한 유아교사의 인식과 교육 실제에서의 반영 및 대처. 이화여자대학교 대학원 석사학위 청구논문.

한경임(2001). 보완 · 대체 의사소통 사용 중증 뇌성마비 유아의 형제에 대한 의사소통 상대방 훈련 효과. 한국지체부자유아교육학회지, 37, 121-138.

한경임, 임민숙(2006). 형제에 대한 상호작용 기술 훈련이 뇌성마비 아동의 의사소통 향상에 미치는 효과. 한국특수아동학회, 8(1), 1-20.

한현정, 김혜영(2003). 장애아동 가족지원 서비스의 실태 및 요구조사. 한국가족복지학, 8(2), 137-162.

홍성철(2000). 장애인 복지시설의 사회화에 관한 연구. 상지대학교 대학원 석사학위논문.

홍은숙(2006). 탄력성(resilience)의 개념적 이해와 교육적 방안, 특수교육학연구, 41(2), 45-67.

홍태영(2008). 유치원에서 초등학교로의 전이시 요구되는 장애유아의 적응기술. 공주대학교 특수교육대학원 석사학위논문.

청소년사이버상담센터. http://www.cyber1388.kr/kyci/counsel2/youthtree/text.

통일부. http://www.unikorea.go.kr.

한국장애인부모회. http://www.kpat.or.kr.

한국부모교육센터. http://www.koreabumo.com.

Pro-Leader(사)국제지도자협회. http://www.pro-leader.co.kr.

Abidin, R. (1990). Parenting Stress Index form: Test Manual. Charlottesville: Pediatric Psychology Press.

Abidin, R. (1995). Patenting Stress Index (PSI) manual (3rd ed.). Odessa, FL: Psychological Assessment Resources, Inc.

Able-Boone, H., Goodwin, L. D., Sandall, S. R., Gordon, N., & Martin, D. G. (1992). Consumer based early intervention services. *Journal of Early Intervention, 16*, 201-209.

Abramovitch, R., Stanhope, L., Pepler, D., & Corter, C. (1987). The influence of Down Syndrome on sibling interaction. *Journal of Child Psychology and Psychiatry, 28*, 865-879.

Achilles, I. (2002). "……und um mich kuert sich keiner". Die Situation behinderter Kinder und ihrer Geschwister. Muhen: Ernst Reinhardt.

Achilles, I. (2003). Die Situation der Geschwister behinderter und chronisch kranker Kinder. Muhen: Ernst Reinhardt.

Affleck, G., Tennen, H., Rowe, J., Roscher, B., & Walker, L. (1989). Effects of formal support on mothers' adaptation to the hospital-to-home transition of high-risk infants: The benefits and costs of helping. *Child Development, 60*, 488-501.

Affleck, G., & Tennen, H. (1993). Cognitive adaptation to adversity: Insights from parents of medically fragile infants. In A. P. Turnbull, J. M. Patterson, S. K. Behr, D. L. Murphy, J. G. Marquis, & M. J. Blue-Banning (Eds.), Cognitive coping, families, and disability (pp. 135-150). Baltimore: Paul H. Brookes publishing.

Alexander, K. L., & Entwisle, D. R. (1988). Achivement in the first two years of school: Patterns and processes. *Monographs of the Society for Research in Child Development, 53*(2).

Allen, R. I., & Petr, C. G. (1996). Toward developing standards and measurements for family centered practice in family support programs. In G. H. S. Singer, L. E. Powers, & A. L. Olson (Eds.), *Redefining family support: Innovations in public-private partnerships*. Baltimore, MD: Paul H. Brookes Publishing.

Anthony, E. J. (1974). A risk-vulnerability intervention model for children of psychotic parents. In E. J. Anthony & C. Koupernik (Eds.), The child in his family: Children at psychiatric risk. *International Yearbook, 3* (pp. 99–121). New York: Wiley.

Anthony, E. J. (1987). Children at high risk for psychosis growing up successfully. In E. J. Anthony & B. J. Cohler (Eds.), *The invulnerable child* (pp. 147–184). New York: Guilford Press.

Antonovsky, A. (1981). *Health, stress and coping*. San Francisco: Jossey-Bass.

Antonovsky, A. (1991). Meine Odysee als Stressforscher. *Jahrbuch fu kritische Medizin, 17*, 112–130.

Aran, A., Shalev, R. S., Biran, G., & Gross-Tsur, V. (2007). Parenting style impacts on quality of life in children with cerebral palsy. *Journal of Pediatrics, 151*, 56–60.

Ardelt, M., & Eccles, J. S. (2001). Effects of mothers' parental efficacy beliefs and promotive parenting strategies on inner-city youth. *Journal of Family Issues, 22*, 944–972.

Atkinson, N., & Crawforth, M. (1995). *All in the family: Siblings and disability*. London: NCH Action for Children.

Bagenholm, A., & Gillberg, C. (1991). Psychosocial effects on siblings of children with autism and mental retardation: Population-based study. *Journal of Mental Deficiency Research, 35*, 291–307.

Bagnato, S. J., & Neisworth, J. T. (1991). *Assessment for early intervention: Best practices for professionals*. NY: Guilford.

Bagnato, S. J., Neisworth, J. T., & Munson, S. M. (1997). *LINKing assessment and early intervention: An authentic curriculum-based approach*. Baltimore: Paul H. Brookes.

Bailey, D. B. (1987). Collaborative goal-setting with families: Resolving differences in values and prriorities for services. *Topics in Early Childhood Special Education, 7*(2), 59–71.

Bailey, D. B. (2001). Evaluating parent involvement and family support in early intervention and preschool programs. *Journal of Early Intervention, 24*, 1–14.

Bailey, D. B. (2004). Assessing family resources, priorities, and concerns. In M. McLean, M. Wolery, & D. B. Bailey (Eds.), *Assessing infants and preschoolers with special needs* (pp. 172–203). Upper Saddle River, NJ: Merrill/Prentice Hall.

Bailey, D. B., & Blaso, P. M. (1990). Parents' perspectives on a written survey of family needs. *Journal of Early Intervention, 14*, 196–203.

Bailey, D. B., & McWilliam, P. J. (1993). The search for quality indicators. In P. J. McWilliam & D. B. Bailey

(Eds.), *Working together with children and families* (pp. 3-20). Baltimore, MD: Paul H. Brookes.

Bailey, D. B., & Powell, T. (2005). Assessment the information needs of families in early intervention. In M. J. Guralnick (Ed.), *A developmental systems approach to early intervention: National and international perspectives* (pp. 151-183). Baltimore: Brookes.

Bailey, D. B., & Simeonsson, R. J. (1988). Assessing needs of families with handicapped infants. *The Journal of Special Education, 22*(1), 117-127.

Bailey, D. B., & Simeonsson, R. J. (1990). Family needs survey. Chapel Hill, NC: Frank Porter Graham Child Development Center, University of North Carolina.

Bailey, D. B., & Simeonsson, R. J. (Eds.). (1988). *Family assessment in early intervention.* Upper Saddle River, NJ: Merrill/Prentice Hall.

Bailey, D. B., & Wolery, M. (1992). *Teaching infants and preschoolers with disabilities* (2nd ed.). Columbus, OH: Macmillian.

Bailey, D. B., Balsco, P. M., & Simeonsson, R. J. (1992). Needs expressed by mothers and fathers of young children with disabilities. *American Journal on Mental Retardation, 97,* 1-10.

Bailey, D. B., Bruder, M. B., Hebbeler, K., Carta, J., Defosset M., Greenwood, C., Kahn, L., Mallik, S., Markowitz, J., Spiker, D., Walker, D., & Barton, L. (2006). Recommended outcomes for families of young children with disabilities. *Journal of Early Intervention, 28*(4), 227-251.

Bailey, D. B., Buysse, V., Edmonson, R., & Smith, T. M. (1992). Creating family-centered services in early intervention: Perceptions of professionals in four states. *Exceptional Children, 58,* 298-309.

Bailey, D. B., Hebbeler, K., Scarborough, A., Spiker, D., & Mallik, S. (2004). First experiences with early intervention: A national perspective. *Pediatrics, 113,* 887-896.

Bailey, D. B., Palsha, S. A., & Simeonsson, R. J. (1991). Professional concerns, skills, and perceived importance of work with families in early intervention. *Exceptional Children, 58,* 156-165.

Bailey, D. B., Simeonsson, R. J., Yoder, D. E., & Huntington, G. S. (1990). Preparing professionals to serve infants and toddlers with handicaps and their families: An integrative analysis across eight disciplines. *Exceptional Children, 57,* 26-35.

Bailey, D. B., McWilliam, R., Buysse, V., & Welsey, P. W. (1998). Inclusion in the context of competing values in early childhood. *Early Childhood Research Quarterly, 13,* 27-48.

Bailey, D. B., Winton, P. J., Rouse, L., & Turnbull, A. P. (1990). Family goals in infant intervention: Analysis and issues. *Journal of Early Intervention, 14*(1), 15-26.

Band, E. B., & Weisz, J. R. (1984). How to feel better when it feels bad: Children' s perspectives in coping with everybody stress. *Developmental Psychology, 24,* 247-253.

Barbarin. O., Hughes, D., & Chesler, M. (1985). Stress, coping and marital functioning among parents of children with cancer. *Journal of Marriage and the Family, 7*, 473-480.

Barnard, C. P. (1994). Resiliency: A shift in our perception? *American Journal of Family Therapy, 22*, 135-144.

Barnet, D., Butler, C. M., & Vondra, J. I. (1999). Atypical patterns of early attachment: Discussion and future directions. *Monographs of the Society for Research in Child Development, 64*(3), 172-192.

Barnett, D., Clements, M., Kaplan-Estrin, M., & Fialka, J. (2003). Building new dreams: Supporting parents' adaptation to their child with special needs. *Infants and Young Children, 16*, 184-200.

Barry, J. R. (2000). How about parent-teacher-student conferences? *Principal, 79*(5), 53-55.

Beaves, W. R., & Hampson, R. B. (1990). *Successful families: Assessment and intervention*. New York: Norton.

Beck, A. (1996). BDI-II. San Antonio: The Psychological Corporation.

Beckman, P. J. (1983). Influence of selected child characteristics on stress in families of handicapped infants. *American Journal of Mental Deficiency, 88*(2), 150-156.

Beckman, P. J., & Bristol, M. M. (1991). Issues in developing the IFSP: A framework for establishing family outcomes. *Topics in Early Childhood Special Education, 11*(3), 19-31.

Behringer, L. (2001). Zur Situation von Familien. *Fruoerung interdisziplina, 20*, 157-165.

Belsky, J. (1980). Child maltreatment: An ecological integration. *American Psychologist, 35*(4), 320-335.

Belsky, J. (1984). The determinants of parenting: A process model. *Child Development, 55*, 83-96.

Belsky, J. (2006). Determinants and consequences of infant parent attachment. In L. Balter & C. S. Tamis-LeMonda (Eds.), *Child psychology: A handbook of contemporary issues* (2nd ed., pp. 53-77). New York: Psychology Press.

Bennett, J. A., Contessa, S. T., & Turner, L. C. (1999). Parent to parent: Preventing adolescent exposure to HIV. *Holist Nurs Pract, 14*(1), 59-76.

Benson, H. A., & Turnbull, A. P. (1986). Approaching families form an individualized perspectivc. In. R. H. Hornor, L. H. Meyer & H. D. B. Fredericks (Eds.), *Education learners with severe handicaps: Exemplary service strategies*. Baltimore: Paul H. Brookes.

Bernheimer, L. P., & Keogh, B. K. (1995). Weaving interventions into the fabric of everyday life: An approach to family assessment. *Topics in Early Childhood Special Education, 15*, 415-433.

Blacher, J., Nihira, K., & Meyers, C. (1987). Characteristics of home environment of families with mentally retarded children: Comparison across levels of retardation. *American Journal on Mental Retardation, 91*, 313-320.

Bondurant-Utz, J. (2002). *Practical guide to assessing infants and preschoolers with special needs.* Columbus: Merrill Prentice Hall New York: Guilford Press.

Boukydis, C. F. (1984). *The Importance of Parenting Networks.* Salt Lake City, Utah: Parent Care Conference.

Bowe, F. (1995). *Birth to five: Early childhood special education.* New York: Delmar Publishers Inc.

Boyd, B. A. (2002). Examining the relationship between stress and lack of social support in mothers of children with autism. *Focus on Autism and Other Developmental Disabilities, 17*(4), 208-215.

Bradshow, J., & Lawton, D. (1978). Tracing the causes of stress in families with handicapped children. *British journal of Social Work, 8*, 181-192.

Brady, S., Peters, D., Gamel-McCormick, M., & Venuto, N. (2004). Types and patterns of professional-family talk in home-based early intervention. *Journal of Early Intervention, 26*, 146-159.

Bredekamp, S., & Shepard, L. (1989, March). How best to protect children from inappropriate school expectations, practices, and policies. *Young Children, 44*(3), 14-24.

Breslau, N., & Prabucki, K. (1987). Siblings of disabled children: effects of chronic stress in the family, *Archives of General Psychiatry, 44*, 1040-1046.

Breslau, N., Weitzman, M., & Messenger, K. (1981). Psychologic functioning of siblings of disabled children. *Pediatrics, 67*(3), 344-353.

Bricker, D. (1996). Using assessment outcomes for intervention planning: A necessary relationship. In M. Brambring, H. Rauh, & A. Beelmann (Eds.), *Early childhood intervention: Theory, evaluation, and practice* (pp. 305-328). Berlin/New York: de Gruyter.

Bricker, D. (Series Ed.). (2002). *Assessment, Evaluation, and Programming System (AEPS) for Infants and Children* (2nd ed., Vols. 1-4). Baltimore: Paul H. Brookes Publishing Co.

Bristol, M. (1987). Mothers of children with autism or communication disorders: successful adaptation and the Double ABCX Model. *Journal of autism and developmental disorders, 17*(4), 469-486.

Bronfenbrenner, J. (1977). Toward an experimental ecology of human development. *American Psychologist, 32*, 513-531.

Bronfenbrenner, U. (1979). *The Ecology of Human Development: Experiments by Natureand Design.* Cambridge, MA and London: Harvard University Press.

Brookman-Frazee, L. (2004). Using parent/clinician partnerships in parent education programs for children with autism. *Journal of Positive Behavior Interventions, 6*(4), 195-213.

Bruder, M. D., & Dunst, C. J. (1999). Expanding learning opportunities for infants and toddlers in natural environments: A change to reconceptualize early intervention. *Zero to Three, 20*(3), 34-36.

Burke, P., & Montgomery, S. (2000). Siblings of children with disabilities: A pilot study. *Journal of Learning Disabilities, 4*(3), 227-236.

Byrd, M. R., & Rous, B. S. (1991). *Helpful entry level skills checklist-Revised.* Lexington, KY: Child Development Centers of the Bluegrass.

Byrne, E. A., Cunningham, C. C., & Sloper, P. (1988). *Families and children with Down' s Syndrome: One Feature in Common.* London: Routledge.

Caldwell, B. M., & Bradley, R. H. (2003). *HOME Inventory administration manual: Standard edition.* Little Rock, AR: Print Designs, Inc.

Carpenter, B. (2001). *Families in context: Emerging tends in early intervention and family support.* London: David Fultion Publishers.

Cassidy, T. (2002). Stress, Cognition and Health. 정현희 역(2002). 스트레스와 인지 그리고 건강. 서울: 시그마프레스.

Chandler, L. (1993). Promoting children' s social/survival skills as a strategy for transition to mainstreamed kindergarten programs. In S. Odom, S. McConnell, & M. McEvoy (Eds.), *Social competence of young children with disabilities.* Baltimore: Brookes.

Chapman, R. (1992). *Roget' s thesaurus.* New York: Harper Collins.

Chinitz, S. P. (1981). A sibling groups for brothers and sisters of handicapped children. *Children Today, 10*(6), 23-33.

Chisholm, J. (2000). The context, content and consequences of mothering a child with disabilities. *Axone, 22*(2), 22-28.

Cialdini, R. B. (2003). Crafting normative messages to protect the environment. *Current Directions in Psychological Science, 12*(4), 105-109.

Cloerkes, G. (2001). *Soziologie der Behinderten: Eine Einfuung.* Heidelberg: Schindele.

Cloud, N. (1992). Development of the Individualized Education Program for limited English proficient students. In L. Mervis & R. Leininger (Eds.), *Recommended practices in the identification, assessment, and provision of special education for culturally and linguistically diverse students* (pp. 143-154). Springfield: Illinois Board of Education.

Cohen, S., & Hoberman, H. M. (1983). Positive events and social support as buffers of life change stress. *Journal of Applied Social Psychology, 13*, 99-125.

Cohen, S., & Weissmann, S. (1984). The parenting alliance. In S. Cohen, B. Cohler, & S. Weissman (Eds.), *Parenthood: a psychodynamic Perspective* (pp. 33-49). New York: Guilford.

Cohen, S., & Wills, T. A. (1985). Stress, social support and the buffering hypothesis. *Psychological*

Bulletin, 98(2), 310–357.

Coleman, S. V. (1990). The sibling of the retarded child: self–concept, deficit compensation, motivation and perceived parental behavior. *Dissertation Abstacts International, 51*(10–13), 5023.

Cook, R. E., & Armbruster, V. B. (1983). *Adapting early childhood curricula: suggestions for meeting special needs*. St. Louis: Mosby Company.

Cook, R. E., Tessier, A., & Klein, M. D. (2000). *Adapting Early Childhood Curricula for Children in Inclusive Settings*. Upper Saddler Diver, NJ: Merrill Prentice Hall.

Council for Exceptional Children (2008). *What every speical educator must know: Ethics, standards, and guidelines* (6th ed.). Arlington, VA: Author.

Cowger, C. D. (1994). Assessing Client Strengths: Clinical Assessment for Client Empowerment. *Social Work, 39* (3), 262–272.

Cox, T. (1991). Stress (9th ed.). New York: McMillan.

Crnic, K., Feiedrich, W., & Greenberg, M. (1983). Adaptation of families with mentally retarded children: A model of stress, coping and family ecology. *American Journal of Mental Deficiency, 88*, 125–138.

Cullinan, D. (2002). *Students with emotional and behavioal disorders: An introduction for teachers and other helping professionals*. Upper Saddle River: Merrill Prentice Hall.

Cuskelly, M., & Gun, P. (2003). Sibling Relationships of Children With Down Syndrome: Perspective of Mothers, Fathers, and Siblings. *American Journal on Mental Retardation, 108* (4), 234–244.

Cuskelly, M., & Gunn, P. (2003). Sibling relationships of children with Down Syndrome: Perspectives of mothers, fathers, and siblings. *American Journal on Mental Retardation, 108* (4), 234–244.

Cutrona, C., & Troutman, B. (1986). Social support, infant temperament, and parenting self–efficiency: A mediational model of post partum depression. *Child Development, 57*, 1507–1518.

Dabkowski, D. M. (2004). Encouraging active parent participation in IEP team meetings. *Teaching Exceptional Children, 36*(3), 34–39.

Dale, N. (1996). *Working with families of children with special needs*. London: Routledge.

Danielson, C. B., Bissell, B. H., & Fry, P. W. (1993). *Families, Health & Illness: perspectives on coping and intervention*. St. Louis: Mosby–year Book.

Diamond, K., Spiegel–McGill, P., & Hanrahan, P. (1988). Planning for school transition: An ecological–developmental approach. *Journal of the Division for Early Childhood, 12* (3), 245–252.

Donovan, A. (1988). Family stress and ways of coping with the adolescents who have handicaps: Maternal perception. *American Journal on Mental Retardation, 92*, 502–509.

Dunst, C. J. (1985). Rethinking early intervention. *Analysis and Intervention in Developmental*

Disabilities, 5, 165-201.

Dunst, C. J. (2001). Participation of young children with disabilities in community learning activities. In M. Guralnick (Ed.), *Early childhood inclusion: Focus on change* (pp. 307-333). Baltimore: Brookes.

Dunst, C. J., & Trivette, C. M. (1990). Assessment of social support in early intervention programs. In S. J. Meisels & J. P. Shonkoff (Eds.), *Handbook of early childhood intervention*. Cambridge University Press.

Dunst, C. J., & Trivette, C. M. (1994). What is effective helping? In C. J. Dunst, C. M. Trivette and A. G. Deal (Eds.), *Supporting and Strengthening Families, Vol. 1: Methods, Strategies and Practices*. Baltimore, MD: Paul H. Brookes.

Dunst, C. J., Bruder, M. B., Trivette, C. M., Raab, M., & McLean, M. (2001). Natual learning opportunities for infants, toddlers, and preschoolers. *Young Exceptional Children, 4*, 18-25.

Dunst, C. J., Jenkins, V., & Trivette, C. (1988). Family support scale. In C. J. Dunst, C. M. Trivette, & A. G. Deal (Eds.), *Enabling and empowering families: Principles and guidelines for practice*. Cambridge, MA: Brookline Books.

Dunst, C. J., Trivette, C. M., & Cross, A, H. (1986). Mediating influences of Social Support: Personal Family and Child Outcomes. *American Journal on Mental Deficiency, 90*, 403-417.

Dunst, C. J., Trivette, C. M., & Cross, A. (1986). Roles and support networks of mothers of handicapped children. In R. Fewell & P. Vadasy (Eds.), *Families of handicapped children: Needs and supports across the lifespan* (pp. 167-192). Austin, TX: PRO-ED.

Dunst, C. J., Trivette, C. M., & Deal, A. G. (1988). *Enabling and empowering families: Principles and guidelines for practice*. Cambridge, MA: Brookline Books.

Dunst, C. J., Trivette, C. M., & Deal, A. G. (1994). *Supporting and strengthening families: Vol 1. Methods, strategies and practices*. Cambridge, MA: Brookline Books.

Dunst, C. J., Trivette, C. M., & Deal, A. G. (Eds.). (1988). *Enabling and empowering families: Principles and guidelines for practice*. Cambridge, MA: Brookline Books.

Dunst, C., & Deal, A. (1994). A family centered approach to developing individualized family support plans. In C. Dunst, C. Trivette, & A. Deal (Eds.), *Supporting and strengthening families* (pp. 73-88). Cambridge, MA: Brookline Books.

Dunst, C., Jenkins, V., & Trivette, C. (1994). Family support scale. *Journal of Individual, Family, and Community Wellness, 1*, 45-52.

Duwa, S. M., Wells, C., & Lalinde, P. (1993). Creating family-centered programs and policies. In D. M. Bryant & M. A. Graham (Eds.), *Implementing early intervention* (pp. 92-123). New York: Guilford

Press.

Dwivedi, K. N. (1993). *Groupwork with children and adolescents*. London: Jessica Kingsley.

Dyson, L. (1991). Families of Young Children with Handicaps: Parental Stress and Family Functioning. *American Journal of Mental Retardation, 95*(6), 623–629.

Dyson, L. (1993). Response to the presence of a child with disabilities: Parental stress and family functioning over time. *American Journal on Mental Retardation, 98*(2), 207–218.

Dyson, L. L. (1996). The experiences of families of children with learning disabilities: Parental stress, family functioning, and sibling self-concept. *Journal of Learning Disabilities, 29*(3), 280–286.

Dyson, L. L. (1998). A Support Program for Siblings of Children with Disabilities: What Siblings Learn and What They Like. *Psychology in the Schools, 35*(1), 57–65.

Dyson, L. L. (1999). The psychosocial functioning of school-age children who have siblings with developmental disabilities: Change and stability over time. *Journal of Applied Developmental Psychology, 20*(2), 253–271.

Dyson, L., & Fewell, R. (1986). Stress and adaptation in parents of young handicapped and nondisabled children: A comparative study. *Journal of the Division for Early childhood, 10*, 25–35.

Ebata, A. T., & Moos, R. H. (1991). Coping and adjustment distressed and healthy adolescents. *Journal of Applied Developmental Psychology, 12*, 22–54.

Eckert A. (2002). *Eltern behinderter Kinder und Fachleute. Erfahrungen, Bedufnisse und Chancen*. Bad Heilbrunn: Julius Klinkhardt.

Elardo, R., Bradley, R., & Caldwell, B. (1977). A longitudinal study of the relations of infants' s home environments to language development at age three. *Child Development, 48*, 595–603.

Eliot, G. R., & Eisdorfer, C. (1982). *Stress and human health: Analysis and implications of research*. New York: Guilford Press.

Engelbert, A. (1999). Familien im Hilfenetz. *Bedingungen und Folgen der Nutzung von Hilfen fu behinderte Kinder*. Weinheim: Juventa Verlag.

Engelbert, A. (2003). Behinderung im Hilfesystem: Zur Situation von Familien mit behinderten Kindern. In G. Cloerkes (Ed.), *Wie man behindert wird: Texte zur Konstruktion einer sozialen Rolle und zur Lebenssituation betroffener Menschen* (pp. 209–223). Heidelberg: Schindele.

Epstein, J. L. (1995, May). School/family/community partnerships: Caring for the children we share. *Phi Delta Kappan*, pp. 701–712.

Erikson, E. H. (1974). *Das Problem der Ich-Identita. Identita und Lebenszyklus*. Frankfurt/M: Lang.

Espe-Sherwindt, M. (1991). The IFSP and Parents with Special Needs/Mental Retardation. *Topics in Early*

Childhood Special Education, 11(3), 107-120.

Esser, G., Dinter, R., Jog, M., Rose, F., Villalba, P., Laucht, M., & Schmidt, M. H. (1993). Bedeutung und Determinanten der fruen Mutter-Kind-Beziehung. *Zeitschrift fu Psychosomatische Medizin, 39*, 246-264.

Esser, G., Laucht, M., & Schmidt, M. H. (1995). Der Einfluß von Risikofaktoren und der Mutter-Kind-Interaktion im Saglingsalter auf die seelische Gesundheit des Vorschulkindes. *Kindheit und Entwicklung, 4*, 33-42.

Evans, J., Jones, J., & Mansell, I. (2001). Supporting siblijngs: Evaluation of support groups for brothers and sisters of children with learning disabilities and challenging behavior. *Journal of Learning Disabilities, 5*(1), 69-78.

Evans, M. E., Boothroyd, R. A., Armstrong, M. I., Greenbaum, P. E., Brown, E. C., & Kuppinger, A. D. (2003). An experimental study of the effectiveness of intensive in-home crisis services for children and their families: Program outcomes. *Journal of Emotional and Behavioral Disorders, 11*(2), 92-102.

Farel, A. M., Shakelford, J., & Hurth, J. L. (1997). Perceptions regarding the IFSP process in a statewide interagency service coordination program. *Topics in Early Childhood Special Education, 17*(2), 234-249.

Fell, M. (1994). Helping older children grieve: A group therapy approach. *Health Visitor, 67*(3), 92-94.

Ferguson, P. (2002). A Place in the family: An historical interpretation of research on parental reactions to having a children with a disability. *The journal of special education, 36*(3), 124-130.

Fine, M. J. (1980). *The second handbook on parent deucation.* NY: Academic press. Good school for young children. N.Y.: Macmillan publishing co., inc.

Finger, G., & Steinebach, C. (1992). *Frufoderung zwischen passionierter Praxis und hilfloser Theorie.* Freiburg im Breisgau: Lambertus.

Fisman, S., Wolf, L., Ellison, D., & Freeman, T. (2000). A longitudinal study of siblings of children with chronic disabilities. *Canadian Journal of Psychiatry, 45*(4), 369-375.

Fisman, S., Wolf, L., Ellison, D., Gillis, B., & Szatmari, P. (1996). Risk and protective factors affecting the adjustment of siblings of children with chronic disabilities. *Journal of the American Academy of Child and Adolescent Psychiatry, 35*, 1532-1541.

Floyd, F., & Zmich, D. (1991). Marriage and the parenting partnership: perceptions and interactions of parents with mentally retarded and typically developing children. *Child Development, 62*, 1434-1448.

Fortier, L. M., & Wanlass, R. L. (1984). Family crisisfollowing the diagnosis of a handicapped child. *Family Relations, 33*, 13-24.

Fowler, S. A., & Hazel, R. (1996). Planning transitions to support inclusion. In K. Allen & I. Schwartz, *The exceptional child: Inclusion in childhood education* (pp. 171-186). New York: Albany.

Fowler, S. A., Schwartz, I., & Atwater, J. (1991). Perspectives on the transition from preschool to kindergarten for children with disabilities and their families. *Exceptional Children, 14*(2), 136-145.

Fox, L., Vaughn, B. J., Wyatte, M. L., & Dunlap, G. (2002). We can' t expect other people to understand: Family perspectives on problem behavior. *Exceptional Children, 4*, 437-450.

Frey, K. S., Greenberg, M. T., & Ferwell, R. (1989). Stress and coping among parents of handicapped children: A multidimensional approach. *American Journal on Mental Retardation, 94*, 240-249.

Friedrich, W. (1979). Predictors of coping behavior of mother of handicapped children. *Journal of Consulting Clinical Psychology, 47*, 25-36.

Friedrich, W. N., & Friedrich, W. L. (1981). Psychosocial assets of parents of handicapped and nonhandicapped children. *American Journal of Mental Deficiency, 85*, 551-553.

Fritsche, A., Thurner, I., & Weiß, H. (1993). Boden unter den Füben kriegen. Schritte eines Autonomieprozesses in der Führförderung. *Führförderung Interdisziplinär, 12*, 65-72.

Gallagher, J., & Desimone, L. (1995). Lessons learned from implementation of the IEP: Applications to the IFSP. *Topics in Early Childhood Special Education, 15*(3), 353-378.

Gargiulo, R. M., & Kilgo, J. (2000). *Young Children with Special Needs: An Introduction to Early Childhood Special Education*. Albany, NY: Delmar Publisher.

Garmezy, N. (1985). Stress resistant children: The search for protective factors. In J. Stevenson (Ed.), *Recent research in developmental psychology* (pp. 213-233). Oxford: Pergamon Press.

Gath, A. (1977). The impact of an abnormal child upon the parents. *British Journal of Psychiatry, 130*, 405-410.

Gordon, T. (1970). *PET(Parent Effectiveness Training)*. 이훈구 역(2002). 부모 역할훈련. 서울: 양철북.

Greenspan, S., & Meisels, S. (1996). *Toward a New Vision for the Developmental Assessment of Infants and Young Children*. Washington, DC: Zero to Three, National Center for Infants, Toddlers, and Families.

Grissom, M. O., & Borkowski, J. G. (2002). Self-efficacy in adolescents who have siblings with or without disabilities. *American journal on Mental Retardation, 107*(2), 79-90.

Guite, J., Lobato, D., Kao, B., & Plante, W. (2004). Discordance between sibling and parent reports of the impact of chronic illness and disability on siblings. *Children' s Health Care, 33*(1), 77-92.

Guralnick, M. (1997). Second-Generation Research in the Field of Early Intervention. In M. Guralnick (Ed.), *The Effectiveness of Early Intervention* (pp. 3-20). Baltimore: Paul H. Brookes.

Gutmann, D. L. (1967). Aging among the Highland Maya a comparative study. *Journal of Personality and Social Psychology, 7*, 28-35.

Haberthu, N. (2005). *Kinder im Schatten. Geschwister behinderter Kinder.* Oberhofen: Zytglogge.

Hackenberg, W. (1992). *Geschwister behinderter Kinder im Jugendalter.* Berlin: Spiess.

Hains, A. H., Fowler, S. A., Scheartz, L. S., Kottwitz, E., & Rosenkoetter, S. (1989). A comparison of preschool and kindergarten teacher expectations for school readiness. *Early Childhood Research Ouarterly, 4*, 75-88.

Hains, A. H., Rosenkoetter, S. E., & Fowler, S. A. (1991). Transition planning with families in early intervention programs. *Infants and Young Children, 3*(4), 38-47.

Hall, E. T. (1959). *The Silent Language.* New York: Doubleday.

Hallahan, D. P., & Kauffman, J. M. (2003). *Family and Families: Exceptional Learners: Introduction to special education* (9th ed.). Boston: Allyn & Bacon.

Hannah, M. E., & Midlarsky, E. (1985). Siblings of the handicapped: A literature review for school psychologists. *School Psychology Review, 14*, 510-520.

Hanson, M. J., Beckman, P. J., Horn, E., Marquart, J., Sandall, S. R., & Greig, D., et al. (2000). Entering preschool: Family and professional experiences in this transition process. *Journal of Early Intervention, 23*, 279-293.

Hanson, M., & Hanline. (1990). Parneting a child with disability. A longitudinal study of parental stress and adaption. *Journal of early intervention, 14*(3), 234-248.

Hawley, D., & DeHaan, L. (1996). Toward a definition of family resilience: Integrating life-span and family perspectives. *Family Process, 35*(2), 283-298.

Heckmann, C. (2004). *Die Belastungssituation von Familien mit behinderten Kindern.* Soziales Netzwerk und professionelle Dienst als Bedingungen fu die Bewatigung.

Heller, K., Swindle R. W., & Dusenbury, L. (1986). Component social support processes: Comments and integration. *Journal of Consulting and Clinical Psychology, 54*(4), 466-470.

Herbert, M. J., Klemm, D., & Schimanski, C. (1999). Giving the gift of support from Parent to Parent. *Exceptional Parent, Aug.*

Herriger, N. (2006). *Empowerment in der sozialen Arbeit.* Stuttgart: Kohlhammer.

Hill, R. (1949). *Families under stress.* New York: Harper & Brethers.

Hinze, D. (1993). Vaer und Muter behinderter Kinder. *Der Prozess der Auseinandersetzung im Vergleich.* Heidelberg: Schindele.

Hinze, D. (1993). *Vaer und Muter behinderter Kinder.* Heidelberg: Schindele.

Hodapp, R. M., & Urbano, R. C. (2007). Adult siblings of Individuals with Down syndrome versus with Autism: Findings from a Large-Scale US Survey. *Journal of Intellectual Disability Research*, *51*(12), 1018-1029.

Hooper, S. R., & Umansky, W. (2009). *Young Children with Special Needs*. 노진아, 김연하, 김정민 역 (2011). 영유아 특수교육. 서울: 학지사.

Hornby, G. (1995). *Working with parents of children with special needs*. London: Cassell.

Howlin, P., & Yates, P. (1990). A group for the siblings of children with autism. *Communication (London)*, *24*, 11-16.

Hunt, J. (Ed.). (1972). *Human intelligence*. New Brunswick, NJ: Transaction Books.

Ireys, H. T., Chernoff, R., Stein, R. E. K., DeVet, K. A., & Silver E. J. (2001). Outcomes of community & based family-to-family support: Lessons learned from a decade of randomized trials. *Children's Services: Social Policy, Research, and Practice*, *4*(4), 203-216.

Iscoe, L., & Bordelon, K. (1985). Pilot Parents: Peer support for parents of handicapped children. *Children' s Health Care*, *14*, 103-109.

Ishizaki, Y., Ishizaki, T., Ozawa, K., Fukai, Y., Hattori, Y., Taniuchi, S., & Kobayashi, Y. (2005). Psychosocial problems among siblings of children with disabilities in Japan: Psychosocial association between mothers and siblings. *Journal of Development and Physical Disabilities*, *17*(2), 119-132.

Johnson, B. H., McGonigel, M. J., & Kaufmann, R. K. (1989). *Guidelines and recommended practices for the Individualized Family Service Plan*. Washington, DC: Association for the Care of Children' s Health.

Jourard, S. M. (1971). *Self-disclosure. An Experimental Analysis of the Transparent Self*. New York: Wiley.

Jung, L. A. (2010). Can embedding prompts in the IFSP form improve the quality of IFSPs Developed? *Journal of Early Intervention*, *32*(3), 200-213.

Jung, L. A., & Baird, S. M. (2003). Effects of service coordinator variables on individualized family service plans. *Journal of Early Intervention*, *25*, 45-57.

Jung, L. A., & McWilliam, R. A. (2005). Reliability and validity of scores on the IFSP rating scale. *Journal of Early Intervention*, *27*, 125-136.

Kaiser, A. P., & Hancock, T. B. (2003). Teaching parents new skills to support their young children' s development. *Infants and Young Children*, *16*, 9-21.

Kallenbach, K. (1997). *Vaer schwerstbehinderter Kinder*. Wien: Jugend & Volk.

Kanner, A. D., Coyne, J. C., Schaefer, C., & Lazarus, R. S. (1981). Comparison of two modes of stress measurement: Daily hassles and uplifts versus major life events. *Journal of Behavioral Medicine, 4*(1), 1-39.

Kazak, A. E., & Marvin, R. S. (1984). Differences, difficulties, and adaptations: Stress and social networks in families with a handicapped child. *Family Relations, 33*, 67-77.

Klagsbrun, F. (1993). *Der Gescgwisterkomplex*. Frankfurt/M: Eichborn.

Kokkonen, J., Saukkonen, A., Timonen E., Serlo, W., & Kinnunen, P. (1992). Social outcome of handicapped children as adults. *Developmental Medicine Child Neurology, 33*, 1095-1100.

Krause, M. (1997). *Elterliche Bewatigung und Entwicklung des behinderten Kindes*. Frankfurt/M: Lang.

Krauss, W. M. (1993). Child-related and parenting stress: Similarities and differences between mothers and fathers of children with disabilities. *American Journal on Mental Retardation, 97*, 393-404.

Kriegl, H. (1993). *Behinderte Familien?* Wien: Jugend & Volk.

Kübler-Ross, E. (1969). *On death and dying*. New York: McMillan.

Larson, C. E., & Lafasto, F. M. (1989). *Teamwork: What must go right/what can go wrong*. Newbury, CA: Sage Publications.

Laucht, M., Esser, G., & Schmidt, M. H. (1999). Was wird aus Risikokindern? Ergebnisse der Mannheimer Lagsschnittstudie im Uerblick. In G. Opp, M. Fingerle, & A. Freytag (Eds.), *Was Kinder stakt. Erziehung zwischen Risiko und Resilienz* (pp. 71-98). Muchen: Reinhardt.

Lazarus, R. S. (1966). *Psychological Stress and the Coping Process*. New York: McGraw-Hill.

Lazarus, R. S. (1991). *Emotion and Adaptation*. New York: Oxford University Press.

Lazarus, R. S., & Folkman, S. (1984). *Stress, appraisal and coping*. New York: springer.

Lee, S. M., & Edmonston, B. (2005). New marriages, new families: U.S. racial and hispanic intermarriage. *Population Bulletin, 60*(2), 3-36.

Lerne, J. W., Lowenthal, B., & Egan, R. W. (2003). *Preschool children with special needs: Children at risk and children with disabilities*. Boston: Allyn and Bacon.

Levitt, M. J., Weber, R. A., & Clark, M. C. (1986). Social network relationships as sources of maternal support and well-being. *Developmental Psychology, 22*(3), 310-316.

Lewis, M., & Goldberg, S. (1969). Perceptual-cognitive development in infancy: A generalized expectancy model as a function of mother-infant interaction. *Merrill-Palmer Quarterly, 15*, 81-100.

Lieber, J., Wolery, R. A., Horn, E., Tschatz, J., Beckman, P. J., & Hanson, M. J. (2002). Collaborative relationship among adults in inclusive preschool program. In S. A. Odom, (Ed.), *Winding the circle: Including children with disabilities in preschool program* (pp. 81-97). New York: Teacher College Press.

Li-Tsang, C. W. P., Yau, K. M., & Yuen, H. (2001). Success in parenting children with developmental disabilities. *The British Journal of Developmental Disabilities, 47*, 61-71.

Loel, F., Bliesener, T., & Koerl, P. (1989). On the concept of invulnerability: Evaluation and first results of the Bielefeld Project. In M. Brambring, F. Loel, & H. Skowronek (Eds.), *Children at risk. Assessment, longitudinal research, and intervention* (pp. 187-227). Berlin: de Gruyter.

Lobato, D. (1983). Siblings of handicapped children: A review. *Journal of Autism and Developmental Disorders, 13*, 347-364.

Lobato, D. J. (1985). Preschool siblings of handicapped children: Impact of peer support and training. *Journal of Autism and Developmental Disorders, 15*, 345-350.

Lobato, D. J. (1990). *Brothers, sisters, and special needs*. Baltimore: Paul H. Brookes.

Lobato, D. J., & Kao, B. T. (2002). Integrated sibling-parent group intervention to improve sibling knowledge and adjustment to chronic illness and disability. *Journal of Pediatric Psychology, 27*, 711-716.

Lobato, D., Barbour, L., Hall, L., & Miller, C. (1987). Psychosocial characteristics of preschool siblings of handicapped and nonhandicapped children. *Journal of Abnormal Child Psychology, 15*, 329-338.

Luthar, S. S., & Cicchetti, D., & Becker, B. (2000). The construct of resilience: A critical evaluation and guidelines for future work. *Child Development, 71*(3), 543-562.

Lynch, E., Jackson, J., Mendoza, J., & English, K. (1991). The merging of best practices and state policy in the ESP process in California. *Topics in Early Childhood Special Education, 11*(3), 32-53.

MacDonald, G. (1998). Development of a Social Support Scale: An Evaluation of Psychometric Properties. *Research on Social Work Practice, 8*(5), 564-576.

Macy, R. J. (2004). Mental health and violence: The need for comprehensive, collaborative services. North Carolina State Governor' s Crime Commission Retreat. Invited by the Z. Smith Reynolds Foundation. Chapel Hill, NC.

Mahoney, G., Powell, A., & Finger, I. (1986). The maternal behavior rating scale. *Topics in Early Childhood Special Education, 6*, 44-56.

Margalit, M., Raviv, A., & Ankonina, D. B. (1992). Coping and coherence among parents with disabled children. *Journal of Clinical Child Psychology, 21*, 202-209.

Margetts, K. (2000). Planning for transition can make a difference. High expectations outstanding achievements. High Expectations Outstanding Achievements, Proceedings of the Early Years of Schooling P-4, Conference. 4-5 June, 2000, A5, pp. 1-9.

McCubbin, H. I., McCubbin, M. A., & Tompson, A. I. (1993). Resiliency in families: The role of family schema and apraisal in family adaptation to crises. In T. H. Brubaker (Ed.), *Family Relation: Challenges for the furure*. Newbury Park, CA: Sage Publications, 153-177.

McCubbin, H., & Patterson, J. (1983). The family stress process: The double ABCX model of adjustment and adaptation. *Marriage and family review, 6*, 7-37.

McGonigel, M. (1991). Philosophy and conceptional framework. In M. McGonigel, R. Kaufmann, & B. Johnson (Eds.), *Guidelines and recommended practices for the Individualized Family Service Plan* (pp. 7-14). Bethesda, MD: Association for the Care of Children' s Health.

McGrown, M. P. (1982). Guidance for parents of a handicapped child: *Care, Health and Development, 8*, 295-302.

McHale, S. M., & Gamble, W. C. (1989). Sibling relationships of children with disabled and non-disabled brothers and sisters. *Developmental Psychology, 25*, 421-429.

McHale, S. M., Simeonsson, R. J., & Sloan, J. L. (1984). Children with handicapped brothers and sisters. In E. Schopler & G. B. Mesibov (Eds.), *The effects of autism on the family* (pp. 327-342). New York: Plenum Press.

McKeever, P. (1983). Siblings of chronically ill children: A literature review with implications for research and practice. *American Journal of Orthopsychiatry, 52*, 345-350.

Mckinney, B., & Peterson, R. (1987). Predictors of stress in parents of developmentally disables children. *Journal of Pediatric Psychology, 12*, 133-150.

McLean, M., Wolery, M., & Bailey, D. B. (2004). *Assessing infants and preschoolers with special needs* (3rd ed.). Upper Saddle River, NJ: Merrill/Prentice Hall.

McLinden, S. E., & Miller, L. M., & Deprey, J. M. (1991). Effects of a support group for siblings of children with special needs. *Psychology in Schools, 28*, 231-237.

McWilliam, R. A. (2009). Goal Functionality Scale III. Unpublished instrument.

McWilliam, R. A., & Jung, L. A. (2001). IFSP Rating Scale. Unpublished instrument.

McWilliam, R. A., Lang, L., Vandiviere, P., Angell, R., Collins, L., & Underdown, G. (1995). Satisfaction and struggles: Family perceptions of early intervention services. *Journal of Early Intervention, 19*(1), 43-60.

McWilliam, R. A., Tocci, L., & Harbin, G. L. (1998). Family-centered services: Service providers' discourse and behavior. *Topics in Early Childhood Special Education, 18*, 206-221.

Meisels, S. J., & Provence, S. (1989). *Screening and assessment: Guidelines for identifying young disabled and developmentally vulnerable children and their families*. Washington, DC: National Center for Clinical Infant Programs and National Early Childhood Technical Assistance System.

Meyer, D. J., & Vadasy, P. F. (1994). *Sibshops: Workshops for siblings of children with special needs.* Baltimore, MD: Paul H. Brookes.

Meyer, D. J., Vadasy, P. E., & Fewell, R. R. (1985). *Living with a brother or sister with special needs: A book for sibs.* Seattle: University of Washington Press.

Meyer, D., & Vadasy, P. (2008). *Workshops for siblings of children with special needs* (Revised ed.). Baltimore, MA: Paul H. Brookes Publishing Co., Inc.

Mlawer, M. A. (1993). Who should fight? Parents and the advocacy expectation. *Journal of Disability Policy Studies, 4*(1), 105-15.

Moos, R. H., & Billings, A. G. (1984). Coping, stress & social resource among adult with unipolar depression. *Journal of Personality & Social Psychology, 46*(4), 877-891.

Morgan, S. B. (1988). The autistic child and family functioning: A developmental-family systems perspective. *Journal of Autism and Developmental Disorders, 18*, 263-280.

Munson, L. J., & Odom, S. L. (1996). Review of rating scales that measure parent-infant interaction. *Topics in Early Childhood Special Education, 16*, 1-25.

Murphy, A., & Pueschel, S., Duffy, T., & Brady, E., (1976). Meeting with brothers and sisters of children with Down' s syndrome. *Children Today, 5*(2), 20-23.

Myers, D. G. (2005). Teaching tips from experienced teachers: Advice for introductory psychology. In D. S. Dunn & S. Chew (Eds.), *Best practices in teaching introductory psychology.* Matawah, NJ: Erlbaum.

Natiello, P. (1990), The person-centered approach, collaborative power, and cultural transformation. *PersonCentered Review, 5*(3), 268-86.

Nieto, S. (2004). *Affirming diversity: the sociopolitical context of multicultural education* (4th ed.). Boston: Pearson-Allyn and Bacon.

Noonan, M., & McCormick, L. (1993). *Early intervention in evironment: Methods and procedures.* Pacific Grove, CA: Brooks/Cole Publishing.

Notari-Syverson, A. R., & Shuster, S. L. (1995). Putting real-life skills into IEP/IFSPs for infants and young children. *Teaching Exceptional Children, 27*(2), 29-32.

Olbrich, E. (1992). Das Kompetenzmodell des Alterns. In J. Dettbarn-Reggentin & H. Reggentin (Eds.), *Neue Wege in der Bildung Aterer, Bd.* 1, Freiburg im Breisgau: Lambertus.

Olson, D. H. (1993). Circumplex model of marital and family systems. In F. Walsh (Ed.), *Normal family processes.* New York: Guilford Press.

Olsson, M. C., & Hwang, C. (2001). Depression in mothers and fathers of children with intellectual disabilities. *Journal of Intellectual Disability Research, 45*, 535-543.

Opp, G., Fingerle, M., & Freytag, A. (1999). *Was Kinder stakt. Erziehung zwischen Risiko und Resilienz.* Muchen: Reinhardt.

Ostfeld, B. M., & Gibbs, E. D. (1990). Use of Family Assessment in Early Intervention. In E. D. Gibbs & D. M. Teti (Eds.), *Interdisciplinary Assessment of Infants. A Guide for Early Intervention Professionals.* Baltimore: Paul H. Brookes Publishing Company.

Pakenham, K., Samios, C., & Sofronoff, K. (2005). Adjustment in mothers of children with Asperger Syndrome. An application of the double ABCX model of family adjustment. *Autism, 9*(2), 191-212.

Patterson, J. M. (1989). A family stress model: The family adjustment and adaptation response. In C. N. Ramsey, Jr. (Ed.), *Family systems in medicine* (pp. 95-118). New York: Guilford Press.

Patterson, L. E., & Eisenberg, S. (1983). *The counseling process* (3rd ed.). Boston: Houghton Mifflin.

Pearlin, L. I., & Schooler, C. (1978). The Structure of coping. *Journal of Health and Social Behavior, 19,* 2-21.

Petersen, P. (1984). Effects of moderator variables in reducing stress outcome in mothers of children with handicaps. *Journal of Psychosomatic Research, 28,* 337-344.

Peterson, J. W. (2004). *I have a sister-my sister is deaf.* 김서정 역(2007). 내게는 소리를 듣지 못하는 여동생이 있습니다. 서울: 중앙출판사.

Peterson, N. L. (1987). *Early Intervention for Handicapped and At-Risk Children.* London: Love publishing.

Pianta, R. C., Rimm-Kaufman, S. R., & Cox, M. J. (1999). Introduction: An ecological approach to kindergarten transition. In R. C. Pianta & M. J. Cox (Eds.), *The transition to kindergarten* (pp. 3-12). Baltimore: Paul H. Brookes Publishing Co.

Pit-Ten Cate, I. M., & Loots, G. M. (2000). Experiences of siblings of children with physical disabilities: An empirical investigation. *Disability and Rehabilitation, 22*(9), 399-408.

Polk, L. V. (1997). Toward a middle-range theory of resilience. *Advances in Nursing Science, 19*(3), 1-13.

Posavac, E. J., & Carey, R. G. (2003). *Program evaluation: Methods and case studie.* Upper Saddle River, NJ: Prentice Hall.

Powell, T. H., & Ogle, P. A. (1985). *Brothers & sisters: A special part of exceptional families* (2nd ed.). Baltimore: Paul. H. Brookes.

Praschak, W. (2003). Das schwerstbehinderte Kind in seiner Familie. In U. Wilken & B. Jeltsch-Schudel (Eds.), *Eltern behinderter Kinder. Empowerment-Kooperation-Beratung* (pp. 31-42). Stuttgart: Kohlhammer.

Pretis, M. (1998). Das Konzept der Partnerschaftlichkeit in der Frufoderung. Vom Haltungs- zum

Handlungsmodell. *Frufoderung interdisziplina, 17,* 11–17.

Rodrigue, J. R., Geffken, G. R., & Morgan, S. B. (1993). Perceived competence and behavioral adjustment of siblings of children with autism. *Journal of Autism and Developmental Disorders, 23,* 665–674.

Rodrigue, J., Geffken, G., & Morgan, S. (1993). Perceived competence and behavioral adjustment of siblings of children with autism. *Journal of Autism and Developmental Disorders, 23,* 665–674.

Roeyers, H., & Mycke, K. (1995). Siblings of a child with autism, with mental retardation, and with normal development. *Child, Care, Health and Development, 21,* 305–319.

Rosenkoetter, S. E., Hains, A. H., & Fowler, S. A. (1994). *Bridging early services for children with special needs and their families.* Baltimore: Paul H. Brookes Publishing Co.

Rossi, P. M., Freeman, H. E., & Lipsey, M. W. (1999). *Evaluation: A systematic approach* (6th ed.). Thousand Oaks, CA: Sage.

Roth, S., & Cohen, L. J. (1986). Approach, avoidance, and coping with stress. *American Psychologist, 41,* 813–819.

Rous, B., Hemmeter, M. L., & Schuster, J. (1994). Sequenced transition to education in the public schools: A systems approach to transition planning. *Topics in Early Childhood Special Education, 14*(3), 374–393.

Rutter, M. (1985). Resilience in the face of adversity: Protective factors and resistance to psychiatric disorder. *British Journal of Psychiatry, 147,* 598–611.

Rutter, M. (1987). Psychosocial resilience and protective mechanisms. *American Journal of Orthopsychiatry, 57,* 316–331.

Rutter, M. (1989). Isle of Wight revisited: Twenty-five years of child psychiatric epidemiology. *Journal of the American Academy of Child and Adolescent Psychiatry, 28,* 633–653.

Saleebey, D. (1996). The strengths perspective in social work practice: Extensions and cautions. *Social Work, 41*(3), 296–306.

Saloviita, T., Itainna, M., & Leinonen, E. (2003). Explaining the parental stress of fathers and mothers caring for a child with intellectual disability: A Double ABCX Model. *Journal of intellectual disability research, 47,* 300–312.

Sameroff, A. J. (1993). Models of development and developmental risk. In C. H. Zeanah (Ed.), *Handbook of infant mental health* (pp. 3–13). New York: Guilford Press.

Sandall, S., Hemmeter, M. L., Smith, B., & McLean, M. (2005). *DEC recommended practices in early intervention/early childhood special education* (2nd ed.). Longmont, CO: Sopris West.

Sandall, S., McLean, M. E., & Smith, B. J. (2000). *DEC recommended practices in early intervention/early childhood special education*. Longmont, CO: Sopris West.

Santelli, B., Poyadue, F. S., & Young, J. L. (2001). *The parent to parent handbook: Connecting families of children with special needs*. Baltimore: Paul Brookes.

Santelli, B., Turnbull, A. P, Marquis, J., & Lerner, E. (1995). Parent to Parent programs: A unique form of mutual support. *Infants and Young Children, 8*(2), 48-57.

Santelli, B., Turnbull, A., Marquis, J., & Lerner, E. (1997). Parent to Parent programs: A resource for parents and professionals. *Journal of Early Intervention, 21*(1), 73-83.

Santelli, B., Turnbull, A., Marquis, J., & Lerner, E. (2000). Statewide Parent to Parent programs: Partners in early intervention. *Infants and Young Children, 13*(1), 74-88.

Santelli, B., Turnbull, A., Sergeant, J., Lerner, E., & Marquis, J. (1996). Parent to parent programs: Parent preferences for support. *Infants and Young Children, 9*(1), 53-62.

Sarimski, K. (2008). Frudiagnostik und Interventionen im Frubereich. In F. Petermann & W. Schneider (Eds.), *Angewandte Entwicklungspsychologie. Enzyklopaie der Psychologie, Band 7* (pp. 61-90). Gotingen: Hogrefe.

Sattler, J., & Hoge, R. D. (2006). *Assessment of Children: Behavioral, Social, and Clinical Foundations* (5th ed.). San Diego, CA: Sattler Publishing Company.

Schramm, W., & Roberts, D. F. (Eds.). (1971). *The process and effects of mass communication*. Urbana: University of Illinois Press.

Seifert, M. (1990). Zur Situation der Geschwister von geistig behinderten Menschen. Eine Studie aus oologischer Sicht. *Geistige Behinderung, 29*(2), 100-109.

Seifert, M. (2003). Muter und Vaer von Kindern mit Behinderung. In. U. Wilken & B. Jeltsch-Schudel (Eds.), *Eltern behinderter Kinder*. Stuttgart: Kohlhammer.

Seligman, M. (1983). Sources of psychological disturbance among siblings of handicapped children. *Personnel and Guidance Journal, 61*, 529-531.

Seligman, M., & Darling, R. B. (1989). *Ordinary families, special children: A system approach to childhood disability*. New York: The Guildford Press.

Seligman, M., & Darling, R. B. (1989). *Ordinary families, special children: A systems approach to childhood disability*. New York: Guilford.

Seligman, M., Darling, R. (1997). *Ordinary families, special children* (2nd ed.). New York: Guilford Press.

Selye, H. (1957). *Stress beherrscht unser Leben*. Duseldorf: Econ.

Selye, H. (1976). *The stress of life*. New York: McGraw-Hill.

Sexton, D., Snyder, P., Rheams, T., Barron-Sharp, B., & Perez, J. (1991). Considerations in using written surveys to identify family strengths and needs during the IFSP process. *Topics in Early Childhood Special Education, 11*, 81-91.

Sexton, D., Snyder, P., Rheams, T., Barron-Sharpt, B., & Perez, J. (1991). Considerations in using written surveys to identify family strengths and needs during the IFSP process. *Topics in Early Childhood Special Education, 11*(3), 81-91.

Shapiro, J., Blacher, J., & Lopez, S. R. (1998). Maternal reactions to children with mental retardation. In J. A. Burack, R. M. Hodapp, & E. Zigler (Eds.), *Handbook of mental retardation and development* (pp. 606-636). Cambridge, UK: Cambridge University Press.

Shotts, C. K., Rosenkoetter, S. E., Streufert, C. A., & Rosenkoetter, L. I. (1994). Transition policy and issues: A view from the states. *Topics in Early Childhood Special Education, 14*(3), 395-411.

Silliman, B. (1994). *Rational for resilient families concept paper.* National Network for Resiliency.

Singer, G. H. S., Marquis, J., Powers, L., Blanchard, L., DiVenere, N., Santelli, B., & Sharp, M. (1999). A multi-site evaluation of Parent to Parent programs for parents of children with disabilities. *Journal of Early Intervention, 22*(3), 217-229.

Smith, B. J., Strain, P. S., Snyder, P., Sandall, S. R., McLean, M. E., Ramsey, A. B., & Sumi, W. C. (2002). DEC recommended practices: A review of 9 years of EI/ECSE research literature. *Journal of Early Intervention, 25*(2), 108-119.

Speck, O. (2003). *System Heilpaagogik.* Mchen: Ernst Reinhardt.

Squires, J., & Bricker, D. (2007). *An activity-based approcah to developing young childreǹ s social emotional competence.* 허계형, 노진아 역(2010). 사회정서능력 계발을 위한 활동중심 중재. 서울: 시그마프레스.

Stark, W. (1996). *Empowerment.* Freiburg im Breisgau: Lambertus.

Steinebach, C. (1995). *Familienentwicklung in der Frufoderung. Die Sicht der Muter.* Freiburg im Breisgau: Lambertus.

Steinglass, P. (1984). Family systems theory and therapy: A clinical application of general systems theory. *Psychiatric Annals, 14*(8), 582-586.

Stonemann, Z., Brody, G., Davis C., & Crapps, J. (1989). Role relations between children who are mentally retarded and their older siblings: Observations in three in-home contexts. *Research in Developmental Disabilities, 10*, 61-76.

Stonemann, Z., Brody, G., Davis, C., & Crapps, J. (1987). Mentally retarded children and their older same-sex siblings: Naturalistic in-home observations. *American Journal of Mental Retardation, 92*, 290-298.

Strong, B., & Devault, C. (1992). *The marriage and family experiences* (5th ed.). St. Paul, MN: West.

Stryker, S. (1970). Die Theorie des Symbolischen Interaktionismus: Eine Darstellung und einige Vorschlae fu die vergleichende Familienforschung. In G. Luchen & E. Lupri (Eds.), *Soziologie der Familie. Koner Zeitschrift fu Soziologie und Sozialpsychologie.* Sonderheft 14. 2. Aufl. (pp. 49-67). Opladen: Westdeutscher Verlag.

Suchman, N. E., & Luthar, S. S. (2001). The mediating role of parenting stress in methadone-maintained mothers' s parenting. *Parenting Science and Practice, 1*(4), 285-315.

Summers, J., Dell-Oliver, C., Turnbull, A., Benson, H., Santelli, E., Campbell, M., & Siegel-Causey, E. (1990). Examining the Individualized Family Service Plan process: What are family and practitioner preferences? *Topics in Early Childhood Special Education, 10*(1), 78-99.

Summers, M., Bridge, J., & Summers, C. R. (1991, Summer). Sibling support groups. *Teaching Exceptional Children* (pp. 20-25).

Sumner, G., & Spietz, A. (1994a). NCAST Teaching Scale computer database [electronic database]. Seattle, WA: NCAST Publications, University of Washington, School of Nursing.

Sumner, G., & Spietz, A. (Eds.). (1994b). NCAST caregiver/parent-child interaction teaching manual. Seattle, WA: NCAST Publications, University of Washington, School of Nursing.

Swan, W. W., & Sirvis, B. (1992). The CEC common core of knowledge and skills essential for all beginning special education teachers. *Teaching Exceptional Children, 4*, 16-20.

Taanila, A., Kokkonen, J., & Javelin, M. (1996). The long-term effects of children' early-onset disability on marital relationships. *Developmental Medicine and Child Neurology, 38*, 567-577.

Taylor, V., Fuggle, P., & Charman, T. (2001). Well sibling psychological adjustment to chronic physical disorder in a sibling: How important is maternal awareness of their illness, attitudes and perception? *Journal of Child Psychology and Psychiatry, 42*(7), 953-962.

Tetreault, S., Beaulieu, J., Martin, G., Bedard, J., & Laurion, S. (2000). Time management: realities for parents living with children with motor deficiencies. *Canadian Journal of Occupational Therapy, 76*(4), 260-270.

Tew, B. J., Payne, H., & Laurence, K. M. (1973). Must a family with handicapped child be a handicapped family? *Developmental Medicine Child Neurology, 16*, 95-98.

Theunisse, G. (2009). *Empowerment und Inklusion behinderter Menschen. Eine Einfurung in die Heilpaagogik und Soziale Arbeit.* Freiburg im Breisgau: Lambertus.

Theunissen, G. (1997). *Paagogik bei geistiger Behinderung und Verhaltensauffaligkeiten.* Bad Heilbrunn: Klinkhardt.

Theunissen, G., & Garlipp, B. (1999). Kompetente Eltern-Vergessen in der Professionalita der Behindertenarbeit? *Behinderte in Familie, Schule und Gesellschaft 4/5, 22*, 53-66.

Theunissen, G., & Plaute, W. (2002). *Handbuch Empowerment und Heilpaagogik*. Weinheim: Juventa.

Thimm, W., & Wachtel, G. (2002). *Familien mit behinderten Kindern*. Weinheim: Juventa.

Thyen, U., Kuhlthau, K., & Perrin, J. (1999). Employment, Child Care, and Mental Health of Mothers Caring for Children Assisted by Technology. *Pediatrics, 103*, 1235-1242.

Trivette, C. M., & Dunst, C. J. (2005). DEC recommended practices: Child-focused practices. In S. Sandall, M. J. Hemmeter, B. J., Smith & (Eds.), *DEC recommended practices: A comprehensive guide for practical application* (pp. 107-126). Longmont, CO: Sopris West.

Troter, M. (1999). Sind Geschwister behinderter oder chronisch kranker Kinder in ihrer Entwicklung gefardet? Ein Uerblick uer den Stand der Forschung. *Zeitschrift fu Klinische Psychologie, 28*(3), 160-176.

Turbiville, V. P., Turnbull, A. P., Garland, C. W., & Lee, I. M. (1996). Development and implementation of IFSPs and IEPs: Opportunities for empowerment. In S. L. Odom & M. E. McLean (Eds.), *Early intervention/early childhood special education: Recommended practices* (pp. 77-100). Austin, TX: Pro-Ed.

Turnbull, A. P., & Turnbull, H. R. (1986) *Families, professionals, and exceptionality: A special partnership*. Columbus, OH: Charles E. Merrill.

Turnbull, A. P., & Turnbull, H. R. (1997). *Families, professionals, and exceptionality: A special partnership*. Upper Saddle River, NJ: Merrill/Prentice-Hall.

Turnbull, A. P., & Turnbull, H. R. (2006). *Families, professionals, and exceptionality: Positive outcomes through partnerships and trust* (5th ed.). Upper Saddle River, NJ: Merrill/Prentice Hall.

Turnbull, A. P., Summers, J. A., Turnbull, R., Brotherson, M. J., Winton, P. J., Roberts, R., Snyder, P., McWilliam, R., Chandler, L., Schrandt, S., Stowe, M., Bruder, M.B., DiVenere, N., Epley, P., Hornback, M., Huff, B., Miksch, P., Mitchell, L., Sharp, L., & Stroup-Rentier, V. (2007). Family supports and services in early intervention: A bold vision. *Journal of Early Intervention, 29*(3), 187-206.

Turnbull, A. P., Turbiville, V., & Turnbull, H. R. (2000). Evolution of family-professional partnership: Collective empowerment as the model for the early twenty-first century. In J. P. Shonkoff, & S. J. Meisels (Eds.), *Handbook of early childhood intervention*. New York: Cambridge University Press.

Turnbull, A. P., Turbiville, V., Schaffer, R., & Schaffer, V. (1996). "Getting a shot at life" through Group Action Planning. *Zero to Three, 16*(6), 33-40.

Turnbull, A., & Turnbull, R. (1997). *Families, Professionals and Exceptionality: A special partnership.* Upper Saddle River: Merrill Prentice Hall.

Vadasy, P. F., Fewell, R. R., Meyer, D. J., & Schell, G. (1984). Siblings of handicapped children: A developmental perspective on family Interaction. *Family Relations, 33*(1), 155–167.

Valdes, G. (1996). *Con respeto: Bridging distances between culturally diverse families and schools.* New York: Teachers College Press, Columbia University.

Van Reich, S., Bickman, L., & Helflinger, C. A. (2004). Covariates of self-efficacy: Caregiver characteristics related to mental health services self-efficacy. *Journal of Emotional and Behavioral Disorders, 12,* 99–109.

Wachs, T. D. (1992). *The mature of nurture.* Beverly Hills: Sage Publications.

Wagatha, P. (2006). *Partnerschaft und kindliche Behinderung. Eine empirische Untersuchung mit Implikationen fu die Beratungspraxis.* Hamburg: Verlag Dr. Kovač.

Wagner–Lenzin, M. (2007). *Elternberatung: Die Bedeutung von Beratung in Bewatigungsprozessen bei Eltern mit ihrem Kind mit Behinderung.* Stuttgart: Haupt.

Waisbren, S. (1980). Parents' reactions after the birth of a developmentally disabled child. *American Journal of Mental Deficiency, 84,* 345–351.

Walsh, F. (1998). *Strengthening Family Resilience.* 양옥경, 김미옥, 최명민 역(2002). 가족과 레질리언스. 서울: 나남출판.

Walsh, F. (2003). Family resilience: A framework for clinical practice. *Family Process, 42,* 1–18.

Walsh, F., & Olson, D. H. (1989). *Utility of the Circumplex Model: Systemic assessment and treatment of families.* New York: Haworth Press.

Walsh, W. M. (1992). Twenty major issues in remarriage families. *Journal of Counseling & Development, 70,* 709–715.

Waters, E., & Sroufe, L. A. (1983). Social competence as developmental construct. *Developmental Review, 3,* 79–97.

Weiß, H. (1992). Annäherungen an den Empowerment–Ansatz als handlungsorientierendes Modell in der Frühförderung. *Frühförderung interdisziplinär, 11,* 157–169.

Werner, E. E. (1993). Risk, resilience, and recovery: Perspectives from the Kauai longitudinal study. *Development and Psychopathology, 5,* 503–515.

Werner, E. E., & Smith, R. S. (1982). *Vulnerable but invincible: A longitudinal study of resilient children and youth.* New York: McGraw–Hill.

Werner, E., & Smith, R. (1992). *Overcoming the odds: High-risk children from birth to adulthood.* New

York: Cornell University Press.

Wesley, P. W., Buysse, V., & Tyndall, S. (1997). Family and professional perspectives on early intervention: An exploring using focus groups. *Topics in Early Childhood Special Education, 17*(4), 435-456.

Wikler, L. (1981). Chronic stresses of families of mentally retarded children. *Family Relations, 30*, 281-288.

Wilder, L. K., Dyches, T. T. , Obiakor, F. E., & Algozzine, B. (2004). Multicultural perspectives on teaching students with autism. *Focus on Autism and other Developmental Disabilities, 19*, 105-113.

Wilgosh, L., Scorgie, K., & Fleming, D. (2000). Effective life management in parents of children with disabilities. *Developmental Disabilities Bulletin, 28*, 1-14.

Williams, P. D., Williams, A. R., Graff, J. C., Hanson, S., Stanton, A., Hafeman, C., Liebergen, A., Leuenberg, K., Setter R. K., Ridder, L., Curry, H., Barnard M., & Sander, S. (2002). Interrelationships among variables affecting well siblings and mothers in families of children with a chronic illness or disability. *Journal of Behavioral Medicine, 25*(5), 411-424.

Wilson, J. Blacher, J., & Baker, B. L. (1989). Siblings of children with severe handicaps. *Mental Retardation, 27*, 167-173.

Winch, A., & Christoph, J. (1988). Parent-to-Parent links: Building networks for parents of hospitalized children. *Children' s Health Care, 17*, 93-97.

Winkelheide, M., & Knees, C. (2003). ······*doch Geschwister sein dagegen sehr. Schicksal und Chancen der Geschwister behinderter Menschen.* Krummwisch: Koigsfurt Urania.

Winton, P. J., & Bailey, D. B. (1988). The family-focused interview: A collaborative mechanism for family assessment and goal-setting. *Journal of the Division for Early Childhood, 12*, 199.

Wolfensberger, W. (1967). Counseling the parents of the retarded. In A. A. Baumeister (Ed.), *Mental retardation: Appraisal, education, and rehabilitation* (pp. 329-400). Chicago: Aldine.

Wright, L., Watson, W. L., & Bell, J. M. (1996). *Beliefs: The heart (Q481) of hearing in families and illness.* New York: Basic Books.

Wustmann, C. (2004). *Resilienz: Wiederstandsfaigkeit von Kindern in Tageseinrichtungen fodern.* Weinheim: Beltz.

Zhang, C., & Bennett, T. (2003). Facilitating the meaningful participation of culturally and linguistically diverse families in the IFSP and IEP process. *Focus on autism and other developmental disabilities, 18*(1), 51-59.

Ziemen, K. (2002). *Das bislang ungeklate Phaomen der Kompetenz. Kompetenzen von Eltern behinderter Kinder.* Butzbach-Griedel: AFRA Verlag.

AzEIP. IFSP guidance document. http://www.nectac.org/topics/families.

Beach Center on Disability. Developing and Expanding a Statewide Parent to Parent Program. http://www.beachcenter.org.

Connecticut Birth to Three System. Individualized Family Service Plan Handbook. http://www.nectac.org/topics/families.

National Early Childhood Technical Assistance Center. State examples of IFSP forms and guidance. http://www.nectac.org.

P2PUSA. http://www.p2pusa.org/p2pusa/sitepages/p2p-home.aspx.

Vermont Department for Children and Families. Child and Family Support Program; All about me. http://www.dcf.vermon.gov.

찾아보기

저자 소개

● **노진아**

미국 오리건 대학교 대학원 철학박사
현 공주대학교 특수교육과 교수

〈주요 저 · 역서 및 논문〉
『영유아 특수교육』(공역, 학지사, 2011)
『특수아동교육의 이해』(공저, 양서원, 2010)
「장애유아 교육환경에서의 긍정적 행동지원의 실태조사연구」(『유아특수교육연구』, 2009)
「An exploratory investigation of frequently cited articles from the early childhood intervention literature, 1994-2005」(*Topics in early childhood special education*, 2008)

● **홍은숙**

독일 뮌헨 대학교 대학원 철학박사
현 나사렛대학교 유아특수교육과 교수

〈주요 저 · 역서 및 논문〉
『특수교육학개론』(공저, 학지사, 2010)
『특수교육 심리학』(공역, 양서원, 2004)
「특수교육지원센터 장애 영 · 유아 지원현황 및 역할 중요도에 대한 전담교사의 인식과 효율적 지원방안」(『유아특수교육연구』, 2011)
「독일 장애 영 · 유아 조기개입에 관한 연구」(『유아특수교육연구』, 2009)

● 이미숙

미국 오클라호마 대학교 대학원 철학박사
현 공주대학교 특수교육과 교수

〈주요 논문〉

「장애아동 형제자매의 대처 · 적응 및 자아개념」(『특수교육학연구』, 2010)

「Grandparents' involvement and support in families with children with disabilities」 (*Educational Gerontology*, 2010)

● 박현주

공주대학교 대학원 교육학박사
현 교육상담연구소 삼덕 책임연구원, 공주대학교 · 충북대학교 등 시간강사

〈주요 논문〉

「일반영아와 발달장애유아의 공동관심 행동 특성 비교연구」(『특수아동교육연구』, 2010)

「통합교육환경에서 발달지체 유아를 위한 긍정적인 행동지원의 현황」(『특수아동교육연구』, 2009)

● 정길순

공주대학교 대학원 교육학박사
현 대전혜광학교 유치원 특수교사

〈주요 논문〉

「장애유아교육기관 교사의 긍정적 행동지원 적용을 위한 기초조사 연구」(『특수아동교육연구』, 2011)

「Promoting inclusion and peer participation through assessment-based intervention」 (*Topics in Early Childhood Special Education*, 2007)

김정민

미국 캔자스 대학교 대학원 철학박사
현 순천향대학교 향설나눔대학 조교수

〈주요 역서 및 논문〉

『영유아 특수교육』(공역, 학지사, 2011)

「School and community inclusion of young children with autism spectrum disorder: Parents' perspectives」(『유아특수교육연구』, 2010)

「Communication interventions research for young individuals with Autism Spectrum Disorder」(*Journal on Developmental Disabilities*, 2009)

강미애

현 국립서울맹학교 교사

〈주요 논문〉

「시각장애 유아의 상황 중심 안전 교육 프로그램 효과에 관한 연구」(『시각장애연구』, 2009)

이나래

전 매봉초등학교 유치원 특수교사

장애영유아 가족지원

2011년 9월 5일 1판 1쇄 발행
2019년 8월 30일 1판 4쇄 발행

지은이 • 노진아 · 홍은숙 · 이미숙 · 박현주 · 정길순 · 김정민
강미애 · 이나래

펴낸이 • 김진환
펴낸곳 • (주) 학지사
04031 서울특별시 마포구 양화로 15길 20 마인드월드빌딩
대표전화 • 02)330-5114 팩스 • 02)324-2345
등록번호 • 제313-2006-000265호

홈페이지 • http://www.hakjisa.co.kr
페이스북 • https://www.facebook.com/hakjisa

ISBN 978-89-6330-729-9 93370

정가 18,000원